ŒUVRES COMPLÈTES DE J. MICHELET

# PRÉCIS

DE

# L'HISTOIRE MODERNE

INTRODUCTION

A

# L'HISTOIRE UNIVERSELLE

ÉDITION DÉFINITIVE, REVUE ET CORRIGÉE

PARIS

ERNEST FLAMMARION, ÉDITEUR

26, RUE RACINE, PRÈS L'ODÉON

Tous droits réservés.

PRÉCIS

DE

# L'HISTOIRE MODERNE

INTRODUCTION

A

# L'HISTOIRE UNIVERSELLE

IMPRIMERIE E. FLAMMARION, 26, RUE RACINE, PARIS.

ŒUVRES COMPLÈTES DE J. MICHELET

# PRÉCIS

DE

# L'HISTOIRE MODERNE

INTRODUCTION

A

# L'HISTOIRE UNIVERSELLE

ÉDITION DÉFINITIVE, REVUE ET CORRIGÉE

PARIS

ERNEST FLAMMARION, ÉDITEUR

26, RUE RACINE, PRÈS L'ODÉON

Tous droits réservés.

# PRÉCIS

## DE

# L'HISTOIRE MODERNE

# PRÉFACE

DE LA PREMIÈRE ÉDITION (1827)

C'est surtout dans la composition d'un abrégé qu'il faut considérer pour qui l'on écrit. Celui qu'on va lire s'adresse au jeune public de nos collèges.

Si pourtant il tombait entre les mains de cet autre public pour lequel nous n'écrivons point, nous croirions devoir le prévenir sur le but et la forme de notre *Précis*, de crainte qu'il n'y cherchât ce qui ne doit pas s'y trouver.

D'abord nous avons insisté sur l'histoire des événements politiques, plus que sur l'histoire de la religion, des institutions, du commerce, des lettres et des arts. Nous n'ignorons pas que la seconde est plus importante encore que la première; mais c'est par l'étude de la première qu'on doit commencer.

Les faits, les dates ne sont point en grand nombre dans ce petit livre. C'est un abrégé, et non point une table, comme celles que nous avons publiées.

Les *Tableaux chronologiques et synchroniques* étaient des espèces de dépôts où l'on pouvait chercher une date, rapprocher et comparer des faits. Dans le *Précis*, nous nous proposions tout autre chose : laisser, s'il était possible, dans la mémoire des élèves qui l'apprendront par cœur, une empreinte durable de l'histoire moderne.

Pour atteindre ce but, il aurait fallu premièrement marquer, dans une division large et simple, l'unité dramatique de l'histoire des trois derniers siècles ; ensuite représenter toutes les idées intermédiaires, non par des expressions abstraites, mais par des faits caractéristiques qui pussent saisir de jeunes imaginations. Il les eût fallu peu nombreux, mais assez bien choisis pour servir de symboles à tous les autres, de sorte que les mêmes faits présentassent à l'enfant une suite d'images, à l'homme mûr une chaîne d'idées. Nous disons ce que nous aurions voulu faire, et non ce que nous avons fait.

Les derniers chapitres ne donnent que l'indication et la date des événements. Il suffit que nos élèves n'ignorent pas entièrement la partie de l'histoire la plus rapprochée de l'époque où nous vivons. C'est pour eux un devoir d'en faire plus tard l'objet d'une étude spéciale.

L'histoire des peuples du Nord et de l'Orient de l'Europe occupe relativement peu de place dans cet abrégé. Les limites étroites dans lesquelles nous étions obligé de nous renfermer ne nous permettaient pas de lui donner les mêmes développements qu'à celle des peuples qui ont marché à la tête de la civilisation européenne. Nous n'avons pu d'ailleurs chercher l'histoire de l'Orient et du Nord dans les auteurs originaux et contemporains, comme nous l'avons fait ordinairement pour l'Occident et le Midi.

# INTRODUCTION

Dans l'histoire ancienne de l'Europe, deux peuples dominateurs occupent la scène tour à tour; il y a généralement unité d'action et d'intérêt. Cette unité, moins visible dans le Moyen-âge, reparaît dans l'histoire moderne et s'y manifeste principalement dans les révolutions du Système d'équilibre.

L'histoire du Moyen-âge et l'histoire moderne ne peuvent être divisées avec précision. Si l'on considère l'histoire du Moyen-âge comme terminée avec la dernière invasion des Barbares (celle des Turcs Ottomans), l'histoire moderne comprendra trois siècles et demi, depuis la prise de Constantinople par les Turcs jusqu'à la Révolution française, 1453-1789.

L'histoire moderne peut se partager en trois grandes périodes. — I. Depuis la prise de Constantinople jusqu'à la Réforme de Luther, 1453-1517. — II. Depuis la Réforme jusqu'au traité de Westphalie, 1517-1648. — III. Depuis le traité de Westphalie jusqu'à la Révolution française, 1648-1789. Le Système d'équilibre, préparé dans la première période, se forme dans la deuxième, et se maintient dans la troisième. Les deux dernières périodes se subdivisent elles-mêmes en cinq âges du Système d'équilibre : 1517-1559, 1559-1603, 1603-1648, 1648-1715, 1715-1789.

### PRINCIPAUX CARACTÈRES DE L'HISTOIRE MODERNE

1° Les grands États qui se sont formés par la réunion successive des fiefs tendent ensuite à engloutir les petits États, soit par la conquête, soit par des mariages. Les républiques sont absorbées par les monarchies, les États électifs par les États héréditaires. Cette tendance à l'unité absolue est arrêtée par le Système d'équilibre. — Les mariages des souverains entre eux mettent dans l'Europe les liaisons et les rivalités d'une famille.

2° L'Europe tend à soumettre et à civiliser le reste du monde. La domination coloniale des Européens ne commence à être ébranlée que vers la fin du dix-huitième siècle. — Importance des grandes puissances maritimes. Communications commerciales de toutes les parties du globe. (Les nations anciennes avaient communiqué plus souvent par la guerre que par le commerce.) — La politique, dominée, dans le Moyen-âge et jusqu'à la fin du quinzième siècle, par l'intérêt religieux, est de plus en plus dominée, chez les modernes, par l'intérêt commercial.

3° Opposition des races méridionales (de langues et de civilisation latines), et des races septentrionales (de langues et de civilisation germaniques). — Les peuples occidentaux de l'Europe développent la civilisation et la portent aux nations les plus éloignées. Les peuples orientaux (la plupart d'origine slave) sont longtemps occupés de fermer l'Europe aux Barbares ; aussi leurs progrès dans les arts de la paix sont-ils plus lents. Il en est de même des peuples scandinaves, placés à l'extrémité de la sphère d'activité de la civilisation européenne.

Première période. — Depuis la prise de Constantinople par les Turcs jusqu'à la réforme de Luther. (1453-1517.)

Cette période, commune au Moyen-âge et à l'âge moderne, est moins caractérisée que les deux suivantes ; les événements y présentent un intérêt moins simple, une liaison moins facile à saisir. C'est encore le travail intérieur de chaque État qui tend à faire un corps avant de se lier aux États voisins. Les premiers essais du Système d'équilibre datent de la fin de cette période.

Les peuples déjà civilisés au Moyen-âge doivent être assujettis par ceux qui ont conservé le génie tout militaire des temps barbares. Les Provençaux l'ont été par les Français, les Maures le sont par les Espagnols, les Grecs par les Turcs, les Italiens par les Espagnols et les Français.

*Situation intérieure des principaux États.* — Peuples d'origine germanique, peuples d'origine slave. Chez les premiers, soumis seuls au régime féodal proprement dit, une bourgeoisie libre s'est élevée à la faveur des progrès de l'aisance et de l'industrie, et soutient les rois contre les grands.

Au milieu du quinzième siècle, la féodalité a triomphé dans l'Empire; elle humilie les rois en Castille, elle prolonge son indépendance dans le Portugal, occupé des guerres et des découvertes d'Afrique; dans les trois royaumes du Nord, livrés à l'anarchie depuis l'union de Calmar; en Angleterre à la faveur des guerres des Roses; à Naples, au milieu des querelles des maisons d'Aragon et d'Anjou. Mais les rois l'attaquent déjà en Écosse; en France, Charles VII, vainqueur des Anglais, en prépare l'abaissement par ses institutions; et, avant la fin du siècle, les règnes de Ferdinand-le-Catholique et de Ferdinand-le-Bâtard, de Jean II (de Portugal), de Henri VII et Louis XI, élèveront le pouvoir royal sur les ruines de la féodalité.

Trois États se détachent de ce tableau. Lorsque les autres États tendent à l'unité monarchique, l'Italie reste divisée. La puissance des ducs de Bourgogne parvient au comble et s'écroule, tandis que s'élève la république militaire des Suisses.

Les deux grands peuples slaves présentent une opposition qui nous révèle leur destinée. La Russie devient une, et tend à sortir de la barbarie; la Pologne, tout en modifiant sa constitution, reste fidèle aux formes anarchiques des gouvernements du Moyen-âge.

*Relations des principaux États entre eux.* — La république européenne n'a plus cette unité d'impulsion que la religion lui donna à l'époque des Croisades; elle n'est pas encore nettement divisée comme elle le sera par la Réforme. Elle se trouve partagée en plusieurs groupes qui suivent la position géographique des États autant que leurs relations politiques; l'Angleterre avec l'Écosse et la France; l'Aragon avec la Castille et l'Italie; l'Italie et l'Allemagne avec tous les États (directement ou indirectement). La Turquie se lie avec la Hongrie; celle-ci avec la Bohême et l'Autriche; la Pologne forme le lien commun de l'Orient et du Nord, dont elle est la puissance prépondérante. Les trois royaumes du Nord et la Russie forment deux mondes à part.

Les États occidentaux, la plupart agités au dedans, se reposent des guerres étrangères. — Au nord, la Suède enchaînée depuis soixante ans au Danemarck, rompt l'union de Calmar; la Russie s'affranchit des Tartares[1]; l'Ordre Teutonique devient vassal de la

---

[1]. Nous suivrons, pour ce mot, l'orthographe préférée par M. Abel Rémusat, dans la préface des *Recherches sur les langues des Tartares.*

Pologne. Tous les États orientaux sont menacés par les Turcs, qui n'ont plus rien à craindre derrière eux depuis la prise de Constantinople, et ne sont arrêtés que par les Hongrois. L'Empereur, occupé de fonder la grandeur de sa maison, l'Allemagne de réparer les maux des guerres politiques et religieuses, semblent oublier le danger.

Nous pouvons isoler l'histoire du Nord et de l'Orient, pour suivre sans distraction les révolutions des États occidentaux. Nous voyons alors l'Angleterre et le Portugal, mais surtout l'Espagne et la France, prendre une grandeur imposante, soit par leurs conquêtes dans les pays récemment découverts, soit par la réunion de toute la puissance nationale dans la main des rois. C'est dans l'Italie que ces forces nouvelles doivent se développer par une lutte opiniâtre. Il faut donc observer comment l'Italie fut ouverte aux étrangers, avant d'assister au commencement de la lutte dont elle doit être le théâtre dans cette période et dans la suivante[1].

1. Les limites de ce tableau ne nous permettent pas de faire marcher l'histoire de la civilisation de front avec l'histoire politique. Nous nous contenterons d'en marquer ici le point de départ au quinzième siècle.
Essor de l'esprit d'invention et de découvertes. — En littérature, l'enthousiasme de l'érudition arrête quelque temps le développement du génie moderne. — Invention de l'imprimerie (1436, 1452). — Usage plus fréquent de la poudre à canon et de la boussole. — Découvertes des Portugais et des Espagnols. — Le commerce maritime, jusque-là concentré dans la Baltique (Ligue Hanséatique) et dans la Méditerranée (Venise, Gênes, Florence, Barcelone, Marseille), est étendu à toutes les mers par les voyages de Colomb, de Gama, etc., et passe entre les mains des nations occidentales vers la fin de cette période. — Commerce par terre; négociants lombards; Pays-Bas et villes libres d'Allemagne, entrepôts du Nord et du Midi. — Industrie manufacturière des mêmes peuples, surtout des Pays-Bas.

Deuxième période. — Depuis la Réforme jusqu'au traité de Westphalie. (1517-1648.)

La deuxième période de l'histoire moderne s'ouvre par la rivalité de François I*er*, de Charles-Quint et de Soliman ; elle est surtout caractérisée par la Réforme. La maison d'Autriche, dont la puissance colossale pouvait seule fermer l'Europe aux Turcs, semble ne l'avoir défendue que pour l'asservir. Mais Charles-Quint rencontre une triple barrière. François I*er* et Soliman combattent l'Empereur pour des motifs d'ambition particulière, et sauvent l'indépendance de l'Europe. Lorsque François I*er* est épuisé, Soliman le seconde, et Charles trouve un nouvel obstacle dans la ligue des protestants d'Allemagne. C'est le *premier âge de la Réforme et du Système d'équilibre*, 1517-1550.

1550-1600. *Deuxième âge du Système d'équilibre et de la Réforme.* — Elle s'est déjà répandue dans l'Europe et particulièrement en France, en Angleterre, en Écosse et aux Pays-Bas. L'Espagne, le seul pays occidental qui lui soit resté fermé, s'en déclare l'adversaire ; Philippe II veut ramener l'Europe à l'unité religieuse, et étendre sa domination sur les peuples occidentaux. Pendant toute la deuxième période, et surtout dans cet âge, les guerres sont à la fois étrangères et civiles.

**1600-1648.** *Troisième âge du Système d'équilibre et de la Réforme.* — Le mouvement de la Réforme amène en dernier lieu deux résultats simultanés, mais indépendants l'un de l'autre : une révolution dont le dénouement est une guerre civile, et une guerre qui présente à l'Europe le caractère d'une révolution, ou plutôt une guerre civile européenne. — En Angleterre, la Réforme victorieuse se divise et lutte contre elle-même. — En Allemagne, elle attire tous les peuples dans le tourbillon d'une guerre de trente années. De ce chaos sort le système régulier d'équilibre qui doit subsister dans la période suivante.

Les États orientaux et septentrionaux ne sont plus étrangers au système occidental, comme dans la période précédente. Au premier âge, la Turquie entre dans la balance de l'Europe ; au troisième, la Suède intervient d'une manière plus décisive encore dans les affaires de l'Occident. — Dès le second, la Livonie met les États slaves en contact avec les États scandinaves, auxquels ils étaient jusque-là étrangers.

Au commencement de cette période, les souverains réunissent dans leurs mains toutes les forces nationales, et présentent aux peuples le repos intérieur et les conquêtes lointaines en dédommagement de leurs privilèges. — Le commerce prend un immense développement, malgré le système de monopole qui s'organise à la même époque.

Troisième période. — Depuis le traité de Westphalie jusqu'à la Révolution française. (1648-1789.)

Dans cette période, le principal mobile est purement politique : c'est le *maintien du Système d'équilibre*. Elle se divise en deux parties d'environ soixante-dix ans chacune : avant la mort de Louis XIV, 1648-1715 ; depuis la mort de Louis XIV, 1715-1789.

I. 1648-1715. *Quatrième âge du Système d'équilibre*. Au commencement de la troisième période, comme au commencement de la deuxième, l'indépendance de l'Europe est en danger. La France occupe le rang politique que tenait l'Espagne, et exerce de plus l'influence d'une civilisation supérieure.

Tant que Louis XIV n'a pour adversaire que l'Espagne, déjà épuisée, la Hollande, puissance toute maritime, et l'Empire, divisé par ses négociations, il dicte des lois à l'Europe. Enfin l'Angleterre, sous un second Guillaume d'Orange, reprend le rôle qu'elle a joué du temps d'Élisabeth, celui de principal antagoniste de la puissance prépondérante. De concert avec la Hollande, elle anéantit les prétentions de la France à la domination des mers. De concert avec l'Autriche, elle la resserre dans ses limites naturelles, mais ne peut l'empêcher d'établir en Espagne une branche de la maison de Bourbon.

La Suède est la première puissance septentrionale. Sous deux conquérants, elle change deux fois la face du Nord, mais elle est trop faible pour obtenir une suprématie durable. La Russie l'arrête et prend cette suprématie pour ne point la perdre. — Le système des États du Nord tient peu à celui des États du Midi si ce n'est par l'ancienne alliance de la Suède avec la France.

II. 1715-1789. *Cinquième âge du Système d'équilibre.* — L'élévation des royaumes nouveaux de Prusse et de Sardaigne marque les premières années du dix-huitième siècle. La Prusse doit être avec l'Angleterre l'arbitre de l'Europe, pendant que la France est affaiblie, et que la Russie n'a pas atteint toute sa force.

Il y a au dix-huitième siècle moins de disproportion entre les puissances. La nation prépondérante étant insulaire et essentiellement maritime, n'a d'autre intérêt, relativement au continent, que de maintenir l'équilibre. Telle est aussi sa conduite dans les trois guerres continentales entre les États de l'Occident. — L'Autriche, maîtresse de la plus grande partie de l'Italie, pourrait emporter la balance ; l'Angleterre, son alliée, la laisse dépouiller de Naples, qui devient un royaume indépendant. — La France veut anéantir l'Autriche ; l'Angleterre sauve l'existence de l'Autriche, mais n'empêche pas la Prusse de l'affaiblir et de devenir sa rivale. — L'Autriche et la France veulent anéantir la Prusse ; l'Angleterre la secourt, comme elle a secouru l'Autriche, directement par ses subsides, indirectement par sa guerre maritime contre la France.

Sur mer et dans les colonies, l'équilibre est rompu par l'Angleterre. Les guerres coloniales, qui sont un des caractères de ce siècle, lui donnent l'occasion de ruiner la marine de la France et celle de l'Espagne, et de s'arroger sur les neutres une juridiction vexatoire. La révolution la moins attendue ébranle cette puissance colossale. Les plus importantes colonies de l'Angleterre lui échappent; mais elle fait face à tous ses ennemis, fonde dans l'Orient un empire aussi vaste que celui qu'elle perd dans l'Occident, et reste maîtresse des mers. La Russie grandit, et par son développement intérieur et par l'anarchie de ses voisins. Elle agite longtemps la Suède, dépouille la Turquie, engloutit la Pologne, et s'avance dans l'Europe. Le système des États du Nord se mêle de plus en plus à celui des États du Midi et de l'Occident. Les révolutions et les guerres sanglantes qui vont éclater à la fin de la troisième période confondront dans un seul système tous les États européens.

# PREMIÈRE PÉRIODE

(1453-1517.)

## CHAPITRE PREMIER

Italie. — Guerre des Turcs. (1453-1517.)

Au milieu de la barbarie féodale dont le quinzième siècle portait encore l'empreinte, l'Italie offrait le spectacle d'une vieille civilisation. Elle imposait aux étrangers par l'autorité antique de la religion et par toutes les pompes de l'opulence et des arts. Le Français ou l'Allemand qui passait les Alpes admirait dans la Lombardie cette agriculture savante, ces innombrables canaux qui faisaient de la vallée du Pô un vaste jardin. Il voyait s'élever des lagunes cette merveilleuse Venise, avec ses palais de marbre, et son arsenal qui occupait cinquante mille hommes. De ses ports sortaient chaque année trois ou quatre mille vaisseaux, les uns pour Oran, Cadix et Bruges; les autres pour l'Égypte et Constantinople. La *dominante* Venise, comme elle s'appelait elle-même, commandait par ses provéditeurs dans presque tous les ports que l'on rencontre depuis le fond de l'Adriatique jusqu'à celui de la mer Noire.

Plus loin, c'était l'ingénieuse Florence qui, sous Côme ou Laurent, se croyait toujours une République. Princes et citoyens, marchands et hommes de lettres, les Médicis recevaient par les mêmes vaisseaux les tissus d'Alexandrie et les manuscrits de la Grèce. En même temps qu'ils ressuscitaient le platonisme par les travaux de Ficin, ils faisaient élever par Brunelleschi cette coupole de Sainte-Marie, en face de laquelle Michel-Ange voulait qu'on plaçât son tombeau. Même enthousiasme pour les lettres et les arts dans les cours de Milan, de Ferrare et de Mantoue, d'Urbin et de Bologne. Le conquérant espagnol du royaume de Naples imitait les mœurs italiennes, et ne demandait, pour se réconcilier avec Côme de Médicis, qu'un beau manuscrit de Tite-Live. A Rome enfin, on trouvait l'érudition elle-même assise dans la chaire de saint Pierre avec les Nicolas V et les Pie II. Cette culture universelle des lettres semblait avoir humanisé les esprits. Dans la plus sanglante bataille du quinzième siècle, il n'y avait pas eu mille hommes de tués[1]. Les combats n'étaient guère plus que des tournois.

Cependant un observateur attentif s'apercevait aisément de la décadence de l'Italie. Cette douceur apparente des mœurs n'était autre chose que l'affai-

---

1. Machiavelli, *Storie Fiorentine*, VII.

blissement du caractère national. Pour n'être point sanglantes, les guerres n'en étaient que plus longues, plus ruineuses. Les Condottieri promenaient à travers l'Italie des troupes indisciplinées, toujours prêtes à passer sous le drapeau opposé pour la moindre augmentation de solde; la guerre était devenue un jeu lucratif entre les Piccinino et les Sforza. Partout de petits tyrans, loués par les savants et détestés des peuples. Les lettres, dans lesquelles l'Italie plaçait elle-même sa gloire, avaient perdu l'originalité du quatorzième siècle ; aux Dante, aux Pétrarque avaient succédé les Philelphe et les Pontanus. La religion n'était nulle part plus oubliée. Le népotisme affligeait l'Église et lui ôtait le respect des peuples. L'usurpateur des terres du Saint-Siège, le condottiere Sforza, datait ses lettres : *è Firmiano nostro, invito Petro et Paulo*[1].

Le génie expirant de la liberté italienne protestait encore par de vaines conspirations. Porcaro, qui se croyait prédit par les vers de Pétrarque, essaya de rétablir dans Rome le gouvernement républicain. A Florence les Pazzi, à Milan le jeune Olgiati et deux autres, poignardèrent dans une église Julien de Médicis et Galéas Sforza (1476-77). Les insensés avaient cru que la liberté de leur patrie dégénérée tenait à la vie d'un homme!

Deux gouvernements passaient pour les plus sages de l'Italie, ceux de Florence et de Venise. Laurent

---

1. Machiavelli, *Storie Fiorentine*, v.

de Médicis faisait chanter ses vers aux Florentins, conduisait lui-même, dans les rues de la ville, de pédantesques et somptueuses mascarades[1], et se livrait en aveugle à cette munificence royale qui faisait l'admiration des gens de lettres et préparait la banqueroute de Florence. A Venise, au contraire, le plus froid intérêt semblait l'unique loi du gouvernement. Là, point de favoris, nul caprice, nulle prodigalité. Mais ce gouvernement de fer ne subsistait qu'en resserrant de plus en plus l'unité du pouvoir. La tyrannie des Dix ne suffisait plus; il fallut créer, dans le sein même de ce conseil, des Inquisiteurs d'État (1454). Cette dictature faisait prospérer au dehors les affaires de la République, en tarissant les sources intérieures de sa prospérité. De 1423 à 1453, Venise avait augmenté son territoire de quatre provinces, tandis que ses revenus diminuaient de plus de cent mille ducats. En vain elle essayait de retenir, par des mesures sanguinaires, le monopole qui lui échappait; en vain les Inquisiteurs d'État faisaient poignarder l'ouvrier qui transportait ailleurs une industrie utile à la République[2] : le temps n'était pas loin où l'Italie allait perdre à la fois et son commerce, et sa richesse, et son indépendance. Il fallait une nouvelle invasion des Barbares pour lui arracher le monopole du commerce et des arts qui allaient être désormais le patrimoine du monde.

1. Ginguené, *Hist. litt. d'Italie*, t. III.
2. Daru, t. VII. Pièces justific. Statuts des Inquisit. d'État, art. 26.

Quel | devait être le conquérant de l'Italie? le Turc, le Français ou l'Espagnol? C'est ce qu'aucune prévoyance ne pouvait déterminer. Les papes et la plupart des Italiens redoutaient avant tout les Turcs. Le grand Sforza et Alphonse-le-Magnanime ne songeaient qu'à fermer l'Italie aux Français qui revendiquaient Naples, et pouvaient réclamer Milan[1]. Venise, se croyant invincible dans ses lagunes, traitait indifféremment avec les uns, avec les autres, sacrifiant quelquefois à des intérêts secondaires son honneur et la sûreté de l'Italie.

Telle était la situation de cette contrée, lorsqu'elle entendit le dernier cri de détresse de Constantinople (1453). Séparée déjà de l'Europe et par les Turcs et par le schisme, cette malheureuse cité voyait sous ses murs une armée de trois cent mille Barbares. Dans ce moment critique, les Occidentaux, habitués aux plaintes des Grecs, y firent encore peu d'attention. Charles VII achevait l'expulsion des Anglais; la Hongrie était agitée; l'impassible Frédéric III s'occupait d'ériger l'Autriche en archiduché. Les possesseurs de Péra et de Galata, les Génois et les Vénitiens, calculèrent la grandeur de leur perte, au lieu de la prévenir. Gênes envoya quatre vaisseaux; Venise délibéra si elle renoncerait à ses conquêtes d'Italie pour conserver ses colonies et son commerce[2]. Au milieu de cette hésitation funeste, l'Italie vit débarquer sur tous ses rivages les fugitifs de Constanti-

---

1. Sismondi, *Hist. des Républiques italiennes*, t. X, p. 23.
2. Daru, *Hist. de Venise*, t. II, liv. XVI, et Pièces justificat., t. VIII.

nople. Leurs récits remplirent l'Europe de honte et de terreur ; ils déploraient Sainte-Sophie changée en mosquée, Constantinople saccagée et déserte, plus de soixante mille chrétiens traînés en esclavage ; ils décrivaient les prodigieux canons de Mahomet, et ce moment où les Grecs virent à leur réveil les galères des Infidèles naviguer sur la terre [1], et descendre dans leur port.

L'Europe s'émut enfin : Nicolas V prêcha la croisade ; tous les États italiens se réconcilièrent à Lodi (1454). Dans les autres pays, une foule d'hommes prirent la croix. A Lille, le duc de Bourgogne fit apparaître, dans un banquet, l'image de l'Église désolée, et, selon les rites de la chevalerie, jura Dieu, la Vierge, les dames et *le Faisan*, qu'il irait combattre les Infidèles [2]. Mais cette ardeur dura peu : neuf jours après avoir signé le traité de Lodi, les Vénitiens en firent un avec les Turcs ; Charles VII ne permit point que l'on prêchât la croisade en France ; le duc de Bourgogne resta dans ses États, et la nouvelle tentative de Jean de Calabre sur le royaume de Naples occupa toute l'attention de l'Italie (1460-64).

Les véritables, les seuls champions de la chrétienté

---

1. On dit que le sultan transporta sa flotte en une nuit dans le port de Constantinople, en la faisant glisser sur des planches enduites de graisse. (Voy. Cantimir et Saadud-din, *Hist. ottomane*, traduction manuscrite de M. Galland, citée par M. Daru, *Hist. de Venise*, 2ᵉ édit. ; Pièces justificat., t. VIII, p. 194-6.

2. Olivier de La Marche, t. VIII de la collection des *Mémoires relatifs à l'Hist. de France*, édition de M. Petitot.

étaient le Hongrois Hunyade et l'Albanais Scanderbeg. Ce dernier, dont l'héroïsme barbare rappelait les temps de la fable, abattait, dit-on, d'un seul coup, la tête d'un taureau sauvage. On l'avait vu, comme Alexandre, dont les Turcs lui donnaient le nom, sauter seul dans les murs d'une ville assiégée. Dix ans après sa mort, les Turcs se partagèrent ses ossements, croyant devenir invincibles[1]. Encore aujourd'hui, le nom de Scanderbeg est chanté dans les montagnes de l'Épire.

L'autre *soldat de Jésus-Christ*, le *Chevalier blanc* de Valachie, le *Diable* des Turcs, arrêtait leurs progrès, tandis que les diversions de Scanderbeg les ramenaient en arrière[2]. Lorsque les Ottomans attaquèrent Belgrade, le boulevard de la Hongrie, Hunyade traversa l'armée des infidèles pour se jeter dans la place, repoussa pendant quarante jours les plus furieux assauts, et fut célébré comme le sauveur de la chrétienté (1456). Son fils, Mathias Corvin, que la reconnaissance des Hongrois éleva au trône, opposa sa *garde noire*, première infanterie régulière qu'ait eue ce peuple, aux janissaires de Mahomet II. Le règne de Mathias fut la gloire de la Hongrie. Pendant qu'il combattait tour à tour les Turcs, les Allemands

---

1. Barlesio, *de Vita Georgii Castrioti*, etc. (1537), *passim*.
2. Le premier titre est celui que prenait toujours Scanderbeg; le second désignait ordinairement Hunyade chez ses contemporains ( Comines, t. VI, ch. XIII); le troisième lui était donné par les Turcs, qui le nommaient à leurs enfants pour les effrayer (M. de Sacy, dans la *Biographie universelle*, art. *Hunyade*), comme les Sarrasins menaçaient autrefois les leurs de Richard Cœur-de-Lion.

et les Polonais, il fondait dans sa capitale une université, deux académies, un observatoire, un musée d'antiques, une bibliothèque, alors la plus considérable du monde [1]. Ce rival de Mahomet II parlait, comme lui, plusieurs langues ; comme lui, il aimait les lettres, en conservant les mœurs des Barbares. Il avait accepté, dit-on, l'offre d'un homme qui se chargeait d'assassiner son beau-père, le roi de Bohême ; mais il rejeta avec indignation la proposition de l'empoisonner : *Contre mes ennemis*, dit-il, *je ne veux employer que le fer*. C'est à lui toutefois que les Hongrois durent leur grande charte (*Decretum majus*, 1485. Voy. le chap. III). Un proverbe hongrois suffit à son éloge : *Depuis Corvin, plus de justice.*

Le pape Pie II et Venise se liguèrent avec ce grand prince, lorsque la Servie et la Bosnie, conquises par les Turcs, leur ouvrirent le chemin de l'Italie. Le pontife était l'âme de la croisade ; il avait indiqué le rendez-vous d'Ancône à ceux qui voudraient aller avec lui combattre l'ennemi de la foi. L'habile secrétaire du concile de Bâle, l'esprit le plus poli du siècle, le plus subtil des diplomates, devint un héros sur la chaire de saint Pierre. La grande pensée du salut de la chrétienté semblait lui avoir donné une âme nouvelle [2]. Mais ses forces n'y suffirent pas. Le vieillard expira sur le rivage, à la vue des galères vénitiennes qui allaient le porter en Grèce (1464).

---

1. Bonfinius, *Rerum Hungaricarum decades*, 1568, *passim*.
2. *Commentarii Pii secundi* (1610), p. 300-400. Voy. aussi ses lettres dans les *Œuvres complètes*.

Son successeur, Paul II, abandonna cette politique généreuse. Il arma contre les Bohémiens hérétiques le gendre de leur roi, ce même Mathias Corvin, dont la valeur n'eût dû être exercée que contre les Turcs. Pendant que les chrétiens s'affaiblissaient ainsi par leurs divisions, Mahomet II jurait solennellement dans la mosquée, qui avait été Sainte-Sophie, l'extermination du christianisme. Venise, abandonnée de ses alliés, perdit l'île de Négrepont, conquise par les Turcs à la vue de sa flotte. En vain Paul II et les Vénitiens allèrent chercher des alliés jusqu'au fond de la Perse; le schah fut défait par les Turcs, et la prise de Caffa ferma pour longtemps aux Européens toute communication avec les Persans. Enfin, la cavalerie turque se répandit dans le Frioul jusqu'à la Piave, brûlant les récoltes, les bois, les villages et les palais des nobles vénitiens; la nuit, on voyait de Venise même les flammes de cet incendie[1]. La république abandonna la lutte inégale qu'elle soutenait seule depuis quinze ans, sacrifia Scutari et se soumit à un tribut (1479).

Le pape Sixte IV et Ferdinand, roi de Naples, qui n'avaient point secouru Venise, l'accusèrent d'avoir trahi la cause de la chrétienté. Après avoir favorisé la conjuration des Pazzi, et fait ensuite une guerre ouverte aux Médicis, ils tournaient contre les Vénitiens leur politique inquiète. La vengeance de Venise

---

1. Sismondi, *Répub. ital.*, t. XI, p. 141; d'après Sabellico, témoin oculaire.

fut cruelle. En même temps que Mahomet II faisait attaquer Rhodes, on apprit que cent vaisseaux turcs, observés, ou plutôt escortés par la flotte vénitienne, avaient passé en Italie ; que déjà Otrante était prise, et le gouverneur scié en deux. L'effroi fut au comble, et l'événement l'eût justifié peut-être, si la mort du sultan n'avait arrêté pour quelque temps le cours de la conquête mahométane (1480-81).

Ainsi les Italiens faisaient intervenir les étrangers dans leurs querelles. Après avoir attiré les Turcs, les Vénitiens prirent à leur service le jeune René, duc de Lorraine, héritier des droits de la maison d'Anjou sur le royaume de Naples. Dès 1474, Sixte IV avait appelé les Suisses. Les *Barbares* s'habituaient à passer les Alpes, et ils allaient raconter dans leur pays les merveilles de la belle Italie ; les uns célébraient son luxe et ses richesses, les autres son climat, ses vins, ses fruits délicieux[1]. Alors s'éleva dans Florence la voix prophétique du dominicain Savonarole, qui annonçait à l'Italie les châtiments de Babylone et de Ninive : « O Italie, ô Rome, dit le
« Seigneur, je vais vous livrer aux mains d'un peuple
« qui vous effacera d'entre les peuples. Les Barbares
« vont venir, affamés comme des lions... Et la mor-
« talité sera si grande que les fossoyeurs iront par
« les rues, criant : Qui a des morts ? et alors l'un
« apportera son père, et l'autre son fils... O Rome,

---

1. Voy. la très joyeuse, plaisante et récréative histoire composée par *le loyal Serviteur* du bon Chevalier sans paour et sans reprouche, t. XV de la collection des *Mém.*, p. 306, 334, 385.

« je te le répète, fais pénitence ; faites pénitence,
« ô Venise ! ô Milan¹ ! ».

Ils persévérèrent. Le roi de Naples prit ses barons soulevés au piège d'un traité perfide. Gênes resta en proie aux factions des Adorni et des Fregosi. Laurent de Médicis, au lit de mort, refusa l'absolution à laquelle Savonarole mettait pour condition l'affranchissement de Florence. A Milan, Ludovic-le-More enferma son neveu en attendant qu'il l'empoisonnât. Roderic Borgia ceignit la tiare sous le nom d'Alexandre VI. Le moment inévitable était venu.

---

1. Savonarola, *Prediche quadragesimali* (1544), in-12 ; *Predica vigesima prima*, p. 211-212. Voy. aussi *Petri Martyris Anglerii epistol.*, cxxx, cxxxi, etc. « Malheur à toi, mère des arts, ô belle Italie !... etc., 1493. »

## CHAPITRE II

Occident. — France et Pays-Bas, Angleterre et Écosse, Espagne et Portugal, dans la seconde moitié du quinzième siècle.

Avant de se disputer la possession de l'Italie, il fallait que les grandes puissances de l'Occident sortissent de l'anarchie féodale, et réunissent toutes les forces nationales dans la main des rois. Le triomphe du pouvoir monarchique sur la féodalité est le sujet de ce chapitre. Avec la féodalité périssent les privilèges et les libertés du Moyen-âge. Ces libertés périssent, comme celles de l'Antiquité, parce qu'elles étaient des privilèges. L'égalité civile devait s'établir par la victoire de la monarchie [1].

Les instruments de cette révolution furent des hommes d'église et des légistes. L'Église ne se recru-

---

[1] L'égalité fait des progrès rapides au moment même où périssent les libertés politiques du Moyen-âge. Celles de l'Espagne sont vaincues par Charles-Quint en 1521, et en 1523 les Cortès de Castille permettent à tout le monde de porter l'épée, *afin que les bourgeois puissent se défendre contre les nobles.* (Voy. Ferreras, XII° partie.)

tant que par l'élection, au milieu du système universel d'hérédité qui s'établit peu à peu au Moyen-âge, avait élevé les vaincus au-dessus des vainqueurs, les fils des bourgeois et ceux même des serfs au-dessus des nobles. C'est à elle que les rois demandèrent des ministres dans leur dernière lutte contre l'aristocratie. Duprat, Wolsey et Ximénès, tous cardinaux et premiers ministres, sortaient de familles obscures. Ximénès avait commencé par enseigner le droit dans sa maison[1]. Les hommes d'église et les légistes étaient imbus des principes du droit romain, bien plus favorables que les coutumes féodales au pouvoir monarchique et à l'égalité civile.

La forme de cette révolution présente quelque différence dans les divers États. En Angleterre, elle est préparée et accélérée par une guerre terrible qui extermine la noblesse ; en Espagne, elle est compliquée par la lutte des croyances religieuses. Mais partout elle offre un caractère commun : l'aristocratie, déjà vaincue par le pouvoir royal, essaye de l'ébranler en le déplaçant, en renversant les maisons, les branches régnantes, pour leur substituer des maisons ennemies, des branches rivales (Voy. le premier de nos *Tableaux synchroniques*). Les moyens employés par les deux partis sont odieux et souvent atroces. La politique, dans l'enfance, ne choisit encore qu'entre

---

1. *Gomecius*, fol. 2. — Giannone remarque que, sous Ferdinand-le-Bâtard, les lois romaines prévalurent à Naples sur les lois lombardes, par l'influence des professeurs, qui étaient en même temps magistrats et avocats. (*Liv. XXVIII*, ch. v.)

la violence et la perfidie ; voyez plus bas la mort des comtes de Douglas, des ducs de Bragance et de Viseu, surtout celle du comte de Mar et des ducs de Clarence et de Guyenne. Cependant la postérité, trompée par le succès, s'est exagéré les talents des princes de cette époque (Louis XI, Ferdinand-le-Bâtard, Henri VII, Iwan III, etc.). Le plus habile de tous, Ferdinand-le-Catholique, n'est qu'un fourbe heureux, aux yeux de Machiavel. (*Lettres familières*, avril 1513, mai 1514).

§ 1. — *France* (1452-1494 [1]).

Lorsque la retraite des Anglais permit à la France de se reconnaître, les laboureurs, descendant des châteaux et des villes fortes où la guerre les avait renfermés, retrouvaient leurs champs en friche et leurs villages en ruine. Les *Compagnies* licenciées continuaient d'infester les routes et de rançonner le paysan. Les seigneurs féodaux, qui venaient d'aider Charles VII à chasser les Anglais, étaient rois sur leurs terres, et ne reconnaissaient aucune loi divine ni humaine. Un comte d'Armagnac s'intitulait *Comte par la grâce de Dieu*, faisait pendre les huissiers du Parlement, épousait sa propre sœur, et *battait son*

---

1. *Sources principales*, t. IX, X, XI, XII, XIII, XIV de la collection des *Mémoires*, édit. de M. Petitot, particulièrement *Mémoires* de Comines; *Histoire des ducs de Bourgogne*, par M. de Barante, t. VII; Michelet, *Histoire de France*.

*confesseur quand il refusait de l'absoudre*[1]. On avait vu pendant trois ans le frère du duc de Bretagne demander du pain aux passants par les barreaux de sa prison, jusqu'à ce que son frère le fît étrangler.

C'est vers le roi que se tournaient les espérances du pauvre peuple, c'est de lui qu'il attendait quelque soulagement à sa misère. Le système féodal qui, au dixième siècle, avait été le salut de l'Europe, en était devenu le fléau. Ce système semblait reprendre son ancienne force depuis les guerres des Anglais. Sans parler des comtes d'Albret, de Foix, d'Armagnac, et de tant d'autres seigneurs, les maisons de Bourgogne, de Bretagne et d'Anjou le disputaient à la maison royale de splendeur et de puissance.

Le comté de Provence, héritage de la maison d'Anjou, était une espèce de centre pour les populations du Midi, comme la Flandre pour celles du Nord; elle joignait à ce riche comté l'Anjou, le Maine et la Lorraine, entourant ainsi de tous côtés les domaines du roi. L'esprit de l'antique chevalerie semblait s'être réfugié dans cette famille héroïque : le monde était plein des exploits et des malheurs du roi René et de ses enfants. Pendant que sa fille Marguerite d'Anjou soutenait dans dix batailles les droits de la Rose rouge, Jean de Calabre, son fils, prenait, perdait le royaume de Naples, et mourait au moment où l'enthousiasme des Catalans le portait au trône d'Aragon. Des espérances si vastes, des guerres

[1]. Pièces du procès de Jean IV, comte d'Armagnac, citées par les auteurs de l'*Art de vérifier les dates*. C'est Jean V qui épousa sa sœur.

si lointaines, annulaient en France la puissance de cette maison. Le caractère de son chef était d'ailleurs peu propre à soutenir une lutte opiniâtre contre le pouvoir royal. Le bon René, dans ses dernières années, ne s'occupait guère que de poésie pastorale, de peinture et d'astrologie. Lorsqu'on lui apprit que Louis XI lui avait pris l'Anjou, il peignait une belle perdrix grise, et n'interrompit point son travail.

Le véritable chef de la féodalité était le duc de Bourgogne. Ce prince, plus riche qu'aucun roi de l'Europe, réunissait sous sa domination des provinces françaises et des États allemands, une noblesse innombrable, et les villes les plus commerçantes de l'Europe. Gand et Liège pouvaient mettre chacune quarante mille hommes sur pied. Mais les éléments qui composaient cette grande puissance étaient trop divers pour bien s'accorder. Les Hollandais ne voulaient point obéir aux Flamands, ni ceux-ci aux Bourguignons. Une implacable haine existait entre la noblesse des châteaux et le peuple des villes marchandes. Ces fières et opulentes cités mêlaient avec l'esprit industriel des temps modernes la violence des mœurs féodales. Dès que la moindre atteinte était portée aux privilèges de Gand, les doyens des métiers sonnaient la cloche de Roland, et plantaient leurs bannières dans le marché. Alors le duc montait à cheval avec sa noblesse, et il fallait des batailles et des torrents de sang.

Le roi de France au contraire était soutenu par les villes. Dans ses domaines, les petits étaient bien protégés contre les grands. C'était un bourgeois, Jacques Cœur, qui lui avait prêté l'argent nécessaire pour reconquérir la Normandie. Partout le roi réprimait la licence des gens de guerre. Dès 1441, il avait débarrassé le royaume des *Compagnies*, en les envoyant contre les Suisses, qui en firent justice à la bataille de Saint-Jacques. En même temps, il fondait le parlement de Toulouse, étendait le ressort du parlement de Paris, malgré les réclamations du duc de Bourgogne, et limitait toutes les justices féodales. En voyant un d'Armagnac exilé, un d'Alençon emprisonné, un bâtard de Bourbon jeté à la rivière, les grands apprenaient qu'aucun rang ne mettait au-dessus des lois. Une révolution si heureuse faisait accueillir avec confiance toutes les nouveautés favorables au pouvoir monarchique. Charles VII créa une armée permanente de quinze cents lances, institua la milice des francs-archers, qui devaient rester dans leurs foyers et s'exercer aux armes les dimanches; il mit sur les peuples une taille perpétuelle sans l'autorisation des États généraux, et personne ne murmura (1444).

Les grands eux-mêmes concouraient à augmenter le pouvoir royal, dont ils disposaient tour à tour. Ceux qui ne gouvernaient point le roi se contentaient d'intriguer auprès du dauphin et de l'exciter contre son père. Tout changea de face lorsque Charles VII succomba aux inquiétudes que lui donnait son fils, retiré en Bourgogne (1461). Aux funérailles du roi, Dunois dit à toute la noblesse assemblée : « Le roi notre maître est mort; que chacun songe à se pourvoir. »

Louis XI n'avait rien de ce caractère chevaleresque en faveur duquel les Français pardonnaient tant de faiblesses à Charles VII. Il aimait les négociations plus que les combats, s'habillait pauvrement et s'entourait de petites gens. Il prenait un laquais pour héraut, un barbier pour gentilhomme de la chambre, appelait le prévôt Tristan *son compère.* Dans son impatience d'abaisser les grands, il renvoie dès son arrivée tous les ministres de Charles VII ; il ôte aux seigneurs toute influence dans les élections ecclésiastiques, en abolissant la Pragmatique ; irrite le duc de Bretagne, en essayant de lui ôter les droits régaliens ; le comte de Charolais, fils du duc de Bourgogne, en rachetant à son père les villes de la Somme, et en voulant lui retirer le don de la Normandie ; enfin il mécontente tous les nobles en ne tenant nul compte de leurs droits de chasse, l'offense la plus sensible peut-être pour un gentilhomme de ce temps.

Les grands n'éclatèrent pas avant que l'affaiblissement du duc de Bourgogne eût mis toute l'autorité entre les mains de son fils, le comte de Charolais, depuis si célèbre sous le nom de Charles-le-Téméraire. Alors le duc de Jean de Calabre, le duc de Bourbon, le duc de Nemours, le comte d'Armagnac, le sire d'Albret, le comte de Dunois et beaucoup d'autres seigneurs se liguèrent *pour le bien public* avec le duc de Bretagne et le comte de Charolais. Ils s'entendirent, par leurs envoyés, dans l'église de Notre-Dame de Paris, et prirent pour signe de ralliement une aiguillette de soie rouge. A cette coalition presque universelle de la noblesse le roi essaya d'opposer les villes, et surtout Paris. Il y abolit presque toutes les aides, se composa un conseil de bourgeois et de membres du Parlement et de l'Université; il confia la reine à la garde des Parisiens et voulut qu'elle fît ses couches dans leur ville, *la ville du monde qu'il aimait le mieux.* Il y eut peu d'ensemble dans l'attaque des confédérés. Louis XI eut le temps d'accabler le duc de Bourbon. Le duc de Bretagne ne joignit l'armée principale qu'après la bataille de Montlhéry. On avait si bien oublié la guerre depuis l'expulsion des Anglais, qu'à l'exception d'un petit nombre de corps, chaque armée s'enfuit de son côté[1]. Alors le roi entama des négociations insidieuses, et la dissolution imminente de la ligue décida les confédérés à traiter (à Conflans et à Saint-Maur, 1465). Le roi leur accorda toutes leurs demandes; à son frère, la Normandie, province qui faisait à elle seule le tiers des revenus du roi; au comte de Charolais, les villes de la Somme; à tous les autres, des places fortes, des seigneuries et des pensions. Pour que le *Bien public* ne parût pas entièrement oublié, on stipula, pour la forme, qu'une assemblée de notables y aviserait. La plupart des autres articles ne furent pas exécutés plus sérieusement que le dernier; le roi profita d'une révolte de Liège et de Dinant contre le duc de Bourgogne, pour reprendre la Normandie, fit annuler

---

1. *Comines*, liv. I, ch. IV.

par les États du royaume (à Tours, 1466) les principaux articles du traité de Conflans, et força le duc de Bretagne à renoncer à l'alliance du comte de Charolais, devenu duc de Bourgogne.

Louis XI, qui espérait encore apaiser ce dernier à force d'adresse, alla lui-même le trouver à Péronne (1468). Il y était à peine que le duc apprit la révolte des Liégeois, soulevés contre lui par les agents du roi de France. Ils avaient emmené prisonnier Louis de Bourbon, leur évêque, massacré l'archidiacre, et, par un jeu horrible, s'étaient jeté ses membres les uns aux autres. La fureur du duc de Bourgogne fut telle que le roi craignit un instant pour sa vie. Il voyait dans l'enceinte du château de Péronne la tour où le comte de Vermandois avait fait autrefois périr Charles-le-Simple. Il en fut quitte à meilleur marché. Le duc se contenta de lui faire confirmer le traité de Conflans, et de l'emmener devant Liège pour voir ruiner cette ville. Le roi, de retour, ne manqua pas de faire annuler encore par les États tout ce qu'il venait de jurer.

Alors se forma contre lui une confédération plus redoutable que celle du *Bien public*. Son frère, à qui il venait de donner la Guyenne, et les ducs de Bretagne et de Bourgogne y avaient attiré la plupart des seigneurs auparavant fidèles au roi. Ils appelaient le roi d'Aragon, Juan II, qui réclamait le Roussillon, et le roi d'Angleterre, Édouard IV, beau-frère du duc de Bourgogne, qui sentait le besoin d'affermir son règne en occupant au dehors l'esprit inquiet des

Anglais. Le duc de Bretagne ne dissimulait point les vues des confédérés. « J'aime tant le bien du royaume de France, désirait-il, qu'au lieu d'un roi, j'en voudrais six. » Louis XI n'avait pas à espérer d'être soutenu cette fois par les villes, qu'il écrasait d'impôts. La mort de son frère pouvait seule rompre la ligue : son frère mourut. Le roi, qui se faisait instruire des progrès de la maladie, ordonnait des prières publiques pour la santé du duc de Guyenne, et faisait avancer des troupes pour s'emparer de son apanage. Il étouffa la procédure commencée contre le moine qu'on soupçonnait d'avoir empoisonné le prince, et fit répandre que le Diable l'avait étranglé dans sa prison.

Débarrassé de son frère, Louis XI repoussa Juan II du Roussillon, Charles-le-Téméraire de la Picardie, et s'assura de tous les ennemis qu'il avait dans le royaume[1]. Mais le plus grand danger n'était point passé. Le roi d'Angleterre débarqua à Calais, en réclamant, comme de coutume, *son royaume de France*. La nation anglaise avait fait de grands efforts pour cette guerre. *Le roi*, dit Comines, *avait dans son armée dix ou douze hommes, tant de Londres que d'autres villes, gros et gras, qui étaient les principaux entre les Communes d'Angleterre, et qui avaient tenu la*

---

1. Du duc d'Alençon, en l'emprisonnant (1472); du roi René, en lui enlevant l'Anjou (1474); du duc de Bourbon, en donnant Anne de France à son frère (1473-74), et en le nommant lui-même son lieutenant dans plusieurs provinces du Midi (1475); enfin du comte d'Armagnac et de Charles d'Albret (1473); du duc de Nemours et du connétable de Saint-Pol (1475-77) en les faisant mettre à mort tous les quatre.

*main à ce passage et à lever cette puissante armée.* Au lieu de recevoir les Anglais à leur arrivée, et de les guider dans ce pays où tout était nouveau pour eux, le duc de Bourgogne s'en était allé guerroyer en Allemagne. Cependant le temps était mauvais; quoique Édouard *eût soin de faire loger en bonne tente les hommes des Communes qui l'avaient suivi, ce n'était point la vie qu'ils avaient accoutumée, ils en furent bientôt las; ils avaient cru qu'ayant une fois passé la mer, ils auraient une bataille au bout de trois jours* (Comines, l. IV, ch. xi). Louis trouva moyen de faire accepter au roi et à ses favoris des présents et des pensions, traita tous les soldats à table ouverte, et se félicita de s'être ainsi défait, pour quelque argent, d'une armée qui venait conquérir la France.

Dès cette époque, il n'eut plus rien à craindre de Charles-le-Téméraire. Ce prince orgueilleux avait conçu le dessein de rétablir dans de plus vastes proportions l'ancien royaume de Bourgogne, en réunissant à ses États la Lorraine, la Provence, le Dauphiné et la Suisse. Louis XI se garda bien de l'inquiéter; il prolongea les trêves *et le laissa s'aller heurter contre l'Allemagne.* En effet, le duc ayant voulu forcer la ville de Neuss de recevoir un des deux prétendants à l'archevêché de Cologne, tous les princes de l'Empire vinrent l'observer avec une armée de cent mille hommes. Il s'obstina une année entière, et ne quitta ce malheureux siège que pour tourner ses armes contre les Suisses.

Ce peuple de bourgeois et de paysans affranchis

depuis deux siècles du joug de la maison d'Autriche était toujours haï des princes et de la noblesse. Louis XI, encore dauphin, avait éprouvé la valeur des Suisses à la bataille de Saint-Jacques, où seize cents d'entre eux s'étaient fait tuer plutôt que de reculer devant vingt mille hommes. Néanmoins le sire d'Hagenbach, gouverneur du duc de Bourgogne dans le comté de Ferrette, vexait leurs alliés et ne craignait pas de les insulter eux-mêmes. *Nous écorcherons l'ours de Berne*, disait-il, *et nous en ferons une fourrure*. La patience des Suisses se lassa; ils s'allièrent avec les Autrichiens, leurs anciens ennemis, firent décapiter Hagenbach, et battirent les Bourguignons à Héricourt. Ils essayèrent d'apaiser le duc de Bourgogne; ils lui exposaient qu'il n'avait rien à gagner contre eux : *Il y a plus d'or*, disaient-ils, *dans les éperons de vos chevaliers, que vous n'en trouverez dans tous nos cantons*. Le duc fut inflexible. Ayant envahi la Lorraine et la Suisse, il prit Granson, et fit noyer la garnison qui s'était rendue sur sa parole. Cependant l'armée des Suisses avançait : le duc de Bourgogne eut l'imprudence d'aller à sa rencontre, et de perdre ainsi l'avantage que la plaine donnait à sa cavalerie. Placé sur la colline qui porte encore aujourd'hui son nom, il les vit fondre du haut des montagnes, en criant : *Granson! Granson!* En même temps on entendait dans toute la vallée ces deux trompes d'une monstrueuse grandeur que les Suisses avaient, disaient-ils, reçues autrefois de Charlemagne, et qu'on nommait le taureau d'Uri et la vache d'Unterwald. Rien n'arrêta les confédérés. Les Bourguignons essayèrent toujours inutilement de plonger dans cette forêt de piques qui s'avançait au pas de course. La déroute fut bientôt complète. Le camp du duc, ses canons, ses trésors, tombèrent entre les mains des vainqueurs. Mais ceux-ci ne savaient pas tout ce qu'ils avaient gagné. L'un d'eux vendit pour un écu le gros diamant du duc de Bourgogne ; l'argent de son trésor fut partagé sans compter, et mesuré à pleins chapeaux. Cependant le malheur n'avait point instruit Charles-le-Téméraire. Trois mois après il vint attaquer les Suisses à Morat, et éprouva une défaite bien plus sanglante. Les vainqueurs ne firent point de prisonniers, et élevèrent un monument avec les ossements des Bourguignons. *Cruel comme à Morat*, fut longtemps un dicton populaire parmi les Suisses (1476).

Cette défaite fut la ruine de Charles-le-Téméraire. Il avait épuisé ses bonnes villes d'hommes et d'argent; depuis deux ans il tenait ses gentilshommes sous les armes. Il tomba dans une mélancolie qui approchait du délire, laissant croître sa barbe et ne changeant plus de vêtement. Il s'obstinait à vouloir chasser de Lorraine le jeune René, qui venait d'y rentrer. Ce prince, qui avait combattu pour les Suisses, qui se plaisait à parler leur langue, qui prenait quelquefois leur costume, les vit bientôt venir à son secours. Le duc de Bourgogne, réduit à trois mille hommes, ne voulut point fuir *devant un enfant*, mais il avait lui-même peu d'espérance; au moment de combattre, l'Italien Campo-Basso, auprès duquel Louis XI marchandait depuis longtemps la vie de Charles-le-Téméraire, arracha la croix rouge, et commença ainsi la défaite des Bourguignons (1477). Quelques jours après on retrouva le corps du prince; on l'apporta en grande pompe à Nancy; René vint lui jeter de l'eau bénite et, lui prenant la main : *Beau cousin*, lui-dit-il, *Dieu ait votre âme! vous nous avez fait moult maux et douleurs*. Mais le peuple ne voulut pas croire à la mort d'un prince qui depuis si longtemps occupait la renommée. On assurait toujours qu'il ne tarderait pas à reparaître; et, dix ans après, des marchands livraient gratuitement des marchandises, sous condition qu'on leur paierait le double au retour du grand duc de Bourgogne.

La chute de la maison de Bourgogne affermit pour toujours celle de France. Les possesseurs des trois grands fiefs, Bourgogne, Provence, Bretagne, étant morts sans enfants mâles, nos rois démembrèrent la première succession (1477), recueillirent la deuxième en vertu d'un testament (1481), et la troisième par un mariage (1491).

D'abord Louis XI espérait acquérir tout l'héritage de Charles-le-Téméraire en mariant le dauphin à sa fille Marie de Bourgogne. Mais les États de Flandre, las d'obéir aux Français, donnèrent la main de leur souveraine à Maximilien d'Autriche, depuis Empereur et grand-père de Charles-Quint. Ainsi commença la rivalité des maisons d'Autriche et de France. Malgré la défaite des Français à Guinegate, Louis XI resta du moins maître de l'Artois et de la Franche-Comté, qui, par le traité d'Arras (1481), devaient former la dot de Marguerite, fille de l'archiduc, promise au dauphin (Charles VIII).

Lorsque Louis XI laissa le trône à son fils encore enfant (1483), la France qui avait tant souffert en silence, éleva la voix. Les États, assemblés en 1484 par la régente Anne de Beaujeu, voulaient donner à leurs délégués la principale influence dans le conseil de régence; ne voter l'impôt que pour deux ans, au bout desquels ils seraient de nouveau assemblés; enfin, régler eux-mêmes la répartition de l'impôt. Les six *nations* entre lesquelles les États étaient divisés commençaient à se rapprocher, et voulaient se former toutes en pays d'États, comme le Languedoc et la Normandie, lorsqu'on prononça la dissolution de l'assemblée. La régente continua le règne de Louis XI par sa fermeté à l'égard des grands. Elle accabla le duc d'Orléans, qui lui disputait la régence, et réunit la Bretagne à la couronne en mariant son frère avec l'héritière de ce duché (1491). Ainsi fut accompli l'ouvrage de l'abaissement des grands. La France atteignit cette unité qui allait la rendre redoutable à toute l'Europe. Aux vieux serviteurs de Louis XI succède une autre génération, jeune et ardente comme son roi. Impatient de faire valoir les droits qu'il a hérités de la maison d'Anjou sur le royaume de Naples, Charles VIII apaise à force d'argent la jalousie du roi d'Angleterre, rend le Roussillon à Ferdinand-le-Catholique, à Maximilien l'Artois et la Franche-

Comté : il n'hésite point à sacrifier trois des plus fortes barrières de la France. La perte de quelques provinces importe peu au conquérant futur du royaume de Naples et de l'empire d'Orient.

§ 2. — *Angleterre* (1454-1509). — *Écosse* (1452-1513).

Toujours battus depuis un siècle par les Anglais, les Français avaient enfin leur tour. A chaque campagne, les Anglais, chassés de nos villes par Dunois ou Richemont, revenaient dans leurs provinces couverts de honte, et s'en prenaient à leurs généraux, à leurs ministres ; c'étaient tantôt les querelles des oncles du roi, tantôt le rappel du duc d'York, qui avaient causé leurs défaites. Au vainqueur d'Azincourt avait succédé le jeune Henri VI, dont l'innocence et la douceur étaient si peu faites pour ces temps de troubles, et dont la faible raison acheva de s'égarer au commencement de la guerre civile. Tandis que le revenu actuel de la couronne était tombé à cinq mille livres sterling [1], plusieurs grandes familles avaient réuni des fortunes royales par des mariages et des successions. Le seul comte de Warwick, le dernier et le plus illustre exemple de l'hospitalité féodale, nourrissait journellement dans ses terres jusqu'à trente mille personnes. Quand il tenait maison à Londres, ses vassaux et ses amis consom-

1. Voir *Hume* et *Lingard*, *passim*, et spécialement *Comines*, liv. III, ch. VII.

maient six bœufs par repas. Cette fortune colossale était soutenue par tous les talents d'un chef de parti. Son intrépidité était étrangère au point d'honneur chevaleresque; cet homme, qu'on avait vu attaquer une flotte double de la sienne, fuyait souvent sans rougir lorsqu'il voyait plier les siens. Impitoyable pour les nobles, il épargnait le peuple dans les batailles. Comment s'étonner qu'il ait mérité le surnom de *Faiseur de rois?*

La cour, déjà si faible contre de tels hommes, aggravait encore, comme à plaisir, le mécontentement du peuple. Lorsque la haine des Anglais contre la France était aigrie par tant de revers, on leur donna une reine française. La belle Marguerite d'Anjou, fille du roi René de Provence, devait porter en Angleterre l'esprit héroïque de sa famille, mais non ses douces vertus. Henri achète sa main par la cession du Maine et de l'Anjou; au lieu de recevoir une dot, il en donne une. Un an s'écoule à peine depuis ce mariage, et l'oncle du roi, le *bon duc* de Glocester, que la nation adorait parce qu'il voulait toujours la guerre, est trouvé mort dans son lit. Les mauvaises nouvelles arrivent de France coup sur coup; on s'indigne encore de la perte du Maine et de l'Anjou, et l'on apprend que Rouen, que la Normandie entière est aux Français; leur armée ne trouve en Guyenne aucune résistance. Pas un soldat n'est envoyé d'Angleterre, pas un gouverneur n'essaye de résister, et, au mois d'août 1451, l'Angleterre n'a plus sur le continent que la ville de Calais.

L'orgueil national, si cruellement humilié, commença à chercher un vengeur. Les regards se tournèrent vers Richard d'York, dont les droits, prescrits, il est vrai, depuis longtemps, étaient supérieurs à ceux de la maison de Lancastre. A lui se rallièrent les Nevil et une grande partie de la noblesse. Le duc de Suffolk, le favori de la reine, fut leur première victime. Un imposteur souleva ensuite les hommes de Kent, toujours prêts à commencer les révolutions, les conduisit à Londres et fit tomber la tête de lord Say, autre ministre de Henri. Enfin, les partisans de Richard lui-même vinrent en armes à Saint-Alban demander à ce qu'on leur livrât Sommerset, qui, après avoir perdu la Normandie, était devenu premier ministre. Voilà le premier sang versé dans cette guerre qui doit durer trente ans, qui doit coûter la vie à quatre-vingts princes, et exterminer l'ancienne noblesse du royaume. Le duc d'York fait son roi prisonnier, le reconduit en triomphe à Londres, et se contente du titre de *protecteur* (1455).

Cependant Marguerite d'Anjou arme les comtés du Nord, ennemis constants des innovations. Elle est battue à Northampton. Henri tombe de nouveau entre les mains de ses ennemis et le vainqueur, ne dissimulant plus ses prétentions, se fait déclarer par le Parlement héritier présomptif du trône. Il touchait ainsi au but de son ambition, lorsqu'il rencontra près de Wakefield l'armée que l'infatigable Marguerite avait encore rassemblée. Il accepta le combat, malgré l'infériorité de ses forces, fut vaincu, et sa tête, ornée par la reine d'un diadème de papier, fut plantée sur la muraille d'York. Son fils, à peine âgé de douze ans, fuyait avec son gouverneur, lorsqu'on l'arrête au pont de Wakefield. L'enfant tombe à genoux, incapable de parler, et le gouverneur l'ayant nommé : « Ton père a tué mon père, s'écrie lord Clifford, il « faut que tu meures aussi, toi et les tiens »; et il le poignarde. Cette barbarie sembla avoir ouvert un abîme entre les deux partis; les échafauds furent désormais dressés sur les champs de bataille, et attendirent les vaincus.

Alors commença d'une manière régulière la lutte de la Rose blanche et de la Rose rouge, tels étaient les signes de ralliement d'York et de Lancastre. Warwick fait proclamer roi, par la populace de Londres, le fils du duc d'York sous le nom d'Édouard IV (1461). Enfant de la guerre civile, Édouard versait volontiers le sang, mais il intéressait le peuple par le malheur de son père et de son frère : il n'avait que vingt ans, il aimait le plaisir, et c'était le plus bel homme du siècle. Le parti de Lancastre n'avait pour lui que la longue possession du trône et les serments du peuple. Lorsque la reine entraînait vers le Midi la tourbe effrénée des paysans du Nord, qui ne se payaient que par le pillage, Londres et les plus riches provinces s'attachaient à Édouard comme à un défenseur.

Bientôt Warwick conduisit son jeune roi contre elle jusqu'au village de Tawton. C'est là que, pendant tout un jour, sous une neige épaisse, combattirent les deux partis avec une fureur peu commune, même dans les guerres civiles. Warwick, voyant plier les siens, tue son cheval, baise la croix que formait la garde de son épée, et jure qu'il partagera le sort du dernier des soldats. Les Lancastriens sont précipités dans les eaux du Cock. Édouard défend de faire quartier aux vaincus; trente-huit mille hommes sont noyés ou massacrés. La reine, ne ménageant plus rien, s'adressa aux étrangers, aux Français; déjà elle avait livré Berwick aux Écossais; elle passa en France, et promit à Louis XI de lui donner Calais en gage pour en obtenir un faible et odieux secours. Mais la flotte qui portait ses trésors fut brisée par la tempête; elle perdit la bataille d'Exham et ses dernières espérances (1463). Le malheureux Henri retomba bientôt au pouvoir de ses ennemis. La reine parvint en France avec son fils, à travers les plus grands dangers.

Après la victoire vint le partage des dépouilles. Warwick et les autres Nevil eurent la part principale. Mais bientôt ils virent succéder à leur crédit les parents d'Élisabeth Widewile, simple lady, que l'imprudent amour d'Édouard avait élevée au trône[1]. Alors le *Faiseur de rois* ne songea plus qu'à détruire son ouvrage; il négocia avec la France, souleva le nord de l'Angleterre, attira dans son parti le frère même du roi, le duc de Clarence, et se rendit maître de la personne d'Édouard. L'Angleterre eut un instant

---

1. D'après une tradition généralement suivie, Warwick aurait négocié en France le mariage du roi d'Angleterre avec Bonne de Savoie, belle-sœur de

deux rois prisonniers. Mais Warwick se vit bientôt obligé de fuir avec Clarence, et de passer sur le continent.

On ne pouvait renverser York que par les forces de Lancastre. Warwick se réconcilie avec cette même Marguerite d'Anjou qui avait fait décapiter son père, et repasse en Angleterre sur les vaisseaux du roi de France. En vain Charles-le-Téméraire avait averti l'indolent Édouard; en vain le peuple chantait dans ses ballades le nom de l'exilé, et faisait allusion, dans les spectacles informes de cet âge, à son infortune et à ses vertus. Édouard ne se réveilla qu'en apprenant que Warwick marchait à lui avec plus de soixante mille hommes. Trahi par les siens à Nottingham, il se sauva si précipitamment qu'il aborda presque seul dans les États du duc de Bourgogne (1470).

Pendant que Henri VI sort de la tour de Londres, et que le roi de France célèbre, par des fêtes publiques, le rétablissement de son allié, Clarence, qui se repent d'avoir travaillé pour la maison de Lancastre, rappelle son frère en Angleterre. Édouard part de Bourgogne avec les secours que le duc lui fournit secrètement, débarque à Ravenspur, au lieu même où Henri IV aborda autrefois pour renverser Richard II; il s'avance sans obstacle, et déclare sur la route qu'il réclame seulement le duché d'York, héritage de son père. Il

Louis XI, pendant qu'Édouard épousait Élisabeth Widewile. Cette tradition n'est point confirmée par le témoignage des trois principaux historiens contemporains.

prend la plume d'autruche[1] et fait crier par les siens : *Longue vie au roi Henri!* Mais, dès que son armée est assez forte, il lève le masque et vient disputer le trône aux Lancastriens dans la plaine de Barnet. La trahison de Clarence, qui passa à son frère avec douze mille hommes, et l'erreur qui fit confondre le soleil que portait ce jour-là dans ses armes le parti d'Édouard avec l'étoile rayonnante du parti opposé, entraînèrent la perte de la bataille et la mort du comte de Warwick. Marguerite, attaquée avant d'avoir réuni les forces qui lui restaient, fut vaincue et prise avec son fils à Tewkesbury. Le jeune prince fut conduit dans la tente du roi : « Qui vous a rendu si « hardi, lui dit Édouard, pour entrer dans mes États ? — Je suis venu, répondit fièrement le jeune prince, « défendre la couronne de mon père et mon propre « héritage. » Édouard, irrité, le frappa de son gantelet au visage, et ses frères, Clarence et Glocester, ou peut-être leurs chevaliers, se jetèrent sur lui et le percèrent de coups.

Le jour même de l'entrée d'Édouard à Londres, on dit que Henri VI périt à la Tour, de la main même du duc de Glocester (1471). Dès lors le triomphe de la Rose blanche fut assuré. Édouard n'eut plus à craindre que ses propres frères. Il prévint Clarence en le faisant mourir sous de vains prétextes, mais il fut empoisonné par Glocester, si l'on doit en croire le bruit qui courut (1483). (Voyez plus haut son expédition en France.)

[1]. Que portaient les partisans du prince de Galles, fils de Henri IV.

A peine Édouard laisse-t-il le trône à son jeune fils Édouard V, que le duc de Glocester se fait nommer *Protecteur*. La reine-mère, qui savait trop quelle protection elle avait à attendre de cet homme, dont l'aspect seul faisait horreur, s'était réfugiée à Westminster; le respect du lieu saint n'arrêtant point Richard, elle lui remit en tremblant ses deux fils. Mais il ne pouvait rien entreprendre contre eux avant d'avoir fait périr leurs défenseurs naturels, lord Hastings surtout, l'ami personnel d'Édouard IV. Richard entre un jour dans la salle du conseil avec un air enjoué; puis, changeant tout à coup de visage : « Quelle peine, s'écrie-t-il, méritent ceux qui complo-
« tent la mort du Protecteur? Voyez dans quel état
« la femme de mon frère et Jane Shore (c'était la
« maîtresse d'Hastings) m'ont réduit par leurs sorti-
« lèges! » et il montrait un bras desséché qu'il avait dans cet état depuis sa naissance. Ensuite s'adressant à Hastings : « C'est vous qui êtes l'instigateur de tout
« cela. Par saint Paul! je ne dînerai pas qu'on ne
« m'ait apporté votre tête. » Il frappe sur une table; des soldats fondent dans la salle, entraînent Hastings, et le décapitent dans la cour, sur une pièce de charpente qui se trouvait là. Alors le Parlement déclare les deux jeunes princes bâtards et fils de bâtards. Un docteur Shaw prêche au peuple *que les rejetons illégitimes ne profiteront pas;* une douzaine d'ouvriers jettent leurs bonnets en l'air en criant : Vive le roi Richard! et il accepte la couronne *pour se conformer aux ordres du peuple.*

Ses neveux furent étouffés à la Tour, et, longtemps après, l'on retrouva deux squelettes d'enfants sous l'escalier de la prison.

Cependant le trône de Richard III était mal affermi. Il restait au fond de la Bretagne un rejeton de Lancastre, Henri Tudor, de Richemont, dont les droits à la couronne étaient plus que douteux. Il était par son aïeul Owen Tudor d'origine galloise. Les Gallois l'appelèrent[1]. Si l'on excepte les comtés du nord, où Richard avait beaucoup de partisans, toute l'Angleterre attendait Richemont pour se déclarer en sa faveur. Richard, ne sachant à qui se fier, précipita la crise, et s'avança jusqu'à Bosworth. A peine les deux armées étaient en présence, qu'il reconnut dans les rangs opposés les Stanley, qu'il croyait pour lui. Alors il s'élance, la couronne en tête, en criant : « Trahison! trahison! » tue de sa main deux gentilshommes, renverse l'étendard ennemi, et se fait jour jusqu'à son rival; mais il est accablé par le nombre. Lord Stanley lui arrache la couronne et la place sur la tête de Henri. Le corps dépouillé de Richard fut mis derrière un cavalier, et conduit ainsi à Leicester, la tête pendant d'un côté et les pieds de l'autre (1485).

Henri réunit les droits des deux maisons rivales par son mariage avec Élisabeth, fille d'Édouard IV. Mais son règne fut longtemps troublé par les intrigues de la veuve d'Édouard et de la sœur de ce

---

[1]. Thierry, *Histoire de la conquête de l'Angleterre par les Normands*, tome I<sup>er</sup>.

prince, duchesse douairière de Bourgogne. Elles suscitèrent d'abord contre lui un jeune boulanger qui se faisait passer pour le comte de Warwick, fils du duc de Clarence. Henri, ayant défait les partisans de l'imposteur à la bataille de Stoke, l'employa comme marmiton dans ses cuisines, et peu après, en récompense de sa bonne conduite, lui donna la charge de fauconnier.

Un rival plus redoutable s'éleva ensuite contre lui. Ce personnage mystérieux, qui ressemblait à Édouard IV, prenait le nom du second fils de ce prince. La duchesse de Bourgogne le reconnut pour son neveu, après un examen solennel, et le nomma publiquement *la Robe blanche d'Angleterre.* Charles VIII le traita en roi; Jacques III, le roi d'Écosse, lui donna en mariage une de ses parentes; mais ses tentatives ne furent point heureuses. Il envahit successivement l'Irlande, le nord de l'Angleterre, le comté de Cornouailles, et fut toujours repoussé. Les habitants de ce comté, trompés dans les espérances qu'il avaient conçues à l'avènement d'un prince de race galloise, refusèrent de payer les impôts, et jurèrent de mourir pour le prétendant. Il n'en fut pas moins fait prisonnier, et forcé de lire, dans la salle de Westminster, une confession signée de sa main. Il y reconnaissait qu'il était né à Tournay, d'une famille juive, et qu'il s'appelait Perkins Warbeck. Un nouvel imposteur ayant pris le nom du comte de Warwick, Henri VII. voulut terminer ces troubles, et fit mettre à mort le véritable comte de Warwick, prince infortuné dont la naissance faisait tout le crime, et qui, dès ses premières années, avait été enfermé dans la Tour de Londres.

Telle fut la fin des troubles qui avaient coûté tant de sang à l'Angleterre. Qui fut vaincu dans cette longue lutte? ni York, ni Lancastre, mais l'aristocratie anglaise, décimée dans les batailles, dépouillée par les proscriptions. Si l'on en croyait Fortescue, près du cinquième des terres du royaume serait tombé par confiscation entre les mains de Henri VII. Ce qui fut plus funeste encore à la puissance des nobles, c'est la loi qui leur permit d'aliéner leurs terres en cassant les substitutions. Les besoins croissants d'un luxe inconnu jusque-là les firent profiter avidement de cette permission de se ruiner. Ils quittèrent, pour vivre à la cour, le séjour de leurs châteaux antiques, où ils régnaient en souverains depuis la conquête. Ils renoncèrent à cette hospitalité somptueuse par laquelle ils avaient si longtemps retenu la fidélité de leurs vassaux. Les *hommes des barons* trouvaient déserte la salle des plaids et celle des festins; ils abandonnaient ceux qui les avaient abandonnés, et retournaient chez eux *hommes du roi* (Abolition du droit de *maintenance*).

Le premier souci de Henri VII pendant tout son règne fut l'accumulation d'un trésor : on comptait si peu sur l'avenir après tant de révolutions! Exigence des dettes féodales, rachat des services féodaux, amendes, confiscations, tous les moyens lui furent bons pour atteindre son but. Il obtint de l'argent de son Parlement pour faire la guerre à la France, il en obtint des Français pour ne point la faire, *gagnant sur ses sujets par la guerre et sur ses ennemis par la paix* (Bacon). Il chercha aussi à s'appuyer sur des alliances avec des dynasties mieux affermies, donna sa fille au roi d'Écosse, et obtint pour son fils l'infante d'Espagne (1502-3). Sous lui, la marine et l'industrie prirent leur premier essor. Il envoya à la recherche de nouvelles contrées le Vénitien Sébastien Gabotto, qui découvrit l'Amérique du Nord (1498). Il accorda là plusieurs villes l'exemption de la loi qui défendait au père de mettre son fils en apprentissage à moins d'avoir vingt schellings de rente en fonds de terre. Ainsi, au moment où Henri VII fonde la toute-puissance des Tudors sur l'abaissement de la noblesse, nous voyons commencer l'élévation des communes qui, dans un siècle et demi, renverseront les Stuarts.

Le temps était loin encore où l'autre royaume de la Grande-Bretagne parviendrait à un ordre aussi régulier. L'Écosse contenait bien plus d'éléments de discorde que l'Angleterre. D'abord le sol plus montagneux avait mieux favorisé la résistance des races vaincues. La souveraineté des gens des *basses terres* sur les montagnards, des *Saxons* sur les Celtes[1] était purement nominale. Ceux-ci ne connaissaient guère de souverains que les chefs héréditaires de leurs clans. Le principal de ces chefs, *le Lord des îles*, comte de Ross, était, à l'égard des rois d'Écosse, sur le

---

1. Les montagnards d'Écosse appellent *Saxons* les autres Écossais.

pied d'un souverain tributaire plutôt que d'un sujet; c'était l'ami secret ou déclaré de tous les ennemis du roi, l'allié de l'Angleterre contre l'Écosse, celui des Douglas contre les Stuarts. Les premiers princes de cette dynastie ménagèrent les montagnards, faute de pouvoir les réduire; Jacques Ier les exempte expressément d'obéir à une loi, attendu, dit-il, *que c'est leur usage de se piller et de se tuer les uns les autres*[1]. Ainsi la civilisation anglaise, qui envahissait peu à peu l'Écosse, s'arrêtait aux monts Grampians.

Au midi même de ces monts, l'autorité royale trouvait d'infatigables adversaires dans les lords et les barons, dans les Douglas surtout, cette famille héroïque qui avait disputé le trône aux Stuarts, dès l'avènement de leur dynastie, qui depuis était allée combattre les Anglais en France et qui avait rapporté pour trophée le titre de comte de Touraine. Dans la famille même des Stuarts, les rois d'Écosse avaient des rivaux; leurs frères ou leurs cousins, les ducs d'Albany, gouvernaient en leur nom, ou les inquiétaient de leurs prétentions ambitieuses. Qu'on ajoute à ces causes de troubles la singularité d'une suite de minorités (1437-1578), et l'on comprendra pourquoi l'Écosse fut le dernier royaume qui sortit de l'anarchie du Moyen-âge.

Après les guerres de France, la lutte contre les Douglas devint plus terrible. Les rois y déployèrent

---

[1]. Pinkerton, *History of Scotland, from the accession of the house of Stuart to that of Mary, with appendices of original papers.* In-4° (1797), t. I, p. 155.

plus de violence que d'habileté. Sous Jacques II, William Douglas, attiré par le chancelier Chrichton au château d'Édimbourg, y fut mis à mort avec quelques formes d'une justice dérisoire (1440). Un autre William Douglas, le plus insolent de tous ceux qui portèrent ce nom, ayant été appelé par le même prince à Stirling, le poussa à bout par des paroles outrageantes, et fut poignardé de sa main (1452). Son frère, Jacques Douglas, marcha contre le roi à la tête de quarante mille hommes, le força de s'enfuir dans le nord, et l'eût vaincu, s'il n'eût insulté les Hamilton, jusque-là attachés à sa famille. Douglas, abandonné des siens, fut obligé de s'enfuir en Angleterre, et les guerres des Roses, qui commençaient, empêchèrent les Anglais de se servir de ce dangereux exilé pour troubler l'Écosse. Les comtes d'Angus, branche de la maison de Douglas, reçurent le comté de Douglas, et ne furent guère moins redoutables aux rois. Peu après, les Hamilton s'élevèrent aussi, et devinrent avec les Campbell, comtes d'Argyle, les plus puissants seigneurs de l'Écosse au seizième et au dix-septième siècle.

Sous Jacques III (1460), l'Écosse s'étendit au nord et au midi par l'acquisition des Orcades et de Berwick; la réunion du comté de Ross à la couronne abattit pour toujours la puissance du *Lord des îles*, et pourtant nul règne ne fut plus honteux. Jamais prince ne choqua comme Jacques III les idées et les usages de son peuple. Quel laird écossais eût daigné obéir à un roi toujours caché dans un château fort, étranger aux amusements guerriers de la noblesse, entouré d'artistes anglais, décidant de la paix et de la guerre d'après les conseils d'un maître de musique, d'un maçon et d'un tailleur? Il avait été jusqu'à défendre aux nobles de paraître armés à sa cour, comme s'il eût craint de voir une épée.

Encore s'il se fût appuyé de l'amour des communes et du clergé contre la noblesse : mais il se les aliéna en ôtant aux bourgs l'élection de leurs aldermen, au clergé la nomination de ses dignitaires.

Jacques III, qui se rendait justice, craignit que ses deux frères, le duc d'Albany et le comte de Mar, ne voulussent supplanter un roi si méprisé. La prédiction d'un astrologue le décida à les enfermer au château d'Édimbourg. Albany se sauva, et le lâche monarque crut assurer son repos en faisant ouvrir les veines à son jeune frère. Les favoris triomphaient; le maçon ou architecte Cochrane osa se faire donner la dépouille de sa victime, et prendre le titre de comte de Mar. Telle était sa confiance dans l'avenir, qu'en mettant en circulation une monnaie de faux aloi il avait dit : « Avant que ma monnaie soit retirée, je serai pendu. » Il le fut en effet. Les nobles saisirent les favoris sous les yeux du roi, et les pendirent au pont de Lawder. Quelque temps après, ils s'attaquèrent au roi même, et formèrent une confédération, la plus vaste qui eût jamais menacé le trône d'Écosse (1488). Jacques avait encore pour lui les barons du nord et de l'ouest, mais il s'enfuit au premier choc, et tomba de cheval dans un ruisseau. Porté dans un moulin voisin, il demanda un confesseur ; le prêtre qui se présenta était du parti ennemi ; il reçut sa confession et le poignarda [1].

Jacques IV, que les mécontents élevèrent sur le trône de son père, eut un règne plus heureux. Les barons lui obéirent moins comme à leur roi que comme au plus brillant chevalier du royaume. Il consomma la ruine du *Lord des îles* en réunissant les Hébrides à la couronne ; il établit des cours de justice royale dans tout le nord du royaume. Négligé par les Français, Jacques IV s'était allié au roi d'Angleterre Henri VII. Lorsque Henri VIII envahit la France, Louis XII réclama le secours des Écossais ; Anne de Bretagne envoya son anneau à leur roi, le désignant pour son chevalier. Jacques se serait accusé de déloyauté s'il n'eût secouru une reine suppliante. Tous les lords, tous les barons d'Écosse le suivirent dans cette expédition romanesque. Mais il perdit un temps précieux près de Flowden, dans le château de mistress Heron, où il resta comme enchanté. Réveillé par l'arrivée de l'armée anglaise, il fut vaincu malgré sa valeur, et toute sa noblesse se fit tuer avec lui (1513). La mort de douze comtes, de treize lords, de cinq fils aînés de pairs, d'une foule de barons et de dix mille soldats, livra pour tout le siècle l'Écosse épuisée aux intrigues de la France et de l'Angleterre.

---

1. *Pinkerton*, t. I, p. 335.

§ 3. — *Espagne et Portugal.* (1454-1521.)

C'est en Espagne que les Barbares du Nord et du Midi, que les Goths et les Arabes se sont rencontrés ; arrêtés par l'Océan dans la péninsule espagnole, ils y ont combattu comme en champ clos, durant tout le Moyen-âge. Ainsi l'esprit des croisades, qui a agité passagèrement tous les autres peuples de l'Europe, a formé le fond même du caractère espagnol, avec sa farouche intolérance et son orgueil chevaleresque, exaltés par la violence des passions africaines. Car l'Espagne tient à la barbarie, malgré le détroit. On retrouve de ce côté les productions, les races de l'Afrique, et même ses déserts[1]. Une seule bataille livra l'Espagne aux Maures, et il a fallu huit cents ans pour la leur enlever.

Depuis le treizième siècle, la race gothique avait prévalu ; au quinzième, la population musulmane, concentrée dans le royaume de Grenade, et comme adossée à la mer, ne pouvait plus reculer ; mais on voyait déjà auquel des deux peuples appartenait l'empire de l'Espagne : du côté des Maures, une foule de marchands, entassés dans de riches cités, amollis par

---

1. C'est un adage dans plusieurs parties de la Vieille-Castille : *L'alouette qui veut traverser le pays doit porter avec elle son grain.* Bory de Saint-Vincent, *Itinéraire*, p. 281. Sur la stérilité et la faible population de l'Aragon, même au Moyen-âge, voy. Blancas, cité par Hallam, t. I de la traduction, p. 456.

les bains et par le climat[1]; des agriculteurs paisibles, occupés dans leurs délicieuses vallées du soin des mûriers et du travail de la soie[2]; une nation vive et ingénieuse, qui ne respirait que pour la musique et la danse, qui recherchait les vêtements éclatants et parait jusqu'à ses tombeaux; de l'autre, un peuple silencieux, vêtu de brun et de noir, qui n'aimait que la guerre, et l'aimait sanglante, qui laissait aux Juifs le commerce et les sciences, race altière dans son indépendance, terrible dans l'amour et dans la religion. Là, tout le peuple se tenait pour noble; le bourgeois n'avait pas payé ses franchises[3]; le paysan, qui portait aussi l'épée contre les Maures, sentait sa dignité de *chrétien*.

Ces hommes si redoutables à l'ennemi ne l'étaient guère moins à leurs rois. Pendant longtemps, les rois n'avaient été, pour ainsi dire, que les premiers des barons; celui d'Aragon poursuivait quelquefois ses sujets au tribunal du *justiza*, ou grand justicier du royaume[4]. L'esprit de résistance des Aragonais avait passé en proverbe, comme la fierté castillane : *Donnez un clou à l'Aragonais, il l'enfoncera avec sa tête plutôt qu'avec un marteau.* Leur serment d'obéissance était hautain et menaçant : *Nous qui séparément sommes autant que vous et qui, réu-*

---

1. Çurita, *Secunda parte de los Anales de la corona de Aragon* (1610), in-4°, t. IV, liv. XX, fol. 315.
2. *Id.*, fol. 354. Gomecius, *De rebus gestis a F. Ximenes* (1569), in-fol., p. 60.
3. *Hallam*, t. I, p. 390-1.
4. *Mariana*, liv. XXII, XXIII, ann. 1446, 1463, 1473.

*nis, pouvons davantage, nous vous faisons notre roi, à condition que vous garderez nos privilèges; sinon, non.*

Aussi les rois d'Espagne aimaient mieux se servir des *nouveaux chrétiens*, c'est ainsi qu'on appelait les Juifs convertis et leurs enfants. Ils trouvaient en eux plus de lumières et d'obéissance. La tolérance des Maures les avait autrefois attirés en Espagne, et, depuis l'an 1400, plus de cent mille familles de Juifs s'étaient converties. Ils se rendaient nécessaires au roi par leur habileté dans les affaires, par leurs connaissances en médecine, en astrologie : ce fut un Juif qui fit, en 1468, au roi d'Aragon l'opération de la cataracte. Le commerce était en leurs mains; ils avaient attiré par l'usure tout l'argent du pays; c'était à eux que les rois confiaient la levée des impôts. Que de titres à la haine du peuple! Elle éclata plusieurs fois d'une manière terrible dans les cités populeuses de Tolède, de Ségovie et de Cordoue.

Les grands, qui se voyaient peu à peu écartés par les *nouveaux chrétiens*, et en général par les hommes d'un rang inférieur, devenaient les ennemis de l'autorité royale, dont ils ne pouvaient disposer à leur profit. Ceux de Castille armèrent l'infant don Henri contre son père Juan II, et parvinrent à faire décapiter le favori du roi, Alvaro de Luna. Ses biens immenses furent confisqués, et pendant trois jours un bassin, placé sur l'échafaud près de son cadavre, reçut les aumônes de ceux qui voulaient bien contribuer aux frais de sa sépulture.

Henri IV, devenu roi (1454), essaya de se soustraire au joug des grands qui l'avaient soutenu lorsqu'il était infant ; mais en même temps il irritait les villes, en levant des impôts de sa propre autorité, et en osant nommer lui-même des députés aux Cortès[1]. Il était d'ailleurs avili par sa connivence aux débauches de la reine et par sa lâcheté ; les Castillans ne pouvaient obéir à un prince qui se retirait de l'armée au moment d'une bataille. Les chefs des grands, Carillo, archevêque de Tolède, don Juan de Pacheco, marquis de Villena, et son frère, qui possédaient les grandes maîtrises de San-Iago et de Calatrava, opposèrent au roi son frère, don Alonzo, encore enfant ; ils déclarèrent illégitime l'infante dona Juana, qu'on croyait fille de Bertrand de la Cueva, amant de la reine, exposèrent sur un trône l'effigie de Henri, dans la plaine d'Avila, et, l'ayant dépouillée des ornements royaux, la précipitèrent pour mettre don Alonzo à la place. Après une bataille indécise (Medina del Campo, 1465), le malheureux roi, abandonné de tout le monde, errait au hasard dans son royaume, au milieu des châteaux et des villes qui lui fermaient leurs portes, sans que personne daignât l'arrêter. Un soir, après une course de dix-huit lieues, il s'était hasardé à entrer dans Tolède : on sonna le tocsin, il fut obligé de sortir, et l'un des cavaliers qui l'accompagnaient ne voulut pas même lui prêter un cheval.

---

1. Mariana, *Teoria de las Cortes*, cité par Hallam, t. I, p. 416, 421.

L'Aragon et la Navarre n'étaient pas plus tranquilles. Juan II, qui succéda depuis à son frère Alfonse-le-Magnanime dans les royaumes d'Aragon et de Sicile, retenait à son propre fils, don Carlos de Viana, la couronne de Navarre, que ce jeune prince devait hériter de sa mère (depuis 1441). Une marâtre excitait le père contre le fils au profit des deux enfants du second lit (Ferdinand-le-Catholique et Léonore, comtesse de Foix). Les factions éternelles de la Navarre, les Beaumont et les Grammont, suivaient leurs haines particulières sous le nom des deux princes. Deux fois le parti le plus juste fut vaincu en bataille rangée; deux fois l'indignation des sujets de don Juan le força de mettre en liberté son malheureux fils. Don Carlos était mort de poison ou de chagrin (1461), dona Blanca, sa sœur, héritait de ses droits. Son père la livra à Léonore, sa sœur cadette, qui l'empoisonna au château d'Orthez. La Catalogne était déjà soulevée; l'horreur de ce double parricide exalta les esprits; les Catalans n'avaient pu avoir don Carlos pour roi : ils l'invoquèrent comme un saint[1]; ils appelèrent successivement le roi de Castille, l'infant de Portugal, et Jean de Calabre, et ne se soumirent qu'au bout de dix ans de combats (1472).

Pendant que Juan II risquait la Catalogne, Ferdinand son fils gagnait la Castille. Le frère de Henri IV étant mort, les grands avaient substitué à ses pré-

---

1. *Çurita*, t. IV, liv. XX, fol. 97.

tentions sa sœur Isabelle. Pour l'appuyer contre le roi, ils la marièrent à l'infant d'Aragon, qui se trouvait après elle le plus proche héritier du trône (1469). Henri IV mourut bientôt, à la suite d'un repas que lui donnèrent ses ennemis réconciliés (1474). Mais en mourant il avait déclaré que dona Juana était sa fille légitime. La Galice et tout le pays depuis Tolède jusqu'à Murcie s'était déclarés pour elle[1]. Le roi de Portugal, son oncle, Alfonse-l'*Africain*, l'avait fiancée, et venait soutenir sa cause avec ces chevaliers qui avaient conquis Arzile et Tanger. Les Portugais et les Castillans se rencontrèrent à Toro (1476). Les premiers eurent le dessous, et les armes d'Almeyda, qui portait leur drapeau, furent suspendues dans la cathédrale de Tolède. Cet échec suffit pour décourager les Portugais; tous les seigneurs castillans se rangèrent du côté de Ferdinand et d'Isabelle : la couronne de Castille fut affermie sur leurs têtes; et la mort de Juan II, qui leur laissa l'Aragon (1479), leur permit de tourner toutes les forces de l'Espagne chrétienne contre les Maures de Grenade.

1481-1492. — C'était un bruit qui courait chez les Maures, que le terme fatal de leur domination en Espagne était arrivé[2]. Un fakir troublait Grenade de ces prédictions lamentables, et elles étaient assez motivées par l'état du royaume. Déjà, sous Henri IV, ils avaient perdu Gibraltar. Des villes fortes d'as-

---

1. *Mariana,* liv. XXIV.
2. *Çurita,* t. IV, liv. XX, fol. 332.

siette, mais sans fossés, sans ouvrages extérieurs, et défendues seulement par un mur peu épais; une brillante cavalerie exercée à lancer la zagaie, prompte à charger, prompte à fuir, telles étaient les ressources du peuple de Grenade. Il n'avait point à compter sur l'Afrique. Ce n'était plus le temps où les hordes des Almohades et des Almoravides pouvaient inonder la Péninsule. Le soudan d'Égypte se contenta d'envoyer à Ferdinand le gardien du Saint-Sépulcre, pour lui parler en leur faveur, et fut bientôt distrait de cette affaire lointaine par la crainte que lui inspiraient les Ottomans.

Quoique tous les ans les Chrétiens et les Maures courussent alternativement le pays ennemi, brûlant les vignes, les oliviers et les orangers, un accord singulier existait entre eux, la trêve ne devait pas être considérée comme rompue, lors même qu'un des deux partis aurait pris une place, pourvu qu'elle eût été occupée sans appareil de guerre, sans bannière ni trompettes, et en moins de trois jours [1]. Zahara, emportée de cette manière par les Maures, fut le prétexte de la guerre. Les Espagnols envahirent le royaume de Grenade, encouragés par leur belle reine, à laquelle seule les Castillans voulaient obéir. On voyait déjà dans cette armée les conquérants futurs de la Barbarie et de Naples, Pedro de Navarre et Gonzalve de Cordoue. Dans le cours de onze années, les Chrétiens se rendirent maîtres d'Alhama, le bou-

---

1. *Çurita*, fol. 314. — *Mariana*, liv. XXV.

levard de Grenade¹, prirent Malaga, l'entrepôt du commerce de l'Espagne avec l'Afrique; Baça, à laquelle on donnait cent cinquante mille habitants, et vinrent enfin, avec quatre-vingt mille hommes, mettre le siège devant Grenade elle-même.

Cette capitale était en proie aux plus furieuses discordes. Le fils s'y était armé contre le père, le frère contre le frère. Boabdil et son oncle s'étaient partagé les restes de cette souveraineté expirante, et le dernier avait vendu sa part aux Espagnols pour un riche comté. Restait Boabdil, qui s'était reconnu vassal de Ferdinand et qui suivait l'opiniâtre fureur du peuple plutôt qu'il ne la dirigeait. Le siège dura neuf mois; un Maure essaya de poignarder Ferdinand et Isabelle; un incendie détruisit tout le camp; la reine, que rien ne décourageait, ordonna qu'une ville fût construite à sa place, et la ville de Santa-Fé, élevée en quatre-vingts jours, montra aux Musulmans que le siège ne serait jamais levé². Enfin, les Maures ouvrirent leurs portes, sur la promesse qu'on leur fit de leur laisser des juges de leur nation, et le libre exercice de leur culte (1492).

Dans la même année, Christophe Colomb *donnait un monde à l'Espagne*³.

Les royaumes de l'Espagne étaient réunis, à l'exception de la Navarre, proie certaine des deux

---

1. Çurita, t. IV. fol. 314.
2. *Petri Martyris Anglerii epistolæ*, 73, 94, etc. L'auteur fut témoin oculaire de ces événements.
3. Épitaphe de Colomb.

grandes monarchies, entre lesquelles la nature elle-même semblait la diviser d'avance. Mais il s'en fallait que ces parties assemblées par force composassent un corps. Les Castillans observaient d'un œil jaloux les Aragonais ; les uns et les autres voyaient toujours des ennemis dans les Maures et les Juifs qui vivaient au milieu d'eux. Chaque ville avait ses franchises, chacun des grands ses privilèges. Il fallait vaincre toutes ces résistances, accorder ces forces hétérogènes avant de les tourner vers la conquête. Malgré l'habileté de Ferdinand, malgré l'enthousiasme qu'inspirait Isabelle, ils n'atteignirent ce but qu'après trente ans d'efforts. Les moyens furent terribles, proportionnés à l'énergie d'un tel peuple; le prix fut l'empire des deux mondes au seizième siècle.

Les Cortès espagnoles, qui pouvaient seules régulariser la résistance, étaient les plus anciennes assemblées de l'Europe; mais ces établissements, formés dans l'anarchie du Moyen-âge, n'avaient point l'organisation qui eût pu seule en assurer la durée. En 1480, dix-sept villes de Castille étaient seules représentées; en 1520, la Galice entière n'envoyait point de députés aux Cortès[1]. Ceux de la seule Guadalaxara votaient pour quatre cents bourgs ou villes. Il en était à peu près de même en Aragon. La rivalité des villes perpétuait cet abus; en 1506 et 1512, les villes privilégiées de Castille repoussèrent les réclamations des autres[2]. Ainsi, pour demeurer

---

1. *Sépulveda*, t. I, liv. II, p. 59.
2. *Hallam*, t. I, d'après Mariana.

le maître, Ferdinand n'avait qu'à laisser le champ ouvert aux prétentions rivales. Il obtint, par la sainte hermandad des villes et par les révoltes des vassaux, la soumission des grands[1]; par les grands, celle des villes; par l'Inquisition, celle des uns et des autres. Les violences des grands déterminèrent Saragosse à lui laisser changer ses anciennes constitutions municipales, qu'elle avait toujours défendues. L'organisation de la sainte hermandad ou fraternité des cités d'Aragon, qui aurait terminé les guerres privées des seigneurs, fut entravée par eux (1488), et le roi fut obligé, aux Cortès de 1495, d'en proroger l'établissement pour dix années; mais le peuple de Saragosse en fut si irrité que pendant longtemps le *justiza* d'Aragon, qui n'avait pas voulu jurer l'hermandad, n'osa plus entrer dans la ville[2]. Dès lors, la royauté dut hériter en grande partie de l'attachement des peuples pour cette magistrature, considérée depuis longtemps comme le rempart des libertés publiques contre les empiétements des rois.

Cependant Ferdinand et Isabelle n'auraient jamais acquis un pouvoir absolu, si l'indigence de la couronne les eût laissés dans la dépendance des Cortès. Ils révoquèrent par deux fois les concessions de Henri IV, et celles par lesquelles ils avaient eux-mêmes acheté l'obéissance des grands (1480, 1506). La réunion des trois grandes maîtrises d'Alcantara,

---

1. Dans la seule Galice, il fit démolir quarante-six châteaux. (Hernando de Pulgar.)
2. *Çurita*, t. IV, liv. XX, fol. 251-356.

de Calatrava et de San-Iago, qu'ils eurent l'adresse de se faire déférer par les chevaliers, leur donna à la fois une armée et des biens immenses (1493, 1494). Plus tard, les rois d'Espagne, ayant obtenu du pape la vente de la bulle de la Cruzada et la présentation aux évêchés (1508, 1522), devinrent les plus riches souverains de l'Europe, avant même de tirer aucune somme considérable de l'Amérique.

C'était par des moyens semblables que les rois de Portugal fondaient leur puissance. Ils s'attribuèrent les maîtrises des ordres d'Avis, de San-Iago et du Christ, afin de mettre la noblesse dans leur dépendance. Dans une même diète (à Evora, 1482), Juan II, successeur d'Alfonse-l'Africain, révoqua les concessions de ses prédécesseurs, ôta aux seigneurs le droit de vie et de mort, et soumit leurs domaines à la juridiction royale. La noblesse indignée prit pour chef le duc de Bragance, qui appela les Castillans; le roi le fit juger par une commission, et décapiter. Le duc de Viseu, cousin germain de Juan II, et son beau-frère, conspira contre lui, et le roi le poignarda de sa propre main.

Mais ce qui assura le triomphe du pouvoir absolu en Espagne, c'est qu'il s'appuya sur le zèle de la foi, qui était le trait national du caractère espagnol. Les rois se liguèrent avec l'Inquisition, cette vaste et puissante hiérarchie, d'autant plus terrible qu'elle unissait la force régulière de l'autorité publique et la violence des passions religieuses. L'établissement de l'Inquisition rencontra les plus grands obstacles de la part des Aragonais. Moins en contact avec les Maures que les Castillans, ils étaient moins animés contre eux; la plupart des membres du gouvernement d'Aragon descendaient de familles juives. Ils réclamèrent fortement contre le secret des procédures et contre les confiscations, choses contraires, disaient-ils, aux *fueros* du royaume. Ils assassinèrent même un inquisiteur, dans l'espoir d'effrayer les autres. Mais le nouvel établissement était trop conforme aux idées religieuses de la plupart des Espagnols pour ne pas résister à ces attaques. Le titre de *familier de l'inquisition*, qui emportait l'exemption des charges municipales, fut tellement recherché que, dans certaines villes, ces privilégiés surpassèrent en nombre les autres habitants, et que les Cortès furent obligées d'y mettre ordre[1].

Après la conquête de Grenade, l'Inquisition ne se borna plus à des persécutions individuelles. Il fut ordonné à tous les Juifs de se convertir ou de sortir d'Espagne sous quatre mois, avec défense d'emporter ni or ni argent (1492). Cent soixante-dix mille familles, formant une population de huit cent mille âmes,

---

[1]. Inscription mise par les inquisiteurs, peu après la fondation de l'Inquisition, au château de Triana, dans un faubourg de Séville : *Sanctum Inquisitionis Officium contra hæreticorum pravitatem in Hispaniæ regnis initiatum est Hispali, anno MCCCCLXXXI, etc. Generalis inquisitor primus fuit Fr. Thomas de Torquemada. Faxit Deus ut in augmentum fidei usque sæculi permaneat, etc. Exsurge, Domine; judica causam tuam; Capite nobis vulpes.* — Autre inscription mise en 1524, par les inquisiteurs, à leur maison de Séville : *Anno Domini MCCCCLXXXI sacrum Inquisitionis Officium contra hæreticos judaizantes ad fidei exaltationem hic exordium sumpsit; ubi, post Judæorum ac Saracenorum*

vendirent leurs effets à la hâte, et s'enfuirent en Portugal, en Italie, en Afrique et jusque dans le Levant. *Alors on vit donner une maison pour un âne, une vigne pour un morceau de toile ou de drap.* Un contemporain nous raconte qu'il vit une foule de ces malheureux débarquer en Italie, et mourir de faim et de misère auprès du môle de Gênes, seul endroit de cette ville où on leur permît de se reposer quelques jours.

Les Juifs qui se retirèrent en Portugal n'y furent reçus qu'en payant huit écus d'or par tête; encore devaient-ils, dans un temps marqué, sortir du royaume, sous peine d'être faits esclaves, ce qui fut rigoureusement exécuté. On prétend cependant que les premiers qui arrivèrent écrivaient à leurs frères d'Espagne : « La terre est bonne, le peuple idiot; l'eau est à nous, vous pouvez venir, car tout nous appartiendra. » Don Manuel, successeur de Juan II, affranchit ceux qui étaient devenus esclaves. Mais en 1496, il leur ordonna de sortir du royaume, en laissant leurs enfants au-dessous de quatorze ans. La plupart aimèrent mieux recevoir le baptême;

---

*expulsionem ad annum usque MDXXIV, divo Carolo, etc., regnante, etc. Viginti millia hæreticorum et ultra nefandum hæreseos crimen abjurarunt; nec non hominum fere millia in suis hæresibus obstinatorum postea jure prævio ignibus tradita sunt et combusta. Domini nostri imperatoris jussu et impensis licenciatus de La Cueva poni jussit, A. D. MDXXIV.*

Il est digne de remarque que plusieurs papes, au commencement du seizième siècle, réprouvèrent les rigueurs de l'Inquisition d'Espagne. La cour de Rome était alors toute politique, intéressée, mercenaire, plutôt que fanatique.

et, en 1507, Manuel abolit la distinction des *anciens* et des *nouveaux chrétiens*. L'Inquisition fut établie en 1526 à Lisbonne, et de là elle s'étendit jusqu'aux Indes orientales, où les Portugais avaient abordé en 1498. (Voy. plus loin.)

Sept ans après l'expulsion des Juifs (1499-1501), le roi d'Espagne entreprit, d'une manière non moins violente, de convertir les Maures de Grenade, auxquels la capitulation garantissait le libre exercice de leur religion. Ceux de l'Albaycin (quartier le plus élevé de Grenade) se révoltèrent d'abord, et furent imités par les sauvages habitants des Alpuxarras. Les Gaudules d'Afrique vinrent les soutenir, et le roi, ayant éprouvé la difficulté de les réduire, fournit des vaisseaux à ceux qui voulurent passer en Afrique ; mais la plupart restèrent, feignant de se faire chrétiens[1].

La réduction des Maures fut suivie de la conquête de Naples (1501-1503) et de la mort d'Isabelle (1504). Cette grande reine était adorée du peuple castillan, dont elle représentait si bien le noble caractère[2], et dont elle défendait l'indépendance contre son époux. A sa mort, les Castillans n'eurent que le choix des maîtres étrangers. Il leur fallait obéir au roi d'Aragon

---

1. *Mariana*, livre XXVII.
2. Dans la gloire de ce règne, la part principale doit revenir à la reine Isabelle. Elle montra le plus grand courage dans les traverses de sa jeunesse : lorsque Ferdinand fuyait de Ségovie, elle osa y rester[*] ; elle voulut qu'on gardât Alhama, aux portes de Grenade, lorsque ses plus vaillants officiers proposaient la retraite[**]. Elle ne souscrivit qu'à regret à l'établissement de

[*] *Mariana*, liv. XXIV. — [**] *Çurita*, liv. XX.

ou à l'archiduc d'Autriche, Philippe-le-Beau, souverain des Pays-Bas, qui avait épousé dona Juana, fille de Ferdinand et d'Isabelle, héritière du royaume de Castille. Telle était leur antipathie pour les Aragonais, et particulièrement pour Ferdinand, que, malgré toutes les intrigues de ce dernier, qui voulait la régence, ils se rallièrent à l'archiduc dès qu'il aborda en Espagne. La conduite de Philippe fut d'abord populaire; il arrêta les abus de l'Inquisition, qui allaient exciter un soulèvement général; mais il déposa tous les corrégidors, tous les gouverneurs de villes, pour donner leurs places à ses Flamands; enfin, il voulut faire renfermer, comme folle, dona Juana, dont la faible raison était égarée par la jalousie. Philippe mourut bientôt (1506). Cependant Ferdinand n'eût pu encore gouverner la Castille, s'il n'eût été appuyé par le confesseur et le ministre d'Isabelle, le célèbre Ximénès de Cisneros, archevêque de Tolède, en qui la Castille admirait à la fois un politique et un saint. C'était un simple moine que l'archevêque de Grenade avait donné à Isabelle pour confesseur et pour conseiller. L'étonnement avait été grand à la cour lorsqu'on y vit paraître cet homme du désert, *dont la pâleur et l'austérité*

---

l'Inquisition. Elle aimait les lettres et les protégeait; elle entendait le latin, tandis que Ferdinand savait à peine signer\*. Elle avait armé malgré lui la flotte qui découvrit l'Amérique. Elle défendit Colomb accusé, consola Gonzalve de Cordoue dans sa disgrâce, ordonna l'affranchissement des malheureux Américains.

\* *Mariana*, liv. XXIII, XXV.

*rappelaient les Paul et les Hilarion*[1]. Au milieu même des grandeurs, il observait rigoureusement la règle de saint François, voyageant à pied et mendiant sa nourriture. Il fallut un ordre du pape pour l'obliger d'accepter l'archevêché de Tolède, et pour le forcer à vivre d'une manière convenable à l'opulence du plus riche bénéfice de l'Espagne. Il se résigna à porter des fourrures précieuses, mais par-dessus la serge; orna ses appartements de lits magnifiques et continua de coucher sur le plancher. Cette vie humble et austère lui laissait dans les affaires la grandeur hautaine du caractère espagnol; les nobles, qu'il écrasait, ne pouvaient s'empêcher d'admirer son courage. Un acte aurait brouillé Ferdinand et son gendre. Ximénès osa le déchirer. Comme il traversait une place pendant un combat de taureaux, l'animal furieux fut lâché, et blessa quelques-uns des siens, sans lui faire hâter le pas[2].

Ainsi les Castillans, retrouvant dans Ximénès l'esprit héroïque de leur grande reine, oublièrent qu'ils obéissaient à Ferdinand, et les dernières années de ce prince furent marquées par la conquête de la Barbarie et de la Navarre. La guerre des Maures ne semblait pas terminée tant que ceux d'Afrique, fortifiés par une multitude de fugitifs, infestaient les côtes d'Espagne et trouvaient un refuge assuré dans le port d'Oran, au Penon de Velez, et tant d'autres

---

1. *Petri Martyris Anglerii epist.*
2. Gomecius, *de Rebus gestis à Fr. Ximenio Cisnerio*, 1569, fol. 2, 3, 13, 64, 66.

repaires. Ximénès proposa, défraya et conduisit lui-même une expédition contre Oran. La prise de cette ville, emportée sous ses yeux par Pedro de Navarre, entraîna celle de Tripoli et la soumission d'Alger, de Tunis et de Tlemcen (1509-1510). Deux ans après, la réunion de la Navarre, enlevée par Ferdinand à Jeanne d'Albret, compléta celle de tous les royaumes d'Espagne (1512). La comtesse de Foix, Léonore, avait joui un mois de ce trône qu'elle avait acheté au prix du sang de sa sœur. Après la mort de Phœbus, son fils, la main de sa fille Catherine, demandée en vain pour l'infant, fut donnée par le parti français à Jean d'Albret, que ses domaines de Foix, de Périgord et de Limoges attachaient invariablement à la France. Dès que les deux grandes puissances qui luttaient en Italie commencèrent pour ainsi dire à se prendre corps à corps, la Navarre se trouva partagée entre elles par la nécessité de sa position géographique entre Ferdinand et Louis XII.

Ximénès avait quatre-vingts ans, lorsque le roi, près de mourir, le désigna pour régent jusqu'à l'arrivée de son petit-fils, Charles d'Autriche (1516). Il n'en fit pas moins face aux ennemis du dehors et du dedans. Il empêcha les Français de conquérir la Navarre par un moyen aussi nouveau que hardi, c'était de démanteler toutes les places, excepté Pampelune, et d'ôter ainsi tout point d'appui à l'invasion. En même temps, il formait une milice nationale, il s'assurait des villes en leur accordant la faculté de lever elles-mêmes les impôts (*Gomecius*, folio 25), il révoquait les concessions que le feu roi avait faites. Lorsque les bourgeois vinrent réclamer, et témoigner des doutes sur les pouvoirs qui lui avaient été donnés, Ximénès, montrant d'un balcon un train formidable d'artillerie : *Vous voyez*, dit-il, *mes pouvoirs!*

Les Flamands choquèrent l'Espagne dès leur arrivée. D'abord ils disgracièrent Ximénès expirant, et nommèrent un étranger, un jeune homme de vingt ans, pour le remplacer dans le premier siège du royaume. Ils établirent un tarif de tous les emplois, et mirent, pour ainsi dire, l'Espagne à l'encan. Charles prit le titre de roi, sans attendre l'aveu des Cortès. Il convoqua celles de Castille dans un coin de la Galice, demanda un second subside avant qu'on eût payé le premier, l'arracha par la force ou la corruption, et partit pour prendre possession de la couronne impériale, sans s'inquiéter s'il laissait une révolution derrière lui. Tolède avait refusé d'envoyer à ses Cortès; Ségovie et Zamora mirent à mort leurs députés; et telle était l'horreur qu'ils inspiraient, que personne ne voulut piller leurs maisons, ni se souiller du bien des traîtres. Cependant le mal gagnait toute l'Espagne. La Castille et la Galice entière, Murcie et la plupart des villes de Léon et de l'Estramadure étaient soulevées. La révolte n'était pas moins furieuse à Valence; mais elle avait un caractère différent. Les habitants avaient juré une hermandad contre les nobles, et Charles, mécontent de la noblesse, avait eu l'imprudence de la confirmer. Majorque imita l'exemple de Valence, et voulut même se livrer aux Français. Dans ces deux royaumes, des tondeurs de drap étaient à la tête de l'hermandad[1].

D'abord, les *communeros* de Castille s'emparèrent de Tordésillas, où résidait la mère de Charles-Quint, et firent tous leurs actes au nom de cette princesse. Mais leurs succès durèrent peu. Ils avaient demandé, dans leurs remontrances, que les terres des nobles fussent soumises aux impôts. La noblesse abandonna un parti dont la victoire lui eût été préjudiciable. Les villes elles-mêmes n'étaient point d'accord entre elles. La vieille rivalité de Burgos et de Tolède se réveilla; la première se soumit au roi, qui lui assurait la franchise de ses marchés[2]. Les *communeros* divisés n'avaient plus d'espoir que dans le secours de l'armée française qui avait envahi la Navarre. Mais avant d'avoir pu opérer leur jonction avec elle, ils furent atteints par les *leales*, et entièrement défaits (1521). D. Juan de Padilla, le héros de la révolution, chercha la mort dans les rangs ennemis; mais il fut démonté, blessé, pris, et décapité le lendemain. Avant de mourir, il envoya à sa femme, D. Maria Pachecho, les reliques qu'il portait au cou, et écrivit sa fameuse lettre à la ville de Tolède : « A toi, la couronne de l'Espagne et la lumière du monde, à toi, qui fus libre dès le temps des Goths,

---

1. *Ferreras*, XII<sup>e</sup> partie.
2. *Sépulveda*, t. I, p. 53.

et qui as versé ton sang pour assurer ta liberté et celle des cités voisines, ton fils légitime, Juan de Padilla, te fait savoir que, par le sang de son corps, tes anciennes victoires vont être rafraîchies et renouvelées! etc.[1] » La réduction de la Castille entraîna celle du royaume de Valence et de toutes les provinces révoltées. Mais Charles-Quint, instruit par une telle leçon, respecta dès lors l'orgueil des Espagnols, affectant de parler leur langue, résidant le plus souvent parmi eux, et ménageant, dans ce peuple héroïque, l'instrument avec lequel il voulait soumettre le monde.

1. *Sandoval,* in-fol., 1681, liv. IX, § 22, p. 356.

# CHAPITRE III

**Orient et Nord. —** États germaniques et scandinaves dans la seconde moitié du quinzième siècle.

Si l'on consulte l'analogie des mœurs et des langues, l'on doit compter au nombre des États germaniques l'Empire, la Suisse, les Pays-Bas et les trois royaumes du Nord, l'Angleterre même à plusieurs égards; mais les rapports politiques des Pays-Bas et de l'Angleterre avec la France nous ont forcé de placer l'histoire de ces puissances dans le chapitre précédent.

L'Allemagne n'est pas seulement le centre du système germanique; c'est une petite Europe au milieu de la grande, où les variétés de population et de territoire se représentent avec des oppositions moins prononcées. On y trouvait au quinzième siècle toutes les formes de gouvernement, depuis les principautés héréditaires ou électives de Saxe et de Cologne jusqu'aux démocraties d'Uri et [d'Unterwald, depuis l'oligarchie commerçante de Lubeck jusqu'à l'aristocratie militaire de l'Ordre Teutonique.

Ce corps singulier de l'Empire, dont les membres étaient si hétérogènes et si inégaux, dont le chef était si peu puissant, semblait toujours prêt à se dissoudre. Les villes, la noblesse, la plupart même des princes, étaient presque étrangers à un Empereur que les seuls Électeurs avaient choisi. Cependant la communauté d'origine et de langue a maintenu pendant des siècles l'unité du corps germanique; joignez-y la nécessité de la défense, la crainte des Turcs, de Charles-Quint, de Louis XIV.

L'Empire se souvenait toujours qu'il avait dominé l'Europe, et rappelait de temps en temps ses droits dans de vaines proclamations. Le plus puissant prince du quinzième siècle, Charles-le-Téméraire, avait paru les reconnaître en sollicitant la dignité de l'Empereur Frédéric III. Ces prétentions surannées pouvaient devenir redoutables depuis que la couronne impériale était fixée dans la maison d'Autriche (1438). Placée entre l'Allemagne, l'Italie et la Hongrie, au véritable point central de l'Europe, l'Autriche devait prévaloir sur ces deux dernières contrées, au moins par l'esprit de suite et l'obstination. Joignez-y cette politique plus habile qu'héroïque, qui, au moyen d'une suite de mariages, mit dans les mains de la maison d'Autriche le prix du sang des autres peuples, et lui soumit les conquérants avec leurs conquêtes : elle acquit ainsi d'un côté la Hongrie et la Bohème (1526), de l'autre les Pays-Bas (1481), et, par les Pays-Bas, l'Espagne,

Naples et l'Amérique (1506-1516), par l'Espagne le Portugal et les Indes orientales (1581).

Vers la fin du quinzième siècle, la puissance impériale était tellement déchue que les princes de la maison d'Autriche oublièrent le plus souvent qu'ils étaient empereurs, pour ne s'occuper que des intérêts de leurs États héréditaires. Rien ne les écarta de cette politique qui devait tôt ou tard relever dans leurs mains la puissance impériale elle-même. Ainsi Frédéric III, toujours battu par l'Électeur palatin ou par le roi de Hongrie, ferme l'oreille aux cris de l'Europe alarmée par les progrès des Turcs. Mais il érige l'Autriche en archiduché; il lie les intérêts de sa maison à ceux des papes, en sacrifiant à Nicolas V la pragmatique d'Augsbourg. Il marie son fils Maximilien à l'héritière des Pays-Bas (1481). Maximilien lui-même devient, par son inconséquence et sa pauvreté, la risée de l'Europe, courant sans cesse de la Suisse aux Pays-Bas, et d'Italie en Allemagne, emprisonné par les gens de Bruges, battu par les Vénitiens, et notant exactement ses affronts dans son *livre rouge*. Mais il recueille les successions du Tyrol, de Goritz et une partie de celle de Bavière. Son fils Philippe-le-Beau, souverain des Pays-Bas, épouse l'héritière d'Espagne (1496); un de ses petits-fils (traité de 1515) doit épouser la sœur du roi de Bohême et de Hongrie.

Pendant que la maison d'Autriche prépare ainsi sa future grandeur, l'Empire essaie de régulariser sa constitution. Le tribunal désormais permanent de *la*

*Chambre impériale* (1495) doit faire cesser les guerres privées, et substituer un état de droit à l'état de nature qui semble régner encore parmi les membres du corps germanique. La division des Cercles doit faciliter l'exercice de cette juridiction. Un conseil de régence est destiné à surveiller et à suppléer l'Empereur (1500). Les Électeurs refusent longtemps d'entrer dans cette organisation nouvelle. L'Empereur oppose le *Conseil Aulique* à la *Chambre impériale* (1501), et ces institutions salutaires sont affaiblies dès leur naissance.

Cette absence d'ordre, ce défaut de protection avaient obligé successivement les parties les plus éloignées de l'Empire à former des confédérations plus ou moins indépendantes, ou à chercher des protections étrangères. Telle fut la situation de la Suisse, de l'Ordre Teutonique, des Ligues du Rhin et de Souabe, de la Ligue Hanséatique.

· La même époque voit l'élévation des Suisses et la décadence de l'Ordre Teutonique. La seconde de ces deux puissances militaires, espèce d'avant-garde que le génie belliqueux de l'Allemagne avait poussée jusqu'au milieu des Slaves, fut obligée de soumettre au roi de Pologne la Prusse, que les chevaliers Teutons avaient conquise et convertie deux siècles auparavant (Traité de Thorn, 1466).

La Suisse, séparée de l'Empire par la victoire de Morgarten et par la ligue de Brunnen, avait confirmé sa liberté par la défaite de Charles-le-Téméraire, qui apprit à l'Europe féodale la puisssance de l'infanterie.

L'alliance des Grisons, l'accession de cinq nouveaux cantons (Fribourg, Soleure, Bâle, Schaffouse, Appenzell, 1481-1513), avaient porté la Suisse au plus haut point de grandeur. Les bourgeois de Berne, les bergers d'Uri se voyaient caressés par les papes et courtisés par les rois. Louis XI substitua les Suisses aux francs-archers (1480). Ils composèrent, dans les guerres d'Italie, la meilleure partie de l'infanterie de Charles VIII et de Louis XII. Dès qu'ils eurent passé les Alpes à la suite des Français, ils furent accueillis par le pape, qui les opposait aux Français eux-mêmes, et dominèrent un instant dans le nord de l'Italie (sous le nom de Maximilien Sforza). Après leur défaite de Marignan (1515), les discordes religieuses les armèrent les uns contre les autres, et les renfermèrent dans leurs montagnes.

Les deux puissances commerçantes de l'Allemagne ne formaient pas un corps assez compact pour imiter l'exemple de la Suisse, et se rendre indépendantes.

La Ligue des villes du Rhin et de Souabe se composait de riches cités entre lesquelles celles de Nuremberg, de Ratisbonne, d'Augsbourg et de Spire tenaient le premier rang. Ce sont elles qui faisaient le principal commerce par terre entre le Nord et le Midi. Arrivées à Cologne, les marchandises passaient entre les mains des Hanséatiques qui les distribuaient dans tout le nord.

La Ligue Hanséatique, composée de quatre-vingts villes, occupait tous les rivages septentrionaux de l'Allemagne et s'étendait sur ceux des Pays-Bas. Elle fut jusqu'au seizième siècle la puissance dominante du Nord. La salle immense de Lubeck, où se tenaient les assemblées générales de la Hanse, atteste encore la puissance de ces marchands souverains. Ils avaient uni, par d'innombrables canaux, l'Océan, la Baltique et la plupart des fleuves du nord de l'Allemagne. Mais leur principal commerce était maritime. Les comptoirs hanséatiques de Londres, de Bruges, de Bergen, de Novogorod, étaient analogues sous plusieurs rapports aux factoreries des Vénitiens et des Génois dans le Levant; c'étaient des espèces de forts. Les commis ne pouvaient s'y marier, de peur qu'ils n'enseignassent le commerce et les arts aux indigènes[1]. Ils n'étaient reçus, dans certains comptoirs, qu'après des épreuves cruelles qui garantissaient leur courage. Le commerce se faisait encore presque partout les armes à la main. Si les gens de la Hanse apportaient à Novogorod ou à Londres du drap de Flandre trop grossier, trop étroit ou trop cher, le peuple se soulevait, et souvent en assommait quelques-uns. Alors les marchands menaçaient de quitter la ville, et le peuple alarmé en passait par où ils voulaient. Les habitants de Bruges ayant tué quelques hommes de la Hanse, elle exigea, pour rétablir son comptoir dans cette ville, que plusieurs bourgeois fissent amende honorable, et que d'autres allassent en pèlerinage à Saint-Jacques de Compostelle et à Jérusalem. En effet, la punition la plus terrible

---

1. Voy. Sartorius et Mallet, *Hist. de la Ligue Hanséatique.*

que les Hanséatiques pussent infliger à un pays, c'était de n'y plus revenir. Lorsqu'ils n'allaient point en Suède, les habitants manquaient de draps, de houblon, de sel et de hareng ; dans les révolutions, le paysan suédois était toujours pour ceux qui lui fournissaient le hareng et le sel. Aussi la Hanse exigeait-elle des privilèges excessifs ; la plupart des villes maritimes de Suède laissaient occuper au moins la moitié de leurs magistratures par des Hanséatiques.

Cependant cette vaste puisssance ne portait point sur une base solide. La longue ligne qu'occupaient les villes de la Hanse, depuis la Livonie jusqu'aux Pays-Bas, était partout étroite, partout rompue par des États étrangers ou ennemis. Les villes qui la composaient avaient des intérêts divers, des droits inégaux ; les unes étaient *alliées*, d'autres *protégées*, d'autres *sujettes*. Leur commerce même, qui faisait toute leur existence, était précaire. N'étant ni agricoles, ni manufacturières, ne pouvant que transporter et débiter des produits étrangers, elles se trouvaient dépendre de mille accidents naturels ou politiques qu'aucune prévoyance ne pouvait prévenir. Ainsi, le hareng, qui, vers le quatorzième siècle, avait quitté les côtes de Poméranie pour celles de Scanie, commença, au milieu du quinzième, à émigrer des côtes de la Baltique vers celles de l'Océan du Nord. Ainsi la soumission de Novogorod et de Plescow au czar Iwan III (1477), la réduction de Bruges par l'armée de l'Empire (vers 1489), fermèrent aux Hanséatiques les deux sources principales de leurs richesses. En même temps les progrès de l'ordre public rendaient la protection de la Hanse inutile à un grand nombre de villes continentales, surtout depuis que la constitution de l'Empire se fut affermie, vers 1495. Celles du Rhin n'avaient jamais voulu s'unir à elle; Cologne, qui était entrée dans leur Ligue, s'en sépara et demanda la protection de la Flandre. Les Hollandais, dont le commerce et l'industrie avaient grandi à l'ombre de la Hanse, n'eurent plus besoin d'elle quand ils devinrent sujets des puissantes maisons de Bourgogne et d'Autriche, et commencèrent à lui disputer le monopole de la Baltique. A la fois agriculteurs, manufacturiers et commerçants, ils avaient l'avantage sur une puissance toute commerçante. Pour défendre les intérêts de leur trafic contre ces dangereux rivaux, les Hanséatiques furent obligés d'intervenir dans toutes les révolutions du Nord.

Le christianisme et la civilisation étant passés d'Allemagne en Danemarck, et de là en Suède et en Norvège, conservèrent longtemps au Danemarck la prépondérance sur les deux autres États. Les évêques suédois et norvégiens étaient les plus puissants seigneurs de ces contrées, et ils étaient également dévoués aux Danois. Mais les rois de Danemarck ne purent faire valoir cette prépondérance que par des efforts continuels, qui les mettaient dans la dépendance des nobles danois et les obligeaient de leur faire des concessions fréquentes : ces concessions ne se faisaient qu'aux dépens du pouvoir royal et de la liberté des paysans, qui peu à peu tombèrent dans l'esclavage. En Suède, au contraire, les paysans s'éloignèrent peu de l'ancienne liberté des peuples scandinaves, et formèrent même un ordre politique. Cette différence de constitution explique la vigueur avec laquelle la Suède repoussa le joug des Danois. Quant aux Norvégiens, soit que le clergé eût encore plus d'influence chez eux que chez les Suédois, soit qu'ils craignissent d'obéir à la Suède, ils montrèrent ordinairement moins de répugnance pour la domination danoise.

La fameuse union de Calmar, qui avait semblé promettre aux trois royaumes du Nord tant de gloire et de puissance, n'avait fait qu'établir le joug des princes danois et des Allemands dont ils s'entouraient sur la Suède et sur la Norvège. La révolution de 1433, comme celle de 1521, commença par les paysans de la Dalécarlie : Engelbrecht en fut le Gustave Wasa; la première, comme la seconde, fut soutenue par les villes hanséatiques, dont le roi de Danemarck (Éric-le-Poméranien, neveu de Marguerite de Waldemar) combattait le monopole en favorisant les Hollandais. L'union fut rétablie quelque temps par Christophe-le-Bavarois, le *roi de l'écorce*, comme l'appelaient les Suédois, obligés de vivre d'écorces d'arbre. Mais après sa mort (1448), ils chassèrent les Danois et les Allemands, se donnèrent pour roi Charles Canutson, maréchal du royaume, et refusèrent de reconnaître le nouveau roi de Danemarck et de Norvège, Christiern, premier de la maison d'Oldenbourg (d'où sortent, par la branche de Holstein-Gottorp, la dernière dynastie de la Suède et la maison impériale de Russie aujourd'hui régnante). Les Danois, fortifiés par la réunion du Sleswig et du Holstein (1459), rétablirent deux fois leur domination sur la Suède, par le secours de l'archevêque d'Upsal (1457-1465), et furent deux fois chassés par le parti de la noblesse et du peuple.

A la mort de Charles Canutson, en 1470, la Suède se donna successivement pour *Administrateurs* trois seigneurs du nom de Sture (Stenon, Swante et Stenon). Ils s'appuyèrent sur les laboureurs, et les rappelèrent dans le Sénat. Ils battirent les Danois devant Stockholm (1471), et leur prirent le fameux drapeau de Danebrog, qui était comme le palladium de la monarchie. Ils fondèrent l'Université d'Upsal, en même temps que le roi de Danemarck instituait celle de Copenhague (1477, 1480). Enfin, si l'on excepte une courte période, pendant laquelle la Suède fut obligée de reconnaître Jean II, successeur de Christiern Ier, ils la maintinrent indépendante jusqu'en 1520.

## CHAPITRE IV

*Orient et Nord. — États slaves et Turquie, dans la seconde moitié du quinzième siècle.*

La conquête de l'empire grec par les Turcs Ottomans peut être considérée comme la dernière invasion des Barbares et le terme du Moyen-âge. C'est aux peuples d'origine slave, placés sur la route des Barbares de l'Asie, qu'il appartient de leur fermer l'Europe, ou du moins de les arrêter par de puissantes diversions. La Russie, qui a déjà épuisé la fureur des Tartares au quatorzième siècle, va leur redevenir formidable sous Iwan III (1462). Contre l'invasion des Turcs, une première ligue, composée de Hongrois, Valaques et Moldaves, couvre l'Allemagne et la Pologne, qui forment comme la réserve de l'armée chrétienne. La Pologne, plus forte que jamais, n'a plus d'ennemis derrière elle ; elle vient de soumettre la Prusse et de pénétrer jusqu'à la Baltique (1454-1466).

I. Les progrès rapides de la conquête ottomane

pendant le quinzième siècle s'expliquent par les causes suivantes : 1° Esprit fanatique et militaire ; 2° troupes réglées, opposées aux milices féodales des Européens et à la cavalerie des Persans et des Mamelucks ; institution des Janissaires ; 3° situation particulière des ennemis des Turcs : à l'orient, troubles politiques et religieux de la Perse, faibles fondements de la puissance des Mamelucks ; à l'occident, discorde de la chrétienté ; la Hongrie la défend du côté de la terre, Venise du côté de la mer ; mais elles sont affaiblies, l'une par l'ambition de la maison d'Autriche, l'autre par la jalousie de l'Italie et de toute l'Europe ; héroïsme impuissant des Chevaliers de Rhodes et des princes d'Albanie.

Nous avons vu, dans le chapitre I<sup>er</sup>, Mahomet II achever la conquête de l'Empire grec, échouer contre la Hongrie, mais s'emparer de la domination des mers, et faire trembler la chrétienté. A l'avènement de Bajazet II (1481), les rôles changèrent ; la terreur passa du côté du sultan. Son frère Zizim, qui lui avait disputé le trône, s'étant réfugié chez les Chevaliers de Rhodes, devint, entre les mains du roi de France, et ensuite du pape, un gage de la sûreté de l'Occident. Bajazet paya à Innocent VIII et à Alexandre VI des sommes considérables pour qu'ils le retinssent prisonnier. Ce prince impopulaire, qui avait commencé son règne par faire périr le vizir Achmet, l'idole des Janissaires, le vieux général de Mahomet II, suivit malgré lui l'ardeur militaire de la nation. Les Turcs tournèrent d'abord leurs armes contre les Mamelucks et les Persans. Défaits par les premiers, à Issus, ils préparèrent la ruine de leurs vainqueurs en dépeuplant la Circassie, où les Mamelucks se recrutaient. Après la mort de Zizim, n'ayant plus à craindre une guerre intérieure, ils attaquèrent les Vénitiens dans le Péloponèse, et menacèrent l'Italie (1499-1503); mais la Hongrie, la Bohême et la Pologne se mirent en mouvement, et l'avènement des Sophis renouvela et régularisa la rivalité politique des Persans et des Turcs (1501). Après cette guerre, Bajazet indisposa les Turcs contre lui par une paix de huit années, voulut abdiquer en faveur de son fils Achmet, et fut détrôné par son second fils, Sélim, qui le fit périr. L'avènement du nouveau prince, le plus cruel et le plus belliqueux de tous les sultans, jeta l'Orient et l'Occident dans les mêmes alarmes (1512) : on ne savait s'il fondrait d'abord sur la Perse, sur l'Égypte ou sur l'Italie.

II. L'Europe n'eût eu rien à craindre des Barbares, si la Hongrie, unie à la Bohême d'une manière durable, les eût tenus en respect. Mais la première attaqua la seconde dans son indépendance et dans sa croyance religieuse. Ainsi affaiblies l'une par l'autre, elles flottèrent, au quinzième siècle, entre les deux puissances esclavonne et allemande, qui les environnaient (Pologne et Autriche). Réunies, de 1453 à 1458, sous un prince allemand, quelque temps séparées et indépendantes sous des souverains nationaux (la Bohême jusqu'en 1471, la Hongrie jusqu'en 1490), elles furent de nouveau réunies, sous des princes polonais, jusqu'en 1526, époque à laquelle elles passèrent définitivement sous la domination autrichienne.

Après le règne de Ladislas d'Autriche, qui avait reçu tant de gloire des exploits de Jean Hunyade, Georges Podiebrad s'empara de la couronne de Bohême, et Mathias Corvin, fils de Hunyade, fut élu roi de Hongrie (1458). Ces deux princes combattirent avec succès les prétentions chimériques de l'empereur Frédéric III. Podiebrad protégea les Hussites, et encourut l'inimitié des papes; Mathias combattit les Turcs avec gloire, et obtint la faveur de Paul II, qui lui offrit la couronne de Podiebrad, son beau-père. Ce dernier opposa à Mathias l'alliance du roi de Pologne, dont il fit reconnaître le fils aîné Wladislas pour son successeur. En même temps Casimir, frère de Wladislas, essayait d'enlever à Mathias la couronne de Hongrie. Mathias, ainsi pressé de tous côtés, fut obligé de renoncer à la conquête de la Bohême, et de se contenter des provinces de Moravie, de Silésie et de Lusace, qui devaient revenir à Wladislas, si Mathias mourait le premier (1475-1478).

Le roi de Hongrie se dédommagea aux dépens de l'Autriche. Sous le prétexte que Frédéric III lui avait refusé sa fille, il envahit par deux fois ses États, et s'en maintint en possession. Avec ce grand prince, la chrétienté perdit son principal défenseur, la Hongrie ses conquêtes et sa prépondérance politique (1490). La civilisation qu'il avait essayé d'introduire dans ce royaume fut ajournée pour plusieurs siècles. Nous avons parlé (chap. Ier) de ce qu'il fit pour les lettres et les arts. Par son *Decretum majus*, il régularisa la discipline militaire, abolit le combat judiciaire, défendit de paraître en armes aux foires et marchés, ordonna que les peines ne seraient plus étendues aux parents du coupable, que ses biens ne seraient plus confisqués, que le roi n'accepterait point de mines d'or, de sel, etc., sans dédommager le propriétaire, etc.[1].

Wladislas (de Pologne), roi de Bohême, ayant été élu roi de Hongrie, fut attaqué par son frère Jean-Albert et par Maximilien d'Autriche, qui tous deux prétendaient à cette couronne. Il apaisa son frère par la cession de la Silésie (1491), et Maximilien, en substituant à la maison d'Autriche le royaume de Hongrie, en cas qu'il manquât lui-même de postérité mâle (Voy. 1526). — Sous Wladislas et sous son fils Louis II, qui lui succéda, encore enfant, en 1516, la Hongrie fut impunément ravagée par les Turcs.

III. La Pologne, réunie depuis 1386 à la Lithuanie, par Wladislas Jagellon, premier prince de cette dynastie, se trouvait, au quinzième siècle, la puissance prépondérante entre les États Slaves. Couverte du côté des Turcs par la Valachie, la Moldavie et la Transylvanie, rivale de la Russie pour la Lithuanie, de l'Autriche pour la Hongrie et la Bohême, elle disputait à l'Ordre Teutonique la Prusse et la Livonie.

---

1. Bonfinius, *Rerum hungaricarum decades* (1568), in-fol., p. 649.

Le principe de sa faiblesse était la jalousie des deux peuples de langues différentes dont se composait le corps de l'État. Les Jagellons, princes lithuaniens, auraient voulu que leur pays ne dépendît point des lois polonaises, et qu'il recouvrât la Podolie. Les Polonais reprochaient à Casimir IV *de passer l'automne, l'hiver et le printemps en Lithuanie*[1].

Sous Casimir, second fils de Wladislas Jagellon (cinquième du nom), les Polonais protégèrent les Slaves de la Prusse contre la tyrannie des Chevaliers Teutons, et imposèrent à ceux-ci le traité de Thorn (1466), par lequel l'Ordre perdait la Prusse occidentale, et devenait vassal de la Pologne pour la Prusse orientale. Qui eût dit alors que la Prusse démembrerait un jour la Pologne ? En même temps, les Polonais donnaient un roi à la Bohême et à la Hongrie (1471-1490). Les trois frères de Wladislas, Jean-Albert, Alexandre et Sigismond I$^{er}$, furent élus successivement rois de Pologne (1492, 1501, 1506), firent la guerre aux Valaques et aux Turcs, et remportèrent de brillants avantages sur les Russes. La Lithuanie, séparée de la Pologne à l'avènement de Jean-Albert, lui fut définitivement réunie par Alexandre.

Vers 1466, la continuité des guerres, ramenant les mêmes besoins, introduisit en Pologne le gouvernement représentatif ; mais la fierté de la noblesse, qui seule était représentée par ses *nonces*, maintint les formes anarchiques des temps barbares : on continua

---

1. Dlugossi, *seu* Longini *Historiæ Polonicæ*, t. II, 1712, p. 1146.

d'exiger le *consentement unanime* dans les délibérations. Bien plus, dans les occasions importantes, les Polonais restèrent fidèles à l'ancien usage, et l'on vit, comme au Moyen-âge, l'innombrable pospolite délibérer dans une plaine, le sabre à la main.

IV. Au quinzième siècle la population russe nous présente trois classes : les enfants boyards, descendants des conquérants; les paysans libres, fermiers des premiers, et dont l'état approche de plus en plus de l'esclavage ; enfin les esclaves.

Le grand-duché de Moscou était sans cesse menacé, à l'occident par les Lithuaniens et les Livoniens, à l'orient par les Tartares de la grande horde, de Kazan et d'Astrakan; il se trouvait resserré par les républiques commerçantes de Novogorod et de Plescow, et par les principautés de Tver, de Véréia et de Rézan. Au nord, s'étendaient beaucoup de pays sauvages et de peuples païens. La nation moscovite, encore barbare, mais au moins attachée à des demeures fixes, devait absorber les peuplades errantes des Tartares. État héréditaire, le grand-duché devait prévaloir tôt ou tard sur les États électifs de Pologne et de Livonie.

1462-1505, Iwan III. — Il opposa à la grande horde l'alliance des Tartares de Crimée, aux Lithuaniens celle du prince de Moldavie et de Valachie, de Mathias Corvin et de Maximilien. — Il divisa Plescow et Novogorod, qui ne pouvaient lui résister qu'en faisant cause commune, affaiblit successivement cette dernière république, s'en rendit maître en 1477, et l'épuisa en enlevant ses principaux citoyens. Fort de l'alliance du khan de Crimée, il imposa un tribut aux Kazanais, refusa celui que payaient ses prédécesseurs à la grande horde, qui fut bientôt détruite par les Tartares Nogaïs (1480). Iwan réunit Tver, Véréia, Rostof, Yaroslaf. Il fit longtemps la guerre aux Lithuaniens ; mais Alexandre, ayant réuni la Lithuanie à la Pologne, s'allia avec les chevaliers de Livonie ; et le tzar, qui, depuis la destruction de la grande horde, avait moins ménagé ses alliés de Moldavie et de Crimée, perdit tout son ascendant : il fut battu à Plescow par Plettemberg, maître des Chevaliers de Livonie (1501), et l'année même de sa mort (1505), Kazan se révolta contre les Russes.

Iwan prit le premier le titre de czar. Ayant obtenu du pape la main de Sophie Paléologue, réfugiée à Rome, il mit dans ses armes le double aigle de l'Empire grec. — Il attira et retint par force des artistes grecs et italiens. — Le premier, il assigna des fiefs aux *enfants boyards*, sous la condition d'un service militaire ; il introduisit quelque ordre dans les finances, établit les postes, réunit dans un code (1497) les anciennes institutions judiciaires, et voulut en vain distribuer aux *enfants boyards* les domaines du clergé. — Iwan avait fondé Iwangorod en 1492 (où fut depuis Pétersbourg), lorsque les victoires de Plettemberg fermèrent aux Russes pour deux siècles le chemin de la Baltique. (Voy. *Karamsin*, passim.)

# CHAPITRE V

*Promières guerres d'Italie. (1494-1516.)*

Lorsqu'on traverse aujourd'hui les Maremmes de Sienne et que l'on retrouve en Italie tant d'autres traces des guerres du seizième siècle, une tristesse inexprimable saisit l'âme, et l'on maudit les Barbares qui ont commencé cette désolation [1]. Ce désert des Maremmes, c'est un général de Charles-Quint qui l'a fait; ces ruines de palais incendiés sont l'ouvrage des landsknechts de François Ier. Ces peintures dégradées de Jules Romain attestent encore que les soldats du connétable de Bourbon établirent leurs écuries dans le Vatican. Ne nous hâtons pas cependant d'accuser nos pères. Les guerres d'Italie ne furent le caprice ni d'un roi ni d'un peuple. Pendant

---

1. *Commentaires* de Blaise de Montluc, t. XXI de la coll., p. 267-268. Voy. aussi divers *Voyages*, et surtout *Voyage au Montamiata et dans le Siennois*, par Santi, trad. par Bodard. Lyon, 1802, 2 vol. in-8°; premier volume, *passim*.

plus d'un demi-siècle, une impulsion irrésistible entraîna au delà des Alpes tous les peuples de l'Occident comme autrefois ceux du Nord. Les calamités furent presque aussi cruelles, mais le résultat fut le même : les vainqueurs furent élevés à la civilisation des vaincus.

Louis-le-More, alarmé des menaces du roi de Naples, dont la petite-fille avait épousé son neveu Jean Galéas (Voy. le chap. I$^{er}$), se détermina à soutenir son usurpation par le secours des Français; mais il était loin de savoir quelle puissance il attirait dans l'Italie. Il fut lui-même saisi d'étonnement et de terreur lorsqu'il vit descendre du mont Genèvre (septembre 1494) cette armée formidable, qui, par la variété des costumes, des armes et des langues, semblait à elle seule l'invasion de toutes les nations de l'Europe : Français, Basques, Bretons, Suisses, Allemands et jusqu'aux Écossais; et cette invincible gendarmerie, et ces pesants canons de bronze que les Français avaient rendus aussi mobiles que leurs armées. Une guerre toute nouvelle commençait pour l'Italie. L'ancienne tactique, qui faisait succéder dans les batailles un escadron à l'autre, était vaincue d'avance par l'impétuosité française, par la froide fureur des Suisses.

La guerre n'était plus une affaire de tactique. Elle devait être terrible, inexorable; le vainqueur ne comprenait pas même la prière du vaincu. Les soldats de Charles VIII, pleins de défiance et de haine contre un pays où ils craignaient d'être empoisonnés à chaque repas, massacraient régulièrement tous les prisonniers[1].

A l'approche des Français, les vieux gouvernements d'Italie s'écroulent d'eux-mêmes. Pise se délivre des Florentins; Florence des Médicis. Savonarole reçoit Charles VIII comme le *fléau de Dieu* envoyé pour punir les péchés de l'Italie. Alexandre VI, qui jusque-là négociait à la fois avec les Français, avec les Aragonais, avec les Turcs, entend avec effroi les mots de concile et de déposition, et se cache dans le château Saint-Ange. Il livre en tremblant le frère de Bajazet II, dont Charles VIII croit avoir besoin pour conquérir l'empire d'Orient, mais il le livre empoisonné. Cependant, le nouveau roi de Naples, Alphonse II, s'est sauvé dans un couvent de Sicile, laissant son royaume à défendre à un roi de dix-huit ans. Le jeune Ferdinand II est abandonné à San-Germano, et voit son palais pillé par la populace de Naples, toujours furieuse contre les vaincus. Les gens d'armes français, ne se fatiguant plus à porter d'armures, poursuivent cette conquête pacifique en habit du matin, sans autre peine que d'envoyer leurs fourriers devant eux pour marquer les logements[2]. Bientôt les Turcs voient flotter les fleurs de lys à Otrante, et les Grecs achètent des armes[3].

Les partisans de la maison d'Anjou, dépouillés depuis

---

1. A Montefortino, au Mont-Saint-Jean, à Rappallo, à Sarzane, à Toscanella, à Fornovo, à Gaëte.
2. *Comines*, liv. VII, ch. xiv.
3. *Id., ibid.*, ch. xvii.

soixante ans, avaient cru vaincre avec Charles VIII. Mais ce prince, qui se souciait peu des services qu'ils avaient pu rendre aux rois provençaux, n'exigea aucune restitution du parti opposé. Il mécontenta toute la noblesse en annonçant l'intention de restreindre les juridictions féodales, à l'exemple de celles de France [1]. Il nomma des Français pour gouverneurs de toutes les villes et forteresses, et décida ainsi plusieurs villes à relever les bannières d'Aragon. Au bout de trois mois, les Napolitains étaient las des Français, les Français étaient las de Naples, ils avaient oublié leurs projets sur l'Orient. Ils étaient impatients de revenir conter aux dames leurs brillantes aventures.

Cependant une ligue presque universelle s'était formée contre Charles VIII. Il fallait qu'il se hâtât de regagner la France, s'il ne voulait être enfermé dans le royaume qu'il était venu conquérir. En redescendant les Apennins, il rencontra à Fornovo l'armée des confédérés, forte de quarante mille hommes; les Français n'étaient que neuf mille. Après avoir demandé inutilement le passage, ils le forcèrent, et l'armée ennemie, qui essaya de les arrêter, fut mise en fuite par quelques charges de cavalerie. Ainsi le roi rentra glorieusement en France, ayant justifié toutes ses imprudences par une victoire.

Les Italiens, se croyant délivrés, demandèrent compte à Savonarole de ses sinistres prédictions. Son

---

1. *Giannone*, liv. XXX, ch. I.

parti, celui des *Piagnoni* (Pénitents), qui avait affranchi et réformé Florence, vit tomber tout son crédit. Les amis des Médicis, qu'ils avaient poursuivis avec acharnement, le pape Alexandre VI, dont Savonarole attaquait les excès avec une extrême liberté, saisirent l'occasion de perdre une faction qui avait lassé l'enthousiasme mobile des Florentins. Un moine franciscain, voulant, disait-il, prouver que Savonarole était un imposteur, et qu'il n'avait le don ni des prophéties ni des miracles, offrit de passer avec lui dans un bûcher ardent. Au jour marqué, lorsque le bûcher était dressé et tout le peuple dans l'attente, les deux partis firent des difficultés, et une grande pluie qui survint mit le comble à la mauvaise humeur du peuple. Savonarole fut arrêté, jugé par les commissaires du Pape, et brûlé vif. Lorsqu'on lui lut la sentence par laquelle il était retranché de l'Église : *De la militante*, répondit-il, espérant appartenir dès lors à l'Église triomphante (1498).

L'Italie ne s'aperçut que trop tôt de la vérité de ses prophéties.

Le jour même de l'épreuve du bûcher, Charles VIII mourait à Amboise, et laissait le trône au duc d'Orléans, Louis XII, qui joignait aux prétentions de son prédécesseur sur Naples, celles que son aïeule, Valentine Visconti, lui donnait sur le Milanais. Dès que son mariage avec la veuve de Charles VIII eut assuré la réunion de la Bretagne, il envahit le Milanais de concert avec les Vénitiens. Les deux armées ennemies étaient en partie composées de Suisses ; ceux de

Ludovic ne voulurent point combattre contre la bannière de leur canton qu'ils voyaient dans l'armée du roi de France, et livrèrent le duc de Milan. Mais en reprenant le chemin de leurs montagnes, ils s'emparèrent de Bellinzona, que Louis XII fut obligé de leur céder, et qui devint pour eux la clé de la Lombardie. Le Milanais conquis, Louis XII, qui n'espérait pas conquérir le royaume de Naples malgré les Espagnols, partagea ce royaume avec eux par un traité secret. L'infortuné don Frédéric, qui régnait alors, appelle les Espagnols à son secours, et lorsqu'il a introduit Gonzalve de Cordoue dans ses principales forteresses, le traité de partage lui est signifié (1501). Cette odieuse conquête n'engendra que la guerre. Les deux nations se disputèrent la gabelle qu'on levait sur les troupeaux voyageurs qui passent, au printemps, de la Pouille dans l'Abruzze ; c'était le revenu le plus net du royaume. Ferdinand amusa Louis XII par un traité, jusqu'à ce qu'il eût envoyé des forces suffisantes à Gonzalve bloqué dans Barlette. L'habileté du *grand capitaine* et la discipline de l'infanterie espagnole l'emportèrent partout sur le brillant courage des gens d'armes français. La vaillance de Louis d'Ars et de d'Aubigny, les exploits de Bayard, qui, disait-on, avait défendu un pont contre une armée, n'empêchèrent pas les Français d'être battus à Séminara, à Cérignola, et d'être chassés pour une seconde fois du royaume de Naples par leur défaite du Garigliano (déc. 1503).

Cependant Louis XII était encore maître d'une

grande partie de l'Italie; souverain du Milanais et seigneur de Gênes, allié de Florence et du pape Alexandre VI, qui ne s'appuyaient que sur lui[1], il étendait son influence sur la Toscane, la Romagne et l'État de Rome. La mort d'Alexandre VI et la ruine de son fils ne lui furent guère moins funestes que la défaite du Garigliano. Cette puissance italienne des Borgia qui s'élevait entre les possessions des Français et celles des Espagnols, était comme la garde avancée du Milanais.

César Borgia mérita d'être l'idéal de Machiavel, non pour s'être montré plus perfide que les autres princes de cette époque : Ferdinand-le-Catholique eût pu réclamer; non pour avoir été l'assassin de son frère et l'amant de sa sœur : il ne pouvait surpasser son père en dépravation et en cruauté; mais pour avoir fait une science du crime, pour en avoir tenu école et donné leçons[2]. Cependant le héros même du système lui donna, par son mauvais succès, un éclatant démenti. Allié de Louis XII et gonfalonier de l'Église, il déploya pendant six ans toutes les ressources de la ruse et de la valeur. Il croyait travailler pour lui : il avait tout prévu, disait-il à Machiavel; à la mort de son père, il espérait faire un pape au moyen de dix-huit cardinaux espagnols nommés par Alexandre VI; dans les États

---

1. *César Borgia de France, par la grâce de Dieu, duc de Romagne et de Valentinois*, etc. (sauf-conduit du 16 octobre 1502). — Il disait à l'ambassadeur de France : *Le roi de France, notre maître commun...* (10 janvier 1503. *Légation de Machiavel* auprès de César Borgia.)

2. Machiavel dit quelque part : *Il a envoyé un de ses élèves...* Hugues de Mancade, général de Charles-Quint, s'honorait d'être sorti de cette école.

romains, il avait gagné la petite noblesse, écrasé la haute ; il avait exterminé les tyrans de Romagne ; il s'était attaché le peuple de cette province, qui respirait sous son administration ferme et habile. Il avait tout prévu, hors le cas où il se trouverait malade à la mort de son père, et ce cas arriva. Le père et le fils, qui avaient, dit-on, invité un cardinal pour s'en défaire, burent le poison qu'ils lui destinaient. « Cet homme si prudent semble avoir perdu la tête », écrivait alors Machiavel (14 novembre 1503). Il se laissa arracher par le nouveau pape, Jules II, l'abandon de toutes les forteresses qu'il occupait, et alla ensuite se livrer à Gonzalve de Cordoue, croyant *que la parole des autres vaudrait mieux que la sienne* (lettre du 4 novembre). Mais le général de Ferdinand-le-Catholique, qui disait « que la toile d'honneur doit être d'un tissu lâche », l'envoya en Espagne, où il fut enfermé dans la citadelle de Medina del Campo.

Jules II poursuivit les conquêtes de Borgia, avec des vues moins personnelles. Il voulait faire de l'État pontifical l'État dominant de l'Italie, délivrer toute la péninsule des *Barbares*, et constituer les Suisses gardiens de la liberté italienne. Employant tour à tour les armes spirituelles et temporelles, ce pontife intrépide consuma sa vie dans l'exécution de ce projet contradictoire ; on ne pouvait chasser les Barbares qu'au moyen de Venise : et il fallait abaisser Venise pour élever l'Église au rang de puissance prépondérante de l'Italie.

D'abord Jules II voulut affranchir les Génois, ses

compatriotes, et encouragea leur révolte contre Louis XII. Les nobles, favorisés par le gouvernement français, ne cessaient d'insulter le peuple; ils marchaient armés de poignards, sur lesquels ils avaient fait graver : *Castiga villano*. Le peuple se révolta, et prit un teinturier pour doge. Louis XII parut bientôt sous leurs murs avec une brillante armée; le chevalier Bayard gravit sans peine les montagnes qui couvrent Gênes, et il leur criait : « Ores, marchands, défendez-vous avec vos aulnes, et laissez les piques et lances, lesquelles vous n'avez accoutumées[1]. » Le roi, ne voulant pas ruiner une ville si riche, fit seulement pendre le doge et quelques autres, brûla les privilèges de la ville, et fit construire à la Lanterne une forteresse qui commandait l'entrée du port (1507).

La même jalousie des monarchies contre les républiques, des peuples pauvres encore contre l'opulence industrieuse, arma bientôt la plupart des princes de l'Occident contre l'ancienne rivale de Gênes. Le gouvernement de Venise avait su profiter des fautes et des malheurs de toutes les autres puissances; il avait gagné à la chute de Ludovic-le-More, à l'expulsion des Français de Naples, à la ruine de César Borgia. Tant de succès excitaient la crainte et la jalousie des puissances italiennes elles-mêmes, qui auraient dû souhaiter la grandeur de Venise. « Vos seigneuries, écrivait Machiavel aux Florentins, m'ont toujours dit que

---

1. Champier, *Les Gestes, ensemble la Vie du preux chevalier Bayard*, etc.

c'étaient les Vénitiens qui menaçaient la liberté de l'Italie[1]. » Dès l'an 1503, M. de Chaumont, lieutenant du roi dans le Milanais, disait au même ambassadeur : « On fera en sorte que les Vénitiens ne s'occupent plus que de la pêche; quant aux Suisses, on en est sûr (22 janvier). » Cette conjuration contre Venise, qui existait dès 1504 (Traité de Blois), fut renouvelée en 1508 (Ligue de Cambrai, 10 décembre), par l'imprudence de Jules II, qui voulait à tout prix recouvrer quelques villes de Romagne. Le pape, l'Empereur et le roi de France offrirent au roi de Hongrie d'entrer dans la confédération pour reprendre la Dalmatie et l'Esclavonie. Il n'y eut pas jusqu'aux ducs de Savoie et de Ferrare, jusqu'au marquis de Mantoue, qui ne voulussent aussi porter un coup à ceux qu'ils avaient craints si longtemps. Les Vénitiens furent défaits par Louis XII, à la sanglante bataille d'Aignadel (1509), et les boulets des batteries françaises volèrent jusqu'aux lagunes. Dans ce danger, le sénat de Venise ne démentit pas sa réputation de sagesse. Il déclara qu'il voulait épargner aux provinces les maux de la guerre, les délia du serment de fidélité, et promit de les indemniser de leurs pertes au retour de la paix. Soit attachement à la République, soit haine des Allemands, les paysans du Véronais se laissaient pendre plutôt que d'abjurer Saint-Marc et de crier : Vive l'Empereur ! Les Vénitiens battirent le marquis de Mantoue, reprirent Padoue, et la défendirent contre

---

1. *Légation* auprès de l'Empereur, 1508, février. Voy. aussi sa *Légation* à la cour de France, 1503, 13 février.

Maximilien, qui l'assiégea avec cent mille hommes. Le roi de Naples et le Pape, dont les prétentions étaient satisfaites, se réconcilièrent avec Venise, et Jules II, ne songeant plus qu'à chasser les *Barbares* de l'Italie, tourna sa politique impétueuse contre les Français.

Les projets du Pape n'étaient que trop favorisés par l'économie mal entendue de Louis XII, qui avait réduit les pensions des Suisses, et qui ne leur permettait plus de s'approvisionner dans la Bourgogne et dans le Milanais. On sentit alors la faute de Louis XI, qui, en substituant aux francs-archers l'infanterie mercenaire des Suisses, avait mis la France à la discrétion des étrangers. Il fallut remplacer les Suisses par des landsknechts allemands, qui furent rappelés par l'Empereur la veille de la bataille de Ravenne. Cependant le Pape avait commencé la guerre ; il appelait les Suisses en Italie, et faisait entrer dans la *Sainte Ligue* contre la France Ferdinand, Venise, Henri VIII et Maximilien (1511-1512). Tandis que Louis XII, ne sachant s'il peut sans pécher se défendre contre le Pape, consulte les docteurs et assemble un concile à Pise, Jules II assiège La Mirandole en personne, se loge sous le feu de la place, au milieu de ses cardinaux tremblants, et y fait son entrée par la brèche.

L'ardeur de Jules II, la politique des alliés, furent un instant déconcertées par la courte apparition de Gaston de Foix, neveu de Louis XII, à la tête de l'armée française. Ce jeune homme de vingt-deux ans arrive en Lombardie, remporte trois victoires en trois mois, et meurt, laissant la mémoire du général le plus impétueux qu'ait vu l'Italie. D'abord il intimide ou gagne les Suisses et les fait rentrer dans leurs montagnes; il sauve Bologne assiégée, et s'y jette avec son armée à la faveur de la neige et de l'ouragan (7 février); le 18, il était devant Brescia, reprise par les Vénitiens; le 19, il l'avait forcée; le 11 avril, il périssait vainqueur à Ravenne. Dans l'effrayante rapidité de ses succès, il ne ménageait ni les siens ni les vaincus. Brescia fut livrée pendant sept jours à la fureur du soldat; les vainqueurs massacrèrent quinze mille personnes, hommes, femmes et enfants. Le chevalier Bayard eut bien peu d'imitateurs.

Gaston, de retour en Romagne, attaqua Ravenne, pour forcer l'armée de l'Espagne et du Pape à accepter la bataille[1]. La canonnade ayant commencé, Pedro de Navarre, qui avait formé l'infanterie espagnole, et qui comptait sur elle pour la victoire, la tenait couchée à plat ventre, attendant de sang-froid que les boulets eussent haché la gendarmerie des deux partis. Les gens d'armes italiens perdirent patience et se firent battre par les Français. L'infanterie espagnole, après avoir soutenu le combat avec une valeur opiniâtre, se retirait lentement. Gaston s'en indigna, se précipita sur elle avec une vingtaine d'hommes d'armes, pénétra dans les rangs et y trouva la mort (1512).

Dès lors rien ne réussit plus à Louis XII. Les Sforza furent rétablis à Milan, les Médicis à Florence.

---

1. Voy. la lettre de Bayard à son oncle, t. XVI de la collect. des *Mémoires*.

L'armée du roi fut battue par les Suisses à Novare, par les Anglais à Guinegatte. La France, attaquée de front par les Espagnols et les Suisses, prise à dos par les Anglais, vit ses deux alliés d'Écosse et de Navarre vaincus ou dépouillés (voy. le chapitre II). La guerre n'avait plus d'objet : les Suisses régnaient à Milan sous le nom de Maximilien Sforza; la France et Venise étaient abaissées, l'Empereur épuisé, Henri VIII découragé, Ferdinand satisfait par la conquête de la Navarre, qui découvrait la frontière de France. Louis XII conclut une trêve avec Ferdinand, abjura le concile de Pise, laissa le Milanais à Maximilien Sforza, et épousa la sœur de Henri VIII (1514). (Voy. plus bas son administration.)

Pendant que l'Europe croit la France abattue et comme vieillie avec Louis XII, elle déploie des ressources inattendues sous le jeune François I$^{er}$ qui vient de lui succéder (1$^{er}$ janvier 1515). Les Suisses, qui pensent garder tous les passages des Alpes, apprennent avec étonnement que l'armée française a débouché par la vallée de l'Argentière. Deux mille cinq cents lances, dix mille Basques, vingt-deux mille landsknechts ont passé par un défilé qui n'avait jamais été pratiqué que par les chasseurs de chamois. L'armée française avance en négociant jusqu'à Marignan : là, les Suisses, qu'on avait crus gagnés, viennent fondre sur les Français avec leurs piques de dix-huit pieds et leurs espadons à deux mains, sans artillerie, sans cavalerie, n'employant d'autre art militaire que la force du corps, marchant droit aux batteries, dont les décharges emportent des files entières, et soutenant plus de trente charges de ces grands chevaux de bataille couverts d'acier comme les gens d'armes qui les montaient. Le soir, ils étaient venus à bout de séparer les corps de l'armée française. Le roi, qui avait combattu vaillamment, ne voyait plus autour de lui qu'une poignée de gens d'armes[1]. Mais pendant la nuit les Français se rallièrent, et le combat recommença au jour, plus furieux que jamais. Enfin, les Suisses entendent le cri de guerre des Vénitiens, alliés de la France : *Marco! Marco!* Persuadés que toute l'armée italienne arrivait, ils serrèrent leurs rangs et se retirèrent avec une contenance si fière, qu'on n'osa pas les poursuivre[2]. Ayant obtenu de François Ier plus d'argent que Sforza ne pouvait leur en donner, ils ne reparurent plus en Italie. Le Pape traita aussi avec le vainqueur, et obtint de lui le traité du Concordat qui abolissait la Pragmatique Sanction. L'alliance du Pape et de Venise semblait ouvrir à François Ier le chemin de Naples. Le jeune Charles d'Autriche, souverain des Pays-Bas, qui venait de succéder en

---

1. Fleuranges, t. XVI de la collect. des *Mémoires*.
2. *Lettre de François Ier à sa mère* : « Toute la nuit demourasmes le « cul sur la selle, la lance au poing, l'armet à la tête..., et pour ce que « j'étois le plus près de nos ennemis, m'a fallu faire le guet, de sorte « qu'il ne nous ont point appris au matin... et croyez, Madame, que nous « avons été vingt heures à cheval, sans boire ni manger... Depuis deux mille « ans en ça n'a point été vue une si fière ni si cruelle bataille, ainsi que « disent ceux de Ravenne que ce ne fut au prix qu'un tiercelet..., et ne dira-« t-on plus que les gendarmes sont lièvres armés, car... Ecrit au camp de « Sainte-Brigide, le vendredy 14ᵉ jour de septembre mille cinq cent quinze. » T. XVII de la collect. des *Mémoires*.

Espagne à son aïeul Ferdinand-le-Catholique, avait besoin de la paix pour recueillir ce vaste héritage. François Ier jouit de sa victoire au lieu de l'achever. Le traité de Noyon rendit un instant le repos à l'Europe, et donna aux deux rivaux le temps de préparer une guerre plus terrible (1516).

# DEUXIÈME PÉRIODE

(1517-1648).

---

A ne voir que la suite des guerres et des événements politiques, le seizième siècle est un siècle de sang et de ruines. Il s'ouvre avec la dévastation de l'Italie par les troupes mercenaires de François Ier et de Charles-Quint, avec les affreux ravages de Soliman qui dépeuple annuellement la Hongrie. Puis viennent ces luttes terribles des croyances religieuses, où la guerre n'est plus seulement de peuple à peuple, mais de ville à ville et d'homme à homme, où elle s'introduit jusqu'au foyer domestique, et jusqu'entre le fils et le père. Celui qui laisserait l'histoire dans cette crise croirait que l'Europe va tomber dans une barbarie profonde. Et loin de là, la fleur délicate des arts et de la civilisation grandit et se fortifie au milieu des chocs violents qui semblent près de la détruire. Michel-Ange peint la chapelle Sixtine, l'année de la bataille de Ravenne. Le jeune

Tartaglia sort mutilé du sac de Brescia pour devenir le restaurateur des mathématiques [1]. La grande époque du droit chez les modernes, l'âge de L'Hospital et de Cujas, est celui de la Saint-Barthélemy.

Le caractère du seizième siècle, ce qui le distingue profondément de ceux du Moyen-âge, c'est la puissance de l'opinion ; c'est alors qu'elle devient véritablement *la reine du monde*. Henri VIII n'ose point répudier Catherine d'Aragon avant d'avoir consulté les principales universités de l'Europe. Charles-Quint cherche à prouver sa foi par la persécution des Maures, pendant que ses armées prennent et rançonnent le Pape. François Ier élève les premiers bûchers où soient montés les Protestants de France, pour excuser, aux yeux de ses sujets et aux siens, ses liaisons avec Soliman et les Luthériens d'Allemagne. Ces actes même d'intolérance étaient autant d'hommages rendus à l'opinion. Les princes courtisaient alors les plus indignes ministres de la renommée. Les rois de France et d'Espagne enchérissaient l'un sur l'autre pour obtenir la faveur de Paul Jove et de l'Arétin.

Pendant que la France suit de loin l'Italie dans les plus ingénieux développements de l'intelligence, deux peuples, d'un caractère profondément sérieux, leur laissent les lettres et les arts, comme de vains jouets ou de profanes amusements. Les Espagnols, peuple conquérant et politique, occupé de vaincre et

---

1. Daru, *Hist. de Venise.* t. III, p. 558.

de gouverner l'Europe, se reposent en toute matière spéculative sur l'autorité de l'Église. Tandis que l'Espagne tend de plus en plus à l'unité politique et religieuse, l'Allemagne, avec sa constitution anarchique, se livre à toute l'audace des opinions et des systèmes. La France, placée entre l'une et l'autre, sera, au seizième siècle, le principal champ de bataille où lutteront ces deux esprits opposés. La lutte y sera d'autant plus violente et plus longue que les forces sont plus égales.

## CHAPITRE VI

#### Léon X, François I<sup>er</sup> et Charles-Quint. (1516-1547.)

Avec quelque sévérité qu'on doive juger François I<sup>er</sup> et Léon X, il ne faut point les comparer aux princes de l'âge précédent (Alexandre VI, Jacques III, etc.). Dans leurs fautes mêmes il y a au moins quelque gloire, quelque grandeur. Ils n'ont pas fait leur siècle, sans doute, mais ils s'en sont montrés dignes. Ils ont aimé les arts, et les arts parlent encore pour eux aujourd'hui, et demandent grâce pour leur mémoire. Le prix des indulgences, dont la vente souleva l'Allemagne, paya les peintures du Vatican et la construction de Saint-Pierre. Les exactions de Duprat sont oubliées : l'Imprimerie royale, le Collège de France subsistent.

Charles-Quint se présente à nous sous un aspect plus sévère, entouré de ses hommes d'État, de ses généraux, entre Lannoy, Pescaire, Antonio de Leyva, et tant d'autres guerriers illustres. On le voit traversant sans cesse l'Europe pour visiter les parties dispersées de son vaste empire, parlant à chaque peuple sa langue, combattant tour à tour François I$^{er}$ et les Protestants d'Allemagne, Soliman et les Barbaresques : c'est le véritable successeur de Charlemagne, le défenseur du monde chrétien. Cependant l'homme d'État domine en lui le guerrier. Il nous offre le premier modèle des souverains des temps modernes ; François I$^{er}$ semble plutôt un héros du Moyen-âge.

Lorsque l'Empire était vacant par la mort de Maximilien I$^{er}$ (1519), et que les rois de France, d'Espagne et d'Angleterre demandaient la couronne impériale, les Électeurs, craignant de se donner un maître, l'offrirent à l'un d'entre eux, à Frédéric-*le-Sage*, Électeur de Saxe. Ce prince la fit donner au roi d'Espagne et mérita son surnom. Charles-Quint était des trois candidats celui qui pouvait menacer le plus la liberté de l'Allemagne, mais c'était aussi le plus capable de la défendre contre les Turcs. Sélim et Soliman renouvelaient alors les craintes que l'Europe avait éprouvées du temps de Mahomet II. Le maître de l'Espagne, du royaume de Naples et de l'Autriche pouvait seul fermer le monde civilisé aux barbares de l'Afrique et de l'Asie.

Ainsi éclata, avec leur concurrence pour la couronne impériale, la sanglante rivalité de François I$^{er}$ et de Charles-Quint. Le premier réclamait Naples pour lui, la Navarre pour Henri d'Albret ; l'Empereur revendiquait le fief impérial du Milanais et le duché de Bourgogne. Leurs ressources pouvaient passer pour égales. Si l'empire de Charles était plus vaste, il n'était point arrondi comme la France. Ses sujets étaient plus riches, mais son autorité plus limitée. La gendarmerie française n'avait pas moins de réputation que l'infanterie espagnole. La victoire devait appartenir à celui qui mettrait le roi d'Angleterre dans son parti. Henri VIII avait raison de prendre pour devise : *Qui je défends est maître.* Tous deux demandent Marie sa fille, l'un pour le dauphin, l'autre pour lui-même. François I$^{er}$ obtient de lui une entrevue près de Calais, et, ne se souvenant plus qu'il a besoin de le gagner, il l'éclipse par sa grâce et sa magnificence [1]. Charles-Quint, plus adroit, avait prévenu cette entrevue en visitant lui-même Henri VIII en Angleterre. Il avait gagné Wolsey en lui faisant espérer la tiare. La négociation était d'ailleurs bien plus facile pour lui que pour François I$^{er}$. Henri VIII en voulait déjà au roi de France, qui gouvernait l'Écosse par le duc d'Albany, son protégé et son sujet [2], au préjudice de Marguerite, veuve de Jacques IV et sœur du roi d'Angleterre. En s'unissant à Charles-Quint, il avait la chance de recouvrer quelque chose des domaines que ses ancêtres avaient autrefois possédés en France.

---

1. On nomma ladite assemblée le *Camp du drap d'or..*, « tellement que plusieurs y portèrent leurs moulins, leurs forêts et leurs prez sur leurs espaules ». *Martin du Bellay*, XVII, p. 285.

2. *Pinkerton*, t. II, p. 135. Le régent lui-même, dans ses dépêches, appelait le roi de France *mon maître*. Il tenait beaucoup plus aux grands biens qu'il avait en France qu'à la régence du royaume d'Écosse.

Tout réussit à l'Empereur. Il mit Léon X de son côté, et eut ensuite le crédit de faire élever à la papauté son précepteur, Adrien d'Utrecht. Les Français, qui pénétrèrent en Espagne, arrivèrent trop tard pour donner la main aux insurgés (1521). Le gouverneur du Milanais, Lautrec, qui, disait-on, avait exilé de Milan près de la moitié des habitants, fut chassé de la Lombardie. Il le fut encore l'année suivante ; les Suisses, mal payés, demandèrent *congé* ou *bataille*, et se firent battre à La Bicoque. L'argent destiné aux troupes avait été détourné par la reine mère, en haine du général.

Au moment où François Ier songeait à rentrer en Italie, un ennemi intérieur mettait la France dans le plus grand danger. Il avait fait un passe-droit au connétable de Bourbon, l'un de ceux qui avaient le plus contribué à la victoire de Marignan. Charles, comte de Montpensier et dauphin d'Auvergne, tenait de son épouse, petite-fille de Louis XI, le duché de Bourbon, les comtés de Clermont, de La Marche et d'autres domaines, qui faisaient de lui le plus grand seigneur du royaume. A la mort de sa femme, la reine-mère, Louise de Savoie, qui avait voulu se marier au connétable, et qui en avait éprouvé un refus, voulut le ruiner, ne pouvant l'épouser. Elle lui disputa cette riche succession et obtint de son fils que provisoirement les biens seraient mis en séquestre[1]. Bourbon, désespéré, prit la résolution

---

1. Voy. la lettre du connétable à François Ier, dans les *Mémoires* de du Bellay, t. XVII, p. 413.

de passer à l'Empereur (1523). Un demi-siècle auparavant, la révolte n'emportait aucune idée de déloyauté. Les chevaliers les plus accomplis de France, Dunois et Jean de Calabre, étaient entrés dans la *Ligue du Bien public*. Récemment encore, on avait vu en Espagne don Pedro de Giron, mécontent de Charles-Quint, lui déclarer en face qu'il renonçait à son obéissance, et prendre le commandement des *comuneros*[1]. Mais ici il ne s'agissait point d'une révolte contre le roi ; en France, elle était impossible à cette époque. C'était une conspiration contre l'existence même de la France que Bourbon tramait avec les étrangers. Il avait promis à Charles-Quint d'attaquer la Bourgogne dès que François Ier aurait passé les Alpes, de soulever cinq provinces, où il se croyait le maître ; le royaume de Provence devait être rétabli en faveur du connétable, et la France, partagée entre l'Espagne et l'Angleterre, eût cessé d'exister comme nation. Il put jouir bientôt des malheurs de sa patrie. Devenu général des armées de l'Empereur, il vit fuir les Français devant lui à La Biagrasse ; il vit le chevalier Bayard frappé d'un coup mortel et couché au pied d'un arbre, « le visage devers l'ennemi, et dit
« audit Bayard qu'il avoit grand pitié de lui, le voyant
« en cest estat, pour avoir esté si vertueux chevalier.
« Le capitaine Bayard lui fit response : Monsieur, il
« n'y a point de pitié en moy, car je meurs en homme
« de bien. Mais j'ai pitié de vous, de vous veoir

---

1. *Sépulveda*, t. I, p. 79.

« servir contre vostre prince et vostre patrie, et
« vostre serment[1].

Bourbon croyait qu'à sa première apparition en France, ses vassaux viendraient se ranger avec lui sous les drapeaux de l'étranger. Personne ne remua. Les Impériaux furent repoussés au siège de Marseille, et ils ne sauvèrent leur armée épuisée que par une retraite qui ressemblait à une fuite. Au lieu d'accabler les Impériaux en Provence, le roi aima mieux les devancer en Italie.

A une époque de science militaire et de tactique, François Ier se croyait toujours au temps de la chevalerie. Il mettait son honneur à ne point reculer, même pour vaincre. Il s'obstina au siège de Pavie (1525). Il ne donna point le temps aux Impériaux, mal payés, de se disperser d'eux-mêmes. Il s'affaiblit en détachant douze mille hommes vers le royaume de Naples. Sa supériorité était dans l'artillerie : il voulut décider la victoire par la gendarmerie, comme à Marignan, se précipita devant son artillerie et la rendit inutile. Les Suisses s'enfuirent; les landsknechts furent écrasés, avec la *Rose blanche*, leur colonel[2]. Alors tout le poids de la bataille tomba sur le roi et sa gendarmerie. Les vieux héros des guerres d'Italie, La Palice et La Trémouille, furent portés par terre; le roi de Navarre, Montmorency, *l'Aventureux*[3], une foule d'autres, furent faits prisonniers. François Ier

---

1. *Du Bellay*, XVII, p. 451.
2. Le duc de Suffolk.
3. Le maréchal de Fleuranges.

se défendait à pied : son cheval avait été tué sous lui ; son armure, que nous avons encore, était toute faussée de coups de feu et de coups de piques. Heureusement, un des gentilshommes français qui avaient suivi Bourbon l'aperçut et le sauva ; mais il ne voulut point se rendre à un traître, et fit appeler le vice-roi de Naples, qui reçut son épée à genoux. Il écrivit le soir un seul mot à sa mère : *Madame, tout est perdu, fors l'honneur*[1].

Charles-Quint savait bien que *tout n'était point perdu*, il ne s'exagéra point son succès ; il sentit que la France était entière et forte, malgré la perte d'une armée. Il ne songea qu'à tirer de son prisonnier un traité avantageux. François Ier était arrivé en Espagne croyant, d'après son cœur, qu'il lui suffirait de voir *son beau-frère* pour être renvoyé honorablement dans son royaume. Il n'en fut pas ainsi. L'Empereur maltraita son prisonnier pour en tirer une plus riche rançon. Cependant l'Europe témoignait le plus vif intérêt pour *ce roi soldat*[2]. Érasme, sujet de Charles-Quint, osa lui écrire en faveur de son captif. Les nobles espagnols demandèrent qu'il fût prisonnier sur parole, s'offrant eux-mêmes pour caution. Ce ne fut qu'au bout d'un an, lorsque Charles craignait que son prisonnier ne lui

---

1. Voy. la lettre par laquelle Charles-Quint apprend au marquis de Denia la captivité de François Ier (*Sandoval*, t I, liv. XIII, § 2, p. 7 ; in-fol., Anvers, 1581) ; celle que Louise de Savoie écrivit à l'Empereur, en faveur de son fils ; celle de François Ier aux différents Ordres de l'État, et l'acte d'abdication, t. XXII de la collect. des *Mémoires*, p. 69, 71 et 84.

2. Expression de Montluc, parlant à François Ier lui-même, t. XXI, p. 6.

échappât par la mort, lorsque François Ier eut abdiqué en faveur du dauphin, qu'il se décida à le relâcher, en lui faisant signer un traité honteux. Le roi de France renonçait à ses prétentions sur l'Italie, promettait de faire droit à celles de Bourbon, de céder la Bourgogne, de donner ses deux fils en otage, et de s'allier par un double mariage à la famille de Charles-Quint (1526).

A ce prix il fut libre. Mais il ne sortit pas tout entier de cette fatale prison ; il y laissa cette bonne foi, cette confiance héroïque qui, jusque-là, avaient fait sa gloire. A Madrid même, il avait protesté secrètement contre le traité. Redevenu roi, il ne lui fut pas difficile de l'éluder. Henri VIII, alarmé de la victoire de Charles-Quint, s'était allié à la France. Le pape, Venise, Florence, Gênes, le duc même de Milan, qui, depuis la bataille de Pavie, se trouvaient à la merci des armées impériales, ne voyaient plus dans les Français que des libérateurs. François Ier. fit déclarer, par les États de Bourgogne, qu'il n'avait point le droit de céder aucune partie de la France ; et lorsque Charles-Quint réclama l'exécution du traité en l'accusant de perfidie, il répondit qu'il en avait *menti par la gorge*, le somma d'*assurer le camp* et lui laissa le choix des armes[1].

Pendant que l'Europe s'attendait à une guerre terrible, François Ier ne songeait qu'à compromettre ses alliés pour effrayer Charles-Quint, et améliorer

---

1. *Du Bellay*, XVIII, p. 38.

les conditions du traité de Madrid. L'Italie restait en proie à la guerre la plus hideuse qui pût déshonorer l'humanité; c'était moins une guerre qu'un long supplice infligé par une soldatesque féroce à un peuple désarmé. Les troupes mal payées de Charles-Quint n'étaient point à lui, n'étaient à personne; elles commandaient à leurs généraux. Dix mois entiers, Milan fut abandonnée à la froide barbarie des Espagnols. Dès qu'on sut dans l'Allemagne que l'Italie était ainsi livrée au pillage, treize ou quatorze mille Allemands passèrent les Alpes sous Georges Frondsberg, luthérien furieux, qui portait à son cou une chaîne d'or destinée, disait-il, à étrangler le Pape. Bourbon et Leyva conduisaient, ou plutôt, suivaient cette armée de brigands. Elle se grossissait, sur sa route, d'une foule d'Italiens qui imitaient les vices des Barbares, ne pouvant imiter leur valeur. L'armée prit son chemin par Ferrare et Bologne; elle fut sur le point d'entrer en Toscane, et les Espagnols ne juraient que *par le sac glorieux de Florence*[1]; mais une impulsion plus forte entraînait les Allemands vers Rome, comme autrefois les Goths leurs aïeux. Clément VII, qui avait traité avec le vice-roi de Naples, et qui voyait pourtant approcher l'armée de Bourbon, cherchait à s'aveugler, et semblait comme fasciné par la grandeur même du péril. Il licencia ses meilleures troupes à l'approche des Impériaux, croyant peut-être que Rome désarmée leur ins-

---

1. *Sismondi*, XV, d'après *Lettere de' principi*, t. II, fol. 47.

pirerait quelque respect. Dès le matin du 6 mai, Bourbon donna l'assaut (1527). Il avait mis une cotte d'armes blanche pour être mieux vu des siens et des ennemis. Dans une si odieuse entreprise, le succès pouvait seul le relever à ses propres yeux; s'apercevant que ses fantassins allemands le secondaient mollement, il saisit une échelle et il y montait, lorsqu'une balle l'atteignit dans les reins; il sentit bien qu'il était mort, et ordonna aux siens de couvrir son corps de son manteau et de cacher ainsi sa chute. Ses soldats ne le vengèrent que trop. Sept à huit mille Romains furent massacrés le premier jour; rien ne fut épargné, ni les couvents, ni les églises, ni Saint-Pierre même : les places étaient jonchées de reliques, d'ornements d'autels, que les Allemands jetaient après en avoir arraché l'or et l'argent. Les Espagnols, plus avides et plus cruels encore, renouvelèrent tous les jours pendant près d'une année les plus affreux abus de la victoire; on n'entendait que les cris des malheureux qu'ils faisaient périr dans les tortures pour leur faire avouer où ils avaient caché leur argent. Ils les liaient dans leur maison, afin de les retrouver quand ils voulaient recommencer leur supplice.

L'indignation fut au comble dans l'Europe, quand on apprit le sac de Rome et la captivité du Pape. Charles-Quint ordonna des prières pour la délivrance du pontife, prisonnier de l'armée impériale plus que de l'Empereur. François Ier crut le moment favorable pour faire entrer en Italie les troupes qui, quelques mois plus tôt, auraient sauvé Rome et Milan. Lautrec marcha sur Naples, pendant que les généraux impériaux négociaient avec leurs soldats pour les faire sortir de Rome ; mais on le laissa manquer d'argent, comme dans les premières guerres. La peste consuma son armée. Cependant rien n'était perdu, tant que l'on conservait des communications par mer avec la France. François Ier eut l'imprudence de mécontenter le Génois Doria, le premier marin de l'époque. Il *semblait*, dit Montluc, *que la mer redoutast cet homme*[1]. On lui avait retenu la rançon du prince d'Orange, on ne payait point la solde de ses galères, on avait nommé à son préjudice un amiral du Levant ; ce qui l'irritait encore davantage, c'est que François Ier ne respectait point les privilèges de Gênes et voulait transporter à Savone le commerce de cette ville. Au lieu de le satisfaire sur ces divers griefs, le roi donna ordre de l'arrêter. Doria, dont l'engagement avec la France venait d'expirer, se donna à l'Empereur, à condition que sa patrie serait indépendante et dominerait de nouveau dans la Ligurie. Charles-Quint offrit de le reconnaître pour prince de Gênes, mais il aima mieux être le premier citoyen d'une ville libre.

Cependant les deux partis souhaitaient la paix. Charles-Quint était alarmé par les progrès de la Réforme et par l'invasion du terrible Soliman, qui vint camper devant Vienne ; François Ier, épuisé, ne

---

1. *Montluc*, t. XX, p. 370.

songeait plus qu'à s'arranger aux depens de ses allies. Il voulait retirer ses enfants et garder la Bourgogne. Jusqu'à la veille du traité, il protesta à ses alliés d'Italie qu'il ne séparerait point ses intérêts des leurs. Il refusa aux Florentins la permission de faire une paix particulière avec l'Empereur[1], et il signa le traité de Cambrai, par lequel il les abandonnait, eux, et les Vénitiens, et tous ses partisans, à la vengeance de Charles-Quint (1529). Cet odieux traité bannit pour toujours les Français de l'Italie. Dès lors, le principal théâtre de la guerre sera partout ailleurs, en Savoie, en Picardie, aux Pays-Bas, en Lorraine.

Tandis que la chrétienté espérait quelque repos, un fléau jusque-là ignoré dépeuplait les rivages d'Italie et d'Espagne. Les Barbaresques commencèrent vers cette époque à faire la *traite des blancs*. Les Turcs dévastaient d'abord les contrées qu'ils voulaient envahir; c'est ainsi qu'ils firent presque un désert de la Hongrie méridionale et des provinces occidentales de l'ancien Empire grec. Les Tartares et les Barbaresques, ces enfants perdus de la puissance ottomane, la secondaient, les uns à l'orient, les autres au midi, dans ce système de dépopulation. Les Chevaliers de Rhodes, que Charles-Quint avait établis dans l'île de Malte, étaient trop faibles pour purger la mer des vaisseaux innombrables dont la couvrait Barberousse, dey de Tunis et amiral de Soliman. Charles-Quint résolut d'attaquer le pirate

---

1. *Fr. Guiccardini*, lib. XIX.

dans son repaire (1535). Cinq cents vaisseaux transportèrent en Afrique une armée de trente mille hommes, composée en grande partie de vieilles bandes qui avaient fait les guerres d'Italie. Le Pape et le roi de Portugal avaient grossi cette flotte. Doria y avait joint ses galères, et l'Empereur y était monté lui-même avec l'élite de la noblesse espagnole. Barberousse n'avait point de force capable de résister à l'armement le plus formidable que la chrétienté eût fait contre les Infidèles depuis les croisades. La Goulette fut prise d'assaut, Tunis se rendit, et vingt mille chrétiens, délivrés de l'esclavage et ramenés dans leur patrie aux frais de l'Empereur, firent bénir dans toute l'Europe le nom de Charles-Quint.

La conduite de François Ier présentait une triste opposition. Il venait de déclarer son alliance avec Soliman (1534). Il négociait avec les Protestants d'Allemagne, avec Henri VIII, qui avait répudié la tante de Charles-Quint et abandonné l'Église. Il ne tira d'aucun d'eux les secours qu'il en attendait. Soliman alla perdre ses janissaires dans les plaines sans bornes de l'Asie. Henri VIII était trop occupé chez lui par la révolution religieuse qu'il opérait avec tant de violence. Les confédérés de Smalkalde ne pouvaient se fier en un prince qui caressait les Protestants à Dresde et les faisait brûler à Paris. François Ier n'en renouvela pas moins la guerre en faisant envahir la Savoie et en menaçant le Milanais (1535). Le duc de Savoie, alarmé des prétentions de la mère du roi de France (Louise de Savoie), avait épousé la belle-sœur de Charles-Quint. Le duc de Milan, accusé par l'Empereur de traiter avec les Français, avait essayé de s'en disculper en faisant décapiter sous un vain prétexte l'ambassadeur de François I$^{er}$. Charles-Quint annonça dans Rome, en présence des envoyés de toute la chrétienté, qu'il comptait sur la victoire, et déclara que, « s'il n'avait « pas plus de ressources que son rival, il irait à « l'instant, les bras liés, la corde au cou, se jeter à « ses pieds et implorer sa pitié ». Avant d'entrer en campagne, il partagea à ses officiers les domaines et les grandes charges de la couronne de France.

En effet, tout le monde croyait que François I$^{er}$ était perdu. On ne savait pas quelles ressources la France avait en elle-même. Depuis 1533, le roi s'était enfin décidé à placer la force militaire de la France dans l'infanterie, et dans une infanterie nationale. Il se souvenait que les Suisses avaient fait perdre la bataille de La Bicoque, et peut-être celle de Pavie; que les landsknechts avaient été rappelés par l'Empereur la veille de la bataille de Ravenne. Mais donner ainsi des armes au peuple, c'était, disait-on, courir un grand risque[1]. Dans une ordonnance sur la chasse, rendue en 1517, François I$^{er}$

---

[1]. Au premier remuement de guerre, le roy François dressa des légionnaires, qui fut une très belle invention, si elle eust été bien suivye; car c'est le vray moyen d'avoir toujours une bonne armée sur pied comme faisoient les Romains, et de tenir son peuple aguerry, combien que je ne sçay si cela est bon ou mauvais. La dispute n'en est pas petite; si aymerois-je mieux me fier aux miens qu'aux estrangers. *Montluc*, t. XX, p. 385.

avait défendu le port d'armes sous des peines terribles. Néanmoins il se décida à créer sept légions provinciales, fortes chacune de six mille hommes, et tirées des provinces frontières. Ces troupes étaient encore peu aguerries, lorsque les armées de Charles-Quint entrèrent à la fois en Provence, en Champagne et en Picardie. Aussi François Ier, ne se reposant pas sur leur valeur, résolut d'arrêter l'ennemi en lui opposant un désert. Toute la Provence, des Alpes à Marseille, et de la mer au Dauphiné, fut dévastée avec une inflexible sévérité par le maréchal de Montmorency : villages, fermes, moulins, tout fut brûlé, toute apparence de culture détruite. Le maréchal, établi dans un camp inattaquable entre le Rhône et la Durance, attendit patiemment que l'armée de l'Empereur se fût consumée devant Marseille. Charles-Quint fut contraint à la retraite, et obligé de consentir à une trêve dont le Pape se fit le médiateur (trêve de Nice, 1538). Un mois après, Charles et François se virent à Aigues-Mortes, et ces princes, qui s'étaient traités d'une manière si outrageante, dont l'un accusait l'autre d'avoir empoisonné le dauphin, se donnèrent toutes les assurances d'une amitié fraternelle.

L'épuisement des deux rivaux était pourtant l'unique cause de la trêve. Quoique Charles-Quint eût tâché de gagner les Cortès de Castille, en autorisant la députation permanente imitée de celle d'Aragon, et en renouvelant la loi qui excluait les étrangers des emplois, il n'avait pu obtenir d'argent ni en 1527, ni en 1533, ni en 1538. Gand avait pris les armes plutôt que de payer un nouvel impôt. L'administration du Mexique n'était pas organisée; le Pérou n'appartenait encore qu'à ceux qui l'avaient conquis, et qui le désolaient par leurs guerres civiles. L'Empereur, obligé de vendre une grande partie des domaines royaux, avait contracté une dette de sept millions de ducats, et ne trouvait plus à emprunter dans aucune banque à treize ni à quatorze. Cette pénurie excita, vers 1539, une révolte presque universelle dans les armées de Charles-Quint. Elles se soulevèrent en Sicile, pillèrent la Lombardie, et menacèrent de livrer La Goulette à Barberousse. Il fallut trouver à tout prix de quoi payer leur solde arriérée, et en licencier la plus grande partie.

Le roi de France n'était guère moins embarrassé. Depuis l'avènement de Charles VIII, la richesse nationale avait pris un développement rapide par l'effet du repos intérieur, mais les dépenses surpassaient de beaucoup les ressources. Charles VII avait eu dix-sept cents hommes d'armes. François Ier en eut jusqu'à trois mille, sans compter six mille chevau-légers, et souvent douze ou quinze mille Suisses. Charles VII levait moins de deux millions d'impôts; Louis XI en leva cinq, François Ier près de neuf. Pour subvenir à ces dépenses, les rois ne convoquaient point les États généraux depuis 1484[1].

[1]. Une seule fois, à Tours, en 1506, et seulement pour annuler le traité de Blois.

Ils leur substituaient des assemblées de notables (1526), et le plus souvent levaient de l'argent par des ordonnances qu'ils faisaient enregistrer au Parlement de Paris. Louis XII, *le Père du Peuple*, diminua d'abord les impôts, et vendit les offices de finances (1499); mais il fut contraint, vers la fin de son règne, d'augmenter les impôts, de faire des emprunts, et d'aliéner les domaines royaux (1511, 1514). François I$^{er}$ établit de nouvelles taxes (particulièrement en 1523), vendit et multiplia les charges de judicature (1515, 1522, 1524), fonda les premières rentes perpétuelles sur l'Hôtel de Ville, aliéna les domaines royaux (1532, 1544), enfin institua la loterie royale (1539).

Il avait une sorte d'avantage sur Charles-Quint, dans cette facilité de se ruiner. Il en profita lorsque l'Empereur eut échoué dans sa grande expédition contre Alger (1541-42). Deux ans auparavant, Charles-Quint, passant par la France pour réprimer la révolte de Gand, avait amusé le roi de la promesse de donner au duc d'Orléans, son second fils, l'investiture du Milanais. La duchesse d'Étampes, qui gouvernait le roi, le voyant s'affaiblir, et craignant la haine de Diane de Poitiers, maîtresse du dauphin, s'efforçait de procurer au duc d'Orléans un établissement indépendant, où elle pût trouver un asile à la mort de François I$^{er}$. Joignez à cette cause principale de la guerre l'assassinat de deux envoyés français, qui, traversant l'Italie pour aller à la cour de Soliman, furent tués dans le Milanais par l'ordre du gouverneur impérial, qui voulait· se saisir de leurs papiers. François Ier comptait sur l'alliance des Turcs et sur ses liaisons avec les princes protestants d'Allemagne, de Danemarck et de Suède; il s'était attaché particulièrement Guillaume, duc de Clèves, en lui faisant épouser sa nièce, Jeanne d'Albret, qui fut depuis mère de notre Henri IV. Il envahit presque en même temps le Roussillon, le Piémont, le Luxembourg, le Brabant et la Flandre. Soliman joignit sa flotte à celle de France; elles bombardèrent inutilement le château de Nice. Mais l'odieux spectacle du Croissant uni aux fleurs de lys indisposa toute la chrétienté contre le roi de France. Ceux mêmes qui jusqu'ici l'avaient favorisé fermèrent les yeux sur l'intérêt de l'Europe pour s'unir à Charles-Quint. L'Empire se déclara contre l'allié des Turcs. Le roi d'Angleterre, réconcilié avec Charles depuis la mort de Catherine d'Aragon, prit parti contre François Ier, qui avait donné sa fille au roi d'Écosse. Henri VIII défit Jacques V (1543), Charles-Quint accabla le duc de Clèves (1543), et tous deux, n'ayant plus rien à craindre derrière eux, se concertèrent pour envahir les états de François Ier. La France, seule contre tous, déploya une vigueur inattendue; elle combattit avec cinq armées, étonna les confédérés par la brillante victoire de Cérisoles; l'infanterie gagna cette bataille, perdue par la gendarmerie[1]. Charles-Quint, mal secondé par Henri VIII, et rappelé par

---

1. *Montluc*, liv. XXI, p. 31.

les progrès de Soliman en Hongrie, signa, à treize lieues de Paris, un traité par lequel François renonçait à Naples, Charles à la Bourgogne; le duc d'Orléans devait être investi du Milanais (1545). Les rois de France et d'Angleterre ne tardèrent pas à faire la paix, et moururent tous deux la même année (1547).

La longue lutte des deux grandes puissances de l'Europe est loin d'être terminée; mais elle se complique désormais d'intérêts religieux, qu'on ne peut comprendre sans connaître les progrès de la Réforme en Allemagne. Nous nous arrêterons ici pour regarder derrière nous, et pour examiner quelle avait été la situation intérieure de l'Espagne et de la France pendant la rivalité de François I<sup>er</sup> et de Charles-Quint.

En Espagne, la royauté marchait à grands pas vers ce pouvoir absolu qu'elle avait atteint en France. Charles-Quint imita l'exemple de son père, et fit plusieurs lois sans autorisation des Cortès. En 1538, les nobles et les prélats de Castille ayant repoussé l'impôt général de la *Sisa*, qui aurait porté sur la vente en détail des denrées, le roi d'Espagne cessa de les convoquer, alléguant qu'ils n'avaient pas le droit de voter des impôts qu'ils ne payaient point. Les Cortès ne se composèrent plus que des trente-six députés envoyés par les dix-huit villes qui seules étaient représentées. Les nobles se repentirent trop tard de s'être joints au roi pour accabler les *communeros* en 1521.

Le pouvoir de l'Inquisition espagnole faisait des progrès d'autant plus rapides que l'agitation de l'Allemagne alarmait de plus en plus Charles-Quint sur les suites politiques des innovations religieuses. L'Inquisition fut introduite aux Pays-Bas en 1522; et, sans la résistance opiniâtre des Napolitains, elle l'eût été chez eux en 1546. Après avoir retiré quelque temps aux tribunaux de l'Inquisition le droit d'exercer la juridiction royale (en Espagne, 1535-1545; en Sicile, 1535-1550), on finit par le leur rendre. Depuis 1539, l'inquisiteur général Tabera gouverna l'Espagne, en l'absence de l'Empereur, sous le nom de l'Infant, depuis Philippe II.

Le règne de François I$^{er}$ est l'apogée du pouvoir royal en France avant le ministère du cardinal de Richelieu. Il commença par concentrer dans ses mains le pouvoir ecclésiastique par le traité du Concordat (1515), restreignit les juridictions ecclésiastiques (1539), organisa un système de police[1] et imposa silence aux parlements. Celui de Paris avait été affaibli sous Charles VII et Louis XI, par la création des parlements de Grenoble, Bordeaux et Dijon (1451, 1462, 1477); sous Louis XII, par celle des parlements de Rouen et d'Aix (1499, 1501). Pendant la captivité de François I$^{er}$, il essaya de reprendre quelque importance, et commença des poursuites contre le chancelier Duprat. Mais le roi, de retour, lui défendit de s'occuper désormais

---

1. Instruction de Catherine de Médicis à son fils.

d'affaires politiques, et lui ôta de son influence en rendant les charges vénales et en les multipliant.

François Ier s'était vanté d'avoir mis désormais les rois *hors de pages*. Mais l'agitation croissante des esprits qu'on remarquait sous son règne, annonçait de nouveaux troubles. L'esprit de liberté se plaçait dans la religion, pour rentrer un jour, avec des forces doublées, dans les institutions politiques. D'abord les réformateurs s'en tinrent à des attaques contre les mœurs du clergé; les *Colloquia* d'Érasme, tirés à vingt-quatre mille exemplaires, furent épuisés rapidement. Les *Psaumes*, traduits par Marot, furent bientôt chantés sur des airs de romances par les gentilshommes et par les dames, tandis que l'ordonnance en vertu de laquelle les lois devaient être désormais rédigées en français mettait tout le monde à même de connaître et de discuter les matières politiques (1538). La cour de Marguerite de Navarre et celle de la duchesse de Ferrare, Renée de France, étaient le rendez-vous de tous les partisans des nouvelles opinions. La plus grande légèreté d'esprit et le plus profond fanatisme, Marot et Calvin, se rencontraient à Nérac. François Ier avait d'abord vu sans inquiétude ce mouvement des esprits. Il avait protégé contre le clergé les premiers Protestants de France (1523-1524). En 1534, lorsqu'il resserrait ses liaisons avec les Protestants d'Allemagne, il invita Mélanchton à présenter une profession de foi conciliante. Il favorisa la révolution de Genève, qui devint le foyer du calvinisme (1535). Cependant, depuis son retour de Madrid, il était plus sévère pour les Protestants de France. En 1527 et en 1534 la fermentation des nouvelles doctrines s'étant manifestée par des outrages aux images saintes et par des placards affichés au Louvre, plusieurs Protestants furent brûlés à petit feu, en présence du roi et de toute la cour. En 1535, il ordonna la suppression des imprimeries, sous peine de la hart, et, sur les réclamations du Parlement, révoqua la même année cette ordonnance pour établir la censure[1].

La fin du règne de François Ier fut marquée par un événement affreux. Les Vaudois, habitants de quelques vallées inaccessibles de la Provence et du Dauphiné, avaient conservé des doctrines ariennes, et venaient d'adopter celles de Calvin. La force des positions qu'ils occupaient au milieu des Alpes inspirait des inquiétudes. Le Parlement d'Aix ordonna, en 1540, que Cabrières et Mérindol, leurs principaux points de réunion, fussent incendiés. Après la retraite de Charles-Quint (1545), l'arrêt fut exécuté, malgré les réclamations de Sadolet, évêque de Carpentras. Le président d'Oppède, l'avocat du roi, Guérin, et le capitaine Paulin, l'ancien agent du roi chez les Turcs, pénétrèrent dans les vallées, en exterminèrent les habitants avec une cruauté inouïe, et changèrent toute la contrée en désert. Cette effroyable exécution peut être considérée comme l'une des premières causes de nos guerres civiles.

1. *Registre manuscrit du Parlement de Paris.*

## CHAPITRE VII

*Luther. — Réforme en Allemagne. — Guerre des Turcs. (1517-1555.)*

Tous les États de l'Europe avaient atteint l'unité monarchique, le Système d'équilibre s'établissait entre eux, lorsque l'ancienne unité religieuse de l'Occident fut rompue par la Réforme. Cet événement, le plus grand des temps modernes, avec la Révolution française, sépara de l'Église romaine la moitié de l'Europe, et amena la plupart des révolutions et des guerres qui eurent lieu jusqu'au traité de Westphalie. L'Europe s'est trouvée, depuis la Réforme, divisée d'une manière qui coïncide avec la division des races. Les peuples de race romaine sont restés catholiques. Le protestantisme domine chez ceux de la race germanique, l'Église grecque chez les peuples slaves.

La première époque de la Réforme nous présente en opposition Luther et Zwingle, la seconde Calvin et Socin. Luther et Calvin conservent une partie du dogme et de la hiérarchie. Zwingle et Socin réduisent peu à peu la religion au déisme. La monarchie pontificale étant renversée par l'aristocratie luthérienne, celle-ci est attaquée par la démocratie calviniste : c'est une réforme dans la Réforme. Pendant la première et la seconde époque, d'anciennes sectes anarchiques, composées en partie de visionnaires apocalyptiques, se relèvent, et donnent à la Réforme l'aspect formidable d'une guerre contre la société ; ce sont les Anabaptistes dans la première période, les Indépendants et les Niveleurs dans la seconde.

Le principe de la Réforme était essentiellement mobile et progressif. Divisée dans son berceau même, elle se répandit à travers l'Europe sous cent formes diverses. Repoussée en Italie, en Espagne, en Portugal (1526), en Pologne (1523), elle s'établit en Bohême, à la faveur des privilèges des Calixtins ; elle s'appuya en Angleterre des souvenirs de Wiclef. Elle allait se proportionnant à tous les degrés de civilisation, se conformant aux besoins politiques de chaque pays. Démocratique en Suisse (1523), aristocratique en Danemarck (1527), elle s'associa en Suède à l'élévation du pouvoir royal (1529) ; dans l'Empire, à la cause des libertés germaniques.

§ 1. — *Origine de la Réforme.*

Dans la mémorable année 1517, à laquelle on rapporte ordinairement le commencement de la

Réforme, ni l'Europe, ni le pape, ni Luther même ne se doutaient d'un si grand événement. Les princes chrétiens se liguaient contre le Turc. Léon X envahissait le duché d'Urbin, et portait au comble la puissance temporelle du Saint-Siège. Malgré l'embarras de ses finances, qui l'obligeait à faire vendre des indulgences en Allemagne et de créer à la fois trente et un cardinaux, il prodiguait aux savants, aux artistes, les trésors de l'Église avec une glorieuse imprévoyance. Il envoyait jusqu'en Danemarck et en Suède rechercher les monuments de l'histoire du Nord. Il autorisait par un bref la vente de l'*Orlando furioso*[1], et recevait la lettre éloquente de Raphaël sur la restauration des antiquités de Rome. Au milieu de ces soins, il apprit qu'un professeur de la nouvelle université de Wittemberg, déjà connu pour avoir, l'année précédente, hasardé des opinions hardies en matière de foi, venait d'attaquer la vente des indulgences. Léon X, qui correspondait lui-même avec Érasme, ne s'alarma point de ces nouveautés; il répondit aux accusateurs de Luther que c'était un homme de talent, et que toute cette dispute n'était qu'une querelle de moines[2].

L'université de Wittemberg, récemment fondée par l'Électeur de Saxe, Frédéric-le-Sage, était, en Allemagne, une des premières où le platonisme eût triomphé de la scolastique, et où l'enseignement

---

1. Publié en 1516.
2. *Che fra Martino aveva bellissimo ingegno, e che coteste erano invidie ratesche.*

des lettres fût associé à celui du droit, de la théologie et de la philosophie. Luther, particulièrement, avait d'abord étudié le droit; puis, ayant pris l'habit monastique dans un accès de ferveur, il avait résolu de chercher la philosophie dans Platon, la religion dans la Bible. Mais ce qui le distinguait, c'était moins sa vaste science qu'une éloquence vaste et emportée, et une facilité alors extraordinaire de traiter les matières philosophiques et religieuses dans sa langue maternelle; *c'est par là où il enlevait tout le monde*[1]. Cet esprit impétueux, une fois lancé, alla plus loin qu'il n'avait voulu[2]. Il attaqua l'abus, puis le principe des indulgences, ensuite l'intercession des saints, la confession auriculaire, le purgatoire, le célibat des prêtres, la transsubstantiation, enfin l'autorité de l'Église et le caractère de son chef visible. Pressé en vain par le légat Cajetan

---

1. Bossuet.
2. Luther, préface de la *Captivité de Babylone*. « Que je le veuille ou
« non, je suis forcé de devenir plus savant de jour en jour, lorsque des
« maîtres si renommés m'attaquent, tantôt ensemble, tantôt séparément. J'ai
« écrit il y a deux ans sur les indulgences; mais je me repens fort aujour-
« d'hui d'avoir publié ce petit livre. J'étais encore irrésolu, par un respect
« superstitieux pour la tyrannie de Rome : je croyais alors que les indulgences
« ne devaient pas être condamnées; mais depuis, grâce à Sylvestre et aux
« autres défenseurs des indulgences, j'ai compris que ce n'était qu'une inven-
« tion de la cour papale pour faire perdre la foi en Dieu et l'argent des
« hommes. Ensuite sont venus Eccius et Emser, avec leur bande, pour m'en-
« seigner la suprématie et la toute-puissance du pape. Je dois reconnaître,
« pour ne pas me montrer ingrat envers de si savants hommes, que j'ai beau-
« coup profité de leurs écrits. Je niais que la papauté fût de droit divin; mais
« j'accordais encore qu'elle était de droit humain. Après avoir entendu et lu
« les subtilités par lesquelles ces pauvres gens voudraient élever leur idole, je
« me suis convaincu que la papauté est le royaume de Babylone, et la puis-
« sance de Nemrod, *le fort chasseur.* »

de se rétracter, il en appela du légat au pape, du pape à un concile général; et lorsque le pape l'eut condamné, il osa user de représailles, et brûla solennellement, sur la place de Wittemberg, la bulle de condamnation et les deux volumes du droit canonique (15 juin 1520).

Un coup si hardi saisit l'Europe d'étonnement. La plupart des sectes et des hérésies s'étaient formées dans l'ombre, et se seraient tenues heureuses d'être ignorées. Zwingle lui-même, dont les prédications enlevaient, à la même époque, la moitié de la Suisse à l'autorité du Saint-Siège, ne s'était pas annoncé avec cette hauteur[1]. On soupçonna quelque chose de plus grand dans celui qui se constituait le juge du chef de l'Église. Luther lui-même donna pour un miracle son audace et son succès.

Cependant, il était aisé de voir combien de circonstances favorables encourageaient le réformateur. La

---

1. Zwingle, curé de Zurich, commença ses prédications en 1516; les cantons de Zurich, de Bâle, de Schaffouse, de Berne, et les villes alliées de Saint-Gall et de Mulhausen, embrassèrent sa doctrine. Ceux de Lucerne, Uri, Schwitz, Urderwalden, Zug, Fribourg, Soleure et le Valais, restèrent fidèles à la religion catholique. Glaris et Appenzell furent partagés. Les habitants des cantons catholiques, gouvernés démocratiquement et habitant presque tous hors des villes, tenaient à leurs anciens usages et recevaient toujours des pensions du pape et du roi de France. François I*er* se porta en vain pour médiateur entre les Suisses; les cantons catholiques n'acceptant point la pacification proposée, ceux de Zurich et de Berne leur retranchaient les vivres. Les catholiques envahirent le territoire de Zurich, et gagnèrent sur les protestants une bataille où Zwingle fut tué en combattant à la tête de son troupeau (b. de Cappel, 1531). Les catholiques, plus barbares, plus belliqueux et moins riches, devaient vaincre, mais ne pouvaient soutenir la guerre aussi longtemps que les cantons protestants. *Sleidan.* Müller, *Hist. univ.*, t. IV. (Voy. pour Genève le chapitre suivant.)

monarchie pontificale, qui avait d'abord mis quelque harmonie dans le chaos anarchique du Moyen-âge, avait été successivement affaiblie par le progrès du pouvoir royal et de l'ordre civil. Les scandales dont un grand nombre de prêtres affligeaient l'Église, minaient chaque jour un édifice ébranlé par l'esprit de doute et de contradiction. Deux circonstances contribuaient à en déterminer la ruine. D'abord l'invention de l'imprimerie donnait aux novateurs du quinzième siècle des moyens de communication et de propagation qui avaient manqué à ceux du Moyen-âge pour résister avec quelque ensemble à une puissance organisée aussi fortement que l'Église. Ensuite, les embarras financiers de beaucoup de princes leur persuadaient d'avance toute doctrine qui mettait à leur disposition les trésors du clergé. L'Europe présentait alors un phénomène remarquable : la disproportion des besoins et des ressources, résultat de l'élévation récente d'un pouvoir central dans chaque État. L'Église paya le déficit. Plusieurs souverains catholiques avaient déjà obtenu du Saint-Siège d'exercer une partie de ses droits. Les princes du nord de l'Allemagne, menacés dans leur indépendance par le maître du Mexique et du Pérou, trouvèrent leurs Indes dans la sécularisation des biens ecclésiastiques.

Déjà la Réforme avait été tentée plusieurs fois, en Italie par Arnauld de Brescia, par Valdus en France, par Wiclef en Angleterre. C'était en Allemagne qu'elle devait commencer à jeter des racines profondes. Le clergé allemand était plus riche, et par conséquent plus envié. Les souverainetés épiscopales de l'Empire étaient données à des cadets de grandes familles, qui portaient dans l'ordre ecclésiastique les mœurs violentes et scandaleuses des séculiers. Mais la haine la plus forte était contre la cour de Rome, contre le clergé italien, dont le génie fiscal épuisait l'Allemagne. Dès le temps de l'empire romain, l'éternelle opposition du Midi et du Nord s'était comme personnifiée dans l'Allemagne et dans l'Italie. Au Moyen-âge, la lutte se régularisa; la force et l'esprit, la violence et la politique, l'ordre féodal et la hiérarchie catholique, l'hérédité et l'élection, furent aux prises dans les querelles de l'Empire et du sacerdoce; l'esprit critique, à son réveil, préludait par l'attaque des personnes à l'examen des opinions. Au quinzième siècle, les Hussites arrachèrent quelques concessions par une guerre de trente années. Au seizième, les rapports des Italiens et des Allemands ne faisaient qu'augmenter l'ancienne antipathie. Conduits sans cesse en Italie par la guerre, les hommes du Nord voyaient avec scandale les magnificences des papes, et ces pompes dont le culte aime à s'entourer dans les contrées méridionales. Leur ignorance ajoutait à leur sévérité : ils regardaient comme profanes tout ce qu'ils ne comprenaient pas; et, lorsqu'ils repassaient les Alpes, ils remplissaient d'horreur leurs barbares concitoyens, en leur décrivant *les fêtes idolâtriques de la nouvelle Babylone*.

Luther connaissait bien cette disposition des esprits.

Lorsqu'il fut cité par le nouvel empereur à la diète de Worms, il n'hésita point de s'y rendre. Ses amis lui rappelaient le sort de Jean Huss. « Je suis somme légalement de comparaître à Worms, répondit-il, et je m'y rendrai au nom du Seigneur, dussé-je voir conjurés contre moi autant de diables qu'il y a de tuiles sur les toits. » Une foule de ses partisans voulurent du moins l'accompagner, et il entra dans la ville escorté de cent chevaliers armés de toutes pièces. Ayant refusé de se rétracter, malgré l'invitation publique et les sollicitations particulières des princes et des Électeurs, il fut mis au ban de l'Empire peu de jours après son départ. Ainsi, Charles-Quint se déclara contre la Réforme. Il était roi d'Espagne; il avait besoin du pape dans ses affaires d'Italie; enfin son titre d'empereur et de premier souverain de l'Europe le constituait le défenseur de l'ancienne foi. Des motifs analogues agissaient sur François I<sup>er</sup>; la nouvelle hérésie fut condamnée par l'Université de Paris. Enfin le jeune roi d'Angleterre, Henri VIII, qui se piquait de théologie, écrivit un livre contre Luther. Mais il trouva d'ardents défenseurs dans les princes d'Allemagne, surtout dans l'Électeur de Saxe, qui semble même l'avoir mis en avant. Ce prince avait été vicaire impérial dans l'interrègne, et c'est alors que Luther avait osé brûler la bulle du pape. Après la diète de Worms, l'Électeur, pensant que les choses n'étaient pas mûres encore, résolut de préserver Luther de ses propres emportements. Comme il s'enfonçait dans la forêt de Thuringe en revenant de la diète, des cavaliers masqués l'enlevèrent et le cachèrent dans le château de Wartbourg. Enfermé près d'un an dans ce donjon, qui semble dominer toute l'Allemagne, le réformateur commença sa traduction de la Bible en langue vulgaire et inonda l'Europe de ses écrits.

Ces pamphlets théologiques, imprimés aussitôt que dictés, pénétraient dans les provinces les plus reculées ; on les lisait le soir dans les familles, et le prédicateur invisible était entendu de tout l'Empire. Jamais écrivain n'avait si vivement sympathisé avec le peuple. Ses violences, ses bouffonneries, ses apostrophes aux puissants du monde, aux évêques, au pape, au roi d'Angleterre, qu'il traitait *avec un magnifique mépris d'eux et de Satan*, charmaient, enflammaient l'Allemagne, et la partie burlesque de ces drames populaires n'en rendait l'effet que plus sûr. Érasme, Mélanchton, la plupart des savants pardonnaient à Luther sa jactance et sa grossièreté en faveur de la violence avec laquelle il attaquait la scolastique. Les princes applaudissaient une réforme faite à leur profit. D'ailleurs, Luther, tout en soulevant les passions du peuple, défendait l'emploi de toute autre arme que celle de la parole : « C'est la parole, disait-il, qui, pendant que je dormais tranquillement et que je buvais ma bière avec mon cher Mélanchton, a tellement ébranlé la papauté que jamais prince ni empereur n'en a fait autant. »

. Mais il se flattait en vain de contenir les passions, une fois soulevées, dans les bornes d'une discussion abstraite. On ne tarda pas à tirer de ses principes des conséquences plus rigoureuses qu'il n'avait voulu. Les princes avaient mis la main sur les propriétés ecclésiastiques; Albert de Brandebourg, grand-maître de l'Ordre Teutonique, sécularisa un État entier; il épousa la fille du nouveau roi de Danemarck, et se déclara duc héréditaire de la Prusse, sous la suzeraineté de la Pologne, exemple terrible dans un empire plein de souverains ecclésiastiques, que pouvait tenter l'appât d'une pareille usurpation (1525).

Cependant ce danger n'était pas le plus grand. Le bas peuple, les paysans, endormis depuis si longtemps sous le poids de l'oppression féodale, entendirent les savants et les princes parler de liberté, d'affranchissement, et s'appliquèrent ce qu'on ne disait pas pour eux. La réclamation des pauvres paysans de Souabe, dans sa barbarie naïve, restera comme un monument de modération courageuse[1]. Peu à peu, l'éternelle haine du pauvre contre le riche se réveilla, aveugle et furieuse, comme dans la *Jacquerie*, mais affectant déjà une forme systématique, comme au temps des *Niveleurs*. Elle se compliqua de tous les germes de démocratie religieuse qu'on avait cru étouffés au Moyen-âge. Des Lollards, des Béghards, une foule de visionnaires apocalyptiques se remuèrent. Le mot de ralliement était la nécessité d'un second

---

1. *Die Zwælf artikel der Bauerschaft.* Voy. à la fin de *Sartorius*. *Bauernkrieg*, et dans les œuvres allemandes de Luther. Wittemberg, 1569, I B., fol. 64.

baptême, le but une guerre terrible contre l'ordre établi, contre toute espèce d'ordre ; guerre contre la propriété : c'était un vol fait au pauvre ; guerre contre la science : elle rompait l'égalité naturelle, elle tentait Dieu, qui révélait tout à ses saints ; les livres, les tableaux étaient des inventions du diable. Le fougueux Carlostadt avait déjà donné l'exemple, courant d'église en église, brisant les images et renversant les autels. A Wittemberg, les écoliers brûlèrent leurs livres sous les yeux mêmes de Luther. Les paysans de Thuringe, imitant ceux de la Souabe, suivirent l'enthousiaste Muncer, bouleversèrent Mulhausen, appelèrent aux armes les ouvriers des mines de Mansfeldt, et essayèrent de se joindre à leurs frères de la Franconie (1524). Sur le Rhin, dans l'Alsace et dans la Lorraine, dans le Tyrol, la Carinthie et la Styrie, le peuple prenait partout les armes. Partout ils déposaient les magistrats, saisissaient les terres des nobles, et leur faisaient quitter leur nom et leurs habits pour leur en donner de semblables aux leurs. Tous les princes catholiques et protestants s'armèrent contre eux ; ils ne tinrent pas un instant contre la pesante cavalerie des nobles et furent traités comme des bêtes fauves.

§ 2. — *Première lutte contre la Réforme.*

La sécularisation de la Prusse, et surtout la révolte des Anabaptistes, donnaient à la Réforme le caractère politique le plus menaçant. Les deux opinions averties devinrent deux partis, deux ligues (catholique à Ratisbonne, 1524, et à Dessau, protestante à Torgau, 1526). L'Empereur observait le moment d'accabler l'une par l'autre, et d'asservir à fois les Catholiques et les Protestants. Il crut l'avoir trouvé lorsque la victoire de Pavie mit son rival entre ses mains. Mais, dès l'année suivante, une ligue universelle se forma contre lui dans l'Occident. Le pape et l'Italie entière, Henri VIII, son allié, lui déclarèrent la guerre. En même temps, l'élection de Ferdinand au trône de Bohême et de Hongrie entraînait la maison d'Autriche dans les guerres civiles de ce royaume, découvrait, pour ainsi dire, l'Allemagne, et la mettait face à face avec Soliman.

Les progrès de la barbarie ottomane, qui se rapprochait chaque jour, compliquaient d'une manière effrayante les affaires de l'Empire. Le sultan Sélim, ce conquérant rapide, dont la férocité faisait frémir les Turcs eux-mêmes, venait de doubler l'étendue de la domination des Osmanlis. Le tigre avait saisi en trois bons la Syrie, l'Égypte et l'Arabie. La brillante cavalerie des Mamelucks avait péri au pied de son trône dans l'immense massacre du Caire[1]. Il avait juré de dompter *les têtes rouges*[2], pour tourner ensuite contre les chrétiens toutes les forces des nations mahométanes. Un cancer le dispensa de tenir son

---

1. « Hi ! c'est sultan Sélim !... » Allusion d'un poète arabe à ce massacre, dans *Kantimir*.

2. Les Persans sont appelés ainsi par les Turcs.

serment. *L'an 926 de l'Hégire* (1526), *sultan Sélim passa au royaume éternel, laissant l'empire du monde à Soliman*[1]. Soliman-le-Magnifique ceignit le sabre à Stamboul, la même année où Charles-Quint recevait à Aix-la-Chapelle la couronne impériale. Il commença son règne par la conquête de Belgrade et par celle de Rhodes, les deux écueils de Mahomet II (1521-22). La seconde assurait aux Turcs l'empire de la mer dans la partie orientale de la Méditerranée; la première leur ouvrait la Hongrie. Lorsqu'ils envahirent ce royaume, en 1526, le jeune roi Louis n'avait pu rassembler que vingt-cinq mille hommes contre cent cinquante mille. Les Hongrois, qui, selon l'ancien usage, avaient ôté les éperons à celui qui portait l'étendard de la Vierge[2], n'en furent pas moins défaits (à Mohacz). Louis fut tué dans la déroute, avec son général, Paul Tomorri, évêque de Colocza, et un grand nombre d'autres évêques qui portaient les armes dans les périls continuels de la Hongrie. Deux rois furent élus en même temps, Ferdinand d'Autriche et Jean Zapoly, waiwode de Transylvanie. Zapoly, n'obtenant aucun secours de la Pologne, s'adressa aux Turcs eux-mêmes. L'ambassadeur de Ferdinand, le gigantesque Hobordanse, célèbre pour avoir vaincu, en combat singulier, un des plus vaillants pachas, avait osé braver le sultan, et Soliman avait juré que, s'il ne trouvait pas Ferdinand devant Bude, il irait le chercher dans Vienne. Au mois de

---

1. Épitaphe de Sélim.
2. *Istuanti*, p. 124-27.

septembre 1529, le cercle noir d'une armée innombrable enferma la capitale de l'Autriche. Heureusement, une foule de vaillants hommes, Allemands et Espagnols, s'y étaient jetés. On distinguait D. Pedro de Navarre et le comte de Salms, qui, à en croire les Allemands, avait pris François Ier à Pavie. Au bout de vingt jours et de vingt assauts, Soliman prononça un anathème contre le sultan qui attaquerait de nouveau cette ville fatale. Il partit la nuit, rompant les ponts derrière lui, égorgeant ses prisonniers, et, le cinquième jour, il était de retour à Bude. Il consola son orgueil en couronnant Zapoly, prince infortuné, qui voyait en même temps, des fenêtres de la citadelle de Pesth, emmener dix mille Hongrois que les Tartares de Soliman avaient surpris dans la joie des fêtes de Noël, et qu'ils chassaient devant eux par troupeaux[1].

Que faisait l'Allemagne, pendant que les Turcs franchissaient toutes les anciennes barrières, pendant que Soliman répandait ses Tartares au delà de Vienne? Elle disputait sur la transsubstantiation et sur le libre arbitre. Ses guerriers les plus illustres siégeaient dans les diètes et interrogeaient des docteurs. Tel était le flegme intrépide de cette grande nation, telle sa confiance dans sa force et dans sa masse.

La guerre des Turcs et celle des Français, la prise de Rome et la défense de Vienne occupaient tellement Charles-Quint et son frère, que les Protestants obtin-

---

1. *Istuanti*, p. 124-27.

rent la tolérance jusqu'au prochain concile. Mais, après la paix de Cambrai, Charles-Quint, voyant la France abattue, l'Italie asservie, Soliman repoussé, entreprit de juger le grand procès de la Réforme. Les deux partis comparurent à Augsbourg. Les sectateurs de Luther, désignés par le nom général de *Protestants*, depuis qu'ils avaient *protesté* contre la défense d'innover (Spire, 1529), voulurent se distinguer de tous les autres ennemis de Rome, dont les excès auraient calomnié leur cause, des Zwingliens républicains de la Suisse, odieux aux princes et à la noblesse; des Anabaptistes surtout, proscrits comme ennemis de l'ordre et de la société. Leur confession, adoucie par le savant et pacifique Mélanchton, qui se jetait, les larmes aux yeux, entre les deux partis, n'en fut pas moins repoussée comme hérétique. Ils furent sommés de renoncer à leurs erreurs, sous peine d'être mis au ban de l'Empire (Augsbourg, 1530). Charles-Quint sembla même prêt à employer la violence, et fit un instant fermer les portes d'Augsbourg. La diète fut à peine dissoute, que les princes protestants se rassemblèrent à Smalkalde et y conclurent une ligue défensive par laquelle ils devaient former un même corps (1531). Ils protestèrent contre l'élection de Ferdinand au titre de roi des Romains. Les contingents furent fixés; on s'adressa aux rois de France, d'Angleterre et de Danemarck, et l'on se tint prêt à combattre.

Les Turcs semblaient s'être chargés de réconcilier encore l'Allemagne. L'Empereur apprit que Soliman venait d'entrer en Hongrie à la tête de trois cent mille hommes, tandis que le pirate Khaïr Eddyn Barberousse, devenu capitan pacha, joignait le royaume de Tunis à celui d'Alger et tenait toute la Méditerranée en alarmes. Il se hâta d'offrir aux Protestants tout ce qu'ils avaient demandé, la tolérance, la conservation des biens sécularisés jusqu'au prochain concile, l'admission dans la Chambre impériale.

Pendant cette négociation, Soliman fut arrêté un mois par le Dalmate Juritzi devant une bicoque en ruines. Il essaya de regagner du temps en passant à travers les chemins impraticables de la Styrie, lorsque déjà les neiges et les glaces assiégeaient les montagnes; mais l'aspect formidable de l'armée de Charles-Quint le décida à se retirer. L'Allemagne, réunie par les promesses de l'Empereur, avait fait les plus grands efforts. Les troupes italiennes, flamandes, bourguignonnes, bohémiennes, hongroises, se joignant à celles de l'Empire, avaient porté ses forces à quatre-vingt-dix mille fantassins et trente mille cavaliers, dont un grand nombre étaient couverts de fer[1]. Jamais armée n'avait été plus européenne depuis Godefroi de Bouillon. La cavalerie légère des Turcs fut enveloppée et taillée en pièces. Le Sultan ne se rassura qu'en sortant des gorges où coulent la Murr et la Drave, et en rentrant dans la plaine de Waradin.

---

1. *P. Jove*, témoin oculaire.

François Iᵉʳ et Soliman se relayaient pour occuper Charles-Quint. Le Sultan, ayant envahi la Perse, était allé se faire couronner dans Bagdad; l'Empereur respirait (voyez l'expédition de Tunis dans le chapitre précédent); le roi de France l'attaqua en attaquant la Savoie, son alliée. Cette nouvelle guerre différa de douze ans la rupture décisive entre les Catholiques et les Protestants d'Allemagne. Cependant l'intervalle ne fut point une paix. D'abord l'anabaptisme éclata de nouveau dans Münster, sous une forme plus effrayante. Des mêmes fureurs anarchiques sortit un gouvernement bizarre, mélange monstrueux de démagogie et de tyrannie. Les Anabaptistes de Münster suivaient exclusivement l'Ancien-Testament; Jésus-Christ étant de la race de David, son royaume devait être d'une forme judaïque. Ils reconnaissaient deux prophètes de Dieu : David, et Jean de Leyde, leur chef; et deux prophètes du diable : le Pape et Luther. Jean de Leyde était un garçon tailleur, jeune homme vaillant et féroce dont ils avaient fait leur roi, et qui devait étendre par toute la terre le royaume de Jésus-Christ. Les princes le prévinrent.

Les Catholiques et les Protestants, réunis un instant contre les Anabaptistes, ne furent ensuite que plus ennemis. On parlait toujours d'un concile général; personne n'en voulait sérieusement. Le pape le redoutait; les Protestants le récusaient d'avance. Le concile (réuni à Trente, 1545) pouvait resserrer l'unité de la hiérarchie catholique, mais non rétablir celle de l'Église. Les armes devaient seules décider. Déjà les

Protestants avaient chassé les Autrichiens du Wurtemberg. Ils dépouillaient Henri de Brunswick, qui exécutait à son profit les arrêts de la Chambre impériale. Ils encourageaient l'archevêque de Cologne à imiter l'exemple d'Albert de Brandebourg, ce qui leur eût donné la majorité dans le conseil électoral.

Lorsque la guerre de France fut terminée, Charles-Quint et son frère traitèrent avec les Turcs et s'unirent étroitement avec le pape pour accabler à la fois les libertés religieuses et politiques de l'Allemagne. Les Luthériens, avertis par l'imprudence de Paul III, qui annonçait la guerre comme une croisade, se levèrent sous l'Électeur de Saxe et le landgrave de Hesse, au nombre de quatre-vingt mille. Abandonnés de la France, de l'Angleterre et du Danemarck, qui les avaient excités à la guerre, séparés des Suisses par leur horreur *pour les blasphèmes de Zwingle*, ils étaient assez forts s'ils fussent restés unis. Pendant qu'ils pressent Charles-Quint, retranché sous le canon d'Ingolstadt, le jeune Maurice, duc de Saxe, qui avait traité secrètement avec lui, trahit la cause protestante et envahit les États de l'Électeur, son parent. Charles-Quint n'avait plus qu'à accabler les membres isolés de la ligue. Dès que la mort de Henri VIII et celle de François Ier (27 janvier, 31 mars 1547) eurent ôté aux Protestants tout espoir de secours, il marcha contre l'Électeur de Saxe et le défit à Muhlberg (24 avril).

Les deux frères abusèrent de la victoire. Charles-Quint fit condamner l'Électeur à mort par un conseil d'officiers espagnols que présidait le duc d'Albe, et lui arracha la cession de son électorat, qu'il transféra à Maurice. Il retint prisonnier le landgrave de Hesse, trompé par un lâche stratagème, et montra qu'il n'avait vaincu ni pour la foi catholique, ni pour la constitution de l'Empire.

Ferdinand imitait son frère. Dès 1545, il s'était déclaré feudataire de Soliman pour le royaume de Hongrie, gardant toutes ses forces contre la Bohême et l'Allemagne. Il avait rétabli l'archevêché de Prague, si formidable aux anciens Hussites, et s'était déclaré souverain héréditaire de Bohême. En 1547, il essaya de lever une armée sans l'autorisation des États, pour attaquer les Luthériens de Saxe, alliés des Bohémiens. Elle se leva, cette armée, mais contre le prince qui violait ses serments. Les Bohémiens se liguèrent pour la défense de leur constitution et *de leur langue*. La bataille de Muhlberg les livra à Ferdinand, qui détruisit leurs privilèges.

La Hongrie n'eut pas moins à se plaindre de lui. La funeste lutte de Ferdinand contre Zapoly avait ouvert ce royaume aux Turcs. Tout le parti national, tous ceux qui ne voulaient pour maîtres ni des Turcs ni des Autrichiens, s'étaient rangés autour du cardinal Georges Martinuzzi (Uthysenitsch), tuteur du jeune fils de Zapoly. Cet homme extraordinaire, qui, à vingt ans, gagnait encore sa vie en entretenant de bois les poêles du palais royal de Bude, était devenu le maître véritable de la Transylvanie. La reine mère appelant les Turcs, il traita avec Ferdinand, qui au moins était chrétien; il fit pousser partout le cri de guerre[1], rassembla en quelques jours soixante-dix mille hommes, et emporta, à la tête de ses heiduques, la ville de Lippe, que les Autrichiens ne pouvaient reprendre sur les Infidèles. Ces succès, cette popularité, alarmaient le frère de Charles-Quint. Martinuzzi avait autorisé les Transylvains à repousser par les armes la licence des soldats allemands. Ferdinand le fit assassiner; mais ce crime lui coûta la Transylvanie. Le fils de Zapoly y fut rétabli, et les Autrichiens ne conservèrent ce qu'ils possédaient de la Hongrie qu'en payant tribut à la Porte Ottomane.

Cependant Charles-Quint opprimait l'Allemagne et menaçait l'Europe. D'un côté, il exceptait de l'alliance qu'il proposait aux Suisses Bâle, Zurich et Schaffouse, qui, disait-il, appartenaient à l'Empire. De l'autre, il prononçait la sentence du ban contre Albert de Brandebourg, devenu feudataire du roi de Pologne[2]. Il indisposait Ferdinand même, et séparait les intérêts des deux branches de la maison d'Autriche, en essayant de transporter de son frère à son fils la succession à l'Empire. Il avait introduit l'Inquisition aux Pays-Bas. En Allemagne, il voulait imposer aux Catholiques et aux Protestants son *Inhalt* (Intérim), arrangement conciliatoire, qui ne les réunit qu'en un point, la haine de l'Empereur. On comparait l'*Intérim*

---

1. Béchet, *Histoire de Martinusius*, p. 324. Un homme à cheval, armé de toutes pièces, et un homme à pied, tenant une épée ensanglantée, parcouraient le pays en poussant le cri de guerre, selon l'ancien usage de Transylvanie.

2. *Sleidan*, l. XXI.

aux *Établissements* de Henri VIII, et ce n'était pas sans raison, l'Empereur aussi tranchait du pape : lorsque Maurice de Saxe, gendre du landgrave, réclama la liberté de son beau-père, qu'il avait juré de garantir, Charles-Quint lui déclara qu'il le déliait de son serment. Partout il traînait à sa suite le landgrave et le vénérable Électeur de Saxe, comme pour triompher en leurs personnes de la liberté germanique. La vieille Allemagne voyait, pour la première fois, les étrangers violer son territoire au nom de l'Empereur : elle était traversée en tous sens par des mercenaires italiens, par de farouches Espagnols, qui mettaient à contribution les Catholiques et les Protestants, les amis et les ennemis.

Pour renverser cette puissance injuste, qui semblait inébranlable, il suffit du jeune Maurice, le principal instrument de la victoire de Charles-Quint. Celui-ci n'avait fait que transférer à un prince plus habile l'électorat de Saxe et la place de chef des Protestants d'Allemagne. Maurice se voyait le jouet de l'Empereur, qui retenait son beau-père; une foule de petits livres et de peintures satiriques, qui circulaient dans l'Allemagne[1], le désignaient comme un apostat, comme un traître, comme le fléau de son pays. Une profonde dissimulation couvrit les projets de Maurice : d'abord il fallait lever une armée sans alarmer l'Empereur : il se charge de soumettre Magdebourg à l'*Intérim*, et joint les troupes de la ville aux

---

1. *Sleidan*, l. XXIII.

siennes. En même temps, il traite secrètement avec le roi de France. L'Empereur, ayant refusé de nouveau de rendre la liberté au landgrave, reçoit à la fois deux manifestes, l'un de Maurice, au nom de l'Allemagne, pillée par les Espagnols, outragée dans l'histoire officielle de Louis d'Avila[1]; l'autre du roi de France, Henri II, qui s'intitulait le protecteur des princes de l'Empire, et qui plaçait en tête de son manifeste un bonnet de liberté entre deux poignards[2]. Pendant que les Français s'emparent des Trois-Évêchés, Maurice marche à grandes journées sur Inspruck (1552). Le vieil empereur, alors malade et sans troupes, partit la nuit, par une pluie affreuse, et se fit porter vers les montagnes de la Carinthie. Sans une sédition qui retarda Maurice, Charles-Quint tombait entre les mains de son ennemi. Il fallut céder. L'Empereur conclut avec les Protestants la convention de Passau, et le mauvais succès de la guerre qu'il soutint contre la France changea cette convention en une paix définitive (Augsbourg, 1555). Les Protestants professèrent librement leur religion, conservèrent les biens ecclésiastiques qu'ils possédaient avant 1552, et purent entrer dans la Chambre impériale. Telle fut la première victoire de la liberté religieuse; l'esprit critique, ayant ainsi reçu une existence légale, suivit dès lors une route déterminée à travers les obstacles, qui ne purent le retarder. Voyez plus bas les germes de guerre que contenait cette paix.

1. *Sleidan*, l. XXIV.
2. *Id., ibid.*

L'Empereur, abandonné de la fortune, *qui n'aime point les vieillards*[1], laissa l'Empire à son frère, ses royaumes à ses fils, et alla cacher ses derniers jours dans la solitude de Saint-Just. Les funérailles qu'il se fit faire de son vivant n'étaient qu'une image trop fidèle de cette gloire éclipsée à laquelle il survivait.

1. Mot de Charles-Quint lui-même.

# CHAPITRE VIII

La Réforme en Angleterre et dans le nord de l'Europe. (1527-1547.)

§ 1. — *Angleterre et Écosse.* (1527-1547.)

Les États germaniques du Nord, l'Angleterre, la Suède et le Danemarck, suivirent l'exemple de l'Allemagne; mais, en se séparant du Saint-Siège, ces trois États, dominés par l'esprit de l'aristocratie, conservèrent en partie la hiérarchie catholique.

La révolution opérée par Henri VIII ne doit pas être confondue avec la véritable réforme d'Angleterre. Cette révolution ne fit que séparer l'Angleterre de Rome, que confisquer le pouvoir et les biens de l'Église au profit des rois. Plus politique que religieuse, faite par le prince et l'aristocratie, elle ne fut que le dernier terme de la toute-puissance auquel les Anglais portaient la couronne depuis un demi-siècle, en haine de l'anarchie des Roses. La propagation des anciennes doctrines d'Occam et de Wiclef rendait les classes élevées indifférentes aux innovations. Cette réforme officielle n'avait rien à voir avec celle qui s'opérait en même temps dans les rangs inférieurs du peuple par l'enthousiasme spontané des Luthériens, des Calvinistes, des Anabaptistes, venus en foule de l'Allemagne, des Pays-Bas et de Genève. Celle-ci domina sur-le-champ en Écosse, et finit par vaincre l'autre en Angleterre.

L'occasion de la réforme aristocratique et royale d'Angleterre fut petite : elle parut tenir à la passion éphémère de Henri VIII pour Anne Boleyn, dame d'honneur de la reine Catherine d'Aragon, tante de Charles-Quint. Au bout de vingt ans de mariage, il se souvint que la reine avait été pendant quelques mois l'épouse de son frère. C'était le moment où la victoire de Pavie, rompant l'équilibre de l'Occident, effrayait Henri VIII sur le succès de l'Empereur, son allié ; il passa du côté de François et demanda son divorce à Clément VII. Le pape, menacé par Charles-Quint, cherchait tous les moyens de gagner du temps; après avoir remis le jugement à des légats, il évoqua l'affaire à Rome. Les Anglais ne voyaient pas le divorce avec plus de plaisir : outre l'intérêt qu'inspirait Catherine, ils craignaient qu'une rupture avec l'Espagne n'arrêtât le commerce des Pays-Bas. Ils refusaient de fréquenter les marchés de France, par lesquels on aurait voulu remplacer ceux de la Flandre. Cependant des conseillers plus hardis qui avaient succédé au cardinal-légat Wolsey, le ministre d'État Cromwell, et Cranmer, docteur d'Oxford, que Henri avait fait archevêque de Cantorbery, détruisaient ses scrupules en lui achetant l'approbation des principales universités de l'Europe. Le roi éclata enfin, et le clergé du royaume fut juridiquement accusé d'avoir reconnu pour légat le ministre disgracié. Les députés du clergé n'obtinrent leur pardon qu'en faisant au roi un présent de cent mille livres, et en le reconnaissant pour le protecteur et le chef suprême de l'Église d'Angleterre. Le 30 mars 1534, cette déclaration, passée en bill dans les deux Chambres, fut sanctionnée par le roi, et tout appel à Rome fut défendu. Le 23 du même mois, Clément VII s'était prononcé contre le divorce, d'après l'avis presque unanime de ses cardinaux : ainsi l'Angleterre fut séparée du Saint-Siège.

Ce changement, qui semblait terminer la révolution, n'en était que le commencement. D'abord le roi déclara tous les pouvoirs ecclésiastiques suspendus; les évêques devaient, au bout d'un mois, présenter pétition pour recouvrer l'exercice de leur autorité. Les monastères furent supprimés, et leurs biens, équivalant à sept cents millions de notre monnaie, réunis à la couronne. Mais le roi eut bientôt tout dissipé : il donna, dit-on, à un de ses cuisiniers une terre pour un bon plat. Le précieux mobilier des couvents, leurs chartes, leurs bibliothèques, furent enlevés, dispersés. Les âmes pieuses étaient indignées; les pauvres ne trouvaient plus leur subsistance à la porte des monastères. La noblesse et les propriétaires des campagnes prétendaient que si les couvents cessaient d'exister, leurs terres ne pouvaient retomber à la couronne, mais devaient revenir aux représentants des donateurs. Les habitants de cinq comtés du nord coururent aux armes, et marchèrent sur Londres, pour accomplir ce qu'ils appelaient le *pèlerinage de grâce;* mais on négocia avec eux; on promit beaucoup, et quand ils se dispersèrent, on les pendit par centaines.

Les Protestants, qui affluaient alors en Angleterre, avaient cru pouvoir s'y établir à la faveur de cette révolution; Henri VIII leur apprit combien ils se trompaient. Il n'eût voulu pour rien au monde renoncer à ce titre de *défenseur de la foi*, que lui avait valu son livre contre Luther. Il maintint donc l'ancienne foi par son bill des *six articles*, et poursuivit les deux partis avec une impartiale intolérance. L'on vit, en 1540, les Protestants et les Catholiques traînés de la Tour à Smithfield sur la même claie; les premiers étaient brûlés comme hérétiques, les seconds pendus comme traîtres, pour avoir nié *la suprématie.*

Le roi, ayant en tout point remplacé le pape, établit solennellement son infaillibilité religieuse et politique : il fit décréter par le Parlement que ses proclamations auraient la même force que les bills passés dans les deux Chambres. Ce qu'il y eut de plus terrible, c'est qu'il crut lui-même à cette infaillibilité, et regarda comme sacrés tous les caprices de ses passions : des six femmes qu'il eut, deux furent chassées, deux décapitées sous prétexte d'adultère, la dernière faillit l'être pour avoir soutenu les opinions des Protestants. Il exerça dans sa famille un despotisme à la fois sanguinaire et tracassier, et traita toute la nation comme sa famille. Il fit faire une traduction de la Bible et défendit toutes les autres ; encore, à l'exception des chefs de famille, toute personne était passible, chaque fois qu'elle ouvrait la Bible, d'un mois d'emprisonnement. Il écrivit lui-même deux livres pour l'instruction religieuse du peuple (*l'Institution* et *l'Érudition du chrétien*). Il alla jusqu'à disputer en personne contre les novateurs. Un maître d'école, nommé Lambert, poursuivi pour avoir nié la présence réelle, ayant appelé du métropolitain au chef de l'Église, le roi argumenta contre lui, et, au bout de cinq heures de dispute, il lui demanda s'il voulait céder ou mourir ; Lambert choisit la mort, et fut brûlé à petit feu. Une scène plus bizarre encore fut le jugement de saint Thomas de Cantorbery, mort en 1170. Il fut cité à Westminster comme accusé de trahison, et, au bout du délai ordinaire de trente jours, condamné par défaut ; les reliques du contumace furent brûlées, et ses propriétés, c'est-à-dire sa châsse et les offrandes qui la décoraient, confisquées au profit du roi.

Henri VIII aurait voulu étendre sur l'Écosse sa tyrannie religieuse ; mais le parti français, qui y dominait, était attaché à la religion catholique, et toute la nation avait horreur du joug anglais. Sir Georges Douglas écrivait, en parlant du roi d'Angleterre : « Il n'y a pas jusqu'aux plus petits garçons qui ne lui veuillent jeter des pierres, les femmes y briseront leur quenouilles. Tout le peuple mourrait plutôt pour l'empêcher; la plupart des hommes nobles et tout le clergé sont contre lui. »

La jeune reine d'Écosse (Marie) resta sous la garde de Jacques Hamilton, comte d'Arran, fils de celui dont on a parlé, nommé gouverneur par les lords, quoique le testament du feu roi désignât pour Régent le cardinal Beaton; et l'Écosse fut comprise dans le traité entre l'Angleterre et la France en 1546 (Voy. le chapitre VIII). Le roi d'Angleterre mourut un an après.

Pendant les dernières années de son règne, Henri, ayant dépensé les sommes prodigieuses qu'il avait tirées de la suppression des monastères, chercha de nouvelles ressources dans la servilité de son Parlement. Il l'avait discipliné de bonne heure, et, à la moindre résistance, il réprimandait les *varlets des Communes*. Dès 1543, c'est-à-dire quatre ans après, il lui avait demandé un énorme subside. Il avait arraché de nouvelles sommes sous toutes les formes, impôts, don gratuit, emprunt, altération des monnaies. Enfin le Parlement, sanctionnant la banqueroute, lui abandonna tout ce qu'il avait emprunté depuis la trente et unième année de son règne. On prétendait qu'avant la vingt-sixième les recettes de l'Échiquier avaient surpassé la somme de toutes les taxes imposées par ses prédécesseurs, et qu'avant sa mort cette somme s'était plus que doublée.

Ce fut sous Henri VIII que le pays de Galles fut assujetti aux formes régulières de l'administration anglaise, et que l'Irlande connut quelque ordre civil.

Les innovations de Henri VIII avaient été mal reçues dans cette île, et des colons anglais et de la population indigène. Le gouvernement du pays était remis ordinairement à des Irlandais, aux Kildare ou aux Ossory (Osmond), chefs des familles rivales des Fitz-Gérald et des Butler. Le jeune fils de Kildare, ayant cru son père tué à Londres, se présenta au conseil et déclara la guerre en son nom à Henri VIII, roi d'Angleterre; les sages conseils de l'archevêque d'Armagh ne prévalurent point sur les chants d'un barde irlandais, qui, dans la langue nationale, excitait le héros à venger le sang de son père. Sa valeur ne put rien contre la discipline anglaise : il stipula pour lui et les siens un plein pardon, et fut décapité à Londres. Ainsi le calme se rétablit; les chefs irlandais sollicitèrent eux-mêmes la pairie. O'Neal, le plus célèbre de tous, reparaîtra plus tard sous le nom de comte de Tyrone.

§ 2. — *Danemarck, Suède et Norvège.* (1513-1560.)

Tandis que l'Allemagne protestante cherchait dans la politique la garantie de son indépendance religieuse, le Danemarck et la Suède confirmaient leur révolution par l'adoption de la Réforme.

Christian II avait irrité également la noblesse danoise, contre laquelle il protégeait les paysans; la Suède, qu'il inondait de sang (1520); les villes Hanséatiques, auxquelles il avait fermé les ports du

Danemarck par des prohibitions (1517). Il se trouva bientôt puni du mal et du bien qu'il avait faits. Gouverné par le prêtre allemand Slagheck, autrefois barbier, et par la fille d'une aubergiste hollandaise, il suivait avec moins d'adresse la route qui avait conduit les princes du midi de l'Europe au pouvoir absolu. Il voulait écraser la noblesse du Danemarck, et conquérir la Suède. Il avait soudoyé des troubles en Allemagne, en Pologne et en Écosse; il avait obtenu quatre mille hommes de François I$^{er}$. Une bataille le rendit maître de la Suède, déchirée par la querelle du jeune Stenon-Sture, *administrateur*, et de l'archevêque d'Upsal, Gustave Troll. Il fit juger par une commission ecclésiastique tous ceux des évêques et des sénateurs qui avaient opiné pour la déposition de Troll. En un même jour, ils furent décapités et brûlés à Stockholm, au milieu d'un peuple en larmes. Dans toutes les villes de Suède où Christian passa, les potences et les échafauds s'élevaient. Il outrageait les vaincus, il se déclarait roi héréditaire, et proclamait qu'il ne faisait point de chevaliers parmi les Suédois, parce qu'il ne devait la Suède qu'à son épée.

Cependant le jeune Gustave Wasa, neveu de l'ancien roi Charles Canutson, parvint à s'échapper de la prison où le retenait Christian. Les Lubeckois, qui voyaient dans celui-ci le beau-frère de Charles-Quint, souverain des Hollandais, leurs ennemis; qui savaient qu'il avait demandé à l'Empereur de lui faire un don de leur ville, firent passer Gustave Wasa en

Suède. Découvert par les Danois, Gustave se sauva de retraite en retraite, et fut un jour atteint par les lances de ceux qui le cherchaient dans une meule de paille.

On montre encore à Falhun, à Ornay, les asiles du libérateur. Il parvint en Dalécarlie, chez cette race dure et intrépide de paysans par lesquels ont toujours commencé les révolutions de la Suède. Il se mêla aux Dalécarliens du Copparberg (pays des mines de cuivre), adopta leur costume, et se mit au service d'un d'entre eux. Enfin, aux fêtes de Noël 1521, saisissant l'occasion du rassemblement qu'amenait la fête, il les harangua dans la grande plaine de Mora. Ils remarquèrent avec joie que le vent du Nord n'avait pas cessé de souffler pendant qu'il parlait; deux cents d'entre eux le suivirent; leur exemple entraîna tout le peuple, et au bout de quelques mois les Danois ne possédaient plus en Suède qu'Abo, Calmar et Stockholm.

Christian avait précisément choisi ce moment critique pour tenter en Danemarck une révolution capable d'ébranler le trône le mieux affermi. Il publiait deux codes qui allaient armer contre lui les deux ordres tout-puissants dans ce royaume, le clergé et la noblesse. Il supprimait la juridiction temporelle des évêques, défendait de piller les effets naufragés, ôtait aux seigneurs le droit de vendre leurs paysans, et permettait au paysan maltraité de quitter la terre de son seigneur. La protection des paysans, qui avait fait en Suède la popularité des Stures, perdit le roi de Danemarck. Les nobles et les évêques appelèrent au trône son oncle Frédéric, duc de Holstein. Ainsi le Danemarck et la Suède lui échappèrent en même temps.

Après avoir conquis la Suède sur les étrangers, Gustave la conquit sur les évêques suédois. Il ôta au clergé ses dîmes et sa juridiction, encouragea les nobles à revendiquer les terres ecclésiastiques sur lesquelles ils pouvaient avoir quelque droit ; enfin, il enleva aux évêques les châteaux et les places fortes qu'ils avaient entre les mains, et, par la suppression des appels à Rome, l'Église suédoise se trouva indépendante, sans abandonner la hiérarchie et la plupart des cérémonies catholiques (1529). On fait monter à treize mille le nombre des terres ou fermes dont le roi s'empara. Ayant ainsi abattu dans le pouvoir épiscopal la tête de l'aristocratie, il eut meilleur marché de la noblesse, imposa sans obstacle les terres féodales et fit déclarer la couronne héréditaire dans la maison de Wasa.

Les évêques de Danemarck, qui pourtant avaient contribué à la révolution, ne furent pas plus heureux que ceux de la Suède. Elle ne se fit qu'au profit des nobles, qui exigèrent de Frédéric Ier le droit de vie et de mort sur leurs paysans. La prédication du luthéranisme fut ordonnée ; les États d'Odensée (1527) décrétèrent la liberté de conscience, abolirent le célibat des ecclésiastiques, et brisèrent tout lien entre le clergé danois et le siège de Rome.

Les pays les plus éloignés du nord, moins accessibles aux idées nouvelles, ne reçurent pas sans résistance cette révolution religieuse. Les Dalécarliens furent armés par le clergé contre le roi qu'ils avaient fait eux-mêmes. Les Norvégiens et les Islandais ne virent dans l'introduction du protestantisme qu'une nouvelle tyrannie des Danois. Christian II, qui s'était réfugié aux Pays-Bas, crut pouvoir profiter de cette disposition. Cet homme, qui avait autrefois chassé avec des dogues un évêque fugitif, associait alors sa cause à la religion catholique. Avec le secours de plusieurs princes d'Allemagne, de Charles-Quint et de quelques marchands hollandais, il équipa une flotte, débarqua en Norvège, et pénétra de là en Suède. Les Hanséatiques armèrent contre les Hollandais, qui amenaient Christian. Repoussé et obligé de se renfermer dans Opslo, il se rendit aux Danois, qui lui promirent la liberté, et le tinrent enfermé vingt-neuf ans dans le donjon de Saenderbourg, sans autre compagnie qu'un nain.

A la mort de Frédéric I<sup>er</sup> (1534), les évêques tentèrent un effort pour prévenir leur ruine imminente. Ils essayèrent de porter au trône le plus jeune fils de ce prince, âgé de huit ans, qui n'était pas encore prévenu en faveur du luthéranisme, comme son aîné (Christian III); on faisait valoir que cet enfant, étant né en Danemarck, *parlait dès le berceau la langue du pays*, au lieu que son frère était considéré comme un Allemand. Cette lutte des évêques contre la noblesse, de la foi catholique contre la nouvelle doctrine, du patriotisme danois contre l'influence étrangère, encouragea l'ambition de Lubeck. Cette république avait peu profité de la ruine de Christian II, Frédéric avait créé des compagnies, Gustave favorisait les Anglais. L'administration démocratique, qui avait remplacé à Lubeck l'ancienne oligarchie, était animée de l'esprit de conquête plus que de celui de commerce. Les hommes nouveaux qui la conduisaient, le bourgmestre Wullenwever et le commandant Meyer, naguère serrurier, conçurent le projet de renouveler dans un royaume la révolution démocratique qu'ils avaient aite dans une ville, de conquérir et de démembrer le Danemarck. Ils confièrent la conduite de cette guerre révolutionnaire à un aventurier illustre, le comte Christophe d'Oldenbourg, qui s'était signalé contre les Turcs ; il n'avait que son nom et son épée, mais il se consolait, dit-on, de sa pauvreté, en lisant Homère dans l'original. Il entra dans le Danemarck en soulevant les classes inférieures au nom de Christian II, nom magique, qui ralliait toujours les catholiques et les paysans. Tout était tromperie dans cette guerre machiavélique : les démocrates de Lubeck nommaient au peuple Christian II, et ne pensaient qu'à eux-mêmes ; leur général Christophe ne travaillait ni pour Christian ni pour Lubeck, mais pour ses propres intérêts. Les calamités de cette révolution furent telles, que *la guerre du comte* est restée une expression proverbiale en Danemarck. L'effroi général rallia tous les esprits à Christian III. Le sénat, retiré dans le Jutland, qui seul lui restait, l'appela du Holstein, où il s'était retiré ; Gustave lui prêta des secours. Le jeune roi assiégea Lubeck elle-même, et la força de rappeler ses troupes. Les paysans, partout battus, perdirent l'espoir de la liberté. Christian III entra à Copenhague après un long siège. Le sénat fit arrêter les évêques, les dépouilla de leurs biens, et leur substitua des surintendants, chargés de propager la *religion évangélique*. Ainsi s'éleva le pouvoir absolu de la noblesse par la défaite du clergé et des paysans. Christian III reconnut le trône *électif*, promit de consulter le grand-maître du royaume, le chancelier et le maréchal, qui devaient recevoir les plaintes contre le roi. La noblesse danoise décida que la Norvège ne serait plus qu'une province du royaume. Le protestantisme y fut établi. Le puissant archevêché de Drontheim étant devenu un simple évêché, l'ancien esprit de résistance cessa de se manifester, si l'on excepte les troubles excités à Bergen par la tyrannie des facteurs hanséatiques, et le soulèvement des paysans, que l'on forçait de travailler aux mines sous les ordres des mineurs allemands.

La pauvre Islande, entre ses neiges et ses volcans, essaya aussi de repousser la nouvelle foi qu'on voulait lui imposer. Les Islandais avaient pour la domination danoise la même répugnance que les Danois pour l'influence allemande. Les évêques Augmond et Arneson résistèrent à la tête de leur peuple, jusqu'à ce que les Danois eussent tranché la tête au second. Arneson n'était point estimé pour la régularité de ses mœurs; mais il fut pleuré comme l'homme du peuple et comme un poète national : c'est lui qui, dès 1528, avait introduit l'imprimerie dans cette île reculée.

La révolution religieuse et politique du Danemarck s'affermit ainsi partout, malgré une nouvelle tentative de Charles-Quint en faveur de l'Électeur Palatin, mari de sa nièce, fille de Christian II. Enfin, l'alliance de Christian III avec les protestants d'Allemagne et avec François I$^{er}$ décida l'Empereur à le reconnaître. Il obtint pour ses sujets des Pays-Bas la liberté de naviguer dans la Baltique; dernier coup porté à la Ligue Hanséatique, et dont elle ne devait point se relever.

# CHAPITRE IX

Calvin. — La Réforme en France, en Angleterre, en Écosse, aux Pays-Bas, jusqu'à la Saint-Barthélemy. (1555-1572[1]).

La Réforme, à son premier âge, n'avait guère fait que détruire; dans le second, elle essaya de fonder. A son début, elle avait composé avec la puissance civile; la réforme luthérienne avait, sous plusieurs

---

1. Séparer, dans la seconde moitié du seizième siècle, l'histoire de l'Espagne et des Pays-Bas, de la France, de l'Angleterre et de l'Écosse, ce serait se condamner à de continuelles répétitions. Cependant, pour faciliter l'enseignement, nous donnons à part le programme de ces diverses histoires. On y trouvera beaucoup de dates et de faits de détail, qui ne pouvaient entrer dans un tableau général de cette période.

§ 1. — *Révolution et guerre des Pays-Bas.* (1556-1609.)

Situation géographique des Pays-Bas. Peuple Belge (grands, nobles, bourgeois, manufacturiers); peuple Batave (bourgeois, commerçants ou marins). Diversité de leurs constitutions et privilèges. Leur industrie commerciale dans les derniers siècles du Moyen-âge. Leur esprit de résistance encouragé par les localités d'un pays couvert de villes populeuses et coupé par des canaux. — *État des Pays-Bas depuis la mort de Charles-le-Téméraire*, 1477. Marie de Bourgogne épouse Maximilien d'Autriche. 1481, A la mort de cette princesse, les États de Flandre prennent la tutelle de ses enfants. Guerre de Maximilien contre la France. 1488, Maximilien prisonnier de ses sujets à Bruges. — Administration populaire de Philippe-le-Beau et de

rapports, été l'ouvrage des princes, auxquels elle soumettait l'Église. Les peuples attendaient une réforme qui fût à eux; elle leur fut donnée par Jean

Charles-Quint. Charles complète les dix-sept provinces des Pays-Bas, par la réunion d'Utrecht et d'Over-Yssel, 1527, de Groningue et de Gueldre, 1543; il les met sous la protection du corps germanique, et en proclame l'indissolubilité, 1548-49. Vers la fin de son règne, il persécute les Protestants. — Sous Charles-Quint, prince flamand, les Flamands ont gouverné en Espagne, en Italie, en Allemagne. Philippe II, prince castillan, entreprend de les soumettre aux lois et aux mœurs de l'Espagne. — Un des caractères les plus remarquables de la révolution des Pays-Bas, c'est que les insurgés offrent en vain de se soumettre à la France, à la branche allemande de la maison d'Autriche, à l'Angleterre, et se décident enfin, faute d'un souverain, à rester en république. Élisabeth les refuse, dans l'opinion qu'indépendants ils résisteront mieux à l'Espagne; elle ne prévoit pas que la Hollande va devancer l'Angleterre dans l'empire des mers et le commerce du monde. — Division : 1° 1556-1567, Troubles qui préparent la guerre civile. 2° 1568-1579, Guerre civile avant l'*union d'Utrecht*. 3° 1579-1609, Suite de la guerre civile jusqu'à la trêve; l'*union d'Utrecht* donne aux insurgés du Nord le caractère de nation; la victoire leur est assurée par la diversion des Espagnols en France. — 1556-1567. 1556, Avènement de Philippe II. Nouveaux évêchés, persécution des Protestants, Inquisition, séjour des troupes espagnoles. Marguerite de Parme, gouvernante; ministère de Granvelle. Chefs des mécontents : Guillaume-le-Taciturne, prince d'Orange, les comtes d'Egmont et de Horn. 1563, Rappel de Granvelle. 1566, Compromis de Bréda. Gueuserie. — 1567-1573, Tyrannie du duc d'Albe. *Conseil des troubles.* Exécution, confiscation. Fuite du prince d'Orange et de cent mille personnes. *Gueux marins, gueux des bois.* — 1568-1579. 1568-69, Guerre civile. Tentative du prince d'Orange et de son frère. Supplice des comtes d'Egmont et de Horn. 1569, Les nouvelles taxes étendent l'insurrection. 1572, Prise de Briel par les *gueux marins*. Révolte de la Zélande et de la Hollande; *union de Dordrecht*. Siège de Harlem. — 1574-1576, Modération de Requesens, successeur du duc d'Albe. Défaite et mort de Louis et de Henri de Nassau, à Mocker. Invasion de la Hollande et de la Zélande. Siège de Leyde. 1576, Pillage d'Anvers. Pacification de Gand; union des provinces belges et bataves. — 1577-1578, Don Juan d'Autriche. Sa conduite artificieuse. L'archiduc Mathias appelé dans les Pays-Bas. — Le prince de Parme succède à don Juan, 1579. — 1579-1600. 1579, *union d'Utrecht*. Fondation de la république des Sept Provinces-Unies. 1580, Le duc d'Anjou appelé par la république. 1581, Déclaration d'indépendance. Perfidie et départ du duc d'Anjou. 1584, Guillaume assassiné. — Succès du prince de Parme; siège d'Anvers, 1585. 1586, Traité des Provinces-Unies avec Élisabeth; inhabileté et trahison de Leicester. (1588, Philippe II attaque en vain l'Angleterre. 1591-1598, Il divise ses forces en prenant part à la guerre

Calvin, protestant français réfugié à Genève. La première avait conquis l'Allemagne du nord, la seconde bouleversa la France, les Pays-Bas, l'Angleterre et

civile de France.) 1592, Mort du prince de Parme. 1588-1609, succès de Maurice, fils de Guillaume-le-Taciturne. 1595, Ligue de Henri IV avec les Provinces-Unies, contre l'Espagne. 1598 (Paix de Vervins), Mariage de l'archiduc Albert, gouverneur des Pays-Bas, avec Claire-Isabelle-Eugénie, fille de Philippe II, à laquelle il transfère la souveraineté des Pays-Bas. Mort de Philippe II. PHILIPPE III. Les Espagnols arment contre eux leurs alliés d'Allemagne. 1600, Les États-Unis prennent l'offensive. Siège et bataille de Nieuport. 1601-1604, Siège d'Ostende. 1606, Campagne savante de Spinola. — 1607-1609, Négociations pour la paix. Victoire navale de Gibraltar. 1609, *Trêve de douze ans*, conclue sous la médiation de Henri IV.

§ 2. — *État intérieur de la France depuis le milieu du quinzième siècle.* (1450-1559.) — *Troubles de religion.* — *Guerres civiles et étrangères.* (1559-1610.)

Le pouvoir royal, relevé par Charles VII et par Louis XI, après les guerres des Anglais, devient absolu entre les mains de leurs quatre successeurs, et se dissout dans les guerres de religion, jusqu'à ce que, relevé de nouveau par Henri IV et par Richelieu, il triomphe et s'affermisse sous Louis XIV. — Développement rapide de la richesse nationale, après les périodes de troubles, sous Louis XII, sous Henri IV, sous Louis XIV. — Augmentation des dépenses nécessitée surtout par celle des forces militaires. — *Augmentation des forces militaires.* Charles VII, 1.700 hommes d'armes, *francs-archers*. François I<sup>er</sup>, 3.000 *lances*, 6.000 chevau-légers et souvent 12 à 15.000 Suisses. — Louis XI a substitué l'infanterie mercenaire des Suisses à l'infanterie nationale des francs-archers; François I<sup>er</sup> substitue les landsknechts aux Suisses, et lorsque les landsknechts ont été détruits à Pavie, il forme une infanterie nationale, sous le nom de *légions provinciales* (1554). — *Augmentation des impôts.* Charles VII, moins de deux millions. — Louis XI, cinq millions. — François I<sup>er</sup>, presque neuf millions. (Dépense : neuf millions et demi.) Les ressources ont considérablement augmenté, mais non pas en proportion des dépenses. — *Moyens et ressources.* Pour subvenir à ces dépenses, les rois ne convoquent point les États généraux, depuis 1484 (assemblés une seule fois à Tours, en 1506, et seulement pour annuler le traité de Blois). Ils leur substituent des assemblées de notables (1526-1558), et le plus souvent lèvent de l'argent par des ordonnances qu'ils font enregistrer au Parlement de Paris. — Le Parlement de Paris, affaibli sous Charles VII et Louis XI, par la création des Parlements de Grenoble, Bordeaux et Dijon (1451, 1462, 1477); sous Louis XII, par celle des Parlements de Rouen et d'Aix (1499, 1501). Il reçoit de François I<sup>er</sup> la défense de s'occuper d'affaires politiques (1527). D'ailleurs la vénal'Écosse. Partout elle rencontra un opiniâtre adversaire dans la puissance espagnole, que partout elle vainquit.

lité et la multiplication des charges lui ôtent de son influence. — Quatre moyens d'obtenir de l'argent : augmentation des impôts, emprunts, aliénation du domaine royal, vente des charges de finances et de judicature.— Louis XII, *le Père du Peuple*, diminue d'abord les impôts et vend les offices de finances (1499); mais il est forcé, vers la fin de son règne, d'augmenter les impôts, de faire des emprunts et d'aliéner les domaines royaux (1511, 1514). — Le règne de François Ier est l'apogée du pouvoir royal, avant Richelieu. — 1515, Concordat. 1539, Ordonnance qui restreint les juridictions ecclésiastiques. — Police organisée. 1517, Ordonnance sur la chasse.— Nouveaux impôts (particulièrement en 1523). Vente et multiplication des charges de judicature (1515, 1522, 1544). Premières rentes perpétuelles sur l'Hôtel de Ville. 1522, 1544, Aliénation des domaines royaux. Loterie royale. — Henri II, forcé d'abolir la gabelle dans les provinces au delà de la Loire, impose les églises, aliène les domaines (1522, 1559), crée un grand nombre de tribunaux (1522, 1555, 1559), double toutes les charges du Parlement, tous les offices de finances (1553), et fait des emprunts aux villes. Dette de 43 millions. La dépense excède la recette de 2 millions et demi par an. — Les progrès du calvinisme sont une cause de révolution encore plus active que l'embarras des finances. 1535, Premières persécutions. 1545, Massacre des Vaudois. 1551, Édit de Châteaubriant. 1552, Arrêt du Parlement contre les *écoles buissonnières*. Établissement de l'Inquisition. 1558, Les Protestants font une procession publique dans Paris. 1559, Le roi saisit lui-même dans le Parlement plusieurs conseillers.

*Troubles de religion.* Première période. 1559-1570, Crise religieuse et financière; rivalité de puissance entre les Guises, les Bourbons et Catherine de Médicis. — Deuxième période. 1570-1577, Lutte des deux religions; elle est moins mêlée, dans cette période, d'intérêts politiques. — Troisième période. 1577-1594, Faction anarchique de la Ligue. Philippe II porte son ambition sur la couronne de France. La monarchie française est sur le point de se dissoudre ou de dépendre de l'Espagne. Henri IV la sauve de ce double danger. — Quatrième période. 1594-1610, Henri IV réunit la France, la rend de nouveau formidable, et se prépare à achever l'abaissement de la maison d'Autriche, lorsqu'il est assassiné. — François II. 1560, les Guises gouvernent par l'ascendant de leur nièce, Marie Stuart, sur le jeune roi. Leurs intelligences avec Philippe II. Opposition des Bourbons (le roi de Navarre et le prince de Condé) appuyés des Chatillon (Coligny et Dandelot), de la petite noblesse et des Protestants. Versatilité de Catherine de Médicis, modération de L'Hospital, également impuissantes. Embarras des Guises. Ils reprennent les domaines aliénés, mais sont forcés de supprimer l'impôt qui entretenait les cinquante mille hommes, c'est-à-dire de désarmer le gouvernement au moment où la révolution éclate. — Conjuration d'Amboise. L'Hospital, chancelier. Il adoucit

Lorsque Calvin passa de Nérac à Genève (1535), il trouva cette ville affranchie de son évêque et du duc de Savoie, mais entretenue dans la plus violente

l'édit de Châteaubriant par celui de Romorantin. Arrestation du prince de Condé. — 1560-1574, Charles IX. Régence de Catherine de Médicis. États généraux d'Orléans. Colloque de Poissy. Édit de janvier (favorable aux Protestants). Guise, profitant de l'indignation des catholiques, ressaisit, comme chef de parti, le pouvoir qu'il a perdu comme ministre, à la mort de François II; le parti opposé a perdu son unité par l'abjuration du roi de Navarre et la défection de Montmorency. Massacre de Vassy. — *Première guerre civile.* 1562-1563. — *Forces des deux partis.* La cour domine dans l'Ile-de-France, la Picardie, la Champagne, la Bretagne, la Bourgogne, la Guyenne. Les Protestants dominent dans l'Occident et le Midi, surtout dans les villes de Rouen, Orléans, Blois, Tours, Angers, le Mans, Poitiers, Bourges, Angoulême, La Rochelle, Montauban et Lyon. Ainsi isolés, ils ne peuvent facilement donner la main aux Protestants de l'Allemagne et des Pays-Bas. Les catholiques reçoivent des secours de Philippe II et du Pape, des ducs de Savoie, de Ferrare, de Mantoue, de Toscane. Ils louent des troupes allemandes; mais l'Empire favorise les Protestants, dans l'espoir qu'ils livreront les Trois-Évêchés, comme ils livrent le Havre aux Anglais. Les Protestants reçoivent des troupes de la reine d'Angleterre, du landgrave de Hesse, surtout de l'Électeur Palatin. — 1562, Siège de Rouen, bataille de Dreux. — 1563, Assassinat de Guise. La reine ne craint plus que les Protestants, et conclut avec eux la Convention d'Amboise. — 1563-1567, Les catholiques de la Guyenne et du Languedoc forment, sous l'inspiration du Parlement de Toulouse, une association qui sera le premier modèle de la Ligue. Détresse de la cour, qui vend pour 100.000 écus de rentes de biens ecclésiastiques. — Dépense, 18 millions; recette, 10 millions. — La paix est troublée par les poursuites des Guises contre Coligny, par l'augmentation des gardes suisses et la création des gardes françaises, par l'ambassade du Pape, de Philippe II et du duc de Savoie, par le complot tramé pour livrer à Philippe II Jeanne d'Albret et son fils; enfin par l'édit de Roussillon, qui modifie la Convention d'Amboise. 1564, Voyage du roi et de sa mère dans les provinces méridionales. 1564-1565, Entrevue de Catherine de Médicis avec le duc d'Albe, à Bayonne. — 1567-1568, La cour lève des troupes et appelle six mille Suisses. — *Seconde guerre.* — 1567, Les Protestants veulent s'emparer du roi, perdent Orléans, ils sont défaits à Saint-Denis, ne peuvent prendre Chartres, et la cour les amuse par la paix de Longjumeau, qui confirme celle d'Amboise. 1568, Elle ne renvoie point les troupes étrangères, et les Protestants ne rendent point les places dont ils sont maîtres. La tentative d·faire payer aux chefs des Protestants les frais de la guerre et de saisir en Bourgogne Condé et Coligny décide la *troisième guerre.* — 1568-1570, L'Hospital rend les sceaux. L'armée protestante paye elle-même ses auxiliaires allemands.

fermentation par les complots des *mamelus* (serviles), et par les insultes continuelles des gentilshommes de la *Confrérie de la Cuiller*. Il en devint l'apôtre et

La Rochelle devient leur point d'appui. 1569, Les Protestants vaincus à Jarnac (mort de Condé), et à Moncontour (blessure de Coligny). Henri de Béarn à la tête du parti protestant, dont Coligny est le véritable chef. — Le roi abandonné par les troupes italiennes et espagnoles, les Protestants sur le point de l'être par les troupes allemandes, concluent la paix à Saint-Germain. 1570, Conditions avantageuses pour les Protestants : culte libre dans deux villes par province, places de sûreté (La Rochelle, Montauban, Cognac et La Charité); mariage projeté du roi de Navarre; espérance donnée à Coligny de commander les troupes que la cour enverrait au secours des Protestants des Pays-Bas. — 1570-1577, Les Protestants attirés à Paris par le mariage du roi de Navarre. 1572, Saint-Barthélemy. La cour laisse aux Protestants le temps de reprendre courage et constate sa faiblesse en assiégeant inutilement La Rochelle. — 1573, Création du parti des *Politiques*, qui devient bientôt l'auxiliaire des Protestants. Des deux frères du roi, l'aîné est éloigné pour un an de la France (par la royauté de Pologne); le plus jeune se met à la tête des *Politiques*. 1574, Mort de Charles IX. — 1574-1589, Henri III. Fuite de Henri de Navarre et du duc d'Alençon. — La versatilité de Henri III, la conduite du duc d'Alençon, qui se met à la tête des Protestants de France, et ensuite de ceux des Pays-Bas, décident le parti catholique à chercher un chef hors de la famille royale. Le traité de 1576 détermine la formation de la Ligue. Par ce traité, le roi cède à son frère l'Anjou, la Touraine et le Berry; liberté du culte partout, excepté à Paris; Chambre mi-partie dans chaque parlement; villes de sûreté : Angoulême, Niort, La Charité, Bourges, Saumur et Mézières, où les Protestants mettront des garnisons payées par le roi. (Pour tout ce qui suit, voyez les tableaux synchroniques XII et XIII). — 1577-1594. 1577, Formation de la *Ligue*. Henri de Guise le *Balafré*. Politique de Philippe II. États de Blois. Henri III se déclare chef de la Ligue. — 1577-1579, *Cinquième et sixième guerres*. Prise de Cahors. — 1580, *Septième guerre*. — 1584, Mort du duc d'Anjou (auparavant duc d'Alençon). Prétentions du duc de Bourbon, espérances secrètes de Henri de Guise et de Philippe II. 1585, Traité de Henri III avec les ligueurs, conclu à Nemours. — 1586-1598, *Huitième guerre*. 1587, Bataille de Coutras. Succès de Henri de Guise. Organisation de la Ligue. Conseil des *seize*. 1588, Journée des *Barricades*. États de Blois. Assassinat de Henri de Guise. 1589, Alliance de Henri III et du roi de Navarre. Siège de Paris. Assassinat de Henri III. Extinction de la branche des Valois (1328-1589). Dissolution imminente de la monarchie. — 1589-1610, Henri IV, roi de France et de Navarre, premier roi de la maison de Bourbon. Charles X, roi de la Ligue. Mayenne. Combat d'Arques. — 1590-1592. Bataille d'Ivry. Sièges de Paris, de Rouen. Savantes campagnes du prince de Parme, qui sauve ces deux places.

le législateur (1541-64), se portant pour juge entre le *paganisme de Zwingle et le papisme de Luther*. L'Église fut une démocratie, et l'État s'y absorba. Le calvi-

Combat d'Aumale. — 1593, *États* de Paris. Philippe II demande le trône de France pour sa fille. Abjuration de Henri IV. 1594, Il entre à Paris. — 1594-1610, Soumission de la Normandie, de la Picardie, de la Champagne, de la Bourgogne, de la Provence et de la Bretagne ; des ducs de Guise, de Mayenne et de Mercœur. 1594-1598, Henri IV reconnu par le Pape. — 1595-1598, Guerre contre les Espagnols. Ils prennent Cambrai, Calais, Amiens. 1598, *Paix de Vervins* (malgré Élisabeth et les Hollandais). Philippe II perd ses conquêtes, excepté le comté de Charolais. — *Édit de Nantes;* les réformés obtiennent l'exercice public de leur culte, et tous les droits civils ; ils conservent leur importance, comme parti politique. — 1600-1610. — 1600-1601, Conquêtes sur le duc de Savoie. Mariage du roi avec Marie de Médicis. 1602, Conspiration de Biron. 1604, Conspiration de la famille d'Entragues. — Médiation du roi entre le Pape et Venise, 1607 ; entre l'Espagne et les Provinces-Unies, 1609. Ses projets pour l'abaissement de la maison d'Autriche, et pour l'organisation de la république européenne. 1610, Assassinat de Henri IV. — *Administration de Henri IV :* État des finances à son avènement. Tentatives de réformes. 1596, Assemblée des notables de Rouen. Le roi confie les finances à Sully. Ordre et économie. Agriculture protégée (Olivier de Serres). Manufactures nouvelles. Encouragements donnés au commerce et aux arts. 1604, Traité de commerce avec le Sultan. Canal de Briare. Embellissements de Paris. Réforme de la justice. 1603, Édit contre les duels. 1604, Institution de la *Paulette*. — Colonie (1557, au Brésil ; 1564, dans la Floride), à Cayenne, au Canada. Fondation de Québec, en 1608. — Prospérité de la France, et son état formidable à la fin du règne de Henri IV.

§ 3. — *Rivalité de l'Angleterre, de l'Écosse et de l'Espagne. Règne d'Élisabeth.* (1558-1603.)

L'intervention de l'Angleterre dans les affaires du continent, jusque-là bornée et capricieuse, s'étend et devient régulière sous Élisabeth. L'intérêt politique, en Angleterre comme en Espagne, est subordonné à l'intérêt religieux. — Dangers qui entourent Élisabeth. Légitimité de sa naissance contestée. Prétentions de Marie Stuart, reine d'Écosse (et bientôt de France), au trône d'Angleterre. Philippe II, après avoir recherché la main d'Élisabeth, fait cause commune avec Marie Stuart dès qu'elle n'est plus reine de France (depuis 1560). — Mécontentement des catholiques et des calvinistes d'Angleterre. Lorsque l'Écosse est fermée aux intrigues de Philippe II, l'Irlande révoltée favorise le débarquement des troupes espagnoles. — Tandis que le protestantisme affaiblit la France, la Suisse, l'Allemagne, il a fortifié l'Angleterre, où le souverain est resté armé de toute la puissance de l'ancienne hiérarchie. — Élisabeth diffère

nisme eut, comme la religion catholique, un terrain indépendant de toute-puissance temporelle. L'alliance de Berne et de Fribourg permettait au réformateur

trente ans (de 1558 à 1588) la guerre ouverte avec l'Espagne ; mais elle soulève les Protestants d'Écosse, secourt faiblement ceux de France, et encourage puissamment ceux des Pays-Bas, auxquels elle est liée de plus par l'intérêt du commerce anglais. La guerre éclate enfin ; elle développe les forces de l'Angleterre, et lui assure la libre navigation des mers. — 1558, Avènement d'Élisabeth. 1559, Elle fonde l'Église anglicane. Son intervention dans les guerres de France et des Pays-Bas. (Voy. plus haut.) — 1559-1587, Sa rivalité avec Marie Stuart. — Troubles de l'Écosse presbytérienne. 1560, Traité d'Édimbourg et abolition de la religion catholique. Marie renonce aux armoiries d'Angleterre. — 1565, Mariage de la reine d'Écosse avec Darnley, bientôt assassiné. 1567, Jacques VI proclamé par les Écossais révoltés. — Marie se réfugie en Angleterre, où elle est retenue prisonnière par Élisabeth. — 1568-1587, Conspirations en sa faveur. 1587, Marie Stuart décapitée. — 1588-1603, Philippe II entreprend la conquête d'Angleterre. 1588, Destruction de la *flotte invincible*. 1589, Expédition du Portugal ; 1596, de Cadix, de France. 1591-1597. 1595, Révolte d'Irlande, excitée par l'Espagne. 1601, Mort du comte d'Essex. 1603, Mort d'Élisabeth, et fin de la maison de Tudor. — *Administration d'Élisabeth.* Étendue de la prérogative royale. Elle contient les dissidents, mais avec moins de cruauté que Henri VIII, et ne réprime les Puritains qu'après sa victoire sur la *flotte invincible*. Par son économie, elle acquitte les dettes des gouvernements précédents (4 millions sterling), favorise l'essor du commerce et de l'industrie, et plutôt que d'assembler fréquemment le Parlement, elle recourt aux monopoles, aux emprunts, etc. La marine anglaise portée de 42 bâtiments à 1.232. Brillantes expéditions de Hawkins, Forbisher, Davis, Drake et Cavendish. 1584, Premiers établissements dans l'Amérique septentrionale.

§ 4. — *État des quatre puissances belligérantes après la seconde lutte de la Réforme, et suites prochaines de cette lutte.*

*Espagne.* — Administration intérieure de Philippe II. Ses revenus surpassent ceux de tous les princes chrétiens réunis, et plusieurs de ses entreprises échouent faute d'argent. — 1568, Mort de don Carlos. 1568-71, Extermination des Maures de Grenade. — 1580, Conquête du Portugal, qui ne compense pas la perte des Pays-Bas. (Décadence du Portugal, insensible sous Jean III, 1521-1557 ; rapide sous Sébastien, 1557-1578, qui périt dans une expédition contre les Maures d'Afrique, 1578. 1580, Henri le cardinal. Victoire du duc d'Albe sur Antonio de Crato, à Alcantara). 1591, Soulèvement des Aragonais. Le justiza mis à mort par ordre de Philippe II. — Règne des favoris, de Lerme sous PHILIPPE III, 1598-1621 ; d'Olivarès

de prêcher à l'aise derrière les lances des Suisses. Posté entre l'Italie, la Suisse et la France, Calvin ébranla tout l'Occident. Il n'avait ni l'impétuosité, ni

sous PHILIPPE IV, 1621-1665. Épuisement de l'Espagne sous le rapport des métaux précieux et sous celui de la population. (Voy. les années 1600, 1603, XIV° et XVI° tableaux synchroniques.) L'Espagne ne produisant plus de quoi acheter les métaux de l'Amérique, ils cessent de l'enrichir. De tout ce qu'on importe en Amérique, un vingtième au plus est manufacturé en Espagne. A Séville, les seize mille métiers qui travaillaient la laine et la soie, vers 1556, sont réduits à quatre cents, vers 1621. — L'Espagne chasse, en 1609, un million de sujets industrieux (les Maures de Valence), et se voit forcée d'accorder une trêve de douze ans aux Provinces-Unies. — La marine espagnole, forte de mille vaisseaux, vers 1520, est réduite de 1588 à 1639 (bataille des Dunes). L'infanterie espagnole cède la prééminence à l'infanterie française, surtout depuis 1643 (bataille de Rocroy). — 1640, Révolte de la Catalogne. Révolution de Portugal : avènement de la maison de Bragance, dans la personne de JEAN IV. — *Provinces-Unies.* 1609-1621, La nouvelle république prend un accroissement rapide de prospérité et de grandeur, mais le principe de sa décadence s'annonce déjà par les querelles du stathouder et du syndic. — Maurice et Barnevelt. Gomaristes et Arminiens. 1618-1619, Synode de Dordrecht. 1619, Barnevelt décapité. 1621-1648, Renouvellement de la guerre avec l'Espagne. Spinola, Frédéric-Henri. 1625, Prise de Bréda par les Espagnols. 1628, Prise de Bois-le-Duc par les Hollandais. Bataille de Berg-op-Zoom. 1622, Prise de Maëstricht. — 1635, Alliance des Provinces-Unies avec la France pour le partage des Pays-Bas espagnols. Voy., pour la suite de cette guerre, les pages 218, 219, etc. — Philippe II, en fermant aux Hollandais le port de Lisbonne, les a forcés de chercher aux Indes les denrées de l'Orient. 1595, Expéditions de Cornélius Houtman. 1602, Compagnie des Indes orientales. D'abord établie dans les îles, elle s'étend sur les côtes du continent. 1619, Fondation de Batavia 1621, Compagnie des Indes occidentales. 1630-1640, Tentatives sur le Brésil. Établissement dans les îles de l'Amérique. — 1648, *Paix de Munster :* L'Espagne reconnaît l'indépendance des Provinces-Unies, leur laisse leurs conquêtes en Europe et au delà des mers, et consent à fermer l'Escaut. — *France et Angleterre.* La tranquillité intérieure de ces deux royaumes et leur importance politique semblent attachées à la vie de leurs souverains, Henri IV et Élisabeth. — En France, les Protestants et les grands ont été contenus plutôt qu'affaiblis. Double résultat de la mort de Henri IV : 1° la France, de nouveau faible et divisée, se rouvre à l'influence espagnole jusqu'au ministère de Richelieu ; 2° la guerre religieuse, qui doit embraser l'Europe, éclatera plus tard, mais elle se prolongera, faute d'un puissant modérateur qui la domine et la dirige. — En Angleterre, la nécessité de la défense nationale et le caractère personnel d'Élisabeth ont rendu le pouvoir royal sans bornes ; mais le changement de mœurs, l'importance croissante des Communes, le fanala bonhomie, ni les facéties de Luther. Son style était triste et amer, mais fort, serré, pénétrant. Conséquent dans ses écrits plus que dans sa conduite, il commença par réclamer la tolérance auprès de François I[er][1], et finit par brûler Servet.

D'abord les Vaudois, et toutes les populations ingénieuses et inquiètes du midi de la France, qui avaient les premières essayé de secouer le joug au Moyen-âge, se rallièrent à la nouvelle doctrine. De Genève et de Navarre, elle s'étendit jusqu'à la ville commerçante de La Rochelle, jusqu'aux cités alors savantes de l'intérieur, Poitiers, Bourges, Orléans ; elle pénétra jusqu'aux Pays-Bas, et s'associa à ces bandes de *Riderikers* qui couraient le pays en déclamant contre les abus. De là, passant la mer, elle vint troubler la victoire de Henri VIII sur le Pape, elle s'assit sur le trône d'Angleterre avec Édouard VI (1547), tandis qu'elle était portée par Knox dans la sauvage Écosse, et ne s'arrêtait qu'à l'entrée des montagnes où les *Highlanders* conservèrent la foi de leurs ancêtres avec la haine des *Saxons* hérétiques.

Les assemblées furent d'abord secrètes. Les premières qui eurent lieu en France se tinrent à Paris, rue Saint-Jacques (vers 1550) ; bientôt elles se multi-

---

tisme des Puritains, amèneront, sous des princes moins fermes et moins habiles, le bouleversement du royaume. — Dès la mort d'Élisabeth et de Henri IV, nous pouvons apercevoir de loin la révolution d'Angleterre et la Guerre de Trente-Ans.

1. *Præfatio ad Christianissimum Regem qua hic ei liber pro confessione fidei offertur*. Ce morceau éloquent ouvre son livre de l'*Institution chrétienne*, publié en 1536, qu'il a traduit lui-même.

plièrent. Les bûchers n'y faisaient rien; c'était pour le peuple une trop grande douceur d'entendre la parole de Dieu dans sa langue. Plusieurs étaient attirés par la curiosité, d'autres par la compassion, quelques-uns tentés par le danger même. En 1550, il n'y avait qu'une Église réformée en France; en 1561, il y en eut plus de deux mille. Quelquefois ils s'assemblaient en plein champ au nombre de huit ou dix mille personnes; le ministre montait sur une charrette ou sur les arbres amoncelés; le peuple se plaçait sous le vent pour mieux recueillir la parole, et ensuite, tous ensemble, hommes, femmes et enfants, entonnaient des psaumes. Ceux qui avaient des armes veillaient alentour, la main sur l'épée. Puis venaient des colporteurs qui déballaient des catéchismes, des petits livres et des images contre les évêques et les Papes [1].

Ils ne s'en tinrent pas longtemps à ces assemblées. Non moins intolérants que leurs persécuteurs, ils voulurent exterminer ce qu'ils appelaient l'*idolâtrie*. Ils commencèrent à renverser les autels, à brûler les tableaux, à démolir les églises. Dès 1561, ils sommèrent le roi de France d'abattre les images de Jésus-Christ et des saints [2].

---

[1]. C'était, par exemple, le cardinal de Lorraine tenant dans un sac le petit François II, qui tâchait de passer la tête pour respirer de temps en temps. Aux Pays-Bas, on vendait le cardinal Granvelle, principal ministre de Philippe, couvant des œufs d'où sortaient des évêques en rampant, tandis que le Diable planait sur sa tête, le bénissait et disait : *Voici mon fils bien-aimé.* Mém. de Condé, II, 656; et Schiller, *Histoire du soulèvement des Pays-Bas,* liv. II, chap. I.

[2]. Mém. de Condé, liv. III, p. 101.

Tels étaient les adversaires que Philippe II entreprit de combattre et d'anéantir. Partout, il les rencontrait sur son chemin : en Angleterre, pour l'empêcher d'épouser Élisabeth (1558); en France, pour balancer la puissance des Guises, ses alliés (1561); aux Pays-Bas, pour appuyer de leur fanatisme la cause de la liberté publique [1].

Au caractère cosmopolite de Charles-Quint avait succédé un prince tout castillan, qui dédaignait toute autre langue, qui avait en horreur toute croyance étrangère à la sienne, qui voulait établir partout les formes régulières de l'administration, de la législation, de la religion espagnoles. D'abord il s'était contraint pour épouser Marie, reine d'Angleterre (1555), mais il n'avait pas trompé les Anglais. Le verre de bière qu'il but solennellement à son débarquement, les sermons de son confesseur sur la tolérance, ne lui donnèrent aucune popularité. On en crut plutôt les bûchers élevés par sa femme. Après la mort de Marie (1558), il ne dissimula plus, il introduisit des troupes espagnoles aux Pays-Bas, y maintint l'Inquisition, et à son départ déclara en quelque sorte la guerre aux défenseurs des libertés du pays dans la personne du prince d'Orange [2]. Enfin il s'unit avec Henri II contre les ennemis intérieurs, qui les menaçaient également, en épousant sa fille, Élisabeth de France (paix de Cateau-Cambrésis, 1559). Les fêtes de

---

1. Surtout depuis 1563.
2. Le roi, en s'embarquant, dit au prince d'Orange, qui se rejetait sur les États : *No, no, los estados, ma vos, vos, vos.* Vand der Vyncht.

cette paix menaçante furent marquées d'un caractère funèbre. Un tournoi fut donné au pied même de la Bastille, où le protestant Anne Dubourg attendait la mort. Le roi fut blessé, et le mariage se fit la nuit à Saint-Paul pendant son agonie[1]. Philippe II, revenu dans ses États pour n'en plus sortir, fit construire, en mémoire de sa victoire de Saint-Quentin, le monastère de l'Escurial, et y consacra cinquante millions de piastres. De sept lieues on découvre le sombre édifice, tout bâti de granit. Nulle sculpture n'en pare les murailles. La hardiesse des voûtes en fait toute la beauté. La disposition des bâtiments présente la forme d'un gril[2].

A cette époque, les esprits étaient parvenus en Espagne au dernier degré d'exaltation religieuse. Le progrès rapide des hérétiques dans toute l'Europe, la victoire du traité d'Augsbourg qu'ils avaient remportée sur Charles-Quint, leur violence contre les images, leurs outrages aux saintes hosties que les prédicateurs retraçaient aux Espagnols épouvantés, avaient produit un redoublement de ferveur. Ignace de Loyola avait fondé l'ordre des Jésuites, tout dévoué au Saint-Siège (1534-40). Sainte Thérèse de Jésus réformait les Carmélites, et embrasait toutes les âmes des feux d'un amour mystique. Les Carmes, les ordres Mendiants, suivirent bientôt la même réforme. La constitution de l'Inquisition fut fixée

1. *Mém. de Vieilleville*, t. XXVII, p. 417.
2. Instrument du martyre de saint Laurent; la bataille de Saint-Quentin fut gagnée par les Espagnols, le jour de sa fête.

en 1561. Si l'on excepte les Mauresques, l'Espagne se trouva unie, comme un seul homme, dans un violent accès d'horreur contre les mécréants et les hérétiques. Étroitement liés avec le Portugal, que les Jésuites gouvernaient, disposant des vieilles bandes de Charles-Quint et des trésors des deux mondes, elle entreprit de soumettre l'Europe à son empire et à sa foi.

Les Protestants dispersés se rallièrent au nom de la reine Élisabeth, qui leur offrit asile et protection. Partout elle encouragea leur résistance contre Philippe II et les catholiques. Absolus dans leurs États, ces deux monarques agirent au dehors avec la violence de deux chefs de parti. La dévotion fastueuse de Philippe, l'esprit chevaleresque de la cour d'Élisabeth se concilièrent avec un système d'intrigue et de corruption; mais la victoire devait rester à Élisabeth : le temps était de son parti. Elle ennoblissait le despotisme par l'enthousiasme qu'elle inspirait à la nation. Ceux mêmes qu'elle persécutait étaient pour elle, en dépit de tout. Un puritain, condamné à perdre la main, l'eut à peine coupée, qu'il prit son chapeau de l'autre, et le faisant tourner en l'air, s'écria : *Vive la reine!*

Il fallut trente ans avant que les adversaires se prissent corps à corps. La lutte eut lieu d'abord en Écosse, en France et aux Pays-Bas.

Elle ne fut pas longue en Écosse (1559-67). La rivale d'Élisabeth, la séduisante Marie Stuart, veuve à dix-huit ans de François II, se voyait comme étrangère au-milieu de ses sujets, qui détestaient en elle les Guises, ses oncles, chefs du parti catholique en France. Ses barons, soutenus par l'Angleterre, s'unirent avec Darnley, son époux, et poignardèrent sous ses yeux le musicien italien Riccio, son favori. Peu après, la maison qu'habitait Darnley, près d'Holyrood, sauta en l'air; il fut enseveli sous ses ruines, et Marie, enlevée par le principal auteur du crime, l'épousa de gré ou de force. La reine et le parti des barons se renvoyèrent mutuellement l'accusation. Mais Marie fut la moins forte. Elle ne trouva de refuge que dans les États de sa mortelle ennemie, qui la retint prisonnière, donna à qui elle voulut la tutelle du jeune fils de Marie, régna sous son nom en Écosse, et put dès lors lutter avec moins d'inégalité contre Philippe II.

Mais c'était surtout dans la France et dans les Pays-Bas qu'Élisabeth et Philippe se faisaient une guerre secrète. L'âme du parti protestant était, dans ces contrées, le prince d'Orange, Guillaume-le-Taciturne, et son beau-père l'amiral Coligny, généraux malheureux mais politiques profonds, génies tristes, opiniâtres, animés de l'instinct démocratique du calvinisme, malgré le sang de Nassau et de Montmorency. Colonel de l'infanterie sous Henri II, Coligny rallia à lui toute la petite noblesse, il donna à La Rochelle une organisation républicaine, tandis que le prince d'Orange encourageait la confédération des *Gueux*, et jetait les fondements d'une république plus durable.

Le grand Guise et son frère, le cardinal de Lorraine[1], gouvernaient la France sous François II, époux de leur nièce Marie Stuart (1560). Guise était l'idole du peuple depuis qu'il avait pris Calais en huit jours sur les Anglais. Mais il avait trouvé la France ruinée. Il s'était vu obligé de reprendre les domaines aliénés et de supprimer l'impôt des *cinquante mille hommes*, c'est-à-dire de désarmer le gouvernement au moment où la révolution éclatait. Des milliers de solliciteurs assiégeaient Fontainebleau, et le cardinal de Lorraine, ne sachant que leur répondre, faisait afficher que l'on pendrait ceux qui n'auraient pas vidé la ville dans les vingt-quatre heures.

Les Bourbons (Antoine, roi de Navarre, et Louis, prince de Condé), qui ne voyaient pas volontiers la chose publique entre les mains de deux cadets de la maison de Lorraine, profitèrent du mécontentement général. Ils s'associèrent aux Calvinistes, à Coligny, aux Anglais, qui venaient la nuit négocier avec eux à Saint-Denis. Les Protestants marchèrent en armes sur Amboise pour s'emparer de la personne du roi. Mais ils furent dénoncés aux Guises, et massacrés sur les chemins. Quelques-uns, qu'on avait réservés pour les exécuter devant le roi et toute la cour, trempèrent leurs mains dans le sang de leurs frères déjà décapités, et les levèrent au ciel contre ceux qui les avaient trahis. Cette scène funèbre sembla porter

---

[1]. Voy. dans les *Mémoires* de Gaspard de Tavannes, la comparaison des avantages qu'avaient obtenus de Henri II les maisons rivales de Guise et de Montmorency, t. XXIII, p. 410.

malheur à tous ceux qui en avaient été témoins, à François II, à Marie Stuart, au grand Guise, au chancelier Olivier, protestant dans le cœur, qui les avait condamnés et qui en mourut de remords[1].

A l'avènement du petit Charles (IXe du nom, 1561), le pouvoir appartenait à sa mère, Catherine de Médicis, si elle eût su le garder; elle ne fit que l'ôter aux Guises, chefs des catholiques, et le gouvernement resta isolé entre les deux partis. Ce n'était pas une Italienne, avec la vieille politique des Borgia, qui pouvait tenir la balance entre les hommes énergiques qui la méprisaient : elle n'était pas digne de cette époque de conviction, et l'époque elle-même ne l'était pas du chancelier de L'Hospital[2], noble image de la froide sagesse, impuissante entre les passions. Guise ressaisit, comme chef de parti, le pouvoir qu'il avait perdu. La cour lui fournit un prétexte, en adoucissant les édits contre les réformés par ceux de Saint-Germain et de Janvier, et en admettant leurs docteurs à une discussion solennelle dans le colloque de Poissy. En même temps que les Calvinistes se soulevaient à Nîmes, le duc de Guise passant par Vassy en Champagne, ses gens se prirent de querelle avec quelques Huguenots qui étaient au prêche, et les massacrèrent (1562). La guerre civile commença. *César*, disait le prince de Condé, *a passé le Rubicon*.

A l'approche d'une lutte si terrible, les deux partis

---

1. *Vieilleville*, t. XXVII, p. 425.
2. Le chancelier de L'Hospital, qui avait les fleurs de lys dans le cœur... *L'Estoile*, t. XLV, p. 57.

n'hésitèrent pas d'appeler l'étranger[1]. Les vieilles barrières politiques qui séparaient les peuples tombèrent devant l'intérêt religieux. Les Protestants demandèrent secours à leurs frères d'Allemagne; ils livrèrent le Havre aux Anglais, tandis que les Guises entraient dans un vaste plan, formé, disait-on, par le roi d'Espagne pour écraser Genève et la Navarre, les deux sièges de l'hérésie; pour exterminer les Calvinistes de France et dompter ensuite les Luthériens dans l'Empire[2]. De tous côtés les partis s'assemblaient[3] avec un farouche enthousiasme. Dans ces premières armées, ni jeu de hasard, ni blasphème, ni débauche[4]; les prières se faisaient en commun le matin et le soir. Mais sous cette sainteté extérieure, les cœurs n'étaient pas moins cruels. Montluc, gouverneur de Guyenne, parcourait sa province avec des bourreaux : *On pouvoit cognoistre*, dit-il lui-même, *par où il étoit passé, car par les arbres sur les chemins on en trouvoit les enseignes*[5]. Dans le Dauphiné c'était un protestant, le baron des Adrets, qui précipitait ses prisonniers du haut d'une tour sur la pointe des piques.

---

1. *Lanoue*, t. XXXIV, p. 123-157. « Les étrangers ouvraient les yeux et frétillaient pour entrer en France ».
2. *Mémoires de Condé*, t. III, p. 210.
3. *Lanoue*, t. XXXIV, p. 125. « La plupart de la noblesse délibéra de venir à Paris, imaginant comme à l'aventure que ses protecteurs pourraient avoir besoin d'elle... avec dix, vingt ou trente de leurs amis, portant armes couvertes et logeant en hostelleries ou par les champs, en bien payant ».
4. *Lanoue* donne les mêmes éloges aux Catholiques et aux Protestants, t. XXXIV, p. 154.
5. *Montluc*, t. XX.

Guise fut d'abord vainqueur à Dreux[1] : il fit prisonnier Condé, le général des Protestants, partagea son lit avec lui, et dormit profondément à côté de son ennemi mortel. Orléans, la place principale des religionnaires, ne fut sauvée que par l'assassinat du duc de Guise, qu'un protestant blessa par derrière d'un coup de pistolet (1563).

La reine mère, délivrée d'un maître, traita avec les Protestants (à Amboise, 1563) et se vit obligée, par l'indignation des catholiques, de violer peu à peu tous les articles du traité. Condé et Coligny essayèrent en vain de s'emparer du jeune roi ; défaits à Saint-Denis, mais toujours redoutables, ils imposèrent à la cour la paix de Longjumeau (1568), surnommée *boiteuse et mal assise*, laquelle confirma celle d'Amboise. Une tentative de la cour pour saisir les deux chefs décida une troisième guerre. Toute modération sortit des conseils du roi avec le chancelier de L'Hospital. Les Protestants prirent La Rochelle pour place d'armes, au lieu d'Orléans ; ils se cotisèrent pour payer leurs auxiliaires allemands, que le duc de Deux-Ponts et le prince d'Orange leur amenaient à travers toute la France. Malgré leurs défaites de Jarnac et de Moncontour (1569), malgré la mort de Condé et la blessure de Coligny, la cour n'en fut pas moins obligée de leur accorder une troisième paix (Saint-Germain, 1570). Leur culte devait être libre dans deux villes par province ; on leur laissait pour places de sûreté La

---

1. Voy. dans les *Mém. de Condé*, t. IV, les relations de la bataille de Dreux, attribuées à Coligny, p. 178, et à François de Guise, p. 688.

Rochelle, Montauban, Cognac et La Charité. Le jeune roi de Navarre devait épouser la sœur de Charles IX (Marguerite de Valois). On faisait même espérer à Coligny de commander les secours que le roi voulait, disait-on, envoyer aux Protestants des Pays-Bas. Les catholiques frémirent d'un traité si humiliant après quatre victoires; les Protestants eux-mêmes, y croyant à peine, ne l'acceptèrent que par lassitude[1], et les gens sages attendaient de cette paix hostile quelque épouvantable malheur.

La situation des Pays-Bas n'était pas moins effrayante. Philippe II ne comprenait ni la liberté, ni l'esprit du Nord, ni l'intérêt du commerce; tous ses sujets belges et bataves se tournèrent contre lui, et les Calvinistes, persécutés par l'Inquisition; et les nobles, désormais sans espoir de rétablir leur fortune ruinée au service de Charles-Quint; et les moines, qui craignaient les réformes ordonnées par le Concile de Trente, ainsi que l'établissement de nouveaux évêchés dotés à leurs dépens; enfin, les bons citoyens, qui voyaient avec indignation l'introduction des troupes espagnoles et le renversement des vieilles libertés du pays. D'abord l'opposition des Flamands force le roi de rappeler son vieux ministre, le cardinal Granvelle (1563); les plus grands seigneurs forment la confédération des *Gueux* et pendent à leur col des écuelles de bois, s'associant ainsi au petit peuple

---

1. « L'amiral dit qu'il désireroit plutôt mourir que de retomber en ces confusions et voir devant ses yeux commettre tant de maux. » *Lanoue*, t. XXXIV, p. 290.

(1566). Les Calvinistes lèvent la tête de tous côtés, impriment plus de cinq mille ouvrages contre l'ancien culte, et, dans les seules provinces du Brabant et de la Flandre, pillent et profanent quatre cents églises[1].

Ce dernier excès combla la mesure. L'âme barbare de Philippe II couvait déjà les pensées les plus sinistres : il résolut de poursuivre et d'exterminer ces ennemis terribles, qu'il rencontrait partout, et jusque dans sa famille. Il enveloppa dans la même haine et l'opposition légale des nobles flamands, et les fureurs iconoclastes des Calvinistes, et l'opiniâtre attachement des pauvres Mauresques à la religion, à la langue et au costume de leurs pères. Mais il ne voulut point agir sans la sanction de l'Église : il obtint de l'Inquisition une condamnation secrète de ses rebelles des Pays-Bas[2] ; il interrogea même les plus célèbres docteurs, entre autres Oraduy, professeur de théologie à l'université d'Alcala, sur les mesures qu'il devait prendre à l'égard des Mauresques ; Oraduy répondit par le proverbe : *Des ennemis toujours moins*[3]. Le roi, confirmé dans ses projets de vengeance, jura de donner un exemple dans la personne de ses ennemis *de manière à faire tinter les oreilles de la chrétienté, dût-il mettre en péril tous ses États*[4].

Les conseils sanguinaires qu'il avait fait donner à

---

1. *Schiller*, t. I, p. 253, et t. II, premières pages.
2. *Meteren*, fol. 54.
3. *Ferreras*, t. IX, p. 525.
4. Lettre de l'envoyé d'Espagne à Paris, adressée à la duchesse de Parme, gouvernante des Pays-Bas, citée par *Schiller*, t. II.

la cour de France par le duc d'Albe[1], il commença à les suivre, sans distinction de personnes, avec une atroce inflexibilité. Son fils, don Carlos, parlait d'aller se mettre à la tête des révoltés des Pays-Bas ; Philippe fait accélérer sa mort par les médecins (1568). Il organise l'Inquisition en Amérique (1570). Il désarme en un même jour tous les Mauresques de Valence, défend à ceux de Grenade la langue et le costume arabe, prohibe l'usage des bains, les *zambras*, les *leilas*, et jusqu'aux rameaux verts dont ces infortunés couvraient leurs tombeaux ; leurs enfants de plus de cinq ans doivent aller aux écoles pour apprendre la religion et la langue castillane (1563-68). En même temps marchait d'Italie en Flandre le sanguinaire duc d'Albe, à la tête d'une armée fanatique comme l'Espagne et corrompue comme l'Italie[2]. Au bruit de sa marche, les Suisses s'armèrent pour couvrir Genève. Cent mille personnes, imitant le prince d'Orange, s'enfuirent des Pays-Bas[3]. Le duc d'Albe établit dès son arrivée le *Conseil des troubles*, le *Conseil de sang*, comme disaient les Belges, qu'il composa en partie d'Espagnols (1567). Tous ceux qui refusent d'abjurer, tous ceux qui ont assisté aux prêches, fussent-ils catholiques, tous ceux qui les ont tolérés, sont également mis à mort. Les *Gueux* sont poursuivis

---

1. Entrevue de Bayonne, 1566. On y entendit le duc d'Albe dire à la reine mère, Catherine de Médicis, *que la tête d'un saumon valait mieux que celle de cent grenouilles.*
2. Voyez les détails dans *Meteren*, liv. III, p. 52.
3. « Rien n'est fait, disait Granvelle, puisqu'on a laissé échapper le *Taciturne* ».

comme les hérétiques : ceux mêmes qui n'ont fait que solliciter le rappel de Granvelle sont recherchés et punis; le comte d'Egmont, dont les victoires à Saint-Quentin et à Gravelines avaient honoré le commencement du règne de Philippe II, l'idole du peuple et l'un des plus loyaux serviteurs du roi, périt sur un échafaud. Les efforts des Protestants d'Allemagne et de France, qui forment une armée à Louis de Nassau, fils du prince d'Orange, sont déconcertés par le duc d'Albe; et pour mieux insulter ses victimes, il se fait élever dans sa citadelle d'Anvers une statue de bronze, qui foule aux pieds des esclaves et qui menace la ville.

Même barbarie, même succès en Espagne; Philippe saisit avec joie l'occasion de la révolte des Mauresques pour accabler ce malheureux peuple. Au moment de tourner ses forces au dehors, il ne voulait laisser aucune résistance derrière lui. La pesanteur de l'oppression avait rendu quelque courage aux Mauresques : un fabricant de carmin, de la famille des Abencérages, s'entendit avec quelques autres; d'épaisses fumées s'élevèrent de montagne en montagne; le drapeau incarnat fut relevé; les femmes elles-mêmes s'armèrent de longues aiguilles d'emballeur pour percer le ventre des chevaux; les prêtres furent partout massacrés. Mais bientôt arrivèrent les vieilles bandes de l'Espagne. Les Mauresques reçurent quelque faible secours d'Alger; ils implorèrent en vain ceux du sultan Sélim. Les vieillards, les enfants, les femmes suppliantes furent massacrés sans pitié. Le roi ordonna qu'au-dessus de dix ans, tous ceux qui restaient deviendraient esclaves (1571)[1].

Le faible et honteux gouvernement de la France ne voulut pas rester en arrière. L'exaspération des catholiques était devenue extrême, lorsqu'aux noces du roi de Navarre et de Marguerite de Valois, ils virent arriver dans Paris ces hommes sombres et sévères qu'ils avaient souvent rencontrés sur les champs de bataille, et dont ils regardaient la présence comme leur honte. Ils se comptèrent et commencèrent à jeter des regards sinistres sur leurs ennemis. Sans faire honneur à la reine mère ni à ses fils d'une dissimulation si longue et d'un plan si fortement conçu, on peut croire que la possibilité d'un tel événement avait été pour quelque chose dans les motifs de la paix de Saint-Germain. Cependant, un crime si hardi ne serait pas entré dans leur résolution, s'ils n'eussent craint un instant l'ascendant de Coligny sur le jeune Charles IX. Sa mère et son frère, le duc d'Anjou, qu'il commençait à menacer, ramenèrent à eux par la peur cette âme faible et capricieuse où tout se tournait en fureur et lui firent résoudre le massacre des Protestants aussi facilement qu'il aurait ordonné celui des principaux catholiques. Le 24 août 1572, sur les deux ou trois heures de la nuit, la cloche de Saint-Germain-l'Auxerrois sonna, et le jeune Henri de Guise, croyant venger son père, commença le massacre en égorgeant Coligny. Alors on n'entendit

---

1. *Ferrera*, t. IX et X. — *Cabrera*, 1619, p. 465-661, *passim.*

plus qu'un cri : *Tue! Tue!* La plupart des Protestants furent surpris dans leurs lits. Un gentilhomme fut poursuivi, la hallebarde dans les reins, jusque dans la chambre et dans la ruelle de la reine de Navarre. Un catholique se vanta d'avoir racheté des *massacreurs* plus de trente Huguenots pour les torturer à plaisir. Charles IX fit venir son beau-frère et le prince de Condé, et leur dit : *La messe ou la mort!* On assure que, d'une fenêtre du Louvre, il tira avec une arquebuse sur les Protestants qui fuyaient de l'autre côté de l'eau. Le lendemain, une aubépine ayant refleuri dans le cimetière des Innocents, le fanatisme fut ranimé par ce prétendu miracle, et le massacre recommença. Le roi, la reine mère et toute la cour allèrent à Montfaucon voir *ce qui restait du corps de l'amiral*[1]. Il faut ajouter L'Hospital aux victimes de la Saint-Barthélemy; lorsqu'il apprit l'exécrable nouvelle, il voulait qu'on ouvrît les portes de sa maison aux *massacreurs* qui viendraient; il n'y survécut que six mois, répétant toujours : *Excidat illa dies ævo*[2]*!*

---

1. *De Thou*, t. XXXVII, p. 233.
2. *Collect. des Mém.*, t. XXXVII, *Marguerite de Valois*, 49-59, et de Thou, 230-3; XXXV. Avis du maréchal de Tavannes, donnés au roi sur les affaires de son royaume après la paix de Saint-Germain; XLV, *L'Estoile* 73-8: I$^{er}$ vol. (de la seconde série); *Sully*, 225-246; voy. surtout dans le t. XLV (de la première série) *Discours du roy Henri III à un personnage d'honneur et de qualité* (Miron, son Médecin), *étant près de Sa Majesté à Cracovie, des causes et des motifs de la Sainct-Barthélemy*, 496-510.

« ... Or, après avoir reposé seulement deux heures la nuit, ainsi que le
« jour commençoit à poindre, le roy, la royne ma mère et moi allasmes au
« portail du Louvre, joignant le jeu de paulme, et une chambre qui regarde
« sur la place de la basse cour, pour voir le commencement de l'exécution;
« où nous ne fusmes pas longtemps, ainsi que nous considérions les événe-

Une chose aussi horrible que la Saint-Barthélemy, c'est la joie qu'elle excita. On en frappa des médailles à Rome, et Philippe II félicita la cour de France. Il croyait le protestantisme vaincu. Il associait la Saint-Barthélemy et les massacres ordonnés par le duc d'Albe au glorieux événement de la bataille de Lépante, dans laquelle les flottes d'Espagne, du Pape et de Venise, commandées par don Juan d'Autriche, fils naturel de Charles-Quint, avaient, l'année précédente, anéanti la marine ottomane. Les Turcs vaincus sur mer, les Mauresques réduits, les hérétiques exterminés en France et aux Pays-Bas, semblaient frayer la route au roi d'Espagne vers cette monarchie universelle à laquelle son père avait en vain aspiré.

« ments et la conséquence d'une si grande entreprise, à laquelle, pour dire
« vray, nous n'avions jusques alors guière bien pensé, nous entendismes à
« l'instant tirer un coup de pistolet; et ne sçaurois dire en quel endroict ni
« s'il offença quelqu'un; bien sçay-je que le son seulement nous blessa tous
« trois si avant en l'esprit qu'il offença nos sens et nostre jugement, espris de
« terreur et d'appréhension des grands désordres qui s'alloient lors com-
« mettre; et pour y obvier envoyasmes soudainement et en toute diligence
« un gentilhomme vers M. de Guise, pour luy dire et expressément com-
« mander de nostre part qu'il se restirast en son logis, et qu'il se gardast
« bien de rien entreprendre sur l'admiral, ce seul commandement faisant
« cesser tout le reste. Mais tost après le gentilhomme retournant nous dit
« que M. de Guise lui avait répondu que le commandement estoit venu trop
« tard, et que l'admiral estoit mort, et qu'on commençoit à exécuter par
« tout le reste de la ville. Ainsi retournasmes à notre première délibération,
« et peu après nous laissasmes suivre le fil et le cours de l'entreprise et de
« l'exécution. Voilà, monsieur, la vraye histoire de la Sainct-Barthélemy, qui
« m'a troublé ceste nuict l'entendement. »

# CHAPITRE X

Suite jusqu'à la mort de Henri IV (1572-1610). — Coup d'œil sur la situation des puissances belligérantes après les guerres de religion.

### § 1. — *Jusqu'à la paix de Vervins.* (1572-1598.)

« Le roi Charles oyant, le soir du même jour et tout
« le lendemain, conter les meurtres et tueries qui s'y
« étoient faits des vieillards, femmes et enfants, tira à
« part Ambroise Paré, son premier chirurgien, qu'il
« aimoit infiniment, quoiqu'il fust de la religion, et lui
« dit : Ambroise, je ne sçay ce qui m'est survenu
« depuis deux ou trois jours, mais je me trouve l'esprit
« et le corps grandement esmeus, voire tout ainsi que
« si j'avois la fièvre, me semblant à tout moment,
« aussi bien veillant que dormant, que ces corps mas-
« sacrez se présentent à moy les faces hydeuses et
« couvertes de sang; je voudrois que l'on n'y eust pas
« compris les imbéciles et innocents[1]. » Dès lors il ne

---

[1]. *Sully,* premier vol. de la *Coll. des Mém.* (deuxième série), p. 245.

fit plus que languir, et dix-huit mois après un flux de sang l'emporta (1574).

Le crime avait été inutile. Dans plusieurs villes les gouverneurs refusèrent de l'exécuter. Les Calvinistes se jetant dans La Rochelle, dans Sancerre, et d'autres places du Midi, s'y défendirent en désespérés. L'horreur qu'inspirait la Saint-Barthélemy leur donna des auxiliaires en créant parmi les catholiques le parti modéré, qu'on appelait celui des *Politiques*. Le nouveau roi, Henri III, qui revint de Pologne pour succéder à son frère, était connu pour un des auteurs du massacre. Son propre frère, le duc d'Alençon, s'enfuit de la cour avec le jeune roi de Navarre, et réunit ainsi les *Politiques* et les Calvinistes.

Aux Pays-Bas, la tyrannie du duc d'Albe n'avait pas mieux réussi. Tant qu'il se contenta de dresser des échafauds, le peuple resta tranquille; il vit, sans se révolter, tomber les têtes les plus illustres de la noblesse. Il n'existait qu'un moyen de rendre le mécontentement commun aux catholiques et aux Protestants, aux nobles et aux bourgeois, aux Belges et aux Bataves, c'était d'établir des impôts vexatoires, et de laisser le soldat mal payé rançonner les habitants; le duc d'Albe fit l'un et l'autre. L'impôt du dixième, établi sur les denrées, fit intervenir dans les moindres ventes, sur les marchés, dans les boutiques, les agents du fisc espagnol. Les amendes innombrables, les vexations continuelles irritèrent toute la population. Pendant que les boutiques se ferment et que le duc d'Albe fait pendre les marchands coupables d'avoir fermé, les *gueux marins* (c'est ainsi qu'on désignait les fugitifs qui vivaient de piraterie), chassés des ports de l'Angleterre sur la réclamation de Philippe II, s'emparent du fort de Brielle en Hollande (1572), et commencent la guerre dans ce pays coupé par tant de bras de mer, de fleuves et de canaux. Une foule de villes chassent les Espagnols. Peut-être restait-il encore quelque moyen de pacification; mais le duc d'Albe apprit aux premières villes qui se rendirent qu'elles n'avaient ni clémence ni bonne foi à espérer. A Rotterdam, à Malines, à Zutphen, à Naerden, les capitulations furent violées, les habitants massacrés. Harlem, sachant ce qu'elle devait attendre, rompit les digues, et envoya dix têtes espagnoles pour paiement du dixième denier. Après une résistance mémorable, elle obtint son pardon, et le duc d'Albe confondit dans un massacre général les malades et les blessés. Les soldats espagnols eurent eux-mêmes quelque remords de ce manquement de foi, et, en expiation, ils consacrèrent une partie du butin à bâtir une maison aux Jésuites de Bruxelles.

Sous les successeurs du duc d'Albe, la licence des troupes espagnoles qui pillèrent Anvers, força les provinces vallonnes de s'unir, dans la révolte, à celles du nord (1576); mais cette alliance ne pouvait être durable. La révolution se consolida en se concentrant dans le nord par l'*Union d'Utrecht*, fondement de la République des Provinces-Unies (1579).

L'intolérance des Protestants ramena les provinces méridionales sous le joug du roi d'Espagne. La population batave, toute protestante, toute allemande de caractère et de langue, toute composée de bourgeois livrés au commerce maritime, attira ce qui lui était analogue dans les provinces du midi. Les Espagnols purent reconquérir dans la Belgique les murs et le territoire; mais la partie la plus industrieuse de la population leur échappa.

Les insurgés avaient offert successivement de se soumettre à la branche allemande de la maison d'Autriche, à la France, à l'Angleterre. L'archiduc Mathias ne leur amena aucun secours. Don Juan, frère et général de Philippe II, le duc d'Anjou, frère de Henri III, Leicester, favori d'Élisabeth, qui voulurent successivement se faire souverains des Pays-Bas, se montrèrent également perfides (1577, 1582, 1587). La Hollande, regardée comme une proie par tous ceux à qui elle s'adressait, se décida enfin, faute d'un souverain, à rester en république. Le génie de cet État naissant fut le prince d'Orange, qui, abandonnant les provinces méridionales à l'invincible duc de Parme, lutta contre lui par la politique, jusqu'à ce qu'un fanatique armé par l'Espagne l'eût assassiné (1584).

Pendant que Philippe perdait la moitié des Pays-Bas, il gagnait le royaume de Portugal. Le jeune roi don Sébastien s'était jeté sur la côte d'Afrique avec dix mille hommes, dans le vain espoir de la conquérir et de percer jusqu'aux Indes. Ce héros du temps des croisades ne fut, au seizième siècle, qu'un aventurier. Son oncle, le cardinal D. Henri, qui lui succéda, étant mort peu après, Philippe II s'empara du Portugal malgré la France et les Portugais eux-mêmes (1580).

En France tout lui réussissait. La versatilité de Henri III, celle du duc d'Alençon, qui se mit à la tête des Protestants français et ensuite de ceux des Pays-Bas, avaient décidé le parti catholique à chercher un chef hors de la famille royale. Par le traité de 1576, le roi avait accordé aux Calvinistes la liberté du culte dans tout le royaume, excepté Paris : il leur donnait une chambre mi-partie dans chaque parlement, et plusieurs villes de sûreté (Angoulême, Niort, La Charité, Bourges, Saumur et Mézières), où ils devaient tenir des garnisons payées par le roi. Ce traité détermina la formation de la Ligue (1577). Les associés juraient de défendre la religion, *de remettre les provinces aux mêmes droits, franchises et libertés qu'elles avaient au temps de Clovis*, de procéder contre ceux qui persécuteraient l'*Union, sans exception de personnes*, enfin de *rendre prompte obéissance et fidèle service au chef qui serait nommé*[1]. Le roi crut devenir maître de l'association en s'en déclarant le chef. Il commençait à entrevoir les desseins du duc de Guise; on avait trouvé dans les papiers d'un avocat, mort à Lyon en revenant de Rome, une pièce dans laquelle il

---

1. Premier volume de la *Coll. des Mém.* (deuxième série), p. 65.

disait que les descendants de Hugues-Capet avaient régné jusque-là illégitimement et par une usurpation maudite de Dieu ; que le trône appartenait aux princes lorrains, vraie postérité de Charlemagne. La mort du frère du roi encouragea ces prétentions (1584). Henri n'ayant point d'enfant, et la plupart des catholiques repoussant du trône le prince hérétique auquel revenait la couronne, le duc de Guise et le roi d'Espagne, beau-frère de Henri III, s'unirent pour détrôner le roi, sauf ensuite à se disputer ses dépouilles. Ils n'eurent que trop de facilité pour le rendre odieux. Les revers de ses armées semblaient autant de trahisons : le faible prince était à la fois battu par les Protestants et accusé par les catholiques. La victoire de Coutras, où le roi de Navarre s'illustra par sa valeur et par sa clémence envers les vaincus (1587), mit le comble à l'irritation des catholiques. Pendant que la Ligue s'organisait dans la capitale, Henri III, partagé entre les soins d'une dévotion monastique et les excès d'une débauche dégoûtante, donnait à tout Paris le spectacle de sa prodigalité scandaleuse et de ses goûts puérils. Il dépensait douze cent mille francs aux noces de Joyeuse, son favori, et n'avait pas de quoi payer un messager pour envoyer au duc de Guise une lettre de laquelle dépendait le salut du royaume. Il passait le temps à arranger les collets de la reine et à friser lui-même ses cheveux. Il s'était fait prieur de la confrérie des Pénitents blancs. « Au commen-
« cement de novembre, le roy fit mettre sus par

« les églises de Paris, les oratoires, autrement dits
« les paradis, où il alloit tous les jours faire ses
« aumônes et prières en grande dévotion, laissant
« ses chemises à grands godrons, dont il étoit aupa-
« ravant si curieux, pour en prendre à collet ren-
« versé à l'italienne. Il alloit ordinairement en
« coche avec la reine sa femme, par les rues et
« maisons de Paris, prendre les petits chiens dame-
« rets, se faisoit lire la grammaire et apprenoit à
« décliner[1]. »

Ainsi la crise devenait imminente en France et dans tout l'Occident (1585-1588). Elle semblait devoir être favorable à l'Espagne : la prise d'Anvers par le prince de Parme, le plus mémorable fait d'armes du seizième siècle, complétait la réduction de la Belgique (1585). Le roi de France avait été obligé de se mettre à la discrétion des Guises (même année), et la Ligue prenait pour foyer une ville immense, où le fanatisme religieux se fortifiait du fanatisme démocratique (1588). Mais le roi de Navarre résista, contre toute vraisemblance, aux forces réunies des catholiques (1586-7); Élisabeth donna une armée aux Provinces-Unies (1585), de l'argent au roi de Navarre (1585), elle déjoua toutes les conspirations (1584-5-6), et frappa l'Espagne et les Guises dans la personne de Marie Stuart.

Longtemps Élisabeth avait répondu aux instances de ses conseillers : *Puis-je tuer l'oiseau qui s'est*

---

1. *L'Estoile*, t. XLV, p. 128.

*réfugié dans mon sein?* Elle avait accepté des broderies et des robes de Paris que lui offrait sa captive. Mais l'irritation croissante de la grande lutte européenne, les craintes qu'on inspirait sans cesse à Élisabeth pour sa propre vie, la puissance mystérieuse du jésuite Persons, qui, du continent, remuait l'Angleterre, portèrent la reine aux dernières extrémités.

Malgré l'intervention des rois de France et d'Écosse, Marie fut condamnée à mort par une commission, comme coupable d'avoir conspiré avec les étrangers pour l'invasion de l'Angleterre et la mort d'Élisabeth. Une salle avait été tendue de noir dans le château de Fotheringay; la reine d'Écosse y parut couverte de ses plus riches habillements; elle consola ses domestiques en pleurs, protesta de son innocence et pardonna à ses ennemis. Élisabeth aggrava l'horreur de cette résolution cruelle par des regrets affectés et des dénégations hypocrites (1587).

La mort de Marie ne fut nulle part plus ressentie qu'en France. Mais qui l'aurait vengée? Son beau-frère, Henri III, tombait du trône; son cousin, Henri de Guise croyait y monter. *La France était folle de cet homme-là, car c'est trop peu dire amoureuse.* Depuis ses succès sur les Allemands, alliés du roi de Navarre, le peuple ne l'appelait plus que le *nouveau Gédéon, le nouveau Macchabée;* les nobles le nommaient *notre grand.* Il n'avait qu'à venir à Paris pour en être le maître; le roi le lui défend, et il arrive : toute la ville court au-devant de lui en criant : *Vive le duc de Guise! Hosannah filio David!* Il brave le roi dans son Louvre, à la tête de quatre cents gentilshommes. Dès lors les Lorrains croient avoir cause gagnée : le roi sera jeté dans un couvent; la duchesse de Montpensier, sœur du duc de Guise, montre les ciseaux d'or avec lesquels elle doit tondre le *Valois*. Le peuple élève partout des barricades, désarme les Suisses que le roi venait de faire entrer dans Paris, et les eût tous massacrés sans le duc de Guise. Un moment d'irrésolution lui fit tout perdre : pendant qu'il diffère d'attaquer le Louvre, la vieille Catherine de Médicis l'amuse par des propositions, et le roi se sauve à Chartres. Guise essaye en vain de se rattacher au Parlement. *C'est grand'pitié, Monsieur*, lui dit le président Achille de Harlay, *quand le valet chasse le maître; au reste, mon âme est à Dieu, mon cœur au roi, mon corps entre les mains des méchants.*

Le roi, délivré, mais abandonné de tout le monde, fut obligé de céder : il approuva tout ce qui s'était fait, livra au duc un grand nombre de villes, le nomma généralissime des armées du royaume, et convoqua les États généraux à Blois. Le duc de Guise voulait un plus haut titre : il abreuva le roi de tant d'outrages, qu'il arracha au plus timide des hommes une résolution hardie, celle de l'assassiner.

« Le jeudi, 22 décembre 1588, le duc de Guise, se mettant à table pour dîner, trouva sous sa serviette un billet dans lequel était écrit : « Donnez-« vous de garde, on est sur le point de vous jouer

« un mauvais tour. » L'ayant lu, il écrivit au bas : *on n'oserait*, et il le rejeta sous la table. « Voilà, « dit-il, le neuvième d'aujourd'hui. » Malgré ces avertissements, il persista à se rendre au Conseil, et comme il traversait la chambre où se tenaient *les quarante-cinq gentilshommes ordinaires*, il fut égorgé[1].

Pendant cette tragédie, qui favorisait plutôt qu'elle ne contrariait les desseins de l'Espagne, Philippe II entreprenait la conquête de l'Angleterre et la vengeance de Marie Stuart. Le 3 juin 1588 sortit de l'embouchure du Tage le plus formidable armement qui eût jamais effrayé la chrétienté : cent trente-cinq vaisseaux d'une grandeur jusque-là inouïe,

---

1. Le « 23, à quatre heures du matin, le roy demanda à son valet de chambre les clefs des petites cellules qu'il avoit fait dresser pour des capucins. Il descendit, et de fois à autres il alloit lui-même regarder en sa chambre si les *quarante-cinq* y étoient arrivés, et à mesure qu'il y en trouvoit, les faisoit monter et les enfermoit... Et peu après que le duc de Guise fut assis au Conseil. « J'ai froid, dit-il, le cœur me fait mal; que l'on fasse du « feu; » et s'adressant au sieur de Morfontaine, trésorier de l'épargne : « Monsieur de Morfontaine, je vous prie de dire à M. de Saint-Prix, pre- « mier valet de chambre du roy, que je le prie de me donner des raisins de « Damas et de la conserve de roses... » Le duc de Guise met des prunes dans son drageoir, jette le demeurant sur le tapis. « Messieurs, dit-il, qui « en veut? » et se lève. Mais, ainsi qu'il ait à deux pas près la porte du vieux cabinet, prenant sa barbe avec la droite et tournant le corps et la face à demi pour regarder ceux qui le suivoient, fut tout soudain saisi au bras par le sieur de Montsery l'aîné, qui était près de la cheminée, sur l'opinion qu'il eut que le duc voulût se reculer pour se mettre en défense; et tout d'un temps est par lui-même frappé d'un coup de poignard dans le sein, disant : « Ah! traître, tu en mourras. » Et en même temps le sieur des Effranats se jette à ses jambes, et le sieur de Saint-Malines lui porte par derrière un grand coup de poignard près de la gorge dans la poitrine, et le sieur de Loignac un coup d'épée dans les reins. Et bien qu'il eust son épée engagée dans son manteau, et les jambes saisies, il ne laissa pas pourtant (tant il étoit puissant!) de les entraîner d'un bout de la chambre à l'autre, jusqu'au pied

huit mille matelots, dix-neuf mille soldats, la fleur de la noblesse espagnole, et Lope de Vega sur la flotte pour chanter la victoire. Les Espagnols, ivres de ce spectacle, décorèrent cette flotte du nom d'*Invincible Armada*. Elle devait rejoindre aux Pays-Bas le prince de Parme, et protéger le passage de trente-deux mille vieux soldats; la forêt de Waes en Flandre s'était changée en bâtiments de transport. L'alarme était extrême en Angleterre; on montrait aux portes des églises les instruments de torture que les inquisiteurs apportaient sur la flotte espagnole. La reine parut à cheval devant les milices assemblées à Teukesbury, et promit de mourir pour son peuple. Mais la force de l'Angleterre était dans

du lit du roy, où il tomba... Lequel étant en son cabinet, leur ayant demandé s'ils avoient fait, en sortit et donna un coup de pied par le visage à ce pauvre mort, tout ainsi que ledit duc de Guise en avoit donné au feu amiral : chose remarquable, avec une, que le roi l'ayant un peu contemplé, dit tout haut : « Mon Dieu, qu'il est grand! il paroît encore plus grand mort « que vivant. »

« Le sieur de Beaulieu, apercevant en ce corps quelque petit mouvement, il lui dit : « Monsieur, cependant qu'il vous reste quelque peu de vie, demandez « pardon à Dieu et au roy. » Alors, sans pouvoir parler, jetant un grand et profond soupir, comme d'une voix enrouée, il rendit l'âme, fut couvert d'un manteau gris, et au-dessus mis une croix de paille. Il demeura bien deux heures durant en cette façon, puis fut livré entre les mains du sieur de Richelieu, grand prévost de France, lequel, par le commandement du roy, fit brûler le corps par son exécuteur en cette première salle, qui est en bas, à la main droite en entrant dans le château; et à la fin jeter les cendres en la rivière. »

. *Relation de la mort de MM. le duc et le cardinal de Guise, par le sieur Miron, médecin du roy Henri III*, quarante-cinquième volume de la Coll. des Mém.; *L'Estoile*, même vol.; *Palma Cayet*, XXXVIII; et *Sully*, premier vol., p. 100-6.

Sur les Barricades, voy. les mêmes *Mémoires*, et particulièrement le procès-verbal de Nicolas Poulain, lieutenant de la prévosté de l'Ile-de-France, quinzième volume.

sa marine. Sous l'amiral Howard servaient les plus grands hommes de mer du siècle, Drake, Hawkins, Forbisher. Les petits vaisseaux anglais harcelèrent la flotte espagnole, déjà maltraitée par les éléments; ils la troublèrent par leurs brûlots; le prince de Parme ne put sortir des ports de Flandre, et les restes de cet armement formidable, poursuivis par la tempête sur les rivages d'Écosse et d'Irlande, vinrent se cacher dans les ports de l'Espagne.

Le reste de la vie d'Élisabeth ne fut qu'un triomphe : elle rendit inutiles les entreprises de Philippe II sur l'Irlande, et poursuivit sa victoire sur toutes les mers. L'enthousiasme de l'Europe, exalté par de tels succès, prit la forme la plus flatteuse pour une femme, celle d'une ingénieuse galanterie. On oublia l'âge de la reine (cinquante-cinq ans). Henri IV déclarait à l'ambassadeur d'Angleterre qu'il la trouvait plus belle que sa Gabrielle. Shakespeare la proclamait *la belle vestale assise sur le trône d'Occident;* mais aucun hommage ne la touchait plus que ceux du spirituel Walter Raleigh et du jeune et brillant comte d'Essex : le premier avait commencé sa fortune en jetant son manteau le plus précieux qu'il possédât alors, sous les pieds de la reine qui traversait un endroit fangeux; d'Essex l'avait charmée par son héroïsme. Il s'était sauvé de la cour, malgré ses ordres, pour prendre part à l'expédition de Cadix : il y sauta le premier à terre, et, si on l'eût cru, Cadix serait peut-être resté aux Anglais. Son ingratitude et sa fin tragique attristèrent seules les derniers jours d'Élisabeth.

### § 2. — *Jusqu'à la mort de Henri IV. Coup d'œil sur la situation des puissances belligérantes.*

Philippe II, repoussé de la Hollande et de l'Angleterre, tournait ses forces contre la France; le duc de Mayenne, frère de Guise, non moins habile, mais moins populaire, ne pouvait balancer l'or et les intrigues de l'Espagne.

Dès que la nouvelle de la mort de Guise parvint à Paris, le peuple prit le deuil, les prédicateurs tonnèrent; on tendait de noir les églises; on plaçait sur les autels les images du roi en cire, et on les perçait d'aiguilles. Mayenne fut créé chef de la Ligue, les États nommèrent quarante personnes pour gouverner. Bussy-Leclerc, devenu, de maître d'armes et de procureur, gouverneur de la Bastille, y conduisit la moitié du Parlement. Henri III n'eut d'autre ressource que de se jeter dans les bras du roi de Navarre : tous deux vinrent assiéger Paris. Ils campaient à Saint-Cloud, lorsqu'un jeune moine, nommé Clément, assassina Henri III d'un coup de couteau dans le bas-ventre. La duchesse de Montpensier, sœur du duc de Guise, qui attendait la nouvelle sur la route, l'apporta la première, presque folle de joie.

On offrit dans les églises l'image de Clément à l'adoration du peuple; sa mère, pauvre paysanne de Bourgogne, étant venue à Paris, la foule se porta au-devant d'elle en criant : *Heureux le sein qui vous a porté et les mamelles qui vous ont allaité* (1589).

Henri IV, abandonné de la plupart des catholiques, fut bientôt serré de près par Mayenne, qui se faisait fort de l'amener aux Parisiens pieds et poings liés. Déjà on louait des fenêtres pour le voir passer. Mais Mayenne avait affaire à un adversaire qui ne dormait pas, et *qui usait,* comme disait le prince de Parme, *plus de bottes que de souliers*[1]; il attendit Mayenne près d'Arques en Normandie, et combattit avec trois mille hommes contre trente mille. Henri, fortifié d'une foule de gentilshommes, vint à son tour attaquer Paris et pilla le faubourg Saint-Germain. L'année suivante (1590), nouvelle victoire à Ivry sur l'Eure, où il battit Mayenne et les Espagnols. On sait les paroles qu'il adressa à ses troupes avant la bataille : *Mes compagnons, si vous courez ma fortune, je cours aussi la vôtre. Je veux vaincre ou mourir avec vous... Gardez bien vos rangs, je vous prie, et si vous perdez vos enseignes, cornettes ou guidons, ne perdez pas de vue mon panache blanc, vous le trouverez toujours au chemin de l'honneur et de la victoire* (Péréfixe). D'Ivry il vint bloquer la capitale; cette malheureuse ville, en proie aux fureurs des Seize et à la tyrannie des soldats espagnols, fut réduite aux dernières extrémités de la famine; on y fit du pain avec les ossements des morts; des mères y mangèrent leurs enfants; les Parisiens, opprimés par leurs défenseurs,

---

1. *Satire Ménippée*, 1712, p. 49. — Le duc de Mayenne était dormeur et chargé d'embonpoint.

ne trouvaient de pitié que dans le prince qui les assiégeait. Il laissa passer une grande partie des bouches inutiles : *Faudra-t-il donc*, disait-il, *que ce soit moi qui les nourrisse? Il ne faut point que Paris soit un cimetière; je ne veux point régner sur des morts.* Et encore : *Je ressemble à la vraie mère de Salomon; j'aimerais mieux n'avoir point Paris, que de l'avoir en lambeaux.* Paris ne fut délivré que par l'arrivée du prince de Parme, qui, par ses savantes manœuvres, força Henri de lever le siège, et retourna ensuite aux Pays-Bas.

Cependant le parti de la Ligue s'affaiblissait de jour en jour. Le lien de ce parti était la haine du roi : il avait préparé sa propre dissolution en assassinant Henri III. Il s'était divisé alors en deux fractions principales, celle des Guises, appuyée surtout par la noblesse et le Parlement, et celle de l'Espagne, soutenue par d'obscures démagogues. La seconde, concentrée dans les grandes villes, et sans esprit militaire, se caractérisa par la persécution des magistrats (1589-91); Mayenne la réprima (1591), mais en ôtant à la Ligue son énergie démocratique. Cependant les Guises, deux fois battus, deux fois bloqués dans Paris, ne pouvaient se soutenir sans l'appui de ces mêmes Espagnols dont ils proscrivaient les agents. Les divisions éclatèrent aux États de Paris (1593); Mayenne y fit échouer les prétentions de Philippe II, mais non pas à son profit. La Ligue, véritablement dissoute dès ce moment, perdit son prétexte par l'abjuration et surtout par l'absolution de Henri IV (1593-95), son principal point d'appui par l'entrée du roi dans la capitale (1594). Il pardonna à tout le monde, et fit, le soir même du jour de son entrée, la partie de Madame de Montpensier. Dès lors la Ligue ne fut plus que ridicule, et la *Satire Ménippée* lui porta le coup de grâce. Henri racheta son royaume pièce à pièce des mains des grands qui se le partageaient.

En 1595, la guerre civile fit place à la guerre étrangère. Le roi tourna contre les Espagnols l'ardeur militaire de la nation. Dans la mémorable année 1598, Philippe II fléchit enfin; tous ses projets avaient échoué, ses trésors étaient épuisés, sa marine presque ruinée. Il renonça à ses prétentions sur la France (2 mai), et transféra les Pays-Bas à sa fille (6 mai). Élisabeth et les Provinces-Unies s'alarmèrent de la paix de Vervins et resserrèrent leur alliance ; Henri IV avait mieux vu que rien n'était plus à craindre de Philippe II (mort le 13 septembre). Le roi de France termina les troubles intérieurs en même temps que la guerre étrangère, en accordant la tolérance religieuse et des garanties politiques aux Protestants (*Édit de Nantes*, avril).

La situation des puissances belligérantes, après ces longues guerres, présente un contraste frappant. C'est le maître des deux Indes qui est ruiné. L'épuisement de l'Espagne ne fait que s'accroître sous le règne du duc de Lerme et du comte-duc d'Olivarès, favoris de Philippe III et de Philippe IV. L'Espagne ne produisant plus de quoi acheter les métaux de l'Amérique, ils cessent de l'enrichir. De tout ce qu'on importe en

Amérique, un vingtième est manufacturé en Espagne. A Séville, les seize cents métiers qui travaillaient la laine et la soie en 1536 sont réduits à quatre cents vers 1621. Dans une même année (1609), l'Espagne chasse un million de sujets industrieux (les Maures de Valence), et se voit forcée d'accorder une trêve de douze ans aux Provinces-Unies.

Au contraire, la France, l'Angleterre et les Provinces-Unies prennent un accroissement rapide de population, de richesse et de grandeur.

Dès 1595, Philippe II, en fermant aux Hollandais le port de Lisbonne, les avait forcés de chercher aux Indes les denrées de l'Orient, et d'y fonder un empire sur les ruines de celui des Portugais. La République fut troublée au dedans par les querelles du stathouder et du syndic (Maurice d'Orange et Barnevelt), par la lutte du pouvoir militaire et de la liberté civile, du parti de la guerre et de celui de la paix (Gomaristes et Arminiens); mais le besoin de la défense nationale assura la victoire au premier de ces partis. Il en coûta la vie au vénérable Barnevelt, décapité à soixante-dix ans (1619).

A l'expiration de la *Trêve de douze ans*, ce ne fut plus une guerre civile, mais une guerre régulière, une guerre savante, une école pour tous les militaires de l'Europe. L'habileté du général des Espagnols, le célèbre Spinola, fut balancée par celle du prince Frédéric-Henri, frère et successeur de Maurice.

Cependant la France était sortie de ses ruines sous Henri IV. Malgré les faiblesses de ce grand roi, malgré même les fautes qu'un examen attentif peut faire découvrir dans son règne, il n'en mérita pas moins le titre auquel il aspirait, celui de restaurateur de la France[1]. « Il mit tous ses soins à policer, à faire fleurir ce royaume qu'il avait conquis : les troupes inutiles sont licenciées ; l'ordre dans les finances succède au plus odieux brigandage : il paye peu à peu les dettes de la couronne sans fouler les peuples. Les paysans répètent encore aujourd'hui qu'il voulait qu'*ils eussent une poule au pot tous les dimanches*, expressions triviales, mais sentiment paternel. Ce fut une chose bien admirable que, malgré l'épuisement et le brigandage, il eût, en moins de quinze ans, diminué le fardeau des tailles de quatre millions de son temps ; que tous les autres droits fussent réduits à la

---

1. « Si je voulois acquérir le titre d'orateur, disait-il dans l'Assemblée des
« notables de Rouen, j'aurois appris quelque belle harangue, et la prononce-
« rois avec assez de gravité ; mais, Messieurs, mon désir tend à des titres
« bien plus glorieux, qui sont de m'appeler libérateur et restaurateur de cet
« État : pour à quoi parvenir je vous ai assemblés. Vous sçavez à vos dépens,
« comme moi aux miens que, lorsque Dieu m'a appelé à cette couronne, j'ai
« trouvé la France, non seulement quasi ruinée, mais presque perdue pour
« les François. Par grâce divine, par les prières, par les bons conseils de
« mes serviteurs, qui ne font profession des armes ; par l'épée de ma brave
« et généreuse noblesse (de laquelle je ne distingue pas mes princes pour être
« notre plus beau titre, foy de gentilhomme) ; par mes peines et labeurs, je
« l'ai sauvée de perte. Sauvons-la à cette heure de ruine : participez, mes
« sujets, à cette seconde gloire avec moi, comme vous avez fait à la première.
« Je ne vous ai point appelez, comme fesoient mes prédécesseurs, pour vous
« faire approuver mes volontez : je vous ai fait assembler pour recevoir vos
« conseils, pour les croire, pour les suivre ; bref, pour me mettre en tutelle
« entre vos mains ; envie qui ne prend guère aux roys, aux barbes grises et
« aux victorieux. Mais le violent amour que j'apporte à mes sujets, l'extrême
« désir que j'ai d'ajouter deux beaux titres à celui de roy, me fait trouver
« tout aisé et honorable. Mon chancelier vous fera entendre plus amplement
« ma volonté. »

moitié; qu'il eût payé cent millions de dettes. Il acheta pour plus de cinquante millions de domaines; toutes les places furent réparées, les magasins, les arsenaux remplis, les grands chemins entretenus : c'est la gloire éternelle de Sully et celle du roi qui osa choisir un homme de guerre pour rétablir les finances de l'État et qui travailla avec son ministre.

« La justice est réformée, et, ce qui était beaucoup plus difficile, les deux religions vivent en paix, au moins en apparence. L'agriculture est encouragée; *le labourage et le pâturage* (disait Sully), *voilà les deux mamelles dont la France est alimentée, les vraies mines et trésors du Pérou*. Le commerce et les arts, moins protégés par Sully, furent cependant en honneur; les étoffes d'or et d'argent enrichissent Lyon et la France. Henri établit des manufactures de haute lice en laine et en soie rehaussée d'or : on commence à faire de petites glaces dans le goût de Venise. C'est à lui seul qu'on doit les vers à soie, les plantations de mûriers, malgré les oppositions de Sully. Henri fait creuser le canal de Briare, par lequel on a joint la Seine et la Loire. Paris est agrandi et embelli : il forme la Place-Royale; il restaure tous les ponts. Le faubourg Saint-Germain ne tenait point à la ville, il n'était point à la ville, il n'était point pavé : le roi se charge de tout. Il fait construire ce beau pont où les peuples regardent aujourd'hui sa statue avec tendresse. Saint-Germain, Monceaux, Fontainebleau, et surtout le Louvre, sont augmentés et presque entièrement bâtis. Il donne des logements dans le Louvre, sous cette longue galerie qui est son ouvrage, à des artistes en tout genre, qu'il encourageait souvent de ses regards comme par des récompenses. Il est enfin le vrai fondateur de la Bibliothèque royale. Quand don Pèdre de Tolède fut envoyé par Philippe III en ambassade auprès de Henri, il ne reconnut plus cette ville qu'il avait vue autrefois si malheureuse et si languissante : « *C'est qu'alors le père de la famille n'y était pas*, lui dit Henri, *et aujourd'hui qu'il a soin de ses enfants, ils prospèrent.* » (Voltaire.)

La France était devenue l'arbitre de l'Europe. Grâce à sa médiation puissante, le Pape et Venise avaient été réconciliés (1607); l'Espagne et les Provinces-Unies avaient enfin interrompu leur longue lutte (1609-1621). Henri IV allait abaisser la maison d'Autriche; si nous en croyons son ministre, il prétendait fonder une paix perpétuelle, et substituer un état légal à l'état de nature qui existe encore entre les membres de la grande famille européenne. Tout était prêt, une nombreuse armée, des approvisionnements de tout genre, la plus formidable artillerie du monde, et quarante-deux millions dans les caves de la Bastille. Un coup de poignard sauva l'Autriche. Le peuple soupçonna l'Empereur, le roi d'Espagne, la reine de France, le duc d'Épernon, les Jésuites : tous profitèrent du crime; mais il suffit, pour l'expliquer, du fanatisme qui poursuivit pendant tout son règne un prince que l'on soupçonnait d'être toujours protestant dans le cœur, et de vouloir faire triompher sa religion dans l'Europe. Le coup avait été tenté dix-sept fois avant Ravaillac.

« Le vendredi 14 du mois de may 1610, jour triste et fatal pour la France, le roy, sur les dix heures du matin, fut entendre la messe aux Feuillants ; au retour, il se retira dans son cabinet, où le duc de Vendôme, son fils naturel, qu'il aimoit fort, vint lui dire qu'un nommé La Brosse, qui faisoit profession d'astrologie, lui avoit dit que la constellation sous laquelle il étoit né le menaçoit d'un grand danger ce jour-là : ainsi, qu'il l'avertît de se bien garder. A quoi le roy répondit en riant à M. de Vendôme : « La Brosse est un vieil matois qui a envie d'avoir « de votre argent, et vous un jeune fol de le croire. « Nos jours sont comptés devant Dieu. » Et sur ce le duc de Vendôme fut avertir la reine, qui pria le roy de ne pas sortir du Louvre le reste du jour. A quoi il fit la même réponse.

« Après dîné, le roy s'est mis sur son lit pour dormir, mais ne pouvant recevoir le sommeil, il s'est levé triste, inquiet et rêveur, et a promené dans sa chambre quelque temps, et s'est jeté de rechef sur le lit. Mais ne pouvant dormir encore, il s'est levé, et a demandé à l'exempt des gardes quelle heure il étoit. L'exempt des gardes lui a répondu qu'il étoit quatre heures, et a dit : « Sire, je vois Votre Majesté triste « et toute pensive ; il vaudroit mieux prendre un peu « l'air : cela la rejouiroit. — C'est bien dit. Hé bien, « faites apprêter mon carrosse ; j'irai à l'Arsenal voir « le duc de Sully, qui est indisposé et qui se baigne « aujourd'hui. »

« Le carrosse étant prêt, il est sorti du Louvre,

accompagné du duc de Montbazon, du duc d'Espernon, du maréchal de Lavardin, Roquelaure, La Force, Mirabeau et Liancourt, premier écuyer. En même temps il chargea le sieur de Vitry, capitaine de ses gardes, d'aller au Palais faire diligenter les apprêts qui s'y faisoient pour l'entrée de la reine, et fit demeurer ses gardes au Louvre. De façon que le roy ne fut suivi que d'un petit nombre de gentilshommes à cheval, et quelques valets de pied. Le carrosse étoit malheureusement ouvert de chaque portière, parce qu'il fesoit beau temps, et que le roy vouloit voir en passant les préparatifs qu'on fesoit dans la ville. Son carrosse, entrant de la rue Saint-Honoré dans celle de la Ferronnerie, trouva d'un côté un chariot chargé de vin, et de l'autre côté un autre chargé de foin, lesquels fesoient embarras ; il fut contraint de s'arrêter, à cause que la rue est fort étroite, par les boutiques qui sont bâties contre la muraille du cimetière des Saints-Innocents.

« Dans cet embarras, une grande partie des valets de pied passa dans le cimetière pour courir plus à l'aise, et devancer le carrosse du roy au bout de ladite rue. De deux seuls valets de pied qui avoient suivi le carrosse, l'un s'avança pour détourner cet embarras, et l'autre s'abaissa pour renouer sa jarretière, lorsqu'un scélérat sorti des enfers, appelé François Ravaillac, natif d'Angoulême, qui avoit eu le temps, pendant cet embarras, de remarquer le côté où étoit le roy, monte sur la roue dudit carrosse, et d'un couteau tranchant de deux côtez, lui porte un coup entre la seconde et la troisième côte, un peu au-dessus du cœur, qui a fait que le roy s'est écrié : « Je suis blessé ! » Mais le scélérat, sans s'effrayer, a redoublé et l'a frappé d'un second coup dans le cœur, dont le roy est mort, sans avoir pu jeter qu'un grand soupir. Ce second a été suivi d'un troisième, tant le parricide étoit animé contre son roy, mais qui n'a porté que dans la manche du duc de Montbazon.

« Chose surprenante ! nul des seigneurs qui étoient dans le carrosse n'a vu frapper le roy ; et si ce monstre d'enfer eût jeté son couteau, on n'eût sçu à qui s'en prendre. Mais il s'est tenu là comme pour se faire voir, et pour se glorifier du plus grand des assassinats[1]. »

1. *L'Estoile*, t. XLVII, p. 447-450.

# CHAPITRE XI

### Révolution d'Angleterre. (1603-1649[1].)

Lorsque Jacques Ier succéda à Élisabeth, le long règne de cette princesse avait fatigué l'enthousiasme et l'obéissance de la nation. Le caractère du nouveau prince ne pouvait diminuer cette disposition. L'Angleterre vit de mauvais œil un roi écossais, entouré d'Écossais, appartenant par sa mère à la maison de Guise; du reste, plus versé dans la théologie que dans la politique[2], et pâlissant devant une épée. Tout déplaisait en lui aux Anglais, et ses imprudentes proclamations en faveur du droit divin des rois, et son projet d'unir l'Angleterre et l'Écosse, et sa tolérance envers les catholiques qui conspiraient contre

---

1. Si ce chapitre présentait quelque intérêt, il le devrait en grande partie aux ouvrages de MM. Guizot et Villemain, que nous avons extraits et souvent copiés. Nous avons puisé aussi de précieux renseignements dans celui de M. Mazure, quoique le sujet de son ouvrage soit généralement étranger à celui de ce chapitre. (*Hist. de la Révol. de* 1688.)
2. Henri IV l'appelait Maître Jacques.

lui (conspiration des poudres, 1605). D'un autre côté, l'Écosse ne voyait pas avec plus de plaisir ses tentatives pour la soumettre au culte anglican. Jacques, livré à des favoris, se mettait par sa prodigalité dans la dépendance du Parlement, en même temps qu'il l'irritait par le contraste de ses prétentions et de sa faiblesse.

La gloire d'Élisabeth avait été d'élever la nation à ses propres yeux; le malheur des Stuarts fut de l'humilier. Jacques abandonna le rôle d'adversaire de l'Espagne et de chef des Protestants en Europe. Il ne déclara la guerre à l'Espagne qu'en 1625, et malgré lui. Il fit épouser à son fils une princesse catholique (Henriette de France).

A l'avènement de Charles I<sup>er</sup> (1625), le roi et le peuple ne savaient pas eux-mêmes à quel point ils étaient déjà étrangers l'un à l'autre. Tandis que le pouvoir monarchique triomphait sur le continent, les Communes anglaises avaient acquis une importance inconciliable avec l'ancien gouvernement. L'abaissement de l'aristocratie sous les Tudors, la division des propriétés, la vente des biens ecclésiastiques, les avaient enrichies et enhardies par le sentiment de leur force. Elles cherchaient des garanties politiques. Les institutions qui pouvaient les leur donner existaient déjà; elles avaient été respectées par les Tudors, qui s'en faisaient un instrument. Mais il fallait un mobile aussi puissant que l'intérêt religieux pour rendre la vie aux institutions. La réforme presbytérienne, ennemie de la réforme anglicane, trouvait le trône entre elle et l'épiscopat. Le trône fut attaqué.

Le premier Parlement chercha à obtenir, par le retard des subsides, le redressement des griefs publics (1625). Le second en accusa l'auteur dans la personne du duc de Buckingham, favori du roi (1626). Pendant la durée de ces deux assemblées, les guerres malheureuses d'Espagne et de France ôtèrent au gouvernement ce qui lui restait de popularité. La seconde avait pourtant été entreprise pour secourir les Protestants et délivrer La Rochelle (échec de Buckingham dans l'île de Ré, 1627). Le troisième Parlement, ajournant toute contestation particulière, demanda, dans la *Pétition des droits*, une sanction explicite de ces libertés publiques, qui devaient être reconnues soixante ans après dans la *Déclaration des droits*. Charles, voyant toutes ses demandes rejetées, fit la paix avec la France et avec l'Espagne, et essaya de gouverner sans convoquer de parlement (1630-1638).

Il ne voyait plus de résistance. Son seul embarras était d'accorder les deux partis qui se disputaient le despotisme, la reine et les ministres, la cour et le conseil. Le comte de Strafford et l'archevêque Laud, qui auraient voulu gouverner au moins dans l'intérêt général du roi, furent jetés dans une foule de mesures violentes et vexatoires. On vendit le monopole de la plupart des denrées; les impôts illégaux furent soutenus par des juges serviles et des tribunaux d'exception; des amendes inouïes devinrent le châtiment de la plupart des délits. Le gouvernement, mal appuyé par la haute aristocratie, recourut au clergé anglican, qui envahit peu à peu le pouvoir civil. Les non-conformistes furent persécutés[1]. Une foule d'hommes, qui ne pouvaient plus supporter un gouvernement si odieux, passèrent en Amérique. Au moment où un ordre du conseil interdit les émigrations, huit vaisseaux prêts à partir étaient à l'ancre dans la Tamise : sur l'un étaient déjà montés Pym, Hampden et Cromwell.

L'indignation publique éclata à l'occasion du procès de Hampden : ce gentilhomme aima mieux se laisser

[1]. ... Ils furent condamnés au pilori, à perdre les oreilles, à 5.000 livres sterling d'amende, et un emprisonnement perpétuel. Le jour de l'exécution, une foule immense se pressait sur la place; le bourreau voulut l'écarter : « Ne les repoussez pas, dit l'un d'eux, nommé Burton, il faut qu'ils apprennent à souffrir » ; et le bourreau troublé n'insista point. Un jeune homme pâlit en le regardant : « Mon fils, lui dit Burton, pourquoi es-tu pâle? mon cœur n'est point faible, et si j'avais besoin de plus de force, Dieu ne m'en laisserait pas manquer. » De moment en moment la foule se serrait de plus près autour des condamnés; quelqu'un donna à Bastwick un bouquet; une abeille vint s'y poser : « Voyez, dit-il, cette pauvre abeille; sur le pilori même elle vient sucer le miel des fleurs ; et moi donc, pourquoi n'y pourrais-je pas goûter le miel de Jésus-Christ ? — Chrétiens, dit Pynne, si nous avions fait cas de notre propre liberté, nous ne serions pas ici; c'est pour votre liberté à tous que nous avons compromis la nôtre : gardez-la bien, je vous en conjure, tenez ferme, soyez fidèles à la cause de Dieu et du pays; autrement vous tomberez, vous et vos enfants, dans une éternelle servitude. » Et la place retentit de solennelles acclamations.

« Quelques mois après, les mêmes scènes se renouvelèrent autour de l'échafaud où, pour la même cause, Lilburne subit un traitement aussi cruel. L'exaltation du condamné et du peuple parut même plus ardente. Lié derrière une charrette, et fouetté par le bourreau à travers les rues de Westminster, Lilburne ne cessa d'exhorter la multitude qui se précipitait sur ses pas. Attaché au pilori, il continua de parler; on lui enjoignit de se taire, mais en vain; on le bâillonna. Tirant alors des pamphlets de ses poches, il en jeta au peuple, qui s'en saisit avidement; on lui garrotta les mains. Immobile et silencieux, la foule qui l'avait écouté demeura pour le regarder. Quelques-uns de ses juges étaient à une fenêtre, comme curieux de voir jusque où irait sa persévérance; elle lassa leur curiosité. » M. Guizot, *Rév. d'Angl.*, t. I.

mettre en prison que de payer une taxe illégale de vingt schellings. Un mois après sa condamnation, l'évêque d'Édimbourg ayant essayé d'introduire la nouvelle liturgie d'Angleterre, un tumulte affreux éclata dans la cathédrale, l'évêque fut insulté, les magistrats poursuivis. Les Écossais jurèrent un *covenant* par lequel ils s'engageaient à défendre contre tout péril le souverain, la religion, les lois et les libertés du pays. Des messagers, qui se relevaient de village en village, le portèrent dans les lieux les plus reculés du pays, comme la *croix de feu* était portée dans les montagnes pour appeler à la guerre les vassaux du même seigneur. Les covenantaires reçurent des armes et de l'argent du cardinal de Richelieu ; et l'armée anglaise ayant refusé de combattre contre ses *frères*, le roi fut obligé de se mettre à la discrétion d'un cinquième Parlement (*long Parlement*, 1640).

La nouvelle assemblée, chargée de tant de vengeances, poursuivit avec acharnement tous ceux qu'on appelait les *délinquants*, Strafford surtout, qui avait irrité la nation, moins par des crimes réels que par la violence d'un caractère impérieux. Il sollicita lui-même le roi de signer le bill de sa condamnation, et Charles eut la déplorable faiblesse d'y consentir. Le Parlement prit possession du gouvernement, dirigea l'emploi des subsides, réforma les jugements des tribunaux, et désarma l'autorité royale en proclamant sa propre indissolubilité. L'épouvantable massacre des Protestants d'Irlande donna au Parlement l'occasion de s'emparer du pouvoir militaire ;

les catholiques irlandais s'étaient partout soulevés contre les Anglais établis parmi eux, et avaient fait partout main basse sur leurs tyrans, invoquant le nom de la reine, et déployant une fausse commission du roi. Charles, poussé à bout par une menaçante remontrance, se rendit lui-même à la Chambre pour arrêter cinq membres des Communes. Il échoua dans ce coup d'État, et sortit de Londres pour commencer la guerre civile (11 janvier 1642 [1]).

Le parti du Parlement avait l'avantage de l'enthousiasme et du nombre : il avait la capitale, les grandes villes, les ports, la flotte. Le roi avait la plus grande partie de la noblesse, plus exercée aux armes que les troupes parlementaires. Dans les comtés du nord et de l'ouest, les Royalistes dominaient; les Parlementaires, dans ceux de l'est, du centre et du sud-est, les plus peuplés et les plus riches. Ces derniers comtés, contigus les uns aux autres, formaient comme une ceinture autour de Londres.

Le roi marcha bientôt sur la capitale; mais la bataille indécise de Edge-Hill sauva les Parlementaires. Ils eurent le temps de s'organiser. Le colonel Cromwell forma, dans les comtés de l'est, des escadrons de volontaires, qui opposèrent l'enthousiasme religieux aux sentiments d'honneur qui animaient les Cavaliers. Le Parlement vainquit encore à Newbury, et s'unit avec l'Écosse par un *covenant* solennel (1643).

1. La reine sollicitait un asile en France. « Faut répondre à la reine d'Angleterre, écrivit le cardinal de Richelieu au résident de France, qu'en pareille occasion, qui quitte sa place la perd. » (M. Mazure, *Pièces justificatives*.)

Les intelligences du roi avec les montagnards du nord et avec les catholiques irlandais accélérèrent cette union inattendue de deux peuples jusque-là ennemis. On assurait qu'un grand nombre de *papistes* irlandais étaient mêlés aux troupes rappelées de leur île par le roi ; que les femmes mêmes armées de longs couteaux, et sous un accoutrement sauvage, avaient été vues dans leurs rangs. Le Parlement ne voulut point recevoir les lettres de celui que le roi avait convoqué à Oxford, et poussa la guerre avec une nouvelle vigueur. L'enthousiasme avait porté quelques familles à se priver d'un repas par semaine pour en offrir au Parlement la valeur ; une ordonnance convertit cette offre en une taxe obligatoire pour tous les habitants de Londres et des environs. Le neveu du roi, le prince Robert, fut défait à Marston-Moor, après une lutte acharnée, par l'invincible obstination des *saints* de l'armée parlementaire, des cavaliers de Cromwell, qui reçurent sur le champ de bataille le surnom de *Côtes de fer ;* ils auraient pu envoyer au Parlement plus de cent drapeaux ennemis, si dans leur enthousiasme ils ne les avaient mis en pièces pour en orner leurs bonnets et leurs bras. Le roi perdit York et tout le nord. La reine se sauva en France (1644).

Ce désastre sembla un instant réparé. Le roi avait fait capituler, dans le comté de Cornouailles, le comte d'Essex, général du Parlement. Les bandes irlandaises avaient débarqué en Écosse, et Montrose, l'un des plus vaillants *Cavaliers*, ayant paru tout à coup dans leur camp, en costume de montagnard, avait gagné deux batailles, soulevé les clans du nord, et semé l'effroi jusqu'aux portes d'Édimbourg. Déjà le roi marchait sur Londres; le peuple fermait les boutiques, priait et jeûnait, lorsqu'on apprit qu'il avait été défait à Newbury (pour la seconde fois). Les Parlementaires avaient fait des prodiges : à la vue des canons qu'ils avaient perdus naguère dans le comté de Cornouailles, ils se précipitèrent sur les batteries royales, ressaisirent leurs pièces, et les ramenèrent en les embrassant avec transport.

Alors la mésintelligence éclata entre les vainqueurs. Le pouvoir échappa aux Presbytériens pour passer aux Indépendants. Ce dernier parti était un mélange d'enthousiastes, de philosophes et de libertins; mais il tirait son unité d'un principe, le droit à la liberté de croyance. Malgré leurs crimes et leurs rêveries, ce principe devait leur donner la victoire sur des adversaires moins énergiques et moins conséquents. Pendant que les Presbytériens croient préparer la paix par de vaines négociations avec le roi, les Indépendants s'emparent de la guerre. Cromwell déclare que les puissants la prolongent à dessein, et la Chambre, entraînée par le désintéressement, ou par la crainte de perdre sa popularité, décide que chacun *renoncera à soi-même*, et que les membres du Parlement n'exerceront plus aucune charge civile ni militaire.

Cromwell trouva le moyen, par de nouveaux succès, de se faire exempter de la règle commune, et les Indépendants défirent l'armée royale à Naseby, près de Northampton. Les papiers du roi trouvés après la victoire, et lus publiquement à Londres, prouvèrent que, malgré ses protestations mille fois répétées, il appelait les étrangers et particulièrement les Irlandais catholiques. En même temps, Montrose, abandonné par les montagnards qui allaient enfouir chez eux leur butin, avait été surpris et défait. Le prince Robert, jusque-là connu par son courage impétueux, avait rendu Bristol à la première sommation. Le roi erra longtemps de ville en ville, de château en château, changeant sans cesse de déguisement; il s'arrêta sur les hauteurs de Harrow, hésitant s'il ne rentrerait pas dans sa capitale, qu'il apercevait de loin. Enfin, il se retira par lassitude, plutôt que par choix, dans le camp des Écossais, où le résident de France lui faisait espérer un asile, et où il s'aperçut bientôt qu'il était prisonnier. Ses hôtes ne lui épargnèrent pas les outrages. Un ministre écossais, prêchant devant lui à Newcastle, désigna aux chants de l'assemblée le psaume LI, qui commence par ces mots : « Tyran, pourquoi te glorifies-tu dans ta « malice et te vantes-tu de tes iniquités? » Le roi, se levant tout à coup, entonna, au lieu de ce verset, le psaume LVI : « Aie pitié de moi, mon Dieu, car mes « ennemis m'ont foulé aux pieds tout le jour, et il y « en a beaucoup qui me font la guerre; » et, d'un commun élan, toute l'assistance se joignit à lui. Cependant les Écossais, désespérant de lui faire accepter le *Covenant*, le livrèrent aux Anglais, qui offraient de leur payer les frais de la guerre.

Le malheureux prince ne fut plus qu'un instrument que se disputèrent les Indépendants et les Presbytériens, jusqu'à ce qu'ils le brisassent. La mésintelligence était au comble entre l'armée et la Chambre. On enleva le roi du lieu où le gardaient les commissaires du Parlement, et, sans prendre l'ordre du général en chef, Fairfax, Cromwell le fit amener à l'armée [1].

Cependant une réaction avait lieu en faveur du roi. Des bandes de bourgeois et d'apprentis, d'officiers réformés, de mariniers, forcèrent les portes de Westminster, et contraignirent la Chambre à voter le retour du roi. Mais soixante membres se réfugièrent à l'armée, qui marcha sur Londres. Son entrée dans la capitale fut le triomphe des Indépendants. Cromwell, voyant les Presbytériens éclipsés, ayant peur de son propre parti, hésita un instant s'il ne travaillerait point au rétablissement du roi. Mais voyant bien qu'il n'y

---

1. Cromwell, solennellement accusé dans la Chambre des Communes, tomba à genoux, fondant en larmes, avec une véhémence de paroles, de sanglots et de gestes qui saisit d'émotion ou de surprise tous les assistants : il se répandit en pieuses invocations, en ferventes prières, appelant sur sa tête, si quelque homme dans tout le royaume était plus que lui fidèle à la Chambre, toutes les condamnations du Seigneur. Puis, se relevant, il parla plus de deux heures du Parlement, du roi, de l'armée, de ses ennemis, de ses amis, de lui-même, abordant et mêlant toutes choses, humble et audacieux, verbeux et passionné, répétant surtout à la Chambre qu'on l'inquiétait à tort, qu'on le compromettait sans motif, que, sauf quelques hommes dont les regards se tournaient vers la terre d'Égypte, officiers et soldats, tous lui étaient dévoués et faciles à retenir sous sa loi. Tel fut enfin son succès que, lorsqu'il se rassit, l'ascendant avait passé à ses amis, et que, « s'ils l'eussent voulu, disait trente ans après Grimstone lui-même, la Chambre nous eût envoyés à la Tour, mes officiers et moi, comme calomniateurs. » (Guizot.)

avait pas moyen de se fier à lui, il commença à viser plus haut[1], et songea à soustraire le roi à l'armée, comme il l'avait enlevé au Parlement. Charles, épouvanté par des avis menaçants, s'échappa, et passa dans l'île de Wight, où il se trouva à la disposition de Cromwell.

La ruine du roi fut le sceau de sa réconciliation avec les républicains. Il avait été forcé de réprimer dans l'armée la faction anarchique des *Niveleurs;* il avait saisi un d'entre eux au milieu d'un régiment, et l'avait fait sur-le-champ condamner et exécuter en présence de l'armée; mais il n'avait garde de se brouiller pour toujours avec un parti si énergique.

Il les regagna en battant les Écossais, dont l'armée venait seconder la réaction en faveur du roi. Le

---

1. Cromwell provoqua une conférence entre quelques meneurs politiques, la plupart officiers généraux comme lui, et les républicains : il fallait bien, dit-il, qu'ils cherchassent de concert quel gouvernement convenait le mieux à l'Angleterre, puisque maintenant c'était à eux de le régler; mais, au fond, il voulait surtout savoir lesquels, parmi eux, seraient intraitables, et ce qu'il en devait attendre ou redouter. Ludlow, Vane, Hutchinson, Sidney, Haslerig, se déclarèrent hautement, repoussant toute idée de monarchie, comme condamnée par la Bible, la raison et l'expérience. Les généraux furent plus réservés; à leur avis, la république était désirable, mais d'un succès douteux : il valait mieux ne se point engager, consulter l'état des affaires, le besoin des temps, obéir chaque jour aux directions de la Providence. Les républicains insistèrent pour qu'on s'expliquât sans détour : la discussion s'échauffait; Ludlow, entre autres, pressait vivement Cromwell de se prononcer, car ils voulaient, disait-il, connaître leurs amis; Cromwell éludait, ricanait et, poussé de plus en plus, se tirant enfin d'embarras par une bouffonnerie, il gagna la porte de la chambre et sortit brusquement en jetant à la tête de Ludlow un coussin, que celui-ci lui envoya sur-le-champ avec plus d'humeur. (Guizot, t. II, p. 311.) — Ludlow comprit plus tard, en voyant agir Cromwell, que, dès l'époque de cette conversation, il méditait la tyrannie, et *qu'il avait cherché à lui tâter le pouls.*

Parlement d'Angleterre, effrayé d'une victoire si prompte, qui devait tourner au profit des Indépendants, se hâta de négocier de nouveau avec le roi. Pendant que Charles dispute avec les députés du Parlement et repousse avec loyauté les moyens d'évasion que ses serviteurs lui préparent, l'armée le fait enlever de l'île de Wight et *purge* le Parlement. Le colonel Pride, la liste des membres proscrits à la main, occupe la porte des Communes à la tête de deux régiments, et repousse outrageusement ceux qui persistent à réclamer leur droit. Dès lors le parti des Indépendants fut le maître, l'enthousiasme des fanatiques monta au comble [1]. Le roi fut soumis au jugement d'une commission présidée par John Bradshaw, cousin de Milton [2]. Malgré l'opposition de plusieurs membres, et entre autres du jeune et vertueux Sidney, malgré la récusation de Charles, qui soutint

---

1. Hugh Peters, chapelain de Fairfax, disait aux généraux, en prêchant devant les débris des deux Chambres : « Comme Moïse, vous êtes destinés à « tirer le peuple de la servitude de l'Égypte ; comment s'accomplira ce des- « sein? c'est ce qui ne m'a pas encore été révélé. » Il mit sa tête dans ses mains, se baissa sur un coussin placé devant lui, et se relevant tout à coup : « Voici, voici maintenant la révélation! je vais vous en faire part : cette « armée extirpera la monarchie, non seulement ici, mais en France et dans « tous les autres royaumes qui nous entourent; c'est par là qu'elle vous tirera « d'Égypte. » (Guizot.)

2. La première fois qu'on parla de l'accusation du roi dans la Chambre des Communes, Cromwell se leva et dit que, si quelqu'un avait fait une telle proposition de dessein prémédité, il le regarderait comme un traître ; mais que, puisque la Providence les avait conduits elle-même jusque-là, il priait Dieu de bénir leurs conseils. « Dernièrement, dit-il, comme je me disposais à « présenter une demande pour le rétablissement du roi, j'ai senti ma langue « se coller à ma bouche, et j'ai cru voir, dans cette impression surnaturelle, « une réponse que le ciel, qui a rejeté le roi, envoyait à mes prières. » — L'armée laissa au Parlement cette sale et hideuse besogne. (Whitelocke.)

que les Communes ne pouvaient exercer une autorité parlementaire sans le concours du roi et des Lords, malgré l'intervention des commissaires écossais et des ambassadeurs des États généraux, le roi fut condamné à mort. Au moment où le juge prononçait le nom de *Charles Stuart, amené pour répondre à une accusation de trahison et autres grands crimes présentés contre lui au nom du peuple d'Angleterre...* « *Pas de la moitié du peuple*, s'écrie une voix : *Où est le peuple ? Où est son consentement ? Olivier Cromwell est un traître.* »

L'assemblée entière tressaillit : tous les regards se tournèrent vers la galerie : « *A bas les femmes !* s'écria le colonel Axtell : *Soldats, feu sur elles !* » On reconnut lady Fairfax.

Avant, après la sentence, on refusa d'entendre le roi ; on l'entraîna au milieu de l'outrage des soldats et des cris : *Justice ! exécution !* Quand il fallut signer l'ordre du supplice, on eut grand'peine à rassembler les commissaires. Cromwell, presque seul, gai, bruyant, hardi, se livrait aux plus grossiers accès de sa bouffonnerie accoutumée ; après avoir signé le troisième, il barbouilla d'encre le visage de Henry Martyn, assis près de lui, et qui le lui rendit à l'instant. Le colonel Ingoldsby, son cousin, inscrit au nombre des juges, mais qui n'avait point siégé à la cour, entra par hasard dans la salle : « Pour cette fois, s'écria Cromwell, il ne nous échappera pas ; » et s'emparant aussitôt d'Ingoldsby, avec de grands éclats de rire, aidé de quelques membres qui se trouvaient là, il lui mit la plume entre les doigts, et, lui conduisant la main, le contraignit de signer. On recueillit enfin cinquante-neuf signatures, plusieurs noms tellement griffonnés, soit par trouble, soit à dessein, qu'il était presque impossible de les distinguer.

L'échafaud avait été dressé contre une fenêtre de White-Hall. Le roi, après avoir béni ses enfants, y marcha la tête haute, le pas ferme, dépassant les soldats qui le conduisaient. Beaucoup de gens trempèrent leurs mouchoirs dans son sang. Cromwell voulut voir le corps déjà enfermé dans le cercueil, le considéra attentivement, et, soulevant de ses mains la tête comme pour s'assurer qu'elle était bien séparée du tronc : « C'était là un corps bien constitué, dit-il, et qui promettait une longue vie. »

La Chambre des Lords fut abolie deux jours après. Un grand sceau fut gravé avec cet exergue : *L'an $I^{er}$ de la liberté restaurée par la bénédiction de Dieu.* 1648 [1].

---

1. Vieux style. Cette date répond au 9 février 1649.

## CHAPITRE XII

*Guerre de Trente-Ans. (1618-1648[1].)*

La Guerre de Trente-Ans est la dernière lutte soutenue par la Réforme. Cette guerre, indéterminée dans sa marche et dans son objet, se compose de quatre guerres distinctes, où l'Électeur Palatin, le Danemarck, la Suède et la France, jouent successivement le principal rôle. Elle se complique de plus en plus, jusqu'à ce qu'elle ait embrassé l'Europe entière. — Plusieurs causes la prolongent indéfiniment] : 1° l'étroite union des deux branches de la maison d'Autriche et du parti catholique; le parti contraire n'est point homogène ; 2° l'inaction de l'Angleterre, l'intervention tardive de la France, la faiblesse matérielle du Danemarck et de la Suède, etc.

Les armées qui font la Guerre de Trente-Ans ne

---

1. Pour connaître la situation de l'Europe avant la Guerre de Trente-Ans, on peut consulter les pages 251, 255 et 262 de ce *Précis*, et étudier les XIV°, XV° et XVI° de nos *Tableaux synchroniques*.

sont plus des milices féodales, ce sont des armées permanentes, mais que leurs souverains ne peuvent entretenir (Voyez plus haut les armées de Charles-Quint dans les guerres d'Italie). Elles vivent aux dépens du pays et le ruinent. Le paysan ruiné se fait soldat et se vend au premier venu. La guerre, se prolongeant, forme ainsi des armées sans patrie, une force militaire immense, qui flotte dans l'Allemagne, et encourage les projets les plus gigantesques des princes et même des particuliers.

L'Allemagne redevient le centre de la politique européenne. La première lutte de la Réforme contre la maison d'Autriche s'y renouvelle après soixante ans d'interruption. Toutes les puissances y prennent part.

L'Europe semble devoir être bouleversée ; cependant on n'aperçoit qu'un changement important : la France a succédé à la suprématie de la maison d'Autriche ; mais l'influence de la Réforme n'est plus sensible désormais, et le traité de Westphalie commence un nouveau monde.

Soit crainte des Turcs, soit modération personnelle des princes, la branche allemande de la maison d'Autriche suivit, dans la seconde moitié du seizième siècle, une politique tout opposée à celle de Philippe II. La tolérance de FERDINAND I<sup>er</sup> et de MAXIMILIEN II favorisa les progrès du protestantisme dans l'Autriche, dans la Bohême et dans la Hongrie ; on soupçonna même Maximilien d'être protestant dans le cœur (1555-1576). Le faible Rodolphe II, qui lui succéda, n'eut ni sa modération ni son habileté. Pendant qu'il s'enfermait avec Tycho-Brahé pour étudier l'astrologie et l'alchimie, les Protestants de Hongrie, de Bohême et d'Autriche faisaient cause commune. L'archiduc Mathias, frère de Rodolphe, les favorisa et força l'Empereur de lui céder l'Autriche et la Hongrie (1607-1609).

L'Empire n'était pas moins agité que les États héréditaires de la maison d'Autriche. Aix-la-Chapelle et Donawerth, où les Protestants s'étaient rendus les maîtres, furent mises au ban de l'Empire. L'Électeur-archevêque de Cologne, qui voulait séculariser ses États, fut dépossédé. L'ouverture de la succession de Clèves et de Juliers compliqua encore la situation de l'Allemagne. Des princes protestants et catholiques, l'Électeur de Brandebourg, le duc de Neubourg, le duc de Deux-Ponts et d'autres encore y prétendaient également. L'Empire se partagea en deux ligues. Henri IV, qui favorisait les Protestants, allait entrer en Allemagne et profiter de cet état des esprits pour abaisser la maison d'Autriche, lorsqu'il fut assassiné (1610). Pour être différée, la Guerre de Trente-Ans n'en devait être que plus terrible.

Mathias, après avoir forcé Rodolphe de lui céder la Bohême, lui succéda dans l'Empire (1612-19), mais aussi dans tous les embarras de sa position. Les Espagnols et les Hollandais envahissent les duchés de Clèves et de Juliers. Les Bohémiens, dirigés par le comte de Turn, se soulevèrent pour la défense de leur religion.

Turn, à la tête d'une partie des États, se rend dans la salle du conseil, et précipite les quatre *gouverneurs* dans les fossés du château de Prague (1618). Les Bohémiens prétendirent que c'était une *coutume antique de leur pays* de jeter par la fenêtre les ministres prévaricateurs. Ils levèrent des troupes, et, ne voulant point reconnaître pour le successeur de Mathias l'élève des Jésuites, Ferdinand II, ils donnèrent la couronne à Frédéric V, Électeur palatin, gendre du roi d'Angleterre et neveu du stathouder de Hollande (*Période palatine de la Guerre de Trente-Ans*, 1619-1623). En même temps les Hongrois élurent roi le waywode de Transylvanie, Bethlem Gabor. Ferdinand, un instant assiégé dans Vienne par les Bohémiens, fut soutenu par le duc de Bavière, par la ligue catholique d'Allemagne, par les Espagnols. Frédéric, qui était calviniste, fut abandonné de l'*Union* luthérienne : Jacques Ier, son beau-père, se contenta de négocier pour lui. Attaqué dans la capitale même de la Bohême, il perdit la bataille de Prague par sa négligence ou sa lâcheté. Il dînait tranquillement dans le château pendant qu'on mourait pour lui dans la plaine (1621). Malgré la valeur de Mansfeld et d'autres partisans qui ravageaient l'Allemagne en son nom, il fut encore chassé du Palatinat; l'union protestante fut dissoute et la dignité électorale transférée au duc de Bavière.

(*Période danoise*, 1625-1629). Les États de la Basse-Saxe, menacés d'une restitution prochaine des biens ecclésiastiques, appelèrent au secours de l'Allemagne les princes du Nord qui leur étaient unis par l'intérêt de la religion. Le jeune roi de Suède, Gustave-Adolphe, était alors occupé par une guerre glorieuse contre la Pologne, alliée de l'Autriche. Le roi de Danemarck, Christian IV, prit leur défense. A l'approche de cette guerre nouvelle, Ferdinand II souhaitait ne pas dépendre de la ligue catholique, dont le duc de Bavière était le chef, et dont le célèbre Tilly commandait les troupes. Le comte de Waldstein [1], officier de l'Empereur, offrit de lui former une armée, pourvu qu'il lui fût permis de la porter à cinquante mille hommes. Il tint parole. Tous les aventuriers qui voulaient vivre du pillage accoururent autour de lui, et il fit également la loi aux amis et aux ennemis de l'Empereur. Christian IV est défait à Lutter. Waldstein soumet la Poméranie, reçoit de l'Empereur les États des deux ducs de Mecklembourg et le titre de *général de la Baltique*. Sans un secours que les Suédois jetèrent dans la place, il prenait la puissante ville de Stralsund (1628). Tout le Nord tremblait. L'Empereur, pour diviser ses ennemis, accorda au Danemarck une paix humiliante (1629). Il ordonna aux Protestants la restitution de tous les biens sécularisés depuis 1555. Alors l'armée de Waldstein retomba sur l'Allemagne et la foula à plaisir : plusieurs États furent frappés de contributions énormes ; la détresse des habitants fut portée au comble ; quelques-uns déterraient les cadavres pour assouvir leur faim ; on trouvait des morts ayant la bouche encore pleine d'herbes crues.

---

[1] Il signait Waldstein et non point Wallenstein.

Le salut vint de la Suède et de la France. Le cardinal de Richelieu dégagea les Suédois en leur ménageant une trêve avec la Pologne. Il désarma l'Empereur en lui persuadant qu'il ne pouvait faire élire son fils roi des Romains, s'il ne sacrifiait Waldstein au ressentiment de l'Allemagne. Et dès qu'il se fut ainsi privé de son meilleur général, Gustave-Adolphe fondit dans l'Empire (1630). Ferdinand s'effraya peu d'abord; il disait que *ce roi de neige* allait fondre en avançant vers le midi. On ne savait pas encore ce que c'était que ces hommes de fer, cette armée héroïque et pieuse, en comparaison des troupes mercenaires de l'Allemagne. Peu après l'arrivée de Gustave-Adolphe, Torquato Conti, général de l'Empereur, lui demandant une trêve à cause des grands froids, Gustave répondit *que les Suédois ne connaissaient point d'hiver*. Le génie du conquérant déconcerta la routine allemande par une tactique impétueuse qui sacrifiait tout à la rapidité des mouvements, qui prodiguait les hommes pour abréger la guerre. Se rendre maître des places fortes en suivant le cours des fleuves, assurer la Suède en fermant la Baltique aux Impériaux, leur enlever tous leurs alliés, cerner l'Autriche avant de l'attaquer, tel fut le plan de Gustave. S'il eût marché droit à Vienne, il n'apparaissait dans l'Allemagne que comme un conquérant étranger; en chassant les Impériaux des États du nord et de l'occident qu'ils écrasaient, il se présentait comme un champion de l'Empire contre l'Empereur. Tilly, qui lui fut d'abord opposé, n'arrêta point le torrent ; il ne fit qu'attirer sur les armes impériales l'exécration de l'Europe par la destruction de Magdebourg. La Saxe, le Brandebourg, qui auraient voulu rester neutres, sont entraînés dans l'alliance de Gustave par la rapidité de ses succès. Il défait Tilly à la sanglante bataille de Leipsick (1631). Tandis que les Saxons se préparent à attaquer la Bohême, il bat le duc de Lorraine, pénètre en Alsace, et soumet les Électorats de Trèves, de Mayence et du Rhin, auxquels Richelieu aurait voulu permettre la neutralité ; mais il fallait à Gustave des amis ou des ennemis. Enfin, la Bavière est envahie en même temps que la Bohême ; Tilly meurt en défendant le Lech ; l'Autriche est découverte de tous côtés.

Il fallut bien alors que Ferdinand recourût à cet orgueilleux Waldstein, qu'il avait chassé. Longtemps il vit comme à ses pieds l'Empereur et les catholiques : il se trouvait, disait-il, trop heureux dans la retraite. On ne put vaincre cette modération philosophique qu'en lui donnant dans l'Empire un pouvoir à peu près égal à celui de l'Empereur.

A ce prix, il sauva la Bohême et marcha sur Nuremberg, pour arrêter les armes de Gustave. Ce fut alors un grand étonnement dans l'Europe, lorsque l'on vit pendant trois mois ces deux hommes invincibles camper en face l'un de l'autre sans profiter d'une occasion tant attendue. Waldstein se mit enfin en mouvement, et fut rejoint près de Lutzen par le roi de Suède. Gustave attaqua, voulant défendre l'Électeur de Saxe. Après plusieurs charges, le roi, trompé par le brouillard, se jeta devant les rangs ennemis et tomba frappé de deux balles. Le duc de Saxe-Lauenbourg, qui passa ensuite aux Impériaux, se trouvait derrière lui au moment fatal et fut accusé de sa mort. L'on envoya à Vienne le justaucorps de buffle que portait le héros suédois (1632). L'Europe pleura Gustave ; mais pourquoi ? Peut-être mourut-il à temps pour sa gloire. Il avait sauvé l'Allemagne et n'avait pas eu le temps de l'opprimer. Il n'avait point rendu le Palatinat à l'Électeur dépouillé ; il destinait Mayence à son chancelier Oxenstierna ; il avait témoigné du goût pour la résidence d'Augsbourg, qui serait devenue le siège d'un nouvel empire.

Pendant que l'habile Oxenstierna continuait la guerre et se faisait déclarer à Heilbron chef de la ligue des cercles de Franconie, de Souabe et du Rhin, Waldstein restait en Bohême dans une formidable inaction. C'était pour lui que Gustave semblait avoir travaillé en abattant par toute l'Allemagne le parti impérial. Il l'avait servi et par ses victoires et par sa mort. « L'Allemagne, avait dit Waldstein, *ne peut contenir deux hommes comme nous.* » Depuis la mort de Gustave, il était seul. Enfermé dans son palais de Prague, avec un train royal, entouré d'une foule d'aventuriers qui s'étaient donnés à sa fortune, il épiait l'occasion. Cet homme terrible qu'on voyait peu, qui ne riait jamais, qui ne parlait à ses soldats que pour faire leur fortune ou prononcer leur mort, était l'attente de l'Europe. Le roi de France l'appelait *son cousin*, et Richelieu l'engageait à se faire roi de

Bohême. Il était temps que l'Empereur prît une décision ; il prit celle de Henri III pour le duc de Guise. Waldstein fut assassiné à Égra, et Ferdinand, se souvenant des services qu'il lui avait autrefois rendus, fit dire trois mille messes pour le repos de son âme (1634).

Cependant l'Électeur de Saxe avait fait sa paix avec l'Empereur. Les Suédois n'étaient pas assez forts pour tenir seuls en Allemagne. Il fallut que la France descendît à son tour sur le champ de bataille.

(*Période française*, 1635-1648.) — Richelieu, qui la gouvernait alors, l'avait trouvée livrée à l'influence espagnole, troublée par les princes et les grands, par la mère du roi, par les protestants (gouvernement de Marie de Médicis, 1610-1617 ; du favori de Luynes, 1617-1621). Ce grand ministre avait repris contre ceux-ci le système de Henri IV, avec cet avantage qu'aucun engagement antérieur, aucun motif de reconnaissance ne l'obligeait d'avoir pour eux de dangereux ménagements. Il leur avait pris La Rochelle en jetant dans la mer une digue de huit cents toises, comme autrefois Alexandre au siège de Tyr ; les avait vaincus, désarmés, et pourtant rassurés par une politique magnanime (1627-28). Puis, il s'était tourné contre les grands, avait chassé de France la mère et le frère du roi, et fait tomber sur l'échafaud la tête d'un Marillac et d'un Montmorency (1630-32). Il avait ses prisons à lui dans sa maison de Ruel ; il y faisait condamner ses ennemis, sauf à se moquer ensuite des juges. Il ne lui restait qu'à honorer ces victoires odieuses sur les ennemis intérieurs par des conquêtes sur l'étranger (1635).

D'abord il achète Bernard de Weimar, le meilleur élève de Gustave-Adolphe, avec son armée. Il s'allie aux Hollandais pour partager les Pays-Bas espagnols, tandis qu'à l'autre bout de la France il reprendra le Roussillon ; l'alliance du duc de Savoie lui assure les passages de l'Italie. Entamée du côté des Pays-Bas, la France gagna en Italie plus de gloire que d'avantage réel. Mais les Hollandais, ses alliés, détruisirent la marine espagnole à la bataille des Dunes (1639). Bernard de Weimar prit les quatre villes forestières, Fribourg et Brisach, sous les murs desquels il remporta quatre victoires. Il oubliait que la France lui avait acheté d'avance ses conquêtes. Il allait se rendre indépendant, lorsqu'il mourut, aussi à propos pour Richelieu que Waldstein pour Ferdinand.

Tout devint favorable aux Français du moment que le soulèvement de la Catalogne et du Portugal réduisit l'Espagne à une guerre défensive (1640). La maison de Bragance monta sur le trône de Portugal aux applaudissements de l'Europe. Les Français, vainqueurs en Italie, prirent aux Pays-Bas Arras et Thionville. Le grand Condé gagna la bataille de Rocroy cinq jours après l'avènement de Louis XIV ; heureux présage de ce grand règne, qui rassura la France après la mort de Richelieu et de Louis XIII.

La guerre avait alors changé de caractère pour la seconde fois. Au fanatisme de Tilly et de son maître Ferdinand II, au génie révolutionnaire des Waldstein et des Weimar, avaient succédé d'habiles tacticiens, un Piccolomini, un Mercy, généraux de l'Empereur, et les élèves de Gustave-Adolphe, Banner, Torstenson, Wrangel. La guerre étant un métier pour tant de gens, la paix devenait de plus en plus difficile. La France, tout occupée de couvrir ses conquêtes de Lorraine et d'Alsace, refusait de se joindre aux Suédois pour accabler la maison d'Autriche. Torstenson crut un instant vaincre sans le secours des Français. Ce général paralytique, qui étonnait l'Europe par la rapidité de ses manœuvres, avait renouvelé à Leipsick la gloire de Gustave-Adolphe (1642); il avait frappé dans les Danois les amis secrets de l'Empereur; l'alliance du Transylvain lui permettait de pénétrer en Autriche (1645). La défection du Transylvain et la mort de Torstenson sauvèrent l'Empereur.

Cependant, des négociations étaient ouvertes depuis 1636, l'avènement de Ferdinand III à l'Empire semblait devoir les favoriser (1637). Quoique la médiation du Pape, de Venise, des rois de Danemarck, de Pologne et d'Angleterre eût été rejetée, les préliminaires de paix furent signés en 1642. La mort de Richelieu releva l'espoir de la maison d'Autriche, et recula la paix. Il fallut les victoires de Condé à Fribourg, à Nordlingen et à Lens (1644-45-48), celle de Turenne et des Suédois à Sommershausen, enfin la prise de la petite Prague par Wrangel (1648), pour décider l'Empereur à signer le traité de Westphalie. La guerre ne continua qu'entre l'Espagne, la France et le Portugal. Principaux articles : 1° La paix d'Augsbourg (1555) est confirmée et étendue aux calvinistes ; 2° la souveraineté des divers États de l'Allemagne dans l'étendue de leur territoire est sanctionnée, ainsi que leurs droits aux diètes générales de l'Empire ; ces droits sont garantis, *à l'intérieur*, par la composition de la Chambre impériale et du Conseil aulique, où les Protestants et les Catholiques entrent désormais en nombre égal ; *à l'extérieur*, par la médiation de la France et de la Suède ; 3° indemnités adjugées à plusieurs États : pour les former, un grand nombre de biens ecclésiastiques sont sécularisés ; la *France* obtient l'Alsace, les Trois-Évêchés, Philippsbourg et Pignerol, les clés de l'Allemagne et du Piémont ; la *Suède*, une partie de la Poméranie, Brême, Werden, Wismar, etc., trois voix aux diètes de l'Empire et cinq millions d'écus ; l'*Électeur de Brandebourg*, Magdebourg, Halberstadt, etc.; la *Saxe*, le *Mecklembourg* et *Hesse-Cassel* sont aussi indemnisés ; 4° le fils de Frédéric V recouvre le bas Palatinat du Rhin (le haut Palatinat demeure à la Bavière) ; une huitième dignité électorale est créée en sa faveur ; 5° les Provinces-Unies sont reconnues indépendantes de l'Espagne ; les Provinces-Unies et les Cantons suisses, de l'Empire germanique.

# CHAPITRE XIII

L'Orient et le Nord au seizième siècle.

§ 1. — *Turquie, Hongrie.* (1566-1648.)

Le règne de Soliman-le-Magnifique avait été l'apogée de la grandeur ottomane. Sous lui, les Turcs ne furent pas moins redoutables sur terre que sur mer ; ils entrèrent dans le système de l'Europe par leur alliance avec la France contre la maison d'Autriche. Soliman essaya de donner une législation à ses peuples ; il réunit les maximes et ordonnances de ses prédécesseurs, remplissant les lacunes et fixant la hiérarchie civile. Il embellit Constantinople en rétablissant l'ancien aqueduc, dont l'eau se partage en huit cents fontaines ; il fonda la mosquée Souleimanieh, qui renferme quatre collèges, un hospice pour les pauvres, un hôpital pour les malades, une bibliothèque de deux mille manuscrits. La langue turque s'ennoblit par le mélange de l'arabe·et du persan ;

Soliman lui-même faisait des vers en ces langues. Dans sa vieillesse, le sultan fut entièrement gouverné par Rouschen (Roxelane), qu'il avait épousée, et qui lui fit mettre à mort ses enfants d'un premier lit. L'empire, épuisé par tant de guerres, sembla vieillir avec lui sous l'influence d'un gouvernement de sérail, Soliman en prépara la décadence en ôtant le commandement des armées aux membres de la famille impériale.

Sous son indolent successeur, Sélim II (1566-74), les Turcs enlevèrent Chypre aux Vénitiens, mal secondés par l'Espagne; mais ils furent défaits dans le golfe de Lépante par les flottes combinées de Philippe II, de Venise et du Pape, sous les ordres de D. Juan d'Autriche. Depuis cet échec, les Turcs avouèrent que Dieu, qui leur avait donné l'empire de la terre, avait laissé celui de la mer aux infidèles.

Sous Amurat III, Mahomet III et Achmet I$^{er}$ (1574-1617), les Turcs soutinrent, avec des succès divers, de longues guerres contre les Persans et les Hongrois. Les Janissaires, qui avaient troublé de leurs révoltes les règnes de ces princes, mirent à mort leurs successeurs Mustapha et Othman (1617-23). L'empire se releva sous Amurat IV l'intrépide, qui occupa au dehors l'esprit turbulent des Janissaires, prit Bagdad et intervint dans les troubles de l'Inde. Sous l'imbécile Ibrahim (1645-1649), les Turcs, suivant toujours l'impulsion donnée par Amurat, enlevèrent Candie aux Vénitiens.

*Hongrie.* — Ce royaume était partagé entre la

maison d'Autriche et les Turcs, depuis 1562. De ce partage résultait une guerre continuelle. La suzeraineté de la Transylvanie était une autre cause de guerre entre l'Autriche et la Porte. — Dans l'intérieur, la Hongrie n'était pas plus tranquille. Les princes autrichiens, espérant augmenter leur pouvoir en ramenant la Hongrie à une croyance uniforme, persécutaient les Protestants et violaient les privilèges de la nation. Les Hongrois se soulevèrent sous Rodolphe II, Ferdinand II et Ferdinand III; les princes de Transylvanie, Étienne Botschkaï, Bethlem Gabor, Georges Ragotzy, se donnèrent successivement pour chefs aux mécontents. Par les pacifications de Vienne (1606) et de Lintz (1645), par les décrets des diètes d'Œdembourg (1622) et de Presbourg (1647), les rois de Hongrie furent forcés d'accorder l'exercice public de la religion protestante et de respecter les privilèges nationaux.

§ 2. — *Pologne, Prusse, Russie.* (1505-1648.)

La Pologne prévaut sur l'Ordre Teutonique, puissance allemande avancée hors de l'Allemagne au milieu des États slaves, et mal soutenue par l'Empire; mais, en récompense, elle néglige de protéger les Bohémiens et les Hongrois dans leurs révoltes contre l'Autriche.

Les deux grands peuples d'origine slave avaient de fréquents rapports entre eux, mais en avaient peu avec les États scandinaves, avant que les révolutions de la Livonie les engageassent dans une guerre commune, vers le milieu du seizième siècle. La Livonie devint alors, pour le Nord de l'Europe, ce qu'avait été le Milanais pour les États du Midi.

*État de la Pologne et de la Russie dans la première moitié du seizième siècle.* — Avènement de WASILI IV *Iwanowitch* (1505), et de SIGISMOND Ier (1506). Le faible Wasili eut l'imprudence de rompre avec les Tartares[1] de la Crimée, qui avaient servi si utilement Iwan III : il acheva l'assujettissement de Plescow, enleva Smolensk aux Lithuaniens, mais il fut battu par eux la même année (1514). Il s'allia avec l'Ordre Teutonique contre les Polonais, sans pouvoir empêcher la Prusse de se soumettre à la Pologne. Le grand-maître Albert de Brandebourg embrassa le luthéranisme (1525), sécularisa la Prusse teutonique, et la reçut en fief de Sigismond Ier.

1533. Avènement d'Iwan IV *Wasiliewitch*, en Russie; 1548, de SIGISMOND II, dit Auguste, en Pologne.

Pendant la minorité d'Iwan IV, le pouvoir passe des mains de la régente Hélène à plusieurs grands, qui se supplantent tour à tour. — 1547. Sous l'influence de la czarine Anastasie, Ivan IV modéra d'abord la violence de son caractère. Il compléta

---

1. Nous avons suivi l'orthographe préférée de M. Abel Rémusat. Voy. la Préface des *Recherches sur les langues tartares.*

l'abaissement des Tartares par la réunion définitive de Kazan et par la conquête d'Astrakan (1552-1554).

1558-1583. *Guerre de Livonie.* — L'Ordre des Chevaliers Porte-Glaive, vainqueur des Russes en 1502, fut indépendant de l'Ordre Teutonique depuis 1521. Mais vers cette époque, toutes les puissances du Nord élevèrent des prétentions sur la Livonie. Iwan IV l'ayant envahie en 1558, le grand-maître, Gotthar Kettler, aima mieux la réunir à la Pologne par le traité de Wilna (1561), en se créant lui-même duc de Courlande. Le roi de Danemarck, Frédéric II, maître de l'île d'Œsel et de quelques districts, et le roi de Suède, Éric XIV, appelé par la ville de Revel et par la noblesse d'Esthonie, prirent part à la guerre, qui se poursuivit sur terre et sur mer.

Le Czar rencontra deux obstacles dans ses projets de conquêtes : la jalousie des Russes contre les étrangers, qu'il leur préférait, et la crainte que sa cruauté inspirait aux Livoniens. Il écrasa tout ce qui pouvait résister parmi ses sujets dans la bourgeoisie commerçante et dans la noblesse (1570), et envahit ensuite la Livonie au nom d'un frère du roi de Danemarck (1575). Mais la Pologne et la Suède s'unirent contre le Czar, qui fit la paix avec la Pologne, en lui abandonnant la Livonie, et conclut une trêve avec la Suède, qui resta en possession de la Carélie (1582-83). Il mourut en 1584.

[Code d'Iwan IV, 1550, présentant un système de toutes les anciennes lois. Justice gratuite. Tous les possesseurs de terre assujettis au service militaire. Établissement d'une solde. Institution de la milice permanente des Strélitz. — Commerce avec la Tartarie, la Turquie et la Lithuanie. Les guerres avec la Livonie et la Lithuanie fermant aux Russes la Baltique, ils ne communiquent plus avec le reste de l'Europe qu'en tournant la Suède par les mers du Nord. 1555, l'Anglais Chancellor, envoyé par la reine Marie pour trouver un passage aux Indes par le Nord, aborde au lieu où l'on fonda depuis Archangel. Commerce régulier entre la Russie et l'Angleterre jusqu'aux guerres civiles de la Russie, 1605. — 1577-81, découverte de la Sibérie.

La dynastie des Jagellons s'éteignit, en 1572, par la mort de Sigismond-Auguste; celle de Rurik, en 1598, par la mort du czar Fédor I$^{er}$, fils et successeur d'Iwan IV. De ces deux événements résultèrent, médiatement ou immédiatement, deux guerres longues et sanglantes, qui mirent aux prises toutes les puissances du Nord; l'une eut pour objet la succession de Suède, l'autre celle de Russie. La première, qui dura soixante-sept ans (1593-1660), fut interrompue deux fois d'abord par la seconde (1609-1619), ensuite par la Guerre de Trente-Ans (1629-1655).

Le trône de Pologne devint purement électif. 1573-1575, Henri de Valois n'apparut en ce royaume que pour signer les premiers *Pacta conventa*. — 1575-1587, l'avènement d'Étienne Batthori, prince de Transylvanie, différa le moment où la Pologne devait perdre sa prépondérance. Il contint ses sujets (Dantzick, Riga, 1578, 1586); il humilia la Russie et le Danemarck (582-185). — 1587, SIGISMOND III, fils de Jean III, roi de Suède, élu roi de Pologne, se trouva, à son avènement au trône de son père, dans une position difficile : la Suède était protestante, la Pologne catholique; toutes deux réclamaient la Livonie. L'oncle de Sigismond (Charles IX), chef du parti luthérien en Suède, prévalut sur lui et par la politique (1595) et par les armes (1598). De là une guerre entre les deux peuples, qui ne s'interrompit qu'au moment où ils prirent la Russie pour champ de bataille. L'usurpation de Boris-Godunow, et l'imposture de plusieurs faux Démétrius, qui se portaient pour héritiers du trône de Moscou, faisaient espérer aux Polonais et aux Suédois, ou de démembrer la Russie, ou de lui donner pour maître un de leurs princes. — Leurs espérances furent trompées. Un Russe (1613-1645), MICHAÏL FÉDROWITSCH fonda la maison de Romanow. 1616-1618, la Russie céda à la Suède l'Ingrie et la Carélie russe, à la Pologne les territoires de Smolensko, de Tschernigow et de Novogorod-Sewerkoi, et perdit toute communication avec la Baltique.

1620-1629. La guerre recommença entre la Pologne et la Suède, jusqu'à l'époque où Gustave-Adolphe prit part à la Guerre de Trente-Ans. (1629, trêve de six ans, renouvelée en 1635 pour vingt-six).

Sigismond III et son successeur Wladislas VII (1632-1648) soutinrent de longues guerres contre les Turcs, les Russes et les Cosaques de l'Ukraine.

La Pologne céda à la Suède le rôle de puissance dominante du Nord; mais elle conserva sa supériorité sur la Russie, dont le développement avait été retardé par les guerres civiles.

*Prusse*. — 1563, Joachim II, Électeur de Brandebourg, obtint du roi de Pologne l'investiture simultanée du fief de Prusse. 1618, à la mort du duc Albert-Frédéric (fils d'Albert de Brandebourg), l'Électeur Jean-Sigismond, son gendre, lui succéda. — 1614, 1666, la branche électorale recueillit aussi une partie de la succession de Juliers, en vertu des droits d'Anne, fille du duc de Prusse, Albert-Frédéric, et femme de l'Électeur de Brandebourg, Jean-Sigismond. — Le fils de ce dernier, Frédéric-Guillaume, fonda la grandeur de la Prusse.

§ 3. — *Danemarck et Suède.*

Au seizième siècle, ces deux États furent en proie à des troubles intérieurs et soutinrent de longues guerres. Les forces des deux peuples se développèrent, et ils arrivèrent préparés à la Guerre de Trente-Ans : la Suède préludait alors au rôle héroïque qu'elle devait jouer dans tout le dix-huitième siècle.

La lassitude du Danemarck et les troubles intérieurs de la Suède terminèrent, par la paix de Stettin (1570), la longue querelle qui durait entre ces royaumes depuis la rupture de l'union de Calmar. Le Danemarck fut dès lors paisible sous les longs règnes de Frédéric II (1559-1588) et de Christiern IV, jusqu'à l'époque où ce dernier, plus habile administrateur que grand général, compromit le repos du Danemarck en attaquant Gustave-Adolphe (1611-13), et en prenant part à la Guerre de Trente-Ans (1625).

L'indigne fils de Gustave Wasa, Éric XIV (1560-1568), avait été dépossédé par son frère Jean III (1568-1592), qui entreprit de rétablir en Suède la religion catholique. Le fils de Jean-Sigismond, roi de Suède et de Pologne, fut supplanté par son oncle Charles IX (1604), père de Gustave-Adolphe. (Voy. plus haut l'article *Pologne*.)

## CHAPITRE XIV

Découvertes et colonies des modernes. — Découvertes et établissements des Portugais dans les deux Indes. (1412-1583.)

### § 1. — *Découvertes et colonies des modernes.*

*Principaux motifs qui ont déterminé les modernes à chercher de nouvelles terres et à s'y établir :* 1° Esprit guerrier et aventureux, désir d'acquérir par la conquête et le pillage ; 2° esprit de commerce, désir d'acquérir par la voie légitime des échanges ; 3° esprit religieux, désir de conquérir les nations idolâtres à la foi chrétienne, ou de se dérober aux troubles de religion.

La *fondation des principales colonies modernes* est due aux cinq peuples les plus occidentaux, qui ont eu successivement l'empire des mers : aux Portugais et aux Espagnols (quinzième et seizième siècles) ; aux Hollandais et aux Français (dix-septième siècle) ; enfin, aux Anglais (dix-septième et dix-huitième siècles). — Les colonies des Espagnols eurent, dans l'origine, pour principal *objet*, l'exploitation des mines; celles des Portugais, le commerce et la levée des tributs imposés aux vaincus; celles des Hollandais furent essentiellement commerçantes; celles des Anglais, à la fois commerçantes et agricoles.

La *principale différence entre les colonies anciennes et les modernes*, c'est que les anciennes ne restaient unies à leur métropole que par les liens d'une sorte de parenté; les modernes sont regardées comme la propriété de leur métropole, qui leur interdit le commerce avec les étrangers.

*Résultats directs des découvertes et des établissements des modernes.* — Le commerce change de forme et de route. Au commerce de terre est généralement substitué le commerce maritime; le commerce du monde passe des pays situés sur la Méditerranée aux pays occidentaux. — *Les résultats indirects* sont innombrables; l'un des plus remarquables est le développement des puissances maritimes.

*Principales routes du commerce de l'Orient pendant le Moyen-âge.* — Dans la première moitié du Moyen-âge, les Grecs faisaient le commerce de l'Inde par l'Égypte, puis par le Pont-Euxin et la mer Caspienne; dans la seconde, les Italiens le faisaient par la Syrie et le golfe Persique, enfin par l'Égypte. — *Croisades.* — *Voyages* de Rubruquis, de Marco-Paolo et de John Mandeville, du onzième au quatorzième siècle. — Au commencement du quatorzième siècle, les Espagnols découvrent les Canaries.

§ 2. — *Découvertes et établissements des Portugais.*

Il appartenait au peuple le plus occidental de l'Europe de commencer cette suite de découvertes qui ont étendu la civilisation européenne sur tout le monde. Les Portugais, resserrés par la puissance de l'Espagne et toujours en guerre avec les Maures, sur lesquels ils avaient conquis leur patrie, devaient tourner leur ambition du côté de l'Afrique. Après cette croisade de plusieurs siècles, les idées des vainqueurs s'agrandirent : ils conçurent le projet d'aller chercher de nouveaux peuples infidèles pour les subjuguer et les convertir. Mille vieux récits enflammaient la curiosité, la valeur et l'avarice : on voulait voir ces mystérieuses contrées où la nature avait prodigué les monstres, où elle avait semé l'or à la surface de la terre. L'infant D. Henri, troisième fils de Jean I$^{er}$, seconda l'ardeur de la nation. Il passa sa vie à Sagres, près du cap de Saint-Vincent ; là, les yeux fixés sur les mers du midi, il dirigea les audacieux pilotes qui visitèrent les premiers ces parages inconnus. Le cap Non, borne fatale des navigateurs antiques, avait été déjà franchi ; on avait trouvé Madère (1412-13). On passa encore le cap Bojador, le cap Vert ; on découvrit les Açores (1448) ; on franchit cette ligne redoutable où l'on croyait que l'air brûlait comme le feu. Lorsqu'on eut pénétré au delà du Sénégal, on vit avec étonnement que les hommes, de couleur cendrée au nord de ce fleuve, devenaient entièrement noirs au midi. L'on aperçut, en arrivant au Congo, un nouveau ciel et de nouvelles étoiles (1484). Mais ce qui encouragea plus puissamment l'esprit de découvertes, c'est l'or que l'on avait trouvé en Guinée.

On commença alors à moins mépriser les récits des anciens Phéniciens, qui prétendaient avoir fait le tour de l'Afrique, et l'on espéra qu'en suivant la même route on pourrait arriver aux Indes orientales. Pendant que le roi Jean II envoyait par terre deux gentilshommes aux Indes (Covillam et Payva), Barthélemy Diaz touchait le promontoire qui borne l'Afrique au Sud, et le nommait le cap des Tempêtes; mais le roi, sûr dès lors de trouver la route des Indes, l'appela le *cap de Bonne-Espérance* (1486).

C'est alors que la découverte du Nouveau-Monde vint étonner les Portugais et redoubler leur émulation. Mais les deux nations auraient pu se disputer l'empire de la mer; on recourut au pape. Alexandre VI divisa les deux nouveaux mondes : tout ce qui était à l'occident fut donné à l'Espagne. On traça une ligne sur le globe, qui marqua les limites de ces droits réciproques, et qu'on appela la *ligne de marcation*. De nouvelles découvertes dérangèrent bientôt cette ligne.

Enfin le roi de Portugal, Emmanuel-le-Fortuné, donna le commandement d'une flotte au fameux Vasco de Gama (1497-98). Il reçut du prince la relation du voyage de Covillam; il emmena dix hommes condamnés à mort, qu'il devait risquer dans l'occasion et qui, par leur audace, pouvaient mériter leur grâce. Il passa une nuit en prières dans la chapelle de la Vierge et s'approcha de la sainte table la veille de son départ. Le peuple le conduisit tout en larmes au rivage. Un couvent magnifique a été fondé au lieu même d'où Gama était parti.

La flotte approchait du *terrible cap*, lorsque l'équipage, épouvanté par cette mer orageuse, et redoutant la famine, se révolta contre Gama. Rien ne put l'arrêter; il mit les chefs aux fers, et, prenant lui-même le gouvernail, il doubla la pointe de l'Afrique. De plus grands dangers l'attendaient sur cette côte orientale, qu'aucun vaisseau européen n'avait encore visitée. Les Maures, qui faisaient le commerce de l'Afrique et de l'Inde, dressèrent des pièges à ces nouveaux venus, qui allaient partager avec eux. Mais l'artillerie les épouvanta, et Gama, traversant le golfe de sept cents lieues qui sépare l'Afrique de l'Inde, aborda à Calicut treize mois après son départ de Lisbonne.

En descendant sur ce rivage inconnu, Vasco défendit aux siens de le suivre et de venir le défendre s'ils apprenaient qu'il fût en danger. Malgré les complots des Maures, il fit accepter au Zamorin l'alliance du Portugal.

Une nouvelle expédition suivit bientôt la première, sous les ordres d'Alvarès Cabral; l'amiral avait reçu des mains du roi un chapeau bénit par le pape. Après avoir passé les îles du cap Vert, il prit le large, s'éloigna beaucoup à l'occident, et vit une terre nouvelle, riche, fertile, où régnait un printemps éternel; c'était le Brésil, la contrée de tout le continent américain la plus voisine de l'Afrique. Il n'y a que trente degrés de longitude de cette terre au mont Atlas; c'était celle qu'on devait découvrir la première (1500).

(1505-1515). L'habileté de Cabral, de Gama et d'Alméida, premier vice-roi des Indes, déconcerta les efforts des Maures, divisa les naturels du pays, arma Cochin contre Calicut et Cananor. Quiloa et Sofala en Afrique reçurent la loi des Européens. Mais le principal fondateur de l'empire des Portugais dans les Indes fut le vaillant Albuquerque : il prit, à l'entrée du golfe Persique, Ormus, la ville la plus brillante et la plus polie de l'Asie (1507). Le roi de Perse, dont elle avait dépendu, demandait un tribut aux Portugais; Albuquerque montre aux ambassadeurs des boulets et des grenades : « Voilà, dit-il, la monnaie des tributs que paye le roi de Portugal. »

Cependant Venise voyait tarir les sources de sa richesse; la route d'Alexandrie commençait à être négligée. Le soudan d'Égypte ne percevait plus de droit de passage sur les denrées de l'Orient. Les Vénitiens, ligués avec lui, envoyèrent à Alexandrie des bois de construction, qui, transportés à Suez, servirent à former une flotte (1508). Elle eut d'abord l'avantage sur les Portugais dispersés; mais elle fut ensuite battue, ainsi que les autres armements qui continuèrent à descendre la mer Rouge. Pour prévenir de nouvelles attaques, Albuquerque proposait au roi d'Abyssinie de détourner le Nil, ce qui eût changé l'Égypte en désert.

Il fit de Goa le chef-lieu des établissements portugais dans l'Inde (1510). L'occupation de Malaca et de Ceylan rendit les Portugais maîtres de la vaste mer que termine au nord le golfe du Bengale (1511-1518). Le conquérant mourut à Goa, pauvre et disgracié. Avec lui disparurent chez les vainqueurs toute justice, toute humanité. Longtemps après sa mort, les Indiens allaient au tombeau du grand Albuquerque lui demander justice des vexations de ses successeurs.

Les Portugais, s'étant introduits à la Chine et au Japon (1517-42), eurent quelque temps entre les mains tout le commerce maritime de l'Asie. Leur empire s'étendait sur les côtes de Guinée, de Mélinde, de Mozambique et de Sofala, sur celles des deux presqu'îles de l'Inde, sur les Moluques, Ceylan et les îles de la Sonde. Mais ils n'avaient guère dans cette vaste étendue de pays qu'une chaîne de comptoirs et de forteresses. La décadence de leurs colonies était accélérée par plusieurs causes : 1° l'éloignement des conquêtes; 2° la faible population du Portugal, peu proportionnée à l'étendue de ses établissements; l'orgueil national empêchait le mélange des vainqueurs et des vaincus; 3° l'amour du brigandage, qui se substitua bientôt à l'esprit du commerce; 4° le désordre de l'administration; 5° le monopole de la couronne; 6° enfin, les Portugais se contentaient de transporter les marchandises à Lisbonne, et ne les distribuaient pas dans l'Europe. Ils devaient tôt ou tard être supplantés par des rivaux plus industrieux.

La décadence de leur empire fut retardée par deux héros, Jean de Castro (1545-48) et Ataïde (1568-72). Le premier eut à combattre les Indiens et les Turcs réunis. Le roi de Cambaye avait reçu du grand Soliman des ingénieurs, des fondeurs et tous les moyens d'une guerre européenne. Castro n'en délivra pas moins la citadelle de Diu, et triompha dans Goa à la manière des généraux de l'Antiquité. Il manquait de fonds pour réparer les fortifications de Diu; il fit un emprunt en son nom aux habitants de Goa, en leur donnant ses moustaches en gage. Il expira entre les bras de saint François-Xavier en 1548. On ne trouva que trois réaux chez cet homme, qui avait manié les trésors des Indes.

Le gouvernement d'Ataïde fut l'époque d'un soulèvement universel des Indes contre les Portugais : il fit face de tous côtés, battit l'armée du roi de Cambaye, forte de cent mille hommes, défit le Zamorin et lui fit jurer de ne plus avoir de vaisseaux de guerre. Lors même qu'il était encore pressé dans Goa, il refusa d'abandonner les possessions les plus éloignées, et fit partir pour Lisbonne les vaisseaux qui y portaient tous les ans les tributs des Indes.

Après lui, tout tomba rapidement. La division de l'Inde en trois gouvernements affaiblit encore la puissance portugaise. A la mort de Sébastien et de son successeur, le cardinal Henri (1581), l'Inde portugaise suivit le sort du Portugal, et passa entre les mains inhabiles des Espagnols (1582), jusqu'à ce que les Hollandais vinssent les débarrasser de ce vaste empire.

## CHAPITRE XV

Découverte de l'Amérique. — Conquêtes et établissements des Espagnols aux quinzième et seizième siècles.

« C'est ici le plus grand événement de notre globe, dont une moitié avait toujours été ignorée de l'autre. Tout ce qui a paru grand jusqu'ici semble disparaître devant cette espèce de création nouvelle.

« Colombo, frappé des entreprises des Portugais, conçut qu'on pouvait faire quelque chose de plus grand, et par la seule inspection d'une carte de notre univers, jugea qu'il devait y en avoir un autre, et qu'on le trouverait en voguant toujours vers l'occident. Son courage fut égal à la force de son esprit, et d'autant plus grand qu'il eut à combattre les préjugés de tous les princes. Gênes, sa patrie, qui le traita de visionnaire, perdit la seule occasion de s'agrandir qui pouvait s'offrir pour elle. Henri VII, roi d'Angleterre, plus avide d'argent que capable d'en hasarder dans une si noble entreprise, n'écouta pas le frère de Colombo ; lui-même fut refusé en Portugal par Jean II, dont les vues étaient entièrement tournées du côté de l'Afrique. Il ne pouvait s'adresser à la France, où la marine était toujours négligée, et les affaires autant que jamais en confusion sous la minorité de Charles VIII. L'empereur Maximilien n'avait ni ports pour une flotte, ni argent pour l'équiper, ni grandeur de courage pour un tel projet. Venise eût pu s'en charger; mais, soit que l'aversion des Génois pour les Vénitiens ne permît pas à Colombo de s'adresser à la rivale de sa patrie, soit que Venise ne conçût de grandeur que dans son commerce d'Alexandrie et du Levant, Colombo n'espéra qu'en la cour d'Espagne. Ce ne fut pourtant qu'après huit ans de sollicitations que la cour d'Isabelle consentit au bien que le citoyen de Gênes voulait lui faire. La cour d'Espagne était pauvre : il fallut que le prieur Pérez et deux négociants nommés Pinzone, avançassent dix-sept mille ducats pour les frais de l'armement. Colombo eut de la cour une patente, et partit enfin du port de Palos en Andalousie avec trois petits vaisseaux et un vain titre d'amiral.

« Des îles Canaries, où il mouilla, il ne mit que trente-trois jours pour découvrir la première île de l'Amérique (12 octobre 1492); et pendant ce court trajet il eut à soutenir plus de murmures de son équipage qu'il n'avait essuyé de refus des princes de l'Europe. Cette île, située environ à mille lieues des Canaries, fut nommée San Salvador; aussitôt il découvrit les îles Lucayes, Cuba et Hispaniola, nommée aujourd'hui Saint-Domingue. Ferdinand et

Isabelle furent dans une singulière surprise de le voir revenir, au bout de sept mois, avec des Américains d'Hispaniola, des raretés du pays, et surtout de l'or qu'il leur présenta. Le roi et la reine le firent asseoir et couvrir comme un grand d'Espagne, le nommèrent grand-amiral et vice-roi du Nouveau-Monde : il était regardé partout comme un homme unique envoyé du ciel. C'était alors à qui s'intéresserait dans ses entreprises, à qui s'embarquerait sous ses ordres. Il repart avec une flotte de dix-sept vaisseaux (1493). Il trouve encore de nouvelles îles, les Antilles et la Jamaïque. Le doute s'était changé en admiration pour lui à son premier voyage; mais l'admiration se tourna en envie au second.

« Il était amiral, vice-roi, et pouvait ajouter à ces titres celui de bienfaiteur de Ferdinand et d'Isabelle. Cependant des juges, envoyés sur ses vaisseaux mêmes pour veiller sur sa conduite, le ramenèrent en Espagne. Le peuple, qui entendit que Colombo arrivait, courut au-devant de lui comme au-devant du génie tutélaire de l'Espagne : on tira Colombo du vaisseau ; il parut, mais avec les fers aux pieds et aux mains.

« Ce traitement lui avait été fait par l'ordre de Fonseca, évêque de Burgos, intendant des armements[1]. L'ingratitude était aussi grande que les services. Isabelle en fut honteuse : elle répara cet

---

1. *Codice diplomatico Colombo-Americano, ossia raccolta di documenti inediti, etc. Genova*, 1823, liv. LV. Voy., dans le même recueil, la lettre de Colomb à la nourrice du prince D. Juan, lorsqu'il revenait prisonnier en Espagne, p. 297.

affront autant qu'elle le put; mais on retint Colombo quatre années, soit qu'on craignît qu'il ne prît pour lui ce qu'il avait découvert, soit qu'on voulût seulement avoir le temps de s'informer de sa conduite. Enfin, on le renvoya encore dans son Nouveau-Monde (1498). Ce fut à ce troisième voyage qu'il aperçut le continent à dix degrés de l'équateur, et qu'il vit la côte oùl'on a bâti Carthagène[1].

« La cendre de Colombo ne s'intéresse plus à la gloire qu'il eut pendant sa vie d'avoir doublé les œuvres de la création; mais les hommes aiment à rendre justice aux morts, soit qu'ils se flattent de l'espérance qu'on la rendra mieux aux vivants, soit qu'ils aiment naturellement la vérité: Americo Vespucci, négociant florentin, jouit de la gloire de

---

1. Dans ce quatrième voyage (1501-3), l'infortuné Colomb se vit refuser un abri dans les ports qu'il avait découverts. Il échoua sur la côte de la Jamaïque et y resta un an dénué de tout secours; il écrivit de là une lettre pathétique à Ferdinand et à Isabelle. Il revint en Espagne, épuisé de fatigues, et la nouvelle de la mort d'Isabelle, sa protectrice, lui porta le dernier coup. (1506.)

« Que m'ont servi, dit-il dans cette lettre, vingt années de travaux, tant de
« fatigues et de périls? je n'ai pas aujourd'hui une maison en Castile, et si
« je veux dîner, souper ou dormir, je n'ai pour dernier refuge que l'hôtel-
« lerie, encore le plus souvent l'argent me manque-t-il pour payer mon écot...
« A moins d'avoir la patience de Job, n'y avait-il pas de quoi mourir déses-
« péré, en voyant que dans un pareil temps, dans l'extrême péril que je cou-
« rais, moi et mon jeune fils, et mon frère et mes amis, on me fermait cette
« terre et ces ports que j'avais, par la volonté divine, gagnés à l'Espagne,
« et pour la découverte desquels j'avais sué du sang... Cependant je montai
« le mieux que je pus au plus haut du vaisseau, poussant des cris d'alarme
« et appelant les quatre vents à mon secours; mais rien ne me répondit...
« Épuisé, je m'endormis, et j'entendis une voix pleine de douceur et de pitié,
« qui prononçait ces paroles : « Homme insensé, homme lent à croire et à
« servir ton Dieu! Quel soin n'a-t-il pas eu de toi depuis ta naissance? A-t-il
« fait davantage pour Moïse et pour David son serviteur? Les Indes, cette

donner son nom à la nouvelle moitié du globe, dans laquelle il ne possédait pas un pouce de terre : il prétendit avoir le premier découvert le continent. Quand il serait vrai qu'il eût fait cette découverte, la gloire n'en serait pas à lui; elle appartient incontestablement à celui qui eut le génie et le courage d'entreprendre le premier voyage. » (*Voltaire*.)

Tandis que de hardis navigateurs poursuivent l'ouvrage de Colombo, que les Portugais et les Anglais découvrent l'Amérique du Nord, et que Balboa aperçoit, des hauteurs de Panama, l'océan du Sud (1513), l'aveugle cupidité des colons espagnols dépeuplait les Antilles. Ces premiers conquérants du Nouveau-Monde étaient la lie de l'ancien. Des aventuriers impatients de retourner dans leur patrie ne pouvaient attendre

---

« partie du monde si riche, il te les a données pour tiennes ; tu en as fait part
« à qui il t'a plu. Les barrières de l'Océan, qui étaient fermées de chaînes
« si fortes, il t'en a donné les clés... » Et moi, comme à demi mort, j'en-
« tendais pourtant toute chose ; mais jamais je ne pus trouver de réponse ;
« seulement je me mis à pleurer mes erreurs. Celui qui me parlait, quel qu'il
« fût, termina par ces paroles : « Rassure-toi, prends confiance ; car les tri-
« bulations des hommes sont écrites sur la pierre et sur le marbre... » S'il
« plaisait à Vos Majestés de me faire la grâce d'envoyer un vaisseau de plus
« de soixante-quatre tonneaux avec du biscuit et quelques autres provisions,
« il suffirait pour me porter en Espagne, moi et ces pauvres gens. Que Vos
« Majestés m'accordent quelque pitié. Que le ciel, que la terre pleurent pour
« moi. Qu'il pleure pour moi, quiconque a de la charité, quiconque aime la
« vérité et la justice. Je suis resté ici dans ces îles des Ind·s, isolé, malade,
« en grande peine, attendant chaque jour la mort, environné d'innombrables
« sauvages pleins de cruauté, si loin des sacrements de notre sainte mère
« l'Église ! Je n'ai pas un maravédis pour faire une offrande spirituelle. Je
« supplie Vos Majestés que, si Dieu me permet de sortir d'ici, elles m'ac-
« cordent d'aller à Rome et d'accomplir d'autres pèlerinages. Que la sainte
« Trinité leur conserve la vie et la puissance ! Donnée aux Indes, dans l'île de
« la Jamaïque, le 7 de juillet de l'an 1503. » *Lettre de Colomb*, réimprimée par les soins de l'abbé Morelli, à Bassano, 1810.

les lents bénéfices de l'agriculture ou de l'industrie. Ils ne connaissaient d'autres richesses que l'or. Cette erreur coûta dix millions d'hommes à l'Amérique. La race faible et molle qui occupait le pays succomba bientôt à des travaux excessifs et malsains. La population d'Hispaniola était réduite, en 1507, d'un million d'hommes à soixante mille. Malgré les ordres bienfaisants d'Isabelle, malgré les efforts de Ximénès et les réclamations pathétiques des Dominicains, la dépopulation s'étendit entre les tropiques. Personne n'éleva la voix en faveur des Américains avec plus de courage et d'opiniâtreté que le célèbre Barthelémy de Las Casas, évêque de Chiapa, le protecteur des Indiens. Par deux fois il passa en Europe, et plaida solennellement leur cause devant Charles-Quint. Le cœur se brise, lorsqu'on lit dans sa *Destruycion de las Indias* les traitements barbares que souffraient ces malheureux[1].

---

1. Las Casas, *Brevissima relacion de la destruycion de las Indias*, édit. de Venise, 1643. Les femmes étaient attaché,aseu travail de la terre, les hommes à celui des mines. Les générations périssaient. Une foule d'Indiens s'étranglaient. Je connais un Espagnol dont la cruauté a décidé plus de deux cents Indiens à se tuer. — P. 29. Il y avait un officier du roi qui reçut trois cents Indiens; au bout de trois mois il lui en restait trente : on lui en rendit trois cents; il les fit périr; on lui en donna encore, jusqu'à ce qu'il mourut et que le diable l'emporta. — Sans les frères Franciscains et une sage *Audience* qui fut établie, ils auraient dépeuplé le Mexique comme Hispaniola. — 112. Au Pérou, un Alonzo Sanchez rencontre une troupe de femmes chargées de vivres, qui ne s'enfuient point et les lui donnent; il prend les vivres et massacre les femmes. — 58. Ils creusaient des fosses, les remplissaient de pieux, et y jetaient pêle-mêle les Indiens qu'ils prenaient vivants, des vieillards, des femmes enceintes, des petits enfants, jusqu'à ce que la fosse fût comblée. — 61. Ils traînaient les Indiens après eux pour les faire combattre contre leurs frères, et les forçaient de manger de la chair d'Indien. — 83. Quand les Espagnols les traînaient dans les montagnes et qu'ils tombaient de

On ne sait si on doit admirer davantage l'audace des conquérants de l'Amérique, ou détester leur férocité. Ils avaient découvert en quatre expéditions les côtes de la Floride, du Yucatan et du Mexique, lorsque Fernand Cortez partit de l'île de Cuba pour de nouvelles expéditions dans le Continent (1519). « Ce simple lieutenant du gouverneur d'une île nouvellement découverte, suivi de moins de six cents hommes, n'ayant que dix-huit chevaux et quelques pièces de campagne, va subjuguer le plus puissant État de l'Amérique. D'abord il est assez heureux pour trouver un Espagnol qui, ayant été neuf ans prisonnier à Yucatan, sur le chemin du Mexique, lui sert d'interprète. Cortez avance le long du golfe du Mexique, tantôt caressant les naturels du pays, tantôt faisant la guerre. Il trouve des villes policées où les

---

fatigue, on leur cassait les dents avec la pomme de l'épée; alors les Indiens disaient : « Tuez-moi ici, ici je veux rester mort. » — 72. Un Espagnol allant à la chasse ne trouve rien à donner à ses chiens. Il rencontre une femme avec un petit enfant, prend l'enfant, le taille en pièces et distribue la chair entre ses chiens. — 116. J'ai vu de mes yeux les Espagnols couper les mains, le nez et les oreilles à des hommes et à des femmes, sans autre motif que leur caprice, et cela dans tant de lieux et tant de fois qu'il serait trop long de l'énumérer. Je les ai vus dresser des dogues à chasser et mettre en pièces des Indiens. Je les ai vus arracher des enfants à la mamelle de leur mère et les lancer en l'air de toutes leurs forces. Un prêtre, nommé Ocagna, tira un enfant du feu où on l'avait jeté; un Espagnol survint, qui le lui arracha et l'y rejeta. Cet homme est mort subitement le lendemain, et j'ai été d'avis qu'on ne devait point l'enterrer. — 132. Je proteste sur ma conscience et devant Dieu que je n'ai point exagéré de la dix-millième partie tout ce qui s'est fait et se fait encore — 134. Terminé à Valence, 1542, 8 décembre. — Voy. aussi l'ouvrage intitulé : *Aqui se contiene, una disputa, ó controversial entre el Obispo don fray Bartolomé de Las Casas, Obispo que fué de la Ciudad real de Chiapa, y el doctor Gines de Sepulveda, Chronista del emperador nuestro, sobre que el doctor contendia que las conquistas de las Indias eran licitas*, 1550. Valladolid.

arts sont en honneur. La puissante république de Thlascala, qui florissait sous un gouvernement aristocratique, s'oppose à son passage ; mais la vue des chevaux et le bruit seul du canon mettaient en fuite ces multitudes mal armées. Il fait une paix aussi avantageuse qu'il le veut ; six mille de ses nouveaux alliés de Thlascala l'accompagnent dans son voyage du Mexique. Il entre dans cet empire sans résistance, malgré les défenses du souverain ; ce souverain commandait cependant, à ce qu'on dit, à trente vassaux, dont chacun pouvait paraître à la tête de cent mille hommes armés de flèches et de ces pierres tranchantes qui leur tenaient lieu de fer. »

« La ville de Mexico, bâtie au milieu d'un grand lac, était le plus beau monument de l'industrie américaine ; des chaussées immenses traversaient le lac tout couvert de petites barques faites de troncs d'arbres. On voyait dans la ville des maisons spacieuses et commodes, construites de pierres, des marchés, des boutiques qui brillaient d'ouvrages d'or et d'argent ciselés et sculptés, de vaisselle de terre vernissée, d'étoffes de coton et de tissus de plumes qui formaient des dessins éclatants par les plus vives nuances. Auprès du grand marché était un palais où l'on rendait sommairement la justice aux marchands. Plusieurs palais de l'empereur Montézuma augmentaient la somptuosité de la ville : un d'eux était entouré de grands jardins où l'on ne cultivait que des plantes médicinales ; des intendants les distribuaient gratuitement aux malades; on rendait compte au roi du succès de leurs usages, et les médecins en tenaient registre à leur manière sans avoir l'usage de l'écriture. Les autres espèces de magnificence ne marquent que le progrès des arts; celle-là marque le progrès de la morale. S'il n'était pas de la nature humaine de réunir le meilleur et le pire, on ne comprendrait pas comment cette morale s'accordait avec les sacrifices humains dont le sang regorgeait à Mexico devant l'idole de Visiliputsli, regardé comme le dieu des armées. Les ambassadeurs de Montézuma dirent à Cortez, à ce qu'on prétend, que leur maître avait sacrifié dans ses guerres près de vingt mille ennemis chaque année dans le grand temple de Mexico : c'est une très grande exagération; on sent qu'on a voulu colorer par là les injustices du vainqueur de Montézuma; mais enfin, quand les Espagnols entrèrent dans le temple, ils trouvèrent parmi ses ornements des crânes d'hommes suspendus comme des trophées. Leur police, en tout le reste, était humaine et sage : l'éducation de la jeunesse formait un des plus grands objets du gouvernement. Il y avait des écoles publiques établies pour l'un et pour l'autre sexe. Nous admirons encore les anciens Égyptiens d'avoir connu que l'année est d'environ trois cent soixante et cinq jours : les Mexicains avaient poussé jusque-là leur astronomie. La guerre était chez eux réduite en art : c'est ce qui leur avait donné tant de supériorité sur leurs voisins. Un grand ordre dans les finances maintenait la grandeur de cet empire, regardé par ses voisins avec crainte et avec envie.

« Mais ces animaux guerriers sur qui les principaux Espagnols étaient montés, ce tonnerre artificiel qui se formait dans leurs mains, ces châteaux de bois qui les avaient apportés sur l'Océan, ce fer dont ils étaient couverts, leurs marches comptées par des victoires, tant de sujets d'admiration joints à cette faiblesse qui porte les peuples à admirer ; tout cela fit que, quand Cortez arriva dans la ville de Mexico, il fut reçu par Montézuma comme son maître, et par les habitants comme leur dieu. On se mettait à genoux dans les rues quand un valet espagnol passait. On raconte qu'un cacique sur les terres duquel passait un capitaine espagnol, lui présenta des esclaves et du gibier : « Si tu es Dieu, lui dit-il, voilà des hommes, mange-les ; si tu es homme, voilà des vivres que ces esclaves t'apprêteront. »

« Peu à peu la cour de Montézuma, s'apprivoisant avec leurs hôtes, osa les traiter comme des hommes. Une partie des Espagnols était à la Vera-Cruz, sur le chemin du Mexique ; un général de l'empereur, qui avait des ordres secrets, les attaqua, et quoique ses troupes fussent vaincues, il y eut trois ou quatre Espagnols de tués : la tête d'un d'eux fut même portée à Montézuma. Alors Cortez fit ce qui s'est jamais fait de plus hardi : il va au palais, suivi de cinquante Espagnols, emmène l'empereur prisonnier au quartier espagnol, le force à lui livrer ceux qui ont attaqué les siens à la Vera-Cruz, et fait mettre les fers aux pieds et aux mains de l'empereur même, comme un général qui punit un simple soldat; ensuite il l'engage à se reconnaître publiquement vassal de Charles-Quint. Montézuma et les principaux de l'empire donnent, pour tribut attaché à leur hommage, six cent mille marcs d'or pur, avec une incroyable quantité de pierreries, d'ouvrages d'or, et tout ce que l'industrie de plusieurs siècles avait fabriqué de plus rare. Cortez en mit à part le cinquième pour son maître, prit un cinquième pour lui, et distribua le reste à ses soldats.

« On peut compter parmi les grands prodiges, que les conquérants de ce nouveau monde se déchirant eux-mêmes, les conquêtes n'en souffrirent pas. Jamais le vrai ne fut moins vraisemblable : tandis que Cortez était près de subjuguer l'empire du Mexique avec cinq cents hommes qui lui restaient, le gouverneur de Cuba, Velasquez, plus offensé de la gloire de Cortez, son lieutenant, que de son peu de soumission, envoie presque toutes ses troupes, qui consistaient en huit cents fantassins, quatre-vingts cavaliers bien montés et deux petites pièces de canon, pour réduire Cortez, le prendre prisonnier et poursuivre le cours de ses victoires. Cortez, ayant d'un côté mille Espagnols à combattre, et le continent à retenir dans la soumission', laissa quatre-vingts hommes pour lui répondre de tout le Mexique, et marcha, suivi du reste, contre ses compatriotes : il en défit une partie, il gagna l'autre. Enfin, cette armée, qui venait pour le détruire, se range sous ses drapeaux, et il retourne au Mexique avec elle.

« L'empereur était toujours en prison dans sa capitale, gardé par quatre-vingts soldats : celui qui les commandait, sur un bruit vrai ou faux que les Mexicains conspiraient pour délivrer leur maître, avait pris le temps d'une fête où deux mille des premiers seigneurs étaient plongés dans l'ivresse de leurs liqueurs fortes ; il fond sur eux avec cinquante soldats, les égorge eux et leur suite sans résistance, et les dépouille de tous les ornements d'or et des pierreries dont ils s'étaient parés pour la fête. Cette énormité, que tout le peuple attribuait avec raison à la rage de l'avarice, souleva ces hommes trop patients ; et quand Cortez arriva, il trouva deux cent mille Américains en armes contre quatre-vingts Espagnols occupés à se défendre et à garder l'empereur. Ils assiégèrent Cortez pour délivrer leur roi ; ils se précipitaient en foule contre les canons et les mousquets. Les Espagnols étaient fatigués de tuer, et les Américains se succédaient sans se décourager[1]. Cortez fut obligé de quitter la ville, où il eût été affamé ; mais les Mexicains avaient rompu

---

1. « Je leur déclarai que, s'ils s'obstinaient, je ne m'arrêterais que quand il ne resterait plus de vestiges de la ville et des habitants. Ils répondirent qu'ils étaient tous déterminés à mourir pour nous achever ; que je pouvais voir les terrasses, les rues et les places pleines de monde, et qu'ils avaient calculé qu'en perdant vingt-cinq mille contre un, nous finirions les premiers. » — Hernando Cortez, *Historia de la Nueva Espagna, por su conquisitador*. Première lettre à Charles-Quint, 30 octobre 1520. — « Ils me demandaient pourquoi, fils du soleil, qui fait le tour du monde en vingt-quatre heures, j'en mettais davantage à les exterminer, à satisfaire le désir qu'ils avaient de mourir et de rejoindre le dieu du repos. » Deuxième lettre.

toutes les chaussées. Les Espagnols firent des ponts avec les corps des ennemis ; dans leur retraite sanglante ils perdirent tous les trésors qu'ils avaient ravis pour Charles-Quint et pour eux. Vainqueur à la bataille d'Otumba, Cortez entreprit d'assiéger cette ville immense. Il fit faire par ses soldats et par les Thlascaliens qu'il avait avec lui, neuf bateaux, pour rentrer dans Mexico par le lac même qui semblait lui en défendre l'entrée. Les Mexicains ne craignirent point de donner un combat naval : quatre à cinq mille canots, chargés chacun de deux hommes, couvrirent le lac, et vinrent attaquer les neuf bateaux de Cortez, sur lesquels il y avait environ trois cents hommes. Ces neuf brigantins, qui avaient du canon, renversèrent bientôt la flotte ennemie. Cortez, avec le reste de ses troupes, combattait sur les chaussées. Sept ou huit Espagnols faits prisonniers furent sacrifiés dans le temple du Mexique. Mais enfin, après de nouveaux combats, on prit le nouvel empereur. C'est ce Guatimozin, si fameux par les paroles qu'il prononça lorsqu'un receveur des trésors du roi d'Espagne le fit mettre sur des charbons ardents pour savoir en quel endroit du lac il avait fait jeter ses richesses ; son grand-prêtre, condamné au même supplice, jetait des cris ; Guatimozin lui dit : « Et moi, suis-je sur un lit de roses ? »

Cortez fut maître absolu de la ville de Mexico (1521), avec laquelle tout le reste de l'empire tomba sous la domination espagnole, ainsi que la Castille-d'Or, le Darien et toutes les contrées voisines. Quel fut le prix des services inouïs de Cortez? Celui qu'eut Colombo : il fut persécuté. Malgré les titres dont il fut décoré dans sa patrie, il y fut peu considéré; à peine put-il obtenir une audience de Charles-Quint. Un jour il fendit la presse qui entourait le coche de l'Empereur, et monta sur l'étrier de la portière. Charles demanda quel était cet homme. « C'est, répondit Cortez, celui qui vous a donné plus d'États que vos pères ne vous ont laissé de villes. »

Cependant les Espagnols cherchaient de nouvelles terres à conquérir et à dépeupler. Magalhaens avait tourné l'Amérique méridionale, traversé l'Océan Pacifique et fait le premier le tour du monde. Mais le plus grand État américain, après le Mexique, restait encore à découvrir. Un jour que les Espagnols pesaient quelques parcelles d'or, un Indien, renversant les balances, leur dit qu'à six soleils de marche vers le midi, ils trouveraient un pays où l'or était assez commun pour servir aux plus vils usages. Deux aventuriers, Pizarre et Almagro, un enfant trouvé et un gardeur de pourceaux devenu soldat, entreprirent la découverte et la conquête de ces vastes contrées que les Espagnols ont désignées par le nom de Pérou.

« Du pays de Cusco et des environs du tropique du Capricorne jusqu'à la hauteur de l'île des Perles, un seul roi étendait sa domination absolue dans l'espace de près de trente degrés : il était d'une race de conquérants qu'on appelait Incas. Le premier de ces Incas, qui avait subjugué le pays et qui lui imposait des lois, passait pour le fils du Soleil. Les Péruviens transmettaient les principaux faits à la postérité par des nœuds qu'ils faisaient à des cordes. Ils avaient des obélisques, des gnomons réguliers pour marquer les points des équinoxes et des solstices. Leur année était de trois cent soixante et cinq jours. Ils avaient élevé des prodiges d'architecture et taillé des statues avec un art surprenant. C'était la nation la plus policée et la plus industrieuse du Nouveau-Monde.

« L'Inca Huescar, père d'Atabalipa, dernier Inca, sous qui ce vaste empire fut détruit, l'avait beaucoup augmenté et embelli. Cet Inca, qui conquit tout le pays de Quito, avait fait, par les mains de ses soldats et des peuples vaincus, un grand chemin de cinq cents lieues de Cusco jusqu'à Quito, à travers des précipices comblés et des montagnes aplanies. Des relais d'hommes, établis de demi-lieue en demi-lieue, portaient les ordres du monarque dans tout son empire. Telle était la police; et si on veut juger de la magnificence, il suffit de savoir que le roi était porté, dans ses voyages, sur un trône d'or qu'on trouva peser vingt-cinq mille ducats; la litière de lames d'or sur laquelle était le trône, était soutenue par les premiers de l'État.

« Pizarre attaqua cet empire avec deux cent cinquante fantassins, soixante cavaliers et une douzaine de petits canons. Il arriva par la mer du Sud à la hauteur de Quito par delà l'équateur. Atabalipa, fils d'Huescar, régnait alors (1532); il était vers Quito, avec environ quarante mille soldats armés de flèches et de piques d'or et d'argent. Pizarre commença, comme Cortez, en offrant à l'Inca l'amitié de Charles-Quint. Quand l'armée de l'Inca et la petite troupe castillane furent en présence, les Espagnols voulurent encore mettre de leur côté jusqu'aux apparences de la religion. Un moine, nommé Valverde, s'avance avec un interprète vers l'Inca, une Bible à la main, et lui dit qu'il faut croire *tout ce que dit ce livre*. L'Inca, l'approchant de son oreille et n'entendant rien, le jeta par terre, et le combat commença.

« Les canons, les chevaux et les armes de fer firent sur les Péruviens le même effet que sur les Mexicains : on n'eut guère que la peine de tuer ; Atabalipa, arraché de son trône d'or par les vainqueurs, fut chargé de fers. Pour se procurer une liberté prompte, il s'obligea à donner autant d'or qu'une des salles de ses palais pouvait en contenir jusqu'à la hauteur de sa main, qu'il éleva en l'air au-dessus de sa tête. Chaque cavalier espagnol eut deux cent quarante marcs en or pur ; chaque fantassin en eut cent soixante. On partagea dix fois environ autant d'argent dans la même proportion. Les officiers eurent des richesses immenses ; et on envoya à Charles-Quint trente mille marcs d'argent, trois mille d'or non travaillé, et vingt mille marcs pesant d'argent, avec deux mille d'or en ouvrages du pays. L'infortuné Atabalipa n'en fut pas moins mis à mort.

« Diégo d'Almagro marche à Cusco, à travers des multitudes qu'il faut écarter ; il pénètre jusqu'au Chili. Partout on prend possession au nom de Charles-Quint. Bientôt après, la discorde se met entre les vainqueurs du Pérou, comme elle avait divisé Velasquez et Fernand Cortez dans l'Amérique septentrionale.

« Almagro et les frères de Pizarre font la guerre civile dans Cusco même, la capitale des Incas; toutes les recrues qu'ils avaient reçues de l'Europe se partagent, et combattent pour le chef qu'elles choisissent. Ils donnent un combat sanglant sous les murs de Cusco, sans que les Péruviens osent profiter de l'affaiblissement de leur ennemi commun. Enfin, Almagro fut fait prisonnier, et son rival lui fit trancher la tête; mais bientôt après il fut assassiné lui-même par les amis d'Almagro.

« Déjà se formait dans tout le Nouveau-Monde le gouvernement espagnol; les grandes provinces avaient leur gouverneur; des tribunaux appelés *audiences* étaient établis; des archevêques, des évêques, des tribunaux d'inquisition, toute la hiérarchie ecclésiastique exerçait ses fonctions comme à Madrid, lorsque les capitaines qui avaient conquis le Pérou pour l'empereur Charles-Quint voulurent le prendre pour eux-mêmes. Un fils d'Almagro se fit reconnaître gouverneur du Pérou; mais d'autres Espagnols, aimant mieux obéir à leur maître qui demeurait en Europe qu'à leur compagnon qui devenait leur souverain, le firent périr par la main du bourreau. » (*Voltaire*.)

- Une nouvelle guerre civile fut de même étouffée.

Charles-Quint, cédant aux réclamations de Las-Casas, avait garanti aux Indiens la liberté personnelle, en déterminant les tributs et services auxquels ils restaient assujettis (1542). Les colons espagnols prirent les armes, et se donnèrent pour chef Gonzalo Pizarre. Mais le nom du roi était si respecté qu'il suffit, pour rétablir l'ordre, d'envoyer un vieillard, un inquisiteur (Pedro de la Gasca). Il rallia à lui la plupart des Espagnols, gagna les uns, battit les autres, et assura à l'Espagne la possession du Pérou (1546).

*Tableau de l'empire espagnol en Amérique.* — Si l'on excepte le Mexique et le Pérou, l'Espagne ne possédait réellement que des côtes. Les peuples de l'intérieur ne pouvaient être soumis qu'à mesure qu'ils étaient convertis par les missions, et attachés au sol par la civilisation.

*Découvertes et établissements divers.* — 1540, entreprise de Gonzalo Pizarre pour découvrir le pays à l'est des Andes; Orellana traverse l'Amérique méridionale, par une navigation de mille lieues. — Établissements : 1527, province de Venezuela; 1535, Buenos-Ayres; 1536, province de Grenade; 1540, San-Iago; 1550, la Conception; 1555, Carthagène et Porto-Bello; 1567, Caracas.

*Administration.* — Gouvernement politique : en Espagne, conseil des Indes, et cour de commerce et de justice; en Amérique, deux vice-rois, audiences, municipalités. Caciques, et *protecteurs* des Indiens. Gouvernement ecclésiastique (entièrement dépendant du roi); archevêques, évêques, curés ou doctrinaires, missionnaires, moines. — Inquisition établie en 1570 par Philippe II.

Administration commerciale. Monopole. Ports privilégiés : en Amérique, la Vera-Cruz, Carthagène et Porto-Bello ; en Europe, Séville (plus tard Cadix) ; *flotte et galions*. L'agriculture et les manufactures sont négligées en Espagne et en Amérique pour l'exploitation des mines ; lent accroissement de colonies et ruine de la métropole avant 1600. Mais dans le cours du seizième siècle, l'énorme quantité de métaux précieux que l'Espagne doit tirer de l'Amérique contribue à en faire la puissance prépondérante de l'Europe.

# CHAPITRE XVI

### Des lettres, des arts et des sciences dans le seizième siècle. Léon X et François I<sup>er</sup>.

Le quinzième siècle a été celui de l'érudition[1]; l'enthousiasme de l'Antiquité a fait abandonner la route ouverte si heureusement par Dante, Boccace et Pétrarque. Au seizième siècle, le génie moderne brille de nouveau pour ne plus s'éteindre.

La marche de l'esprit humain à cette époque présente deux mouvements très distincts : le premier, favorisé par l'influence de Léon X et de François I<sup>er</sup>, est particulier à l'Italie et à la France; le second est européen. — Le premier, caractérisé par les progrès des lettres et des arts, est arrêté en France par les guerres civiles, ralenti en Italie par les guerres étrangères; dans cette dernière contrée, le génie des lettres s'éteint sous le joug des Espagnols; mais

---

[1]. Sous le rapport de la culture des Lettres, le quinzième siècle appartient tout entier au Moyen-âge. Pour la moitié de ce siècle, voyez le *Précis de l'Histoire du Moyen-âge*, par M. Des Michels.

l'impulsion donnée aux arts s'y prolonge jusqu'au milieu du siècle suivant. — Le second mouvement est le développement d'un esprit audacieux de doute et d'examen. Dans le dix-septième siècle, il doit être en parti arrêté par un retour aux croyances religieuses, en partie détourné vers les sciences naturelles; mais il reparaîtra au dix-huitième.

§ 1. — *Lettres et Arts.*

Indépendamment des causes générales qui ont amené la renaissance des lettres, telles que les progrès de la sécurité et de l'opulence, la découverte des monuments de l'Antiquité, etc., plusieurs causes particulières ont dû leur donner un nouvel essor chez les Italiens du seizième siècle : 1° les livres sont devenus communs, grâce aux progrès de l'imprimerie; 2° la nation italienne, ne pouvant plus influer sur son sort, cherche une consolation dans les jouissances de l'esprit; 3° une foule de princes, et surtout les Médicis, encouragent les savants et les artistes; les écrivains illustres profitent moins de cette protection.

La poésie, qui, avec les arts, fait la principale gloire de l'Italie au seizième siècle, allie le goût et le génie dans la première partie de cette période. — La muse épique élève deux monuments immortels. — La comédie et la tragédie présentent des essais, à la vérité médiocres. — Les genres les plus opposés, la satire et la pastorale, sont cultivés. C'est surtout dans ce dernier genre que l'on remarque la décadence rapide du goût.

| | | | |
|---|---|---|---|
| Le Boïardo, mort en | 1490 | Le Trissin, mort en | 1550 |
| Machiavel | 1529 | Le Tasse | 1596 |
| L'Arioste | 1533 | Le Guarini | 1619 |

L'éloquence, production tardive des littératures, n'a point le temps de se former. Mais plusieurs historiens approchent de l'Antiquité.

| | | | |
|---|---|---|---|
| Machiavel, mort en | 1529 | Paul Jove, mort en | 1552 |
| Fr. Guichardin | 1540 | Baronius | 1607 |
| Bembo | 1547 | | |

Les langues anciennes sont cultivées autant que dans l'âge précédent, mais cette gloire est éclipsée par tant d'autres.

| | | | |
|---|---|---|---|
| Pontanus, mort en | 1503 | Sadolet, mort en | 1547 |
| Alde Manuce | 1516 | Fracastor | 1553 |
| Jean Second | 1523 | J.-C. Scalliger | 1558 |
| Sannazar | 1530 | Vida | 1563 |
| A.-J. Lascaris | 1535 | P. Manuce | 1574 |
| Bembo | 1547 | Alde Manuce | 1597 |

La supériorité dans les arts est en Italie le trait caractéristique du seizième siècle. Les anciens restent sans rivaux dans la sculpture, mais les modernes les égalent dans l'architecture, et dans la peinture ils les surpassent. — L'école romaine se distingue par la perfection du dessin, l'école vénitienne par la beauté du coloris.

| | | | |
|---|---|---|---|
| Giorgion, mort en | 1511 | Le Parmesan, mort en | 1534 |
| Bramante | 1514 | Jules Romain | 1546 |
| Léonard de Vinci | 1518 | Michel-Ange | 1564 |
| Raphaël | 1520 | Jean d'Udine | 1564 |
| Le Corrège | 1534 | Le Primatice | 1564 |

| | | | |
|---|---|---|---|
| Palladio, mort en | 1568 | Augustin Carrache, mort en | 1601 |
| Le Titien | 1576 | Le Caravage | 1609 |
| Le Véronèse | 1588 | Annibal Carrache | 1609 |
| Le Tintoret | 1594 | Louis Carrache | 1619 |

La France suit de loin l'Italie. L'historien Comines est mort en 1509. — François I*er* fonde le Collège de France et l'Imprimerie royale. Il encourage le poète Marot (1544), et les frères du Bellay (1543-1560), négociateurs et historiens. Sa sœur, Marguerite de Navarre (1549), cultive elle-même les lettres. François I*er* honore le Titien, attire en France le Primatice et Léonard de Vinci. Il bâtit Fontainebleau, Saint-Germain, Chambord, et commence le Louvre. Sous lui fleurissent Jean Cousin (1589), dessinateur et peintre ; Germain Pilon, Philibert de l'Orme, Jean Goujon (1572), sculpteurs et architectes ; les érudits Guillaume Budé (1540), Turnèbe (1565), Muret (1585), Henri Estienne (1598), célèbre imprimeur ; enfin, les illustres jurisconsultes Dumoulin (1566) et Cujas (1590). — Après le règne de François I*er*, le poète Ronsard (1585) jouit d'une estime peu durable ; mais Montaigne (1592), Amyot (1593), et la *Satire Ménippée* donnent un nouveau caractère à la langue française.

Les autres pays sont moins riches en talents illustres. Cependant l'Allemagne cite son Luther, le cordonnier-poète Hans Sachs, et les peintres Albert Dürer et Lucas Cranach. Le Portugal et l'Espagne ont leurs écrivains illustres, le Camoëns, Lope de Vega et Cervantès ; les Pays-Bas et l'Écosse, leurs érudits et leurs historiens, Juste-Lipse (1616) et Buchanan (1582). — Sur les quarante-trois universités fondées au-

seizième siècle, quatorze le furent par les seuls rois d'Espagne, dix par Charles-Quint.

### § 2. — *Philosophie et Sciences.*

La philosophie dans le siècle précédent n'a été cultivée que par les érudits. Elle s'est bornée à attaquer la scolastique et à lui opposer le platonisme. Peu à peu, entraînée par un mouvement plus rapide, elle porte l'examen sur tous les objets. Mais on a trop peu d'observations; nulle méthode; l'esprit humain cherche au hasard. Beaucoup d'hommes découragés deviennent les plus audacieux sceptiques.

| | | | |
|---|---|---|---|
| Érasme, mort en | 1533 | Montaigne, mort en | 1592 |
| Vivès | 1540 | G. Bruno | 1600 |
| Rabelais | 1553 | Charron | 1603 |
| Cardan | 1576 | Boehm | 1624 |
| Telesio | 1588 | Campanella | 1639 |

La théorie de la politique naît avec Machiavel; mais au commencement du seizième siècle, les Italiens n'ont pas fait assez de progrès dans cette science pour voir qu'elle se concilie avec la morale.

| | | | |
|---|---|---|---|
| Machiavel, mort en | 1529 | Bodin, mort en | 1596 |
| Thomas Morus | 1533 | | |

Les sciences naturelles quittent les vains systèmes pour entrer dans la route de l'observation et de l'expérience.

| | | | |
|---|---|---|---|
| Paracelse, mort en | 1541 | Gessner, mort en | 1565 |
| Copernik | 1543 | Paré | 1592 |
| Fallope | 1562 | Viète | 1603 |
| Vesale | 1564 | Van Helmont | 1644 |

## CHAPITRE XVII

Troubles des commencements du règne de Louis XIII. — Richelieu.
(1610-1643.)

Le caractère général du dix-septième siècle, c'est le progrès commun de la royauté et du Tiers-état. Le progrès de la royauté n'est suspendu que deux fois par les minorités de Louis XIII et de Louis XIV. Celui du Tiers-état ne s'arrête que vers la fin du règne de Louis XIV. A cette époque, le roi, n'ayant depuis longtemps rien à craindre de la noblesse, lui livre l'administration. Jusque-là tous les ministres, Concini, Luynes, Richelieu, Mazarin, Colbert, Louvois, sortaient de la roture, tout au plus de la petite noblesse. Quelques-uns des amiraux et des officiers supérieurs des armées de Louis XIV appartenaient aux derniers rangs du peuple.

Dans la première partie de ce siècle, l'action politique est pour ainsi dire négative. Il s'agit d'annuler ce qui fait obstacle à la centralisation monarchique, les grands et les Protestants; c'est l'œuvre de Richelieu. Dans la seconde moitié, il y a sous Colbert une tentative d'organisation législative, et surtout administrative; la production industrielle prend l'essor. La France agit puissamment au dedans et au dehors; elle produit, elle combat. Mais la production ne marche point du même pas que la consommation. La France s'épuise à compléter son territoire par des conquêtes nécessaires et glorieuses. Le cours de sa prospérité intérieure est aussi retardé par la grandeur des guerres et des conquêtes; il l'est par la réaction aristocratique. La noblesse s'empare du pouvoir monarchique, se place partout entre le roi et le peuple, et communique à la royauté sa propre décrépitude.

Henri IV avait eu grand'peine à se tenir entre les Protestants et les Catholiques. Lorsqu'il mourut, cette indécision ne pouvait plus continuer; il allait se jeter d'un côté, et c'eût été du côté protestant. La grande guerre d'Allemagne qui commençait lui offrait le rôle magnifique de chef de l'opposition européenne contre la maison d'Autriche, le rôle que prit vingt ans plus tard Gustave-Adolphe. Le roi mort, un enfant, Louis XIII, une régente italienne, Marie de Médicis, un ministre italien, Concini, ne pouvaient continuer Henri IV. Cet enfant, cette femme, ne pouvaient monter à cheval pour aller guerroyer l'Autriche. Ne pouvant combattre l'Autriche, il fallait l'avoir pour amie. Ne pouvant mener les grands et les Protestants en Allemagne à une croisade protestante, il fallait, s'il était possible, gagner les grands et affaiblir les Protestants. Cette politique de Concini, tant blâmée des historiens, reçoit sa justification du premier juge en cette matière, de Richelieu lui-même, dans un de ses écrits. Les grands à qui Henri IV n'avait pu ôter leurs places fortes, un Condé, un d'Épernon, un Bouillon, un Longueville, se trouvaient tout armés à sa mort; ils exigèrent de l'argent, et il fallut, pour éviter la guerre civile, leur livrer le trésor de Henri IV (douze millions, et non trente, selon Richelieu). Puis ils demandent les États généraux (1614). Ces États, qui, du reste, ne firent rien, répondirent peu à l'attente des grands; ils se montrèrent dévoués à la couronne, le Tiers réclama une déclaration de l'indépendance de la couronne à l'égard du Pape. Les grands, n'ayant pu rien tirer des États, eurent recours à la force, et s'allièrent aux Protestants (1615); bizarre alliance du vieux parti féodal avec la réforme religieuse du seizième siècle. Concini, lassé des moyens termes, fit arrêter le prince de Condé, chef de la coalition. Cette démarche hardie annonçait une nouvelle politique; il venait de s'attacher le jeune Richelieu (1616).

Une intrigue de cour renversa Concini, au profit du jeune Luynes, domestique favori du petit roi, qui lui persuada de s'affranchir de son ministre et de sa mère (1617). Concini fut assassiné; sa veuve, Léonora Galigaï, exécutée comme sorcière. Leur vrai crime était le brigandage et la vénalité. Luynes ne fit guère que continuer le ministère de Concini. Il avait un ennemi de plus, la mère du roi, qui par deux fois fit craindre la guerre civile. Les Protestants se montraient chaque jour plus menaçants. Ils réclamaient, les armes à la main, l'exécution de ce dangereux Édit de Nantes qui laissait subsister une république dans le royaume. Luynes les poussa à bout en réunissant le Béarn à la couronne, et déclarant que dans cette province les biens ecclésiastiques seraient rendus aux catholiques. C'est précisément ce que l'Empereur voulait faire en Allemagne, et ce qui fut la cause principale de la Guerre de Trente-Ans. Richelieu s'y prit mieux plus tard. Il n'inquiéta point les Protestants pour les biens usurpés, il ne toucha qu'à leurs places fortes. Leur assemblée de La Rochelle, en 1621, publia une déclaration d'indépendance, partagea en huit cercles les sept cents Églises réformées de France, régla les levées d'argent et d'hommes, en un mot organisa la république protestante. Ils offraient cent mille écus par mois à Lesdiguières pour qu'il se mît à leur tête et organisât leur armée. Mais le vieux soldat ne voulut point, à quatre-vingts ans, quitter sa petite royauté du Dauphiné, pour accepter la conduite de ce parti indisciplinable. Luynes, qui avait pris le commandement des armées et le titre de connétable, échoua honteusement devant Montauban, où il avait conduit le roi. Il mourut dans cette campagne (1621).

Ce ne fut que trois ans après que la reine mère parvint à introduire au conseil sa créature, Richelieu (1624). Le roi avait de l'antipathie pour cet homme, dans lequel il semblait pressentir un maître. La première pensée de Richelieu fut de neutraliser l'Angleterre, seule alliée des Protestants de France. Cela fut fait de deux manières. D'une part, on soutint la Hollande, on lui prêta de l'argent, pour en obtenir des vaisseaux; de l'autre, le mariage du roi d'Angleterre avec la belle Henriette de France, fille de Henri IV, augmenta l'indécision naturelle de Charles I$^{er}$ et la défiance des Anglais pour son gouvernement. Le cardinal commence par une alliance avec les Anglais et les Hollandais hérétiques, et une guerre contre le Pape; on peut juger d'après cela quelle liberté d'esprit il portait dans la politique. Le Pape, livré aux Espagnols, occupait pour eux le petit canton suisse de la Valteline, leur gardant ainsi la porte des Alpes, par où leurs possessions d'Italie communiquaient avec l'Autriche. Richelieu achète des troupes suisses, les envoie contre celles du Pape, et rend la Valteline aux Grisons, non sans s'être assuré par une décision de la Sorbonne qu'il peut le faire en sûreté de conscience. Après avoir battu le Pape, il bat, l'année suivante (1625), les Protestants qui ont repris les armes; il les bat et les ménage, ne pouvant encore les écraser. Il était entravé dans l'exécution de ses grands projets par les plus méprisables intrigues. Des femmes excitaient des jeunes gens; les domestiques de Gaston, duc d'Orléans, aiguillonnaient sa paresseuse ambition. Ils voulaient lui donner un appui au dehors, en lui faisant épouser une princesse étrangère. Richelieu essaya d'abord de les gagner. Il donna le bâton de maréchal à d'Ornano, gouverneur de Gaston. Ils s'enhardirent par là et complotèrent sa mort. Richelieu fit encore venir leur principal complice, le jeune Chalais, et n'obtint rien. Alors, changeant de moyens, il livra Chalais à une commission du parlement de Bretagne, et le fit décapiter (1626). Gaston, pendant qu'on coupait la tête à son ami, épousa, sans mot dire, Mademoiselle de Montpensier. D'Ornano, enfermé à la Bastille, y mourut bientôt, sans doute empoisonné. Les favoris de Gaston étaient sujets à mourir à la Bastille (*Puylaurens*, 1635). Telle était la politique du temps, telle nous la lisons dans le Machiavel du dix-septième siècle, Gabriel Naudé, bibliothécaire de Mazarin. La devise de ces politiques, telle que la donne Naudé, c'est : *Salus populi surprema lex esto.* Du reste, ils s'accordent sur le choix des moyens. C'est cette doctrine atroce qui inspira nos terroristes en 93. Elle semble n'avoir laissé à Richelieu ni doutes ni remords. Comme il expirait, le prêtre lui demanda s'il pardonnait à ses ennemis. « Je n'en ai jamais eu d'autres, répondit-il, que ceux de l'État. » Il avait dit, à une autre époque, ces paroles qui font frémir : « Je n'ose rien entreprendre sans y avoir bien pensé ; mais quand une fois j'ai pris ma résolution, je vais droit à mon but, je renverse tout, je fauche tout, et ensuite je couvre tout de ma robe rouge. »

Effectivement, il marcha en ligne droite, avec une inflexibilité terrible. Il supprima la charge de connétable. Celle d'amiral de France, il la prit pour lui sous le titre de surintendant général de la navigation. Ce titre voulait dire d'avance : destructeur de La Rochelle. Sous prétexte d'économie, il ordonna la réduction des pensions et la démolition des forteresses. La forteresse du protestantisme, La Rochelle, fut enfin attaquée. Un fat qui gouvernait le roi d'Angleterre, le beau Buckingham, s'était déclaré solennellement amoureux de la reine de France; on lui ferma l'entrée du royaume, et il fit déclarer la guerre à la France. L'Anglais promit des secours à La Rochelle, elle se souleva, et tomba sous la serre de Richelieu (1627-8). Buckingham vint avec quelques mille hommes se faire battre dans l'île de Ré. Charles Ier eut ensuite bien d'autres affaires. Avec la fameuse *Pétition des droits* (1628) commença la révolution d'Angleterre; Richelieu n'y fut rien moins qu'étranger. Cependant La Rochelle, abandonnée des Anglais, se vit isolée de la mer par une prodigieuse digue de quinze cents toises; on en distingue encore les restes à la mer basse. Le travail dura plus d'un an, la mer emporta plus d'une fois la digue. Richelieu ne lâcha pas prise. L'Amsterdam française, dont Coligny avait cru se faire le Guillaume d'Orange, fut saisie dans ses eaux, et méditerranisée; isolée de son élément, elle ne fit plus que languir. Le protestantisme fut tué du même coup, au moins comme parti politique. La guerre traîna encore dans le Midi. Le fameux duc de Rohan lui-même finit par s'arranger pour cent mille écus.

Après avoir brisé le parti protestant en France, Richelieu battit le parti catholique en Europe; il força les Espagnols dans leur Italie, où ils régnaient depuis Charles-Quint. Il trancha, par une vive et courte guerre, le nœud de la succession de Mantoue et de

Montferrat, petites possessions, mais grandes positions militaires. Le dernier duc les avait léguées à un prince français, au duc de Nevers. Les Savoyards, fortifiés au pas de Suze, se croyaient inexpugnables; Richelieu lui-même le pensait ainsi. Le roi emporta, de sa personne, cette terrible barrière; le duc de Nevers fut affermi, la France eut un avant-poste en Italie, et le duc de Savoie sut que les Français passaient chez lui quand ils voulaient (1630).

Pendant cette belle guerre, la mère du roi, les courtisans, les ministres même, en faisaient une sourde et lâche à Richelieu. Ils crurent l'avoir détrôné. Il revit Louis, lui parla un quart d'heure, et se retrouva roi. Cette journée fut appelée la *Journée des Dupes*. Ce fut une comédie. Le cardinal fit ses paquets le matin, et ses ennemis en firent autant le soir. Mais la pièce eut son côté tragique. Le cardinal fit prendre les deux Marillac, le maréchal et le surintendant, tous deux ses créatures, qui avaient tourné contre lui. Sans parler du crime de péculat et de concussion, si commun à cette époque, ils étaient coupables d'avoir essayé de faire manquer la guerre d'Italie, en retenant les sommes qui y étaient destinées. L'un d'eux eut la tête tranchée. Ce qu'il y eut d'odieux, c'est qu'il fut jugé par une commission, par ses ennemis personnels, dans une maison particulière, dans le palais même du cardinal, à Ruel.

La reine mère, plus embarrassante, avait été arrêtée, intimidée. On l'avait décidée à s'enfuir à Bruxelles avec son fils Gaston. Celui-ci, aidé par le duc de Lorraine dont il avait épousé la fille en secondes noces, rassemble quelques troupes de vagabonds, et se jette en France. Il y était appelé par les grands, entre autres par Montmorency, gouverneur du Languedoc. Les grands voulaient cette fois jouer quitte ou double. Pour aller rejoindre Montmorency, il fallait traverser le royaume. Les soldats mal payés de Gaston se payèrent de leurs mains sur la route. Partout les villes fermèrent leurs portes à ces brigands. La conjonction eut lieu à Castelnaudary, et ils n'en furent pas moins battus (1632). Gaston jeta les armes et fit encore la paix en livrant ses amis; il jura expressément *d'aimer les ministres du roi, en particulier M. le Cardinal*. Montmorency, blessé et pris, fut impitoyablement décapité à Toulouse. On plaignit ce dernier représentant du monde chevaleresque et féodal. Déjà son parent, le duc de Boutteville, père du célèbre Luxembourg, avait eu la tête tranchée en 1627 pour s'être battu en duel. Lorsque de pareilles têtes tombaient, les grands commençaient à comprendre qu'il ne fallait plus se jouer de l'État et de la loi.

C'était alors le plus fort de la Guerre de Trente-Ans. Richelieu ne pouvait y intervenir directement, tant qu'il avait les grands sur les bras. L'Empereur avait alors frappé le parti protestant; le Palatin était ruiné (1623), le roi de Danemarck quittait la partie (1629). Les armées catholiques avaient alors à leur tête les plus grands généraux, le tacticien Tilly, et ce démon de la guerre, Wallenstein. Pour relever les Protestants, pour remuer cette lourde Allemagne, il fallait un mouvement du dehors. Richelieu fouilla le Nord au delà du Danemarck, et de Suède il tira Gustave-Adolphe. Il le débarrassa d'abord de la guerre de Pologne ; il lui donna de l'argent, lui ménagea l'alliance des Provinces-Unies et du roi d'Angleterre. En même temps, il fut assez adroit pour décider l'Empereur à désarmer. Le Suédois, pauvre prince qui avait plus à gagner qu'à perdre, se lança dans l'Allemagne, fit une guerre à coups de foudre, déconcerta les fameux tacticiens, les battit à son aise pendant qu'ils étudiaient ses coups ; il leur enleva d'un revers tout le Rhin, tout l'occident de l'Allemagne. Richelieu n'avait pas prévu qu'il irait si vite. Heureusement Gustave périt à Lutzen, heureusement pour ses ennemis, pour ses alliés, pour sa gloire. Il mourut pur et invaincu (1632).

Richelieu continue les subsides aux Suédois, ferme la France du côté de l'Allemagne en confisquant la Lorraine et déclare la guerre aux Espagnols (1635). Il croyait la maison d'Autriche assez matée pour pouvoir entrer en partage de ses dépouilles. Il avait acheté le meilleur élève de Gustave-Adolphe, Bernard de Saxe-Weimar. Cependant cette guerre fut d'abord difficile. Les Impériaux entrèrent par la Bourgogne, et les Espagnols par la Picardie. Ils n'étaient plus qu'à trente lieues de Paris. On déménageait ; le ministre lui-même semblait avoir perdu la tête. Les Espagnols furent repoussés (1636). Bernard de Weimar gagna, au profit de la France, ses belles batailles de Rhinfeld et de Brisach ; Brisach, Fribourg, ces places imprenables, furent prises pourtant. La tentation devenait forte pour Bernard ; il souhaitait, avec l'argent de la France, se former une petite souveraineté sur le Rhin ; son maître, le grand Gustave, n'en avait pas eu le temps ; Bernard ne l'eut pas davantage. Il mourut à trente-six ans, fort à propos pour la France et pour Richelieu (1639).

L'année suivante (1640), le cardinal trouva moyen de simplifier la guerre. Ce fut d'en créer une à l'Espagne chez elle, et plus d'une. L'est et l'ouest, la Catalogne et le Portugal, prirent feu en même temps. Les Catalans se mirent sous la protection de la France. L'Espagne voulait faire comme Richelieu, lui ménager chez lui une bonne guerre intérieure. Elle traitait avec Gaston, avec les grands. Le comte de Soissons, qui fit feu avant l'ordre, fut obligé de se sauver chez les Espagnols, et fut tué en combattant pour eux près de Sedan (1641). La faction ne se découragea pas ; un nouveau complot fut tramé, de concert avec l'Espagne. Le jeune Cinq-Mars, grand écuyer et favori de Louis XIII, s'y jeta avec l'étourderie qui avait perdu Chalais. Le discret De Thou, fils de l'historien, sut l'affaire et ne dit mot. Le roi lui-même n'ignorait pas qu'on tramait la perte du ministre. Celui-ci, qui était alors bien malade, semblait perdu sans ressource. Ayant pourtant réussi à se procurer une copie de leur traité avec l'étranger, il eut encore le temps de faire le procès à ses ennemis avant de mourir. Il fit couper la tête à Cinq-Mars et à De Thou ; le duc de Bouillon, qui avait déjà le couteau sur la gorge, se racheta en rendant sa ville de Sedan, le foyer de toutes les intrigues. A l'autre bout de la France, Richelieu prenait en même temps Perpignan aux Espagnols. Ces deux places furent un legs du cardinal à la France, qu'elles couvrent au nord et au midi. La même année mourut le grand homme (1642).

# TROISIÈME PÉRIODE

(1648-1789).

PREMIÈRE PARTIE DE LA TROISIÈME PÉRIODE

(1648-1715).

## CHAPITRE XVIII

Troubles sous Mazarin. — Commencements de Colbert. — Louis XIV.
(1643-1661.)

La mort de Richelieu fut une délivrance pour tout le monde. On respira. Le peuple fit des chansons. Le roi les chanta lui-même, tout mourant qu'il était. Sa veuve, Anne d'Autriche, fut régente au nom du nouveau roi, Louis XIV, alors âgé de six ans. La France, après Richelieu et Louis XIII, se trouvait, comme après Henri IV, sous une molle main de femme qui ne savait résister ni retenir. Il n'y avait plus, dit un contemporain, que trois petits mots dans la langue française : « La reine est si bonne ! » Le Concini de cette nouvelle Marie de Médicis fut un Italien de beaucoup d'esprit, le cardinal Mazarin. Son administration, aussi déplorable au dedans que glorieuse au dehors, fut troublée par la ridicule révolution de la Fronde, et couronnée par les deux traités de Westphalie et des Pyrénées; le premier est resté la charte diplomatique de l'Europe jusqu'à la Révolution française. Le bien, le mal, c'était également l'héritage de Richelieu. Richelieu avait tendu à l'excès le ressort du gouvernement; il se détendit tout naturellement sous Mazarin. Richelieu, ayant à rendre chaque jour quelque combat à mort, avait vécu en finances d'expédients tyranniques. Il avait mangé le présent, l'avenir même en tuant le crédit. Mazarin, recevant les choses en cet état, augmenta le désordre, laissa prendre et prit lui-même. Il laissait à sa mort deux cents millions de biens. Il avait toutefois trop d'esprit pour ne pas sentir le prix de l'ordre. Au lit de la mort, il dit à Louis XIV qu'il croyait s'acquitter de tout envers lui en lui donnant Colbert. Du reste, une partie de cet argent volé fut employée honorablement. Il envoya Gabriel Naudé par toute l'Europe pour acheter à tout prix des livres précieux : il forma ainsi son admirable *Bibliothèque Mazarine*, et il l'ouvrit au public. Ce fut la première bibliothèque publique à Paris. En même temps il faisait donner à Descartes, retiré en Hollande, une pension de mille écus, qu'il lui fit payer exactement.

Le nouveau règne fut inauguré par des victoires. L'infanterie française prit pour la première fois sa place dans le monde par la bataille de Rocroy (1643).

Cet événement est bien autre chose qu'une bataille, c'est un grand fait social. La cavalerie est l'arme aristocratique, l'infanterie l'arme plébéienne. L'apparition de l'infanterie est celle du peuple. Chaque fois qu'une nationalité surgit, l'infanterie apparaît. Tel peuple, telle infanterie. Depuis un siècle et demi que l'Espagne était une nation, le fantassin espagnol régnait sur les champs de bataille, brave sous le feu, se respectant lui-même, quelque déguenillé qu'il fût, et faisant partout respecter le *señor soldado;* du reste, sombre, avare et avide, mal payé, mais sujet à patienter en attendant le pillage de quelque bonne ville d'Allemagne ou de Flandre. Ils avaient juré au temps de Charles-Quint : « par le sac de Florence », ils avaient pillé Rome, puis Anvers, puis je ne sais combien de villes des Pays-Bas. Parmi les Espagnols il y avait des hommes de toutes les nations, surtout des Italiens. Le caractère national disparaissait. L'esprit de corps et le vieil honneur de l'armée les soutenaient encore, lorsqu'ils furent portés par terre à la bataille de Rocroy. Le soldat qui prit leur place fut le soldat français, l'idéal du soldat, la fougue disciplinée. Celui-ci, loin encore à cette époque de comprendre la patrie, avait du moins un vif sentiment du pays. C'était une gaillarde population de fils de laboureurs, dont les grands-pères avaient fait les dernières guerres de religion. Ces guerres de partisans, ces escarmouches à coups de pistolets firent toute une nation de soldats ; il y eut dans les familles des traditions d'honneur et de bravoure. Les petits-fils enrôlés, conduits par un jeune homme de vingt ans, le grand Condé, forcèrent à Rocroy les lignes espagnoles, enfoncèrent les vieilles bandes aussi gaiement que leurs descendants franchirent, sous la conduite d'un autre jeune homme, les ponts d'Arcole et de Lodi.

Depuis Gustave-Adolphe, la guerre s'était inspirée d'un plus libre génie. On croyait moins à la force matérielle, davantage à la force morale. La tactique était, si je puis dire, devenue spiritualiste. Dès qu'on sentait le dieu en soi, on marchait sans compter l'ennemi. Il fallait en tête un homme audacieux, un jeune homme qui crût au succès. Condé à Fribourg jeta son bâton dans les rangs ennemis; tous les Français coururent le ramasser.

La victoire engendre la victoire. Les lignes de Rocroy forcées, la barrière de l'honneur espagnol et impérial fut forcée pour jamais. L'année suivante (1644), l'habile et vieux Mercy laisse emporter les lignes de Thionville; Condé prend Philippsbourg et Mayence, la position centrale du Rhin. Mercy est de nouveau battu, et complètement, à Nordlingen (1645). En 1646, Condé prend Dunkerque, la clé de la Flandre et du détroit. Enfin, le 20 août 1648, il gagne dans l'Artois la bataille de Lens. Le 24 octobre fut signée la paix de Westphalie. Condé avait simplifié les négociations.

Ces cinq années de succès inouïs furent fatales au bon sens de Condé. Il ne se douta pas du peuple qui avait gagné ses victoires ; il les prit pour lui-même, et tout le monde, il est vrai, pensait comme lui. Voilà ce qui lui fit jouer dans la Fronde le rôle de matamore, de héros de théâtre ; puis trompé, désappointé, impuissant et ridicule, il se fâcha, passa à l'ennemi ; mais il fut battu dès qu'il ne commanda plus à des Français.

L'année même de ce glorieux traité de Westphalie, qui terminait la guerre européenne et donnait l'Alsace à la France, éclata la plus ridicule des révolutions. La *Fronde* (cette guerre d'enfants, nommée fort bien du nom d'un jeu d'enfants) fut sans doute comique dans ses événements, mais bien plus dans son principe : c'était, au fond, la révolte des légistes contre la loi. Le Parlement s'arma contre l'autorité royale, dont il procédait. Il prit pour lui le pouvoir des États généraux, et se prétendit le délégué de la nation, qui n'en savait rien. C'était le temps où le Parlement d'Angleterre, véritable parlement dans le sens politique du mot, coupait la tête à son roi (1649). En récompense, la populace de Naples se faisait un roi d'un pêcheur (Mazaniello, 1648). Notre Parlement, composé de gens de loi qui achetaient leur charge, n'en voulait pas à la dynastie, à la royauté, mais seulement au pouvoir royal. Leur conduite depuis deux siècles ne faisait prévoir rien de semblable. Ils avaient montré, pendant les guerres de religion, beaucoup de frayeur et de docilité. Favorables pour la plupart aux idées nouvelles, ils avaient pourtant enregistré la Saint-Barthélemy. Sous Richelieu, même docilité ; les parlements lui avaient fourni des commissions pour ses justices sanguinaires, et n'en avaient pas moins été maltraités, violentés, interdits (Paris 1635, Rouen 1640). Ils portaient alors la tête basse. Quand ils la relevèrent, qu'ils la sentirent encore sur les épaules, et virent que le maître était bien mort, ils se sentirent braves, ils parlèrent haut. Ce fut une gaie et vive échappée d'écoliers entre deux maîtres sévères, entre Richelieu et Louis XIV, entre la violence et la force.

Dans cette tragi-comédie, les plus amusantes figures après celle du *Mars français*, comme on appelait Condé, ce sont les chefs opposés des deux partis du Parlement : l'immobile président Molé, simple barre de fer, qui ne mollissait contre aucun homme ni aucune idée ; d'autre part, la mobilité elle-même personnifiée dans le coadjuteur, le fameux cardinal de Retz. Ce pétulant jeune homme avait commencé par écrire à dix-sept ans une histoire de la conjuration de Fiesque ; puis, pour joindre la pratique à la théorie, il était entré dans une conjuration contre le cardinal de Richelieu. Sa joie était de s'entendre appeler le petit Catilina. Quand il entrait au sénat parisien, il laissait passer un poignard de sa poche. Ayant lu que César avait eu des dettes, il eut des dettes. Comme César, il a laissé des commentaires. Il ne lui manquait que Pharsale.

L'extrême misère du peuple ne permettant guère de nouvel impôt, Mazarin vivait de ressources fortuites, de vexations. Son surintendant des finances, Emery, autre Italien, ayant retranché quatre années de traitement aux compagnies souveraines en compensation d'un droit onéreux, il exempta le Parlement. Le Parlement ne voulut pas être exempté seul, et refusa l'enregistrement des édits. Il déclara son *union* avec les compagnies souveraines, en invitant les autres parlements à y accéder (13 mai, 15 juin 1648). Mazarin crut frapper un grand coup en faisant arrêter quatre conseillers, pendant qu'on apportait dans Notre-Dame les drapeaux pris à la bataille de Lens, et qu'on chantait le *Te Deum*. Ce fut le commencement de l'insurrection. Des quatre prisonniers, le plus cher au peuple était un vieux conseiller imbécile, qui plaisait par sa rudesse et ses beaux cheveux blancs. Il s'appelait Broussel. Le peuple s'ameute devant sa porte. Une vieille servante pérore. Peu à peu le bruit gagne. Cent mille âmes se mettent à crier : « Liberté et Broussel ! »

Les princes, les grands, le Parlement, le petit peuple, tout le monde se trouve d'accord contre le Mazarin. La reine est obligée de sortir de Paris avec son fils enfant. Ils couchent à Saint-Germain sur la paille. C'était un mauvais temps pour les rois. La reine d'Angleterre, réfugiée à Paris, restait l'hiver au lit, faute de bois. Cependant le Parlement lève des troupes, les procureurs montent à cheval, chaque porte cochère fournit un laquais armé. Le vicomte de Turenne, qui était de l'intrigante maison de Bouillon, croit le moment venu de recouvrer Sedan, et se fait un instant le général de la Fronde. Cet homme froid et grave faisait aussi en cela la cour à madame de Longueville ; tout général, tout chef de parti, tout vrai héros de roman ou d'histoire, devait alors nécessairement avoir une dame de ses pensées, et être amoureux.

Les Espagnols, qui entrèrent en France pour profiter de cette crise (1649), réconcilièrent un moment les deux partis par la crainte. Condé, jusque-là resté fidèle à la cour, sentit qu'on ne pouvait se passer de lui, et devint d'une exigence insupportable. C'est alors que fut créé pour lui et les jeunes gens qui l'environnaient le nom de *petits-maîtres*. Il se faisait marchander par les deux partis en même temps ; il fallut l'arrêter (1650). Ce fut un prétexte pour Turenne, qui venait de passer aux Espagnols, et qui déclara combattre pour sa délivrance. Le parti des princes, celui des frondeurs, se trouvant unis et soutenus de l'Espagne, Mazarin dut céder. Il se mit de côté, laissa passer l'orage ; l'année suivante il revint, gagna Turenne et essaya en vain de ramener le roi dans Paris (combat de la porte Saint-Antoine, 1652). Un an de plus, et la lassitude des partis étant devenue complète, ce furent les Parisiens eux-mêmes qui pressèrent le roi de revenir (1653). Les frondeurs s'étouffaient dans les antichambres de Mazarin. Condé et les Espagnols furent battus par l'armée royale, alors commandée par Turenne. Mazarin, s'alliant sans scrupule avec la république d'Angleterre, avec Cromwell, accabla les Espagnols. Turenne gagna sur eux la bataille des Dunes (1658), qui donna Dunkerque à l'Anglais, et à la France la paix des Pyrénées (1659). Le traité de Westphalie lui avait garanti ses barrières de l'Artois, de l'Alsace et du Roussillon; celui des Pyrénées lui donna de plus Gravelines, Landrecies, Thionville, Montmédy.

Le jeune roi de France épousa l'infante avec cinq cent mille écus de dot qui ne furent point payés. L'infante renonçait à toute succession aux États d'Espagne. Mazarin ne disputa pas; il prévit ce que vaudraient les renonciations (1659).

Il y eut alors le plus complet triomphe de la royauté, le plus parfait accord du peuple en un homme qui se soit trouvé jamais. Richelieu avait brisé les grands et les Protestants; la Fronde avait ruiné le Parlement en le faisant connaître. Il ne restait debout sur la France qu'un peuple et un roi. Le premier vécut dans le second; il ne pouvait vivre encore de sa vie propre. Quand Louis XIV dit : « L'État c'est moi », il n'y eut dans cette parole ni enflure ni vanterie, mais la simple énonciation d'un fait.

Le jeune Louis était tout à fait propre à jouer ce rôle magnifique. Sa froide et solennelle figure plana cinquante ans sur la France avec la même majesté. Dans les trente premières années, il siégeait huit heures par jour aux Conseils, conciliant les affaires avec les plaisirs, écoutant, consultant, mais jugeant lui-même. Ses ministres changeaient, mouraient; lui, toujours le même, il accomplissait les devoirs, les cérémonies, les fêtes de la royauté, avec la régularité du soleil, qu'il avait choisi pour emblème.

L'une des gloires de Louis XIV, c'est d'avoir gardé vingt-deux ans pour ministre l'un des hommes qui ont fait le plus pour la gloire de la France : je parle de Colbert. C'était le petit-fils d'un marchand de laine de Reims, à l'enseigne du *Long-vêtu;* un esprit quelque peu pesant et dur, mais solide, actif, invincible au travail. Il réunissait les attributions de l'intérieur, du commerce, des finances, celles même de la marine, qu'il plaça entre les mains de son fils; il ne lui manquait que les ministères de la guerre et de la justice pour être roi de France. La guerre était dirigée (depuis 1666) par Louvois, exact, violent, farouche administrateur, dont l'influence balança celle de Colbert. Louis XIV semblait placé entre eux, comme entre son bon et son mauvais génie; et toutefois, l'un et l'autre étaient nécessaires; à eux deux, ils formèrent l'équilibre du grand règne[1].

Lorsque Colbert entra aux affaires, en 1661, les impôts étaient de quatre-vingt-quatre millions, et le roi en touchait à peine trente-deux. En 1670, malgré les guerres, il avait élevé le revenu net à soixante-dix millions, et réduit les charges à vingt-cinq. Sa

---

1. *Administration de Louis XIV.*

*Finances.* Développement de la richesse nationale sous le ministère de Colbert. 1661-1683. — Règlements multipliés. Encouragements donnés aux manufactures (draps, soieries, tapisseries, glaces, etc.). 1664-1680, Canal du Languedoc. Embellissements de Paris. 1698, Description du royaume. — 1660, Entraves mises au commerce des grains. 1664, Retranchement des rentes. Vers 1691, dérangement des finances. 1695, Capitation. 1710, Dixièmes et autres impôts. 1715, La dette monte à deux milliards six cents millions. — *Marine.* Nombreuse marine marchande : cent soixante mille marins. 1672, Cent vaisseaux de guerre. 1681, Deux cent trente. 1692, Premier échec à La Hogue. — *Guerre.* 1666-1691, Ministère de Louvois. Réforme militaire. Uniforme. 1667, Établissement des haras. 1671, Usage des baïonnettes. Com-

première opération financière, la réduction des rentes, porta une grave atteinte au crédit. Ses règlements industriels furent singulièrement vexatoires et tyranniques. Mais il porta sur le commerce le regard le plus éclairé. Il créa des comités consultatifs de marchands, établit des entrepôts francs, fit des routes, assura le commerce de mer par la destruction des pirates. En même temps, il portait dans l'administration politique une main hardie. Il défendait de rien vendre ou léguer à fonds perdu aux communautés (1661). Il restreignit les exemptions d'impôts que les ecclésiastiques, les nobles et les bourgeois des villes franches étendaient à leurs fermiers, en les présentant comme simples valets. Il révoqua en 1664 toutes les lettres de noblesse expédiées depuis 1630. Il déclara casuels tous les offices comptables, afin de les supprimer peu à peu. On reproche à Colbert d'avoir encouragé le commerce plus que l'agriculture. Cependant il défendit de saisir pour payement de la taille les lits, habits, chevaux, bœufs et outils des laboureurs, et n'autorisa de saisir que le cinquième du bétail. Il maintint le blé à bas prix en défendant

pagnies de grenadiers. Régiments de bombardiers et de hussards. Corps des ingénieurs. Écoles d'artillerie. 1688, Milices. Service régulier des vivres. Invalides. 1693, Ordre de Saint-Louis. L'armée monte jusqu'à quatre cent cinquante mille hommes. — *Législation*. 1667, Ordonnance civile. 1670, Ordonnance criminelle. 1673, Code de commerce. 1685, *Code Noir*. Vers 1663; Répression du duel *Affaires de religion*. Querelles du jansénisme, qui se prolongent pendant tout le règne de Louis XIV. 1648-1709, Port-Royal-des-Champs. 1661, Formule rédigée par le clergé de France. 1713, *Bulle Unigenitus*. — 1673, Troubles au sujet de la régale. 1682, Assemblée du clergé de France. — 1685-1699, Quiétisme. — 1685, *Révocation de l'Édit de Nantes*. 1701-1704, Révolte des Cévennes.

l'exportation. Il faut considérer que la plus grande partie des terres étant alors entre les mains des grands et de la noblesse, les encouragements donnés à l'agriculture auraient moins profité au peuple qu'à l'aristocratie. Au contraire, le commerce était entre les mains de la classe moyenne, qui commençait à s'élever.

Cet homme sorti d'un comptoir avait le sentiment de la grandeur de la France. Il oubliait son économie pour toutes les dépenses glorieuses. « Il faut, écrivait-il à Louis XIV, épargner cinq sols aux choses non nécessaires, et jeter les millions quand il est question de votre gloire. Un repas inutile de trois mille livres me fait une peine incroyable, et lorsqu'il est question de millions d'or pour l'affaire de Pologne, je vendrais tout mon bien, j'engagerais ma femme et mes enfants, et j'irais à pied toute ma vie pour y fournir. » Les principaux monuments de Louis XIV, ses plus beaux établissements, Observatoire, Bibliothèque, Académies, tout cela revient à Colbert. Il fit donner des pensions aux gens de lettres, aux artistes de France et même des pays étrangers. « Il n'y avait point de savants distingués, dit un contemporain, quelque éloigné qu'il fût de la France, que les gratifications n'allassent trouver chez lui. » — « Quoique le roi ne soit pas votre souverain, écrivait-il au Hollandais Isaac Vossius, il veut néanmoins être votre bienfaiteur. »

Quelques reproches qu'on puisse faire à Louis XIV, ce sont de belles justifications que de telles lettres.

Joignez-y les Invalides, Dunkerque, et le canal des deux mers. Joignez-y encore Versailles. Ce prodigieux monument, auquel aucun pays du monde n'a rien à opposer, exprime dignement cette grandeur de la France, unifiée pour la première fois au dix-septième siècle. Ces merveilleux entassements de verdure et d'architecture, terrasse sur terrasse, et bassins sur bassins, cette hiérarchie de bronzes, de marbres, de jets et de cascades échelonnés sur la montagne royale, depuis les monstres et les tritons qui rugissent au bas le triomphe du grand roi, jusqu'aux belles statues antiques qui couronnent la plate-forme de la paisible image des dieux, il y a dans tout cela une image grandiose de la monarchie elle-même. Ces eaux, qui montent et descendent avec tant de grâce et de majesté, expriment la vaste circulation sociale qui eut lieu alors pour la première fois, la puissance et la richesse montant du peuple au roi, pour retomber du roi au peuple, en gloire, en bon ordre, en sécurité. La charmante Latone, en laquelle est l'unité du jardin, fait taire de quelques gouttes d'eau les insolentes clameurs du groupe qui l'assiège; d'hommes ils deviennent grenouilles coassantes. C'est la royauté triomphant de la Fronde.

## CHAPITRE XIX

Suite du règne du règne de Louis XIV. (1661-1715[1].)

Une et forte, quand la plupart des États faiblissaient, la France réclama, obtint la suprématie. Le Pape ayant laissé insulter d'une manière grave l'ambassadeur de France et violer son hôtel, Louis XIV exigea la plus éclatante réparation. Le Pape fut obligé de chasser son propre frère, et d'élever une pyramide pour perpétuer son humiliation (1664). En même temps

1. *Révolutions de l'Angleterre et des Provinces-Unies*

*Angleterre.* Le gouvernement militaire du protectorat contraire aux habitudes de la nation. Les Stuarts indisposent les Anglais par la faveur qu'ils accordent aux catholiques, et par leur union avec Louis XIV Guillaume et Anne gagnent les Anglais par une conduite opposée. Cependant l'union du prince et de la nation n'est complète que sous la maison de Hanovre. — Continuation de la révolution d'Angleterre. 1649-1660, *République d'Angleterre.* Charles II proclamé roi en Écosse, et soutenu par les Irlandais. Cromwell soumet l'Irlande et l'Écosse... Batailles de Dunbar et de Worcester. — 1651, Acte de Navigation. 1652-1654, Guerre contre la Hollande. 1653, Cromwell chasse le Parlement. — 1653-1658, CROMWELL protecteur. Alliance avec la France contre l'Espagne. Dunkerque remis à Cromwell. Son gouvernement

qu'il traitait si sévèrement le chef spirituel de la chrétienté, il défendait sur mer et sur terre l'intérêt chrétien : il purgeait la mer des pirates barbaresques (1664). Il envoyait à l'empereur Léopold,

intérieur. 1658, Sa mort. — 1658-1660, RICHARD CROMWELL protecteur. Son abdication. *Le Rump*, bientôt dissous. Monck rappelle les Stuarts. — 1660-1685, CHARLES II. 1660-1667, Ministère de Clarendon. Procès des régicides. Rétablissement de l'épiscopat. Bill d'uniformité. Déclaration de tolérance. Dunkerque vendu à la France. 1664-1667, Guerre contre la Hollande. Incendie de Londres imputé aux catholiques. 1667, Disgrâce de Clarendon. Révolte des Presbytériens d'Écosse. — 1670-1685, *La Cabale*. Alliance secrète avec Louis XIV. 1672-1674, Guerre contre la Hollande. Bill du *Test*. Prétendue conspiration des catholiques. 1679, Le duc d'York exclu de la succession au trône. Bill d'*Habeas corpus*. 1680, *Whigs* et *Torys*. 1681-1685, Charles II n'assemble plus de parlement. 1683, Mort de Russell et de Sidney. — 1685-1688, JACQUES II. Invasion et supplice d'Argyle et de Monmouth. Jefferies. Ambassade solennelle à Rome. Dispense du *Test*. Procès des évêques. — Politique de Guillaume, prince d'Orange. 1688, Il passe en Angleterre. Fuite de Jacques. (Voy. le texte.) — 1689-1714, GUILLAUME II et MARIE II. 1689, Déclaration des droits. 1690-1691, Guerre d'Irlande. 1694, Parlement triennal. 1701. Acte de succession en faveur de la maison de Hanovre, limitation de la prérogative. — 1702-1714, ANNE. 1706, L'Angleterre et l'Écosse réunies. — *Provinces-Unies*. 1647-1650, GUILLAUME II. 1650-1672, Vacance du stathoudérat, supprimé en 1667. Administration de Jean de Witt. 1652-1654, 1664-1667, 1672-1674, Guerres contre l'Angleterre, Tromp et Ruyter. 1672, Le stathoudérat rétabli en faveur de GUILLAUME III, à l'occasion de l'invasion de la Hollande par Louis XIV. (Pour les événements qui suivent, voy. le texte). 1702-1747, Seconde vacance du stathoudérat, depuis la mort de Guillaume III jusqu'à l'avènement de GUILLAUME IV. 1715, Traité de la Barrière.

*Colonies des Européens pendant le dix-septième siècle.*

Au commencement du dix-septième siècle, les Hollandais et les Anglais ont enlevé à l'Espagne l'empire des mers ; au milieu, ils se disputent eux-mêmes cet empire ; à la fin ils s'unissent contre la France qui menace de le conquérir. — Les comptoirs hollandais sont désormais sans rivaux dans l'Orient, comme les colonies espagnoles dans l'Amérique méridionale. Mais deux puissances nouvelles, les Anglais et les Français, s'établissent sur le continent septentrional de l'Amérique et aux Antilles, et s'introduisent dans l'Inde. — Les colonies qui, au commencement du siècle, n'étaient guère que des spéculations particulières autorisées par le gouvernement, prennent de plus en plus

engagé dans une guerre contre les Turcs, des troupes qui prirent la part la plus brillante à la bataille de Saint-Gothard.

Cette force, que la France annonçait ainsi, contre

le caractère de provinces de la métropole. La guerre s'étend souvent des métropoles aux colonies; mais les colonies ne sont pas encore pour l'Europe des causes de guerre. — *Colonies hollandaises.* La puissance prépondérante du Mogol empêche les Hollandais de faire des établissements considérables sur le continent. — Maîtres des îles, ils s'occupent presque exclusivement du commerce des épiceries et des drogueries. Point d'émigrations nationales comme en Angleterre; ce sont des comptoirs plutôt que des colonies. — Suite des conquêtes des Hollandais sur les côtes et dans les îles de l'Inde. 1653, Colonie du cap de Bonne-Espérance. 1667, Conquête de Surinam. 1645-1661, Guerre contre les Portugais dans le Brésil. — *Colonies anglaises.* Politique invariablement favorable aux colonies, malgré les révolutions de la métropole. Fondation des colonies anglaises dans l'Amérique septentrionale. (Expéditions de Raleigh depuis 1583.) 1606, Compagnies de Londres et de Plymouth pour le commerce de la Virginie et de la Nouvelle-Angleterre. Fondation de l'État de Massachusett, 1621; de la ville de Boston, 1627; les États de Maryland, 1632; de Rhode-Island, 1634; de New-York et de New-Jersey, 1635; de Connecticut, 1636; de la Caroline, 1663; de la Pensylvanie, 1682. — Vers 1619, Pêche de Terre-Neuve et du Groënland. — 1625-1632, Établissement aux Antilles. 1655, Conquête de la Jamaïque. — Première compagnie des Indes orientales, fondée dès 1600. 1623, Massacre d'Amboine. 1662, Acquisition de Bombay. Fondation de Calcutta. Vers 1690, guerre contre Aureng-Zeb. — 1698, Seconde compagnie des Indes orientales. — Réunion des deux compagnies en 1702. — En Afrique, diverses compagnies privilégiées. Vers 1679-1680, construction des forts de Saint-James et de Sierra-Leone. — *Colonies françaises.* Les Français suivent un système moins exclusif que les autres nations; mais leurs colonies principales ne sont que des pêcheries, des comptoirs pour le commerce des pelleteries, ou des plantations de denrées coloniales qui ne sont pas encore en Europe l'objet d'une consommation universelle. — 1625-1635, Établissements particuliers aux Antilles, à Cayenne et au Sénégal. Colbert achète au nom du roi tous les établissements des Antilles. 1630, Origine des boucaniers et des flibustiers. 1664, La France prend sous sa protection leur établissement à Saint-Domingue. Cette partie de l'île lui reste à la paix de Ryswick, 1698. 1664-1674, Première compagnie privilégiée des Indes occidentales. 1661, l'Acadie, disputée par l'Angleterre à la France, reste à cette dernière jusqu'à la paix d'Utrecht, 1713. 1680, Entreprise sur la Louisiane. — 1679-1685, Compagnies d'Afrique. — 1664, Compagnies des Indes orientales. Tentatives sur Madagascar. 1675, Comptoir à Surate. 1679, Fondation de Pondichéry. Défense d'importer les produits industriels de

qui allait-elle la déployer ? Deux puissances étaient seules en Occident, l'Angleterre étant annulée par le retour des Stuarts. Il y avait l'Espagne et la Hollande, les vaincus et les vainqueurs. L'Espagne était

l'Inde. Ruine de la compagnie. — *Colonies danoises*, peu importantes, à Tranquebar, vers 1620, et à Saint-Thomas, 1671.

*Portugal, Espagne, Italie.*

Tous les États du Midi semblent frappés de langueur. Le Portugal a recouvré son indépendance ; mais, abandonné par la France, il se dévoue à l'Angleterre, dont il sera de plus en plus dépendant. L'Espagne parvient au dernier degré de faiblesse, et se relève un peu sous une nouvelle dynastie. L'Italie semble encore soumise à l'Espagne ; mais on y sent l'influence du roi de France et de l'Empereur, dont les familles rivales doivent bientôt se disputer la possession de cette contrée — *Portugal*. 1656-1667, Alphonse VI, successeur de Jean IV. Il s'allie à l'Angleterre. 1661, 1663, 1665, Victoires de Schomberg sur les Espagnols. 1667, Alphonse obligé de nommer son frère régent. 1668, Paix avec l'Espagne, qui reconnaît l'indépendance du Portugal. 1669, Paix avec les Provinces-Unies, qui conservent leurs conquêtes sur les Portugais dans les Indes orientales. — 1667-1706, Pierre II. 1703, Le Portugal accède à la grande alliance contre la France, et n'obtient à la paix d'Utrecht qu'une meilleure limitation pour ses colonies dans l'Amérique méridionale. 1703, Traité de commerce de *Methuen* avec l'Angleterre. — *Espagne*. 1665-1700, Charles II, successeur de Philippe IV. Langueur de la monarchie espagnole, dépouillée successivement par la France. Extinction de la branche espagnole de la maison d'Autriche. Avènement de la maison de Bourbon. 1700-1746, Philippe V. 1701-1713, Guerre de la Succession (Voy. le règne de Louis XIV). 1713, Convocation des Cortès, abolition de *la succession castillane.* — *Italie*. L'affaiblissement de l'Espagne, dans le dix-septième siècle, semble devoir rendre quelque liberté aux petits princes italiens. Trop peu encouragés par la France, ils se tournent du côté de l'Empereur. Venise seule, dans ses guerres contre les Turcs, annonce encore quelque vigueur. — 1647-1648, Révolte de Naples sous Mazaniello et le duc de Guise ; révolte de Palerme. 1674-1678, Révolte de Messine. Louis XIV proclamé roi de Sicile. — Le roi de France fait encore sentir trois fois sa suprématie en Italie. 1664-1687, Insultes faites au Pape. 1684. Bombardement de Gênes. 1708-1709, les duchés de Mantoue et de La Mirandole confisqués par l'Empereur. — Grandeur de la maison de Savoie, sous Victor-Amédée II. 1675-1730. L'Angleterre, pour assurer l'équilibre de l'Italie, fait accorder à

encore ce prodigieux *vaisseau dont la proue était dans la mer des Indes, et la poupe dans l'Océan Atlantique;* mais le vaisseau avait été démâté, désagréé, échoué à la côte, dans la tempête du protestantisme. Un

ce prince, par le traité d'Utrecht (1713), la dignité royale et la possession de la Sicile.

### Empire, Hongrie et Turquie.

*Empire.* Les principaux événements qui ont lieu de 1648 à 1713 dans l'Empire germanique semblent en préparer la dissolution : 1° les divisions religieuses et politiques, que le traité de Westphalie est loin d'avoir fait cesser, amènent les Protestants à une sorte de scission (création du *Corps évangélique*); 2° la France, en négociant avec chaque prince séparément, donne à tous les membres du corps germanique une importance individuelle; 3° l'élévation des Électeurs de Saxe et de Hanovre (plus tard celle du prince de Hesse-Cassel) à des trônes étrangers engage l'Allemagne dans toutes les affaires de l'Europe; 4° la création du royaume de Prusse rompt l'unité de l'Empire. — L'Allemagne trouve cependant des principes d'union dans son état d'hostilité à l'égard des Français et des Turcs, et dans la fondation des *Diètes permanentes.* — L'Empire ne voit pas d'abord que l'ancien système n'existe plus, et regarde encore la France comme sa protectrice contre la maison d'Autriche. Les *Réunions* d'Alsace lui ouvrent les yeux, et la maison d'Autriche se retrouve véritablement à la tête du corps germanique. Toute-puissante sous Joseph I$^{er}$, elle s'affaiblit de nouveau, malgré son agrandissement matériel, par l'incapacité de Charles VI, qui, ne songeant qu'à faire garantir sa Pragmatique, sacrifie toujours le présent à l'avenir. — 1648-1657, Fin du règne de Ferdinand III. 1654, Formation du *Corps évangélique*. 1656, Partage de la succession de Saxe. — 1658-1705, Léopold I$^{er}$, élu de préférence à Louis XIV et à l'Électeur de Bavière. 1658, Ligue du Rhin sous l'influence de la France. 1663, Diète perpétuelle de Ratisbonne. 1680, *Réunions* d'Alsace. 1685, Extinction de la branche palatine de Simmern. 1688, Élection de l'archevêque de Cologne. 1692, Création d'un neuvième Électorat en faveur de la maison de Hanovre (agrandie récemment par la succession de Saxe-Lauenbourg). 1697, Auguste II, Électeur de Saxe, élevé au trône de Pologne. 1700-1701, La Prusse érigée en royaume; Frédéric I$^{er}$. 1705. Confiscation de la Bavière. — 1705-1711, Joseph I$^{er}$, empereur. 1708, Rétablissement des Électeurs, rois de Bohême, dans les droits comitiaux. Réunion du Mantouan à l'Empire. 1711-1740, Charles VI, empereur. Capitulation perpétuelle. 1713, Pragmatique-Sanction de Charles VI. 1714, La maison de Hanovre appelée au trône d'Angleterre dans la personne de l'Électeur Georges.
— *Hongrie et Turquie.* La maison d'Autriche étouffe pour toujours la résistance de la Hongrie, rend ce royaume héréditaire, et, depuis la réunion de la

coup de vent lui avait emporté sa chaloupe de Hollande, un second lui avait enlevé le Portugal et découvert son flanc, un troisième avait détaché les Indes orientales. Ce qui restait, vaste et imposant,

Transylvanie, n'a plus rien à craindre des Turcs. — La Turquie déploie encore quelque vigueur, mais elle est en proie à l'anarchie ; elle éprouve les plus sanglantes défaites, et ne compense pas par ses conquêtes sur les Vénitiens les pertes qu'elle fait du côté de la Hongrie. — 1665-1687. LÉOPOLD I*er*. — 1648-1687, MAHOMET IV. Mécontentement des Hongrois. Troubles de Transylvanie. Conquêtes des Turcs arrêtées par la victoire de Montécuculli à Saint-Gothard. 1664. *Trêve de Temeswar*; les Turcs conservent leurs conquêtes (1669), Candie prise aux Vénitiens par les Turcs, après un blocus de vingt ans. — Nouveaux troubles de Hongrie. Exécution des comtes Zrini, Frangepani, etc. Persécution religieuse. Suppression de la dignité de Palatin. 1677. Guerre civile. Tœkœli soutenu par les Turcs. 1683, Vienne assiégée par le grand-vizir Kara-Mustapha, et délivrée par Sobieski. Venise et la Russie prennent parti pour l'Autriche. Victoires de Charles de Lorraine, de Louis de Bade et du prince Eugène. 1686, Conquête de la partie de la Hongrie soumise aux Turcs, de la Transylvanie et de l'Esclavonie. 1687, Diète de Presbourg; le trône de Hongrie déclaré héréditaire. — 1687-1740, JOSEPH I*er*, CHARLES VI. — 1687-1730, Soliman III, ACHMET II, MUSTAPHA II, ACHMET III. Les Autrichiens envahissent la Bulgarie, la Serbie et la Bosnie, bientôt reprise par le grand-vizir Mustapha-Kiuperli. 1691, Défaite et mort de Kiuperli à Salankemen. 1697, Défaite du sultan Mustapha II à Zentha. 1699. *Paix de Carlowitz*; l'Empereur maître de la Hongrie (moins Temeswar et Belgrade), de la Transylvanie et de l'Esclavonie; la Porte cède la Morée aux Vénitiens, Kaminiec aux Polonais, Azow aux Russes. — 1703, Soulèvement des Hongrois et des Transylvains, sous François Rakoczy, apaisé en 1711. 1715, La Morée reconquise sur les Vénitiens par les Turcs. L'empereur Charles VI, le Pape et le roi d'Espagne arment pour les Vénitiens. Siège de Corfou. 1716, Victoires du prince Eugène à Peterwaradin; 1717, devant Belgrade. 1718, *Paix de Passarowitz*. Les Vénitiens perdent la Morée; l'Empereur gagne Temeswar, Belgrade et une partie de la Valachie et de la Servie.

*États du Nord, Charles XII et Pierre-le-Grand.* (1648-1725.)

La Suède, qui, depuis Gustave-Adolphe, joue un rôle au-dessus de ses forces réelles, a la suprématie, et tend à l'Empire du Nord. Charles-Gustave, moins politique que guerrier, ne parvient qu'à lui assurer les côtes de la Baltique. Après lui, le Sénat, qui gouverne, vend ses secours à la France et compromet la gloire militaire de la Suède. — Réunie de nouveau sous le pouvoir monarchique, la Suède redevient conquérante, et réalise un moment, sous Charles XII,

mais inerte, immobile, attendait sa ruine avec dignité.

D'autre part, il y avait la Hollande, ce petit peuple dur, avare, taciturne, qui fit tant de grandes choses

tous les projets de Charles-Gustave. Mais elle retombe, épuisée par ses efforts héroïques, à la place que sa faiblesse et la grandeur de la Russie lui marquent désormais. — Le Danemarck semble profiter moins que la Suède à l'établissement du pouvoir absolu. Il voit passer la suprématie du Nord, de la Suède à la Russie, comme auparavant la Pologne à la Suède. Mais ce qui lui importe le plus, c'est que toute autre puissance que la Suède soit prépondérante dans la Baltique. La Pologne reçoit dans sa constitution de nouveaux éléments d'anarchie. Elle a besoin d'un législateur; Jean Sobieski n'est qu'un héros. L'éclat dont elle brille sous lui appartient tout entier au souverain. Avec le dix-huitième siècle commence pour la Pologne un âge de dépendance des étrangers; les dissensions religieuses qui s'y développent doivent amener à la fin du siècle l'anéantissement de la Pologne comme État indépendant. — La Russie, n'ayant pas encore une organisation régulière, ne peut agir puissamment au dehors. Elle cède d'abord à la Suède, mais prend sur la Pologne un ascendant qui doit toujours s'accroître. Le nivellement des rangs prépare l'établissement du pouvoir absolu, qui donnera à la Russie l'organisation intérieure et l'influence extérieure. — Sous Pierre-le-Grand, toutes les forces sont concentrées dans la main du prince; la Russie se fait jour jusqu'aux trois mers qui la bornent, et devient, dans l'espace d'un seul règne, une nation européenne et la puissance dominante du Nord.

*États du Nord dans la seconde moitié du dix-septième siècle.*

*Suède et Danemarck.* 1654, abdication de Christine, fille de Gustave-Adolphe. 1654-1660, CHARLES-GUSTAVE, X° du nom. Il rompt la trêve avec la Pologne. 1656, Bataille de Varsovie. 1657, Le czar Alexis, l'empereur Léopold, le roi de Danemarck, FRÉDÉRIC III, et l'Électeur de Brandebourg Frédéric-Guillaume se liguent contre la Suède. Charles-Gustave évacue la Pologne et envahit le Danemarck. 1658, Paix de Roskild, bientôt rompue par le roi de Suède. Il échoue devant Copenhague. Intervention de la Hollande. 1660. Mort de Charles-Gustave; minorité de CHARLES XI. — 1660, *Traité de Copenhague :* le Danemarck cède à la Suède les provinces de Scanie, de Bleckingie, de Halland et de Bahus. *Traité d'Oliva :* le roi de Pologne renonce à ses prétentions à la couronne de Suède et abandonne à cette puissance la Livonie et l'Esthonie; il reconnaît l'indépendance de la Prusse ducale. 1661, *Traité de Kardis*, la Russie rend à la Suède ses conquêtes en Livonie. — 1675-1679, Revers de la Suède, alliée de Louis XIV. Supériorité du Danemarck, allié de l'Électeur de Brandebourg. 1679, La Suède recouvre ses provinces dans l'Empire, à la paix

sans grandeur. D'abord ils vécurent, malgré l'Océan ; ce fut le premier miracle ; puis ils salèrent le hareng et le fromage, et transmutèrent leurs tonnes infectes en tonnes d'or ; puis ils rendirent cet or fécond par

de Nimègue. — Les gouvernements de Danemarck (1660) et de Suède (1680) deviennent, d'aristocratiques qu'ils étaient, purement monarchiques. 1680, Le roi de Danemarck déclaré par les États héréditaire et absolu. 1680-1683-1698, Le roi de Suède affranchi par les États de la domination du Sénat, et déclaré absolu ; réunion violente des domaines royaux. — 1680-1697, La Suède, sous Charles XI, augmente ses forces, comme pour se préparer à la guerre qu'elle doit soutenir au commencement du dix-huitième siècle. 1660-1699, La puissance du Danemarck, accrue de même par la nouvelle forme de gouvernement, sous FRÉDÉRIC III et CHRISTIERN V, est affaiblie par la querelle des deux branches de la famille royale (branche régnante, branche ducale de Holstein-Gottorp) ; cette querelle doit être l'occasion de la guerre générale du Nord. — *Pologne.* 1648-1674. Règnes malheureux de JEAN-CASIMIR et MICHEL-WIESNIOWICKI. 1652, Origine du *liberum veto.* Casimir essaie en vain de se donner pour successeur le fils du Grand Condé. 1647-1667, Soulèvement des Cosaques, soutenus par les Tartares et (depuis 1654) par les Russes. 1668, Abdication de Jean-Casimir. 1671, Nouvelles guerres des Cosaques soutenus par les Turcs. 1673, Victoire de Jean Sobieski sur les Turcs, à Choczim. 1664-1791, JEAN SOBIESKI. Ce héros défend la Pologne contre les Turcs, délivre l'Autriche ; mais il est obligé, en 1686, d'acheter l'alliance des Russes contre les Ottomans, en leur cédant Smolensko, Tschernigow, Newgorod-Seversköi, Kiovie, la petite Russie, et la suzeraineté des Cosaques *Zaporogues.* — 1697, Élection d'AUGUSTE II, Electeur de Saxe. — *Russie.* 1646-1676, ALEXIS *Michaïlowitsch.* La Russie commence à s'agrandir aux dépens de la Pologne. Troubles intérieurs. — 1676-1682, FÉDOR II, *Alexiéwitsch.* Abolition des rangs et prérogatives héréditaires de la noblesse. — 1682-1689, IWAN V et Pierre I$^{\text{er}}$. Sophie, leur sœur, gouverne en leur nom. 1685, Révolte des Strélitz. — 1689, PIERRE-*le-Grand* seul.

*États du Nord au commencement du dix-huitième siècle.*
*Charles XII et Pierre-le-Grand.*

1699, Alliance secrète du Danemarck, de la Pologne et de la Russie contre la Suède. 1700. Invasion du Sleswig par les Danois, de la Livonie par le roi de Pologne et par le Tsar. Charles XII débarque en Zélande, et, assisté des Anglais et des Hollandais, oblige Frédéric IV à signer la paix de Traventhal. Victoire du roi de Suède sur les Russes, à Narva. 1702-1706, Autres victoires sur les Polonais et les Saxons. Charles XII fait déposer Auguste et élève au trône de Pologne Stanislas Leczinski. 1706. Invasion de la Saxe ; Auguste

la banque, leurs pièces d'or *firent des petits*. Au milieu du dix-septième siècle, ils avaient recueilli à plaisir les dépouilles de l'Espagne, lui avaient pris la mer, et

renonce à la couronne de Pologne. — 1708, Charles XII attaque Pierre-le-Grand, qui vient d'envahir une partie de l'Ingrie, de la Livonie et de la Pologne. Il s'enfonce dans l'Ukraine. 1709, Défaite de Charles XII devant Pultawa. Renouvellement de l'alliance d'Auguste II, de Frédéric IV et de Pierre-le-Grand contre la Suède. Auguste II rétabli en Pologne. Invasion du Holstein et de la Scanie, des provinces de Suède en Allemagne, et conquête définitive de l'Ingrie, de la Livonie et de la Carélie. — 1709-1713, Charles XII, réfugié à Bender, excite les Turcs contre les Russes. Ses espérances trompées par le traité du Pruth. 1714, Retour de Charles XII en Suède. 1715, Ligue de la Russie, du Danemarck et de la Pologne, avec la Prusse et l'Angleterre, contre la Suède. Ministère de Gœrtz. Négociations avec Pierre-le-Grand. 1718, Charles XII est tué devant Friedrichshall, en Norvège. — 1719-1720-1721, *Traités de Stockholm et de Nystadt*. La Suède cède au Hanovre Brême et Verden, à la Prusse Stettin et une partie de la Poméranie; elle reconnaît Philippe-Auguste pour roi de Pologne; elle renonce, à l'égard du Danemarck, à l'exemption du péage du Sund, et lui garantit la possession du Sleswig; enfin elle abandonne à la Russie la Livonie, l'Esthonie, l'Ingrie et la Carélie. — Ces pertes immenses, et surtout l'affaiblissement du pouvoir royal, contre lequel a prévalu de nouveau l'aristocratie, ôtent à la Suède toute importance politique pour un demi-siècle. — 1689-1725, *Règne de Pierre-le-Grand*. Grandes vues de ce prince, qui suit les plans d'Iwan III et d'Iwan IV : 1° il entreprend de civiliser la Russie à l'imitation des autres nations de l'Europe, il attire les étrangers et fait lui-même de longs voyages; le premier (1697) en Hollande et en Angleterre, pour s'instruire dans les arts mécaniques et dans la marine; le second (1717) en Allemagne, en Danemarck et en France, pour mieux connaître les intérêts politiques de l'Europe; 2° il fait de la Russie une puissance maritime. Pour s'ouvrir la navigation de la mer Noire, il attaque les Turcs, et leur prend, en 1696, le port d'Azow, qu'il perd en 1711; pour s'ouvrir la navigation de la Baltique, il fait la guerre à la Suède (1700-1721), et fonde, en 1703, Saint-Pétersbourg, qui devient la capitale de son empire. Vers le commencement de son règne, il donne une nouvelle importance au port d'Archangel, sur la mer Blanche; et, vers la fin (1722), il enlève aux Persans Derbent, sur la mer Caspienne; 3° il renverse toutes les barrières qui pouvaient arrêter le pouvoir absolu; il casse la milice des Strélitz (1698); il abolit la dignité patriarcale (1721). — Organisation de l'armée; écoles; réforme des finances, de la législation, de la discipline ecclésiastique, du calendrier. Police. Manufactures; canaux; commerce de caravanes avec la Chine. — Le Fort, Menzikoff, Pierre épouse Catherine (1707); fait condamner à mort son fils Alexis (1718); prend le titre d'empereur (1721); ordonne que les princes régnants puissent désigner leurs successeurs.

les Indes par-dessus. Les Pays-Bas espagnols étaient tenus en état de siège, en vertu d'un traité. L'Espagne avait signé la fermeture de l'Escaut, et la ruine d'Anvers (1648). Il était défendu aux Belges de vendre les produits de leur sol. La Hollande était comme un vampire couché sur la Belgique, suçant sa vie, engraissant de sa maigreur.

Telle était la situation de l'Occident, quand la France atteignit le point de sa force. La terre était encore à l'Espagne, la mer à la Hollande. L'œuvre de la France au dix-septième siècle devait être le démembrement de l'une, l'affaiblissement de l'autre. La première chose était plus facile que la seconde. La France avait des armées, pas encore de vaisseaux. On commença donc par l'Espagne. D'abord la France s'allia en apparence avec la Hollande contre l'Espagne et l'Angleterre, qui se battirent pour la domination des mers. La France promet secours aux Hollandais, mais elle laisse les trois puissances heurter leurs vaisseaux, user leur marine dans les batailles navales les plus obstinées qui se fussent encore livrées. Puis, Philippe IV étant mort (1667), Louis XIV, alléguant la loi civile des Pays-Bas, prétendit que sa femme, fille aînée du défunt, devait succéder de préférence au fils cadet (droit de dévolution). Elle avait, il est vrai, renoncé à la succession, mais la dot promise n'avait pas été payée. L'armée française entre en Flandre dans toute la pompe du nouveau règne : Turenne en tête, puis le roi, les ministres, les dames dans les carrosses dorés de la cour ; puis Vauban, qui, à mesure qu'on avance, s'établit dans les places et les fortifie. La Flandre fut prise en deux mois, et nous l'avons gardée. L'hiver même, quand on croyait la guerre suspendue (janvier 1668), les troupes filent par la Champagne en Bourgogne, et tombent sur la Franche-Comté. L'Espagne ne s'attendait à rien. Les autorités du pays étaient achetées d'avance. Tout fut fini en dix-sept jours. La cour d'Espagne indignée écrivait au gouverneur « que le roi de France aurait dû envoyer ses laquais prendre possession de la province, au lieu d'y venir lui-même. »

Ces succès rapides réconcilient l'Espagne et la Hollande. Celle-ci ne se souciait pas d'avoir pour voisin le grand roi. Voilà les Hollandais qui s'intéressent à l'Espagne, qui la défendent, qui s'unissent en sa faveur avec l'Angleterre et la Suède; les Hollandais ont l'adresse de se faire demander cette union par l'Angleterre. Trois États protestants s'arment pour défendre l'Espagne catholique contre la France catholique. Ce curieux événement montre à quelle distance nous sommes déjà du seizième siècle et des guerres de religion (triple alliance de La Haye, 1668). Il fallut que Louis XIV se contentât de la Flandre française, et rendît la Franche-Comté.

La Hollande avait protégé l'Espagne, et fait reculer la France. Un bourgeois, un échevin d'Amsterdam était venu signifier au roi, au milieu de toute sa gloire, qu'il n'irait pas plus loin. Des médailles outrageantes avaient été frappées. On prétendait que l'échevin d'Amsterdam s'était fait représenter avec un soleil et cette devise : « *In conspectu meo stetit sol.* »

Le débat était dès lors en Europe entre la France et la Hollande. La première ne pouvait plus avancer d'un pas sans rencontrer la seconde. D'abord, le roi achète argent comptant l'alliance de l'Angleterre et de la Suède. Charles II, qui avait déjà trahi l'Angleterre en vendant Mardick et Dunkerque à la France, vend encore une fois l'intérêt du pays. On promet à la nation quelques-unes des îles hollandaises, au roi de l'argent pour ses fêtes et ses maîtresses. La jeune et séduisante duchesse d'Orléans, belle-sœur de Louis XIV, sœur de Charles II, négocia dans un voyage triomphal la honte de son frère. C'est celle qui mourut si jeune, si regrettée, pour qui Corneille et Racine firent chacun une *Bérénice*, et Bossuet la fameuse oraison funèbre.

Cependant l'armée de Louis XIV avait été portée à cent quatre-vingt mille hommes. Elle recevait de Louvois la plus formidable organisation. Pour la première fois la baïonnette, cette arme si terrible entre des mains françaises, fut mise au bout du fusil. L'infatigable génie de Colbert avait créé une marine. La France, obligée naguère d'emprunter des vaisseaux à la Hollande, en eut cent en 1672. Cinq arsenaux de marine furent bâtis, Brest, Rochefort, Toulon, Dunkerque, le Havre. Dunkerque est malheureusement ruiné, mais Toulon, mais Brest avec ses vastes constructions, avec ses montagnes écartées pour faire place aux vaisseaux, témoignent encore de l'effort herculéen que fit alors la France, de l'immortel défi qu'elle porta à la Hollande pour la domination des mers.

La Hollande tenait la mer, et croyait tout tenir. Le parti de la mer gouvernait, les de Witt au conseil, et Ruyter sur les flottes; les de Witt, hommes d'État, géomètres, pilotes, ennemis jurés du parti de la terre, de la maison d'Orange, du stathoudérat. Ils semblaient oublier que la Hollande tient au continent; ils n'y voyaient qu'une île. Les forteresses tombaient en ruine, la Hollande avait vingt-cinq mille mauvais soldats, et cela lorsque la frontière française s'avançait et touchait presque la leur.

Tout à coup, cent mille hommes s'ébranlèrent de la Flandre vers la Hollande (1672). « Ce fut, dit Temple, un coup de foudre dans un ciel serein. » Ils laissent derrière eux Maëstricht, sans s'amuser à la prendre, s'emparent de la Gueldre, d'Utrecht, d'Over-Yssel; les voilà à quatre lieues d'Amsterdam. Rien ne pouvait sauver la Hollande. Ses alliés d'Espagne et de Brandebourg, les seuls qu'elle eût, n'auraient pas fait lâcher prise à Louis XIV. Le vainqueur seul pouvait la sauver par ses fautes, et il le fit. Condé et Turenne voulaient qu'on démantelât les places, Louvois qu'on y mît des garnisons, c'est-à-dire qu'on dispersât l'armée. Le roi crut Louvois. On se fia aux murailles; on crut prendre la Hollande en mettant la main sur des pierres : la Hollande échappa. Dans le premier moment, la république amphibie voulut se jeter à la mer, et s'embarquer pour Batavia avec son or. Puis la guerre se ralentissant, elle reprit l'espoir de résister sur terre : le peuple se jeta furieux sur les chefs du parti de la mer, les de Witt; ils furent mis en pièces; Ruyter pensa être traité de même. On confia toutes les forces de la république au jeune Guillaume d'Orange.

Ce général de vingt-deux ans, qui, pour son coup d'essai, entreprit, presque sans armée, de faire tête au plus grand roi de la terre, avait dans un corps faible et comme mourant la froide et dure obstination de son aïeul le Taciturne, l'adversaire de Philippe II. C'était un homme de bronze, étranger à tout sentiment de nature et d'humanité. Élevé par les de Witt, il fit leur ruine; Stuart par sa mère, il renversa les Stuarts; gendre de Jacques II, il le détrôna, et cette Angleterre qu'il avait prise aux siens, il la laissa à ceux qu'il haïssait, aux princes de la maison de Hanovre. Il n'eut qu'une passion, mais atroce : la haine de la France; on assure qu'à la paix de Nimègue, quand il essaya de surprendre Luxembourg, il avait déjà connaissance du traité, mais il avait encore soif du sang français. Il n'y gagna pas plus qu'à l'ordinaire. Chose remarquable, ce grand et intrépide général fit presque toujours la guerre à reculons; mais ses retraites admirables valaient des victoires.

D'abord, pour défendre la Hollande, il la noya; il ouvrit les écluses, pendant que Ruyter assurait la mer en battant les Français et les Anglais, et venait ranger sa flotte triomphante dans la plaine inondée d'Amsterdam. Puis Guillaume arma contre la France, l'Espagne et l'Autriche. Il détacha l'Angleterre de Louis XIV. Charles II fut forcé, par son Parlement, de signer la paix. Les voisins catholiques de la Hollande, l'évêque de Munster, l'Électeur de Cologne, puis le Brandebourg, puis le Danemarck, puis l'Empire, l'Europe entière, se déclarèrent contre Louis XIV (1674).

Il fallut bien alors abandonner les places de Hollande, il fallut reculer. Les dédommagements furent pris, comme à l'ordinaire, aux dépens de l'Espagne. Louis XIV s'empara de la Franche-Comté, qui depuis est restée à la France. Aux Pays-Bas, Condé, plus faible de vingt mille hommes, livrait au prince d'Orange cette furieuse bataille de Senef. Condé vainquit, mais c'était une victoire pour le prince d'Orange d'avoir, à perte égale, tenu devant Condé. Sur le Rhin, Turenne, qui, selon Bonaparte, crût toujours d'audace en vieillissant, tenait en échec tout l'Empire. Deux fois il sauva l'Alsace, deux fois il pénétra en Allemagne. C'est alors que, sur un ordre de Louvois, le Palatinat fut incendié. Le Palatin était secrètement allié avec l'Empereur; on voulut ne laisser qu'un désert aux Impériaux.

Turenne, rentrant en Allemagne, allait porter un coup décisif, lorsqu'il fut tué à Salzbach (1675). Condé, malade, se retira la même année.

On vit alors que le destin de la France ne tenait point à un homme. Les alliés, qui la croyaient désarmée par la retraite des deux grands généraux, ne purent entamer la frontière du Rhin, et perdirent, dans les Pays-Bas, les places de Condé, Bouchain, Aire, Valenciennes, Cambrai, Gand, Ypres. Duquesne, envoyé au secours de Messine, révoltée contre l'Espagne, livra à Ruyter une terrible bataille navale en vue de l'Etna; les alliés seuls y perdirent douze vaisseaux, six galères, sept mille hommes, sept cents pièces de canon, et ce qui valait plus que tout cela, Ruyter. Duquesne anéantit leur flotte dans une seconde bataille (1677).

Les alliés souhaitèrent alors la paix; la France et la Hollande étaient également épuisées. Colbert voulait se retirer, si la guerre ne finissait pas. Cette paix de Nimègue fut encore avantageuse pour la France. Elle garda la Franche-Comté et douze places des Pays-Bas, elle eut Fribourg pour Philippsbourg. Le Danemarck et le Brandebourg restituèrent ce qu'ils avaient pris à la Suède, alliée de la France. La Hollande seule ne perdit rien, et la grande question européenne resta tout entière (1678).

C'est ici l'apogée du règne de Louis XIV. L'Europe s'était armée contre lui, et il avait résisté, il avait grandi encore. Alors il se laissa donner le nom de *grand*. Le duc de La Feuillade alla plus loin. Il entretint un luminaire devant sa statue, comme devant un autel. On croit lire l'histoire des empereurs romains.

La brillante littérature de cette époque n'est autre chose qu'un hymne à la royauté. La voix qui couvre les autres est celle de Bossuet. C'est ainsi que

Bossuet lui-même, dans son *Discours sur l'Histoire Universelle*, représente les rois d'Égypte loués par le prêtre dans les temples en présence des dieux. La première époque du grand règne, celle de Descartes, de Port-Royal, de Pascal et de Corneille, n'avait pas présenté cette unanimité; la littérature y était animée encore d'une verve plus rude et plus libre. Au moment où nous sommes parvenus, Molière vient de mourir (1673), Racine a donné *Phèdre* (1677), La Fontaine publie les six derniers livres de ses *Fables* (1678), madame de Sévigné écrit ses *Lettres*, Bossuet médite la *Connaissance de Dieu et de soi-même*, et prépare le *Discours sur l'Histoire Universelle* (1681). L'abbé de Fénelon, jeune encore, simple directeur d'un couvent de filles, vit sous le patronage de Bossuet, qui le croit son disciple. Bossuet mène le chœur triomphal du grand siècle, en pleine sécurité du passé et de l'avenir, entre le jansénisme éclipsé et le quiétisme imminent, entre le sombre Pascal et le mystique Fénelon. Cependant le cartésianisme est poussé à ses conséquences les plus formidables; Malebranche fait rentrer l'intelligence humaine en Dieu, et tout à l'heure, dans cette Hollande protestante en lutte avec la France catholique, va s'ouvrir pour l'absorption commune du catholicisme, du protestantisme, de la liberté, de la morale, de Dieu et du monde, le gouffre sans fond de Spinoza.

En attendant, Louis XIV règne en Europe. Le signe de la royauté, c'est la juridiction. Il veut que les puissances reconnaissent les décisions de ses parlements. Les chambres de *réunion* interprètent le traité de Nimègue et *réunissent les dépendances* des places qui lui ont été cédées. L'une de ces dépendances n'était rien moins que Strasbourg (1681). On hésite à obéir; il bombarde Luxembourg (1684). Il bombarde Alger (1683), Tripoli (1685); il bombarde Gênes; il l'aurait écrasée dans ses palais de marbre, si le doge n'était venu demander grâce à Versailles (1684). Il achète Casal, la porte de l'Italie : il bâtit Huningue, celle de la Suisse. Il intervient dans l'Empire; il veut faire un Électeur de Cologne (1679). Il réclame au nom de sa belle-sœur, la seconde duchesse d'Orléans, une partie du Palatinat, invoquant dans cette affaire, comme dans celle de la Flandre, le droit civil contre le droit féodal. Les décisions de droit étaient soutenues par la force, l'Europe avait désarmé, et Louis XIV restait armé; il portait sa marine à deux cent trente vaisseaux; vers la fin de son règne, ses armées montèrent à plus de quatre cent mille hommes.

A la même époque, la monarchie atteignait la plus haute centralisation. Les deux obstacles furent brisés : la puissance pontificale et l'opposition protestante. Dès 1673, un édit avait déclaré tous les évêchés du royaume sujets à la régale. En 1682, une assemblée de trente-cinq évêques, dont Bossuet était l'âme, décida « que le Pape n'a autorité que dans les choses spirituelles; que dans ces choses même les conciles généraux lui sont supérieurs, et que ses décisions ne sont infaillibles qu'après que l'Église les a acceptées. » Le Pape refusa dès lors des bulles à tous les évêques et abbés que le roi nomma, de sorte qu'en 1689 il y eut vingt-neuf diocèses en France dépourvus d'évêques. On parlait de faire un patriarche. En 1687, le Pape ayant voulu abolir le droit d'asile dont les ambassadeurs jouissaient à Rome pour leurs hôtels et leurs quartiers, Louis XIV refusa seul; l'ambassadeur français entra à Rome à la tête de huit cents hommes et maintint son privilège à main armée.

Ce qui rassurait en cette affaire la conscience religieuse de Louis XIV, c'est que pendant qu'il humiliait le Pape, il écrasait les Protestants. Richelieu les avait anéantis comme parti politique; mais il leur avait laissé leurs voix dans les parlements, leurs synodes, enfin une partie de leur organisation intérieure. Il se flattait vainement de les ramener par la persuasion. Louis XIV y employa l'argent, et crut avoir fort avancé l'ouvrage; on lui annonçait chaque matin qu'un canton, une ville s'étaient convertis; il ne fallait plus, disait-on, qu'agir avec un peu de vigueur, et il allait accomplir l'unité de l'Église et de la France (*Révocation de l'Édit de Nantes* (1685). C'était la pensée des plus grands hommes du temps, en particulier de Bossuet. L'emploi de la violence en matière de foi, l'application d'un mal temporel pour procurer un bien éternel, ne répugnait alors à personne. Il faut dire encore qu'à cette époque, il y avait une grande exaspération contre les Protestants. La France, bornée dans ses succès par la Hollande, sentait une Hollande en son sein, qui se réjouissait des succès de l'autre. Tant que Colbert vécut, il les défendit; exclus des charges, ils avaient tourné leur activité du côté de l'industrie et du commerce; ils ne troublaient plus la France, ils l'enrichissaient. Après Colbert, Louis XIV fut gouverné par Louvois, l'ennemi de Colbert, et par madame de Maintenon, qu'il épousa secrètement vers 1685. Née calviniste et petite-fille du fameux Théodore Agrippa d'Aubigné, l'un des chefs de l'opposition protestante contre Henri IV, cette discrète et judicieuse personne avait abjuré elle-même et aurait voulu faire abjurer ses coreligionnaires; âme froide, que la misère de ses premières années semblait avoir endurcie et séchée, elle avait été la femme de l'auteur de l'*Énéide travestie*, de Scarron le *cul-de-jatte*, avant d'être femme de Louis-le-Grand. Elle n'eut point d'enfants, elle ne connut point l'amour maternel. C'est elle qui conseilla la plus odieuse mesure de cette persécution, d'enlever les enfants à leurs parents pour les convertir. Les cris des mères ont monté au ciel.

La puissance de Louis XIV avait rencontré sa limite au dehors dans l'opposition protestante de la Hollande. Au dedans il la trouva dans la résistance des Calvinistes. Désobéi pour la première fois, le gouvernement montra une violence farouche, qui n'était point dans l'âme de Louis XIV. Les vexations de tout genre, les confiscations, les galères, les roues, les gibets, tout fut employé. Les dragons mis à discrétion chez les Calvinistes aidaient les missionnaires à leur manière. Le roi ne sut que la moindre partie des excès qui furent commis. Aussi l'on eut beau fermer le royaume, confisquer les biens des fugitifs, envoyer aux galères ceux qui favorisaient leur évasion, l'État perdit deux cent mille sujets, selon d'autres cinq cent mille. Ils échappèrent en foule, ils s'établirent en Angleterre, en Hollande, en Allemagne, surtout en Prusse. Ils furent désormais pour la France des ennemis acharnés. Guillaume chargea plus d'une fois les Français à la tête d'un régiment français. Il dut en grande partie le succès de la guerre d'Irlande au vieux maréchal de Schomberg, qui avait préféré sa croyance à sa patrie. La machine infernale qui faillit faire sauter Saint-Malo en 1693 avait été inventée par un réfugié.

C'est précisément à ce moment que la plupart des puissances européennes formèrent la Ligue d'Augsbourg (1686). Catholiques et Protestants, Guillaume et Innocent XI, Suède et Savoie, Danemarck et Autriche, Bavière, Saxe, Brandebourg, tout le monde était d'accord contre Louis XIV. On l'accusait, entre autres choses, d'avoir, par ses intelligences avec les Hongrois révoltés, ouvert l'Allemagne aux Turcs et amené cette effroyable invasion dont Vienne fut sauvée par Jean Sobieski. Louis XIV n'avait pour lui que le roi d'Angleterre, Jacques II; une révolution imprévue renversa Jacques, et mit l'Angleterre entre les mains de Guillaume. La seconde et définitive catastrophe des Stuarts, préparée depuis si longtemps par l'indigne gouvernement de Charles II, éclata sous son frère. Celui-ci n'imita pas les tergiversations hypocrites de Charles; Jacques était un homme de cœur, brave, borné, opiniâtre; il se déclara catholique et Jésuite (ceci était littéralement exact), il fit tout ce qu'il fallait pour tomber, et tomba. Son gendre Guillaume, appelé de Hollande, prit sa place sans coup férir (1688).

Louis XIV accueillit magnifiquement Jacques II, et prit sa cause en main; il jeta le gant à l'Europe, il déclara la guerre à l'Angleterre, à la Hollande, à l'Empire, à l'Espagne, au Pape. Pendant que les Calvinistes français fortifiaient les armées de la Ligue, une foule d'hommes de toutes nations vinrent prendre parti dans les armées de Louis XIV. Il eut des régiments de Hongrois, d'Irlandais. Un jour qu'on le complimentait sur les succès de l'armée française : « Dites plutôt, répliqua-t-il, l'armée de France. »

Cette seconde période du règne de Louis XIV va être remplie par deux guerres de succession : la succession d'Angleterre, la succession d'Espagne. La première guerre se termine honorablement pour la France, par le traité de Ryswick (1698), et, cependant, le résultat est contre elle, elle reconnaît Guillaume. Dans la seconde, terminée par les traités d'Utrecht et de Rastadt (1712-14), elle éprouve les plus humiliants revers, et le résultat lui est favorable.

L'Espagne, assurée à un petit-fils de Louis XIV, est désormais ouverte à l'influence française. L'Angleterre, l'Espagne, gagnent à cette double révolution. L'ère de la liberté anglaise est l'avènement de Guillaume (1688); depuis celui de Philippe V (1701), la population, décroissante en Espagne, y a toujours augmenté.

Ajoutez à ces résultats l'élévation de deux États secondaires désormais indispensables à l'équilibre européen : la Prusse et le Piémont, qu'on peut définir la résistance allemande et la résistance italienne. La Prusse, allemande et slave à la fois, agglomère peu à peu l'Allemagne du Nord et contre-balance l'Autriche. Le royaume de Savoie-Piémont gardera les Alpes et les fermera, Italien contre la France, Français contre l'Italie.

On a besoin de marquer d'avance ces beaux et utiles résultats pour se consoler de tant de revers de la France qui restent à raconter.

En 1689, elle porte à l'Allemagne un cruel défi. Elle met un désert entre elle et ses ennemis. Tout le Palatinat est brûlé pour la seconde fois; Spire, Worms, plus de quarante villes et villages sont incendiés. Deux généraux font tête en Flandre et aux Alpes, Luxembourg et Catinat; c'est encore Condé et Turenne. Luxembourg, général d'inspiration et de mouvements soudains, faisant la guerre en grand seigneur, souvent surpris, jamais vaincu. Après ses belles batailles de Fleurus, Steinkerque et Nerwinden (1680-92-95), d'où il remporta tant de drapeaux, on l'appelait le *tapissier de Notre-Dame.* Ce brillant général était disgracié de la nature. Guillaume disait toujours : « Ne pourrai-je donc pas battre ce petit bossu ? »

Catinat prenait la guerre comme science. C'était un officier de fortune, sorti d'une famille de robe, d'abord avocat, premier exemple du général plébéien. Il y avait en cet homme quelque chose d'antique. Il fit son chemin lentement, à force de mérite; il commanda tard et ne fut jamais en faveur. Il ne demandait rien, recevait peu, souvent refusait. Les soldats, qui aimaient sa simplicité et sa bonhomie, l'appelaient le Père la Pensée. La Cour s'en servait à regret. Quand il eut battu le duc de Savoie à Staffarde, pris Saluces et forcé l'ennemi à Suze (1690), Louvois lui écrivait : « Quoique vous ayez fort mal servi le roi cette campagne, Sa Majesté veut bien vous conserver votre gratification ordinaire. » Catinat ne se rebutait de rien; il endurait, avec la même patience, les rudesses de Louvois et les difficultés de cette dure guerre des Alpes.

Les plus grands coups se portèrent en Irlande et sur mer, Louis XIV voulait ramener l'Angleterre sous l'influence française. Il fit passer Jacques en Irlande; il lui envoya renfort sur renfort, flotte sur flotte. Jacques échoua. Le secours odieux des Français et des Irlandais confirma les Anglais dans leur haine contre lui. Au lieu de soulever l'Écosse qui l'attendait, il resta en Irlande, il s'amusa aux sièges, et fut battu à la Boyne. Louis XIV ne se rebuta pas; il lui donna de quoi armer et équiper trente mille hommes, et il tenta d'en envoyer vingt mille; Tourville et d'Estrées devaient les escorter avec soixante-quinze vaisseaux. Le vent arrêtant d'Estrées, Tourville se trouva avec quarante-quatre vaisseaux contre quatre-vingts. Il demanda des ordres à la Cour, Louis XIV crut à sa fortune, et ordonna de forcer le passage. Cette terrible bataille de La Hogue ne nous coûta que dix-sept vaisseaux; mais l'assurance, la fierté de notre marine y périt. Elle était réduite, en 1707, à trente-cinq vaisseaux; elle ne s'est relevée qu'un instant sous Louis XVI. La bataille de La Hogue est pour les Anglais l'ère de la domination des mers (1692). Louis XIV avait mis sur une de ses médailles un Neptune menaçant, avec le mot du poète : « *Quos ego...* » Les Hollandais en frappèrent une qui portait pour légende : « *Maturate fugam, regique hæc dicite vestro : Non illi imperium pelagi...* »

Les ravages terribles de nos corsaires, des Jean Bart, des Duguay-Trouin, la sanglante bataille de Nerwinden gagnée par Luxembourg, celle de Catinat à la Marsaille (1693), devaient peu à peu rendre les alliés plus traitables. Le duc de Savoie céda le premier. La guerre était finie pour lui : toutes ses places fortes étaient entre les mains des Français. On lui offrait restitution, et pour sa fille l'expectative du trône de France; elle devait épouser le duc de Bourgogne, petit-fils de Louis XIV, héritier de la monarchie. La défection de la Savoie (1696) décida peu à peu les autres. La France garda le Roussillon, l'Artois, la Franche-Comté et Strasbourg; mais elle reconnut Guillaume. Au fond, c'était être vaincu (paix de Ryswick, 1696).

Cette paix n'était qu'une trêve accordée aux souffrances du peuple. Une grande affaire occupait l'Europe. Il ne s'agissait plus de telle ou telle province d'Espagne, mais de la monarchie espagnole tout entière, avec Naples, les Pays-Bas, les Indes. On sait que Charles-Quint s'était couché vivant dans son cercueil, et qu'il avait assisté à ses funérailles; Charles II, le dernier de ses descendants, assistait à celles de la monarchie. Ce vieillard de trente-neuf ans, gouverné par sa femme, par sa mère, par son confesseur, influencé par tout le monde, faisait et défaisait son testament. Le roi de France, l'Empereur, le prince électoral de Bavière et le duc de Savoie, tous sortis de princesses espagnoles, se disputaient d'avance ses dépouilles. On s'accordait tantôt pour le Bavarois, tantôt pour l'Autrichien; on parlait aussi de démembrement. Le pauvre roi voyait vivant tout cela; il en était indigné. Tout ce qu'il savait, ignorant et incertain qu'il était, c'est qu'il voulait garantir l'unité de la monarchie espagnole. Il s'arrêta au prince le plus capable de maintenir cette unité; il choisit un petit-fils de Louis XIV; puis, faisant ouvrir les tombeaux de l'Escurial, il exhuma son père, sa mère, sa première femme, et baisa leurs os. Il ne tarda pas à les rejoindre (1700).

Louis XIV accepta le legs et le péril. Il envoya en Espagne le second de ses petits-fils, le duc d'Anjou, qui fut Philippe V; il lui adressa au départ cette noble parole, qui, de siècle en siècle, semblera plus vraie et plus profonde : « Il n'y a plus de Pyrénées. » La conséquence immédiate était une guerre européenne. Aussi, malgré l'avis de son conseil, se décida-t-il à reconnaître le fils de Jacques II comme prince de Galles, et à soutenir à la fois la succession d'Espagne et celle d'Angleterre.

Il était pourtant bien tard pour commencer une telle guerre. Il y avait cinquante-sept ans qu'il régnait : il avait vieilli, tout avait vieilli; la France semblait pâlie de la vieillesse de son roi. Toutes ses gloires finissaient peu à peu : Colbert était mort, Louvois était mort (1682-1691), Arnauld aussi, et Boileau et Racine, et La Fontaine, et madame de Sévigné; tout à l'heure va tomber et s'éteindre la grande voix du siècle, Bossuet (1704). La France, au lieu de Colbert et Louvois, avait Chamillard, qui cumulait leurs ministères; Chamillard était dirigé par madame de Maintenon, madame de Maintenon par Bablien, sa vieille servante. Chose bizarre! une autre femme gouvernait l'Angleterre après le roi Guillaume; je parle de la reine Anne, fille de Jacques II, et petite-fille, par sa mère, de l'historien Clarendon, comme madame de Maintenon l'était d'Agrippa d'Aubigné.

Pour être placé entre les mains de bourgeois anoblis (Chamillard, Le Tellier, Pontchartrain, etc.), le gouvernement n'en était que plus favorable à la noblesse. Prodigieusement multipliée dans les derniers temps, étrangère au commerce et à l'industrie, dédaigneuse et incapable, elle avait envahi l'antichambre, l'armée, et surtout les bureaux. Les petits nobles étaient, à leur choix, officiers ou commis. Il y avait bientôt autant d'officiers que de soldats, autant de commis que d'administrés. Les grands seigneurs achetaient des régiments pour leurs enfants en bas âge, commandaient les armées et se faisaient prendre à Crémone, à Hochstedt.

Il y avait alors à la tête des armées alliées deux hommes capables de profiter de tout cela, un Anglais et un Français : Marlborough et Eugène. Ce dernier, cadet de la maison de Savoie, mais fils du comte de Soissons et d'une nièce de Mazarin, peut être appelé Français. Marlborough, le *bel Anglais*, était un esprit froid et fin, qui avait étudié sous Turenne, et qui nous rendait nos propres leçons. Eugène, quoique Vendôme l'appelât un *mauvais finassier*, était un homme d'un tact extraordinaire, qui s'inquiétait médiocrement des règles, mais qui savait à fond les lieux, les choses et les personnes, connaissait le fort et le faible et profitait du faible. Ses plus éclatants et plus faciles succès furent sur la barbarie ottomane. Cet homme d'esprit, qui vint toujours à point, alterna ses victoires aux deux bouts de l'Europe, sur le grand roi et sur les Turcs, et eut l'air d'avoir sauvé la liberté et la chrétienté.

Ces deux généraux avaient une chose commode pour la guerre, c'est qu'ils étaient rois dans leur pays : ils combattaient l'été, et l'hiver gouvernaient, négociaient; ils avaient carte blanche et n'avaient pas besoin, la veille d'une bataille, d'envoyer à Versailles pour obtenir l'autorisation de vaincre.

En 1701, Catinat cède l'armée au magnifique Villeroy, que le prince Eugène prend dans son lit, à Crémone. Eugène n'y gagna pas. Villeroy fut remplacé par Vendôme, petit-fils de Henri IV, et vrai soldat, avec les mœurs d'une femme. Vendôme, comme son frère le grand-prieur, restait couché jusqu'à quatre heures après midi. C'était l'un des plus jeunes généraux de Louis XIV; il n'avait que cinquante ans. Les soldats l'adoraient aussi pour ses mauvaises qualités. Il y avait peu d'ordre, de prévoyance, de discipline dans cette armée, mais beaucoup d'audace et de gaieté; on réparait tout à force de courage.

Catinat commandait du côté de l'Allemagne, et sous lui Villars. Celui-ci, impatient de la prudence de son chef, gagne témérairement la bataille de Fridlingen (1702); puis, perçant dans l'Allemagne, il gagne encore, malgré l'Électeur de Bavière, allié de Louis XIV, la bataille de Hochstedt (1703). Villars excitait l'enthousiasme des soldats par sa bravoure, ses vanteries, sa belle figure militaire. A Fridlingen, ils le proclamèrent maréchal de France sur le champ de bataille.

La route de l'Autriche était ouverte, lorsqu'on apprit que le duc de Savoie venait de prendre parti contre la France et l'Espagne, contre ses deux gendres (1703). Jusqu'à cette époque, les alliés n'avaient eu aucun avantage signalé sur la France.

Elle combattait pourtant sur toutes ses frontières et au dedans, contre tout le monde et contre elle-même. Les Calvinistes des Cévennes, exaspérés par les rigueurs de l'intendant Basville, étaient en armes depuis 1702. On envoya contre eux, entre autres généraux, Villars et Berwick. Ce dernier était un Stuart, un fils naturel de Jacques II, qui devint un des premiers tacticiens du siècle.

Villars était éloigné en Languedoc, Catinat retiré, lorsque l'armée d'Allemagne, confiée à MM. de Marsin et Tallard, éprouva à Hochstedt, sur le théâtre même de la victoire de Villars, une des plus cruelles défaites qu'ait essuyées la France. Ils s'étaient jetés à l'aveugle dans l'Allemagne, sur la route de Vienne, lorsque Marlborough et Eugène leur coupèrent le chemin. Les dispositions étaient faites de sorte qu'indépendamment des morts il y eut quatorze mille hommes qui se rendirent sans avoir pu combattre (1704). Villars accourut à temps pour couvrir la Lorraine, tandis que Vendôme gagnait l'avantage sur Eugène à la sanglante affaire de Cassano (1705). En 1706, Vendôme est remplacé par La Feuillade en Italie. La France éprouve deux grandes défaites. Par celle de Turin, Eugène lui enlève l'Italie entière; par celle de Ramillies, Marlborough l'expulse des Pays-Bas espagnols.

En 1707, les alliés pénétrèrent en France par la Provence; en 1708, par la Flandre (défaite d'Oudenarde). 1709 fut une année terrible : d'abord un hiver meurtrier, puis la famine. La misère se fit sentir à tous.

Les laquais du roi mendièrent à la porte de Versailles ; madame de Maintenon mangea du pain bis. Des compagnies de cavalerie tout entières désertaient, enseignes déployées, pour gagner leur vie par la contrebande. Les recruteurs faisaient la chasse aux hommes. L'impôt prenant toutes les formes pour atteindre le peuple, les actes de l'état civil furent taxés : on paya pour naître et mourir. Les paysans, poursuivis dans les bois par les traitants, s'armèrent et prirent d'assaut la ville de Castres. Le roi ne trouvait plus à emprunter à quatre cents pour cent. La dette monta, avant la mort de Louis XIV, à près de trois milliards.

Les alliés souffraient aussi. L'Angleterre se ruinait pour ruiner la France. Mais l'Europe était conduite par deux hommes qui voulaient la guerre, et c'était d'ailleurs un trop doux spectacle que l'humiliation de Louis XIV. Ses ambassadeurs ne recevaient pour réponse que des propositions dérisoires. Il fallait, dit-on, qu'il défît lui-même son ouvrage, qu'il détrônât Philippe V. Il descendit jusqu'à offrir de l'argent aux alliés pour entretenir la guerre contre son petit-fils. Mais non ; ils voulaient qu'il le chassât lui-même, qu'une armée française combattît un prince français.

Le vieux roi déclara alors qu'il se mettrait à la tête de sa noblesse et qu'il irait mourir à la frontière. Il s'adressa pour la première fois à son peuple, il le prit pour juge et se releva par son humiliation même. La manière dont les Français combattirent cette année (1709) indique assez combien la guerre était devenue nationale. C'était le 9 septembre, près du village de Malplaquet : le soldat, qui avait manqué de vivres un jour entier, venait de recevoir son pain; il le jeta pour combattre. Villars, grièvement blessé, est emporté du champ de bataille; l'armée se retire en bon ordre, n'ayant pas perdu huit mille hommes; les alliés en laissaient sur la place quinze ou vingt mille.

En Espagne, le trône de Philippe V, fondé par Berwick à Almanza (1707), fut affermi à Villaviciosa par Vendôme (1710); il fit coucher le jeune roi sur un lit de drapeaux. Cependant l'élévation de l'archiduc Charles à l'Empire (1711) faisait craindre à l'Europe la réunion de l'Empire et de l'Espagne. Ce n'était pas la peine d'abaisser Louis XIV pour élever un Charles-Quint. L'Angleterre se lassait de payer; elle voyait Marlborough, gagné par les Hollandais, faire la guerre à leur profit. Enfin la victoire surprise par Villars à Denain faisait tort à la réputation du prince Eugène (1712). Cette guerre terrible, dans laquelle les alliés avaient cru démembrer la France, ne lui ôta pas une province (Traité d'Utrecht et de Rastadt, 1712; de la Barrière, 1715).

Elle ne céda que quelques colonies. Elle maintint le petit-fils de Louis XIV sur le trône d'Espagne. La monarchie espagnole perdit, il est vrai, ses possessions en Italie et aux Pays-Bas; elle céda la Sicile au duc de Savoie, les Pays-Bas espagnols, Naples et le Milanais à l'Autriche; mais elle gagna à se resserrer en soi, à perdre l'embarras de ces possessions lointaines qu'elle ne pouvait ni défendre ni gouverner;

les Deux-Siciles devaient d'ailleurs bientôt revenir à une branche des Bourbons d'Espagne. La Hollande eut plusieurs places des Pays-Bas pour les défendre à frais communs avec l'Autriche. L'Angleterre fit reconnaître sa nouvelle dynastie ; elle prit pied à Gibraltar et à Minorque, à la porte de l'Espagne et dans la Méditerranée. Elle obtint pour elle et pour la Hollande un traité de commerce désavantageux pour la France. Elle exigea la démolition de Dunkerque et empêcha la France d'y suppléer par le canal de Mardick. Elle entretint, et ce fut là le plus honteux, un commissaire anglais pour s'assurer par ses yeux si la France ne relevait pas les ruines de la ville de Jean Bart. « On va travailler, dit un contemporain, à la démolition de Dunkerque ; on demande huit cent mille livres pour en démolir le tiers seulement. » Aujourd'hui encore on ne peut lire sans douleur et indignation la triste supplique adressé par les habitants de Dunkerque à la reine d'Angleterre elle-même.

Telle fut la fin du grand règne. Louis XIV survécut peu au traité d'Utrecht (mort en 1715). Il avait vu presque tous ses enfants mourir en quelques années : le dauphin, le duc, la duchesse de Bourgogne, et un de leurs fils. Il ne restait dans ce palais désert qu'un vieillard octogénaire et un enfant de cinq ans. Tous les grands hommes du règne avaient précédé, un nouvel âge commençait. Dans la littérature, comme dans la société, les ressorts allaient se détendre. Cette époque de relâchement et de mollesse s'annonce de loin par le doux quiétisme de madame Guyon, qui réduit la religion à l'amour. Dans ses discours, l'habile, éloquent Massillon effleure le dogme, et s'attache à la morale. Les hardiesses politiques de Fénelon appartiennent déjà au dix-huitième siècle.

## CHAPITRE XX

**Des Lettres, des Sciences et des Arts au siècle de Louis XIV.**

Le génie des lettres et des arts brille encore dans les États du Midi pendant la première moitié du dix-huitième siècle. Le génie de la philosophie et des sciences éclaire les États du Nord, surtout dans la seconde. La France, placée entre les uns et les autres, réunit seule cette double lumière, étend sur tous les peuples policés la souveraineté de sa langue, et se place désormais à la tête de la civilisation européenne.

§ 1. — *France.*

La France, comme l'Italie, a son grand siècle littéraire après de longues agitations. Un monarque, objet de l'enthousiasme national, aime et encourage le génie. — *L'esprit religieux* est, à cette époque, la première inspiration des lettres. La religion, entre les attaques du seizième siècle et celles du dix-huitième, anime ses défenseurs d'une force toute nouvelle. Les lettres reçoivent en outre une impulsion particulière de l'*esprit social*, naturel aux Français, mais qui ne peut se développer que par les progrès de l'aisance et de la sécurité; c'est à ce caractère que la littérature française doit sa supériorité dans la poésie dramatique et dans tous les genres de peintures de mœurs. — Une capitale, une cour, sont l'arbitre du mérite littéraire; il y a peut-être moins d'originalité, mais l'on atteint la perfection du goût.

Le dix-septième siècle présente deux périodes distinctes. En France, la première s'étend jusqu'en 1661, époque à laquelle Louis XIV commence à régner par lui-même, et à exercer quelque influence sur les lettres. Les écrivains qui ont vécu ou qui se sont formés dans cette période ont encore pour la plupart quelque chose de l'âpreté du seizième siècle, la pensée est plus hardie et souvent plus profonde. Le goût est encore le privilège de quelques hommes de génie. A cette période appartiennent (outre les peintres Poussin et Le Sueur) un grand nombre d'écrivains : Malherbe, Racan, Brébeuf, Rotrou et le grand Corneille; Balzac et Voiture; Sarrazin et Mézeray; Descartes et Pascal. Le cardinal de Retz et Molière marquent le passage de la première période à la seconde.

La France au siècle de Louis XIV ne produisit pas d'épopée; son poème est écrit en prose. — Éclat de la poésie dramatique. La tragédie atteint d'abord la noblesse, la force et le sublime; elle y joint ensuite la grâce et le pathétique. — La comédie de caractère, sans rivale chez les autres nations. Trois âges de la comédie française : philosophie profonde et gaieté naïve, gaieté sans philosophie, intérêt sans gaieté. — L'opéra s'élève au rang des ouvrages littéraires. — Élégance et sagesse de la poésie didactique. — La satire attaque les ridicules plus que les vices, et surtout les ridicules littéraires. — L'apologue devient un petit poème dramatique. — La poésie lyrique ne fleurit que tard, et déploie plus d'art que d'enthousiasme. — La pastorale reste faible, et trop spirituelle. — La poésie légère est plus gracieuse que piquante.

POÈTES DRAMATIQUES.

| | | | |
|---|---|---|---|
| Rotrou, mort en | 1630 | Thom. Corneille, mort en | 1709 |
| Molière | 1673 | Regnard | 1709 |
| Pierre Corneille | 1684 | Brueys | 1723 |
| Quinault | 1688 | Campistron | 1723 |
| Racine | 1699 | Dancourt | 1726 |
| Boursault | 1708 | Crébillon | 1762 |

AUTRES POÈTES

| | | | |
|---|---|---|---|
| Malherbe, mort en | 1628 | Segrais, mort en | 1701 |
| Brébeuf | 1661 | Boileau | 1711 |
| Racan | 1670 | La Fare | 1713 |
| Benserade | 1691 | Chaulieu | 1720 |
| M<sup>me</sup> Deshoulières | 1694 | J.-B. Rousseau | 1741 |
| La Fontaine | 1695 | | |

L'éloquence du barreau ne peut prendre l'essor (Le Maistre, 1658; Patru, 1681; Pélisson, 1693). — L'éloquence de la chaire surpasse tous les modèles de l'Antiquité. L'oraison funèbre reparaît sous une forme inconnue aux Anciens.

## ORATEURS

| | | | |
|---|---|---|---|
| Cheminais, mort en | 1689 | Fléchier, mort en, | 1710 |
| Mascaron | 1703 | Fénelon | 1715 |
| Bourdaloue | 1704 | Massillon | 1743 |
| Bossuet | 1704 | | |

L'histoire peu fidèle et froidement élégante, ou bien de pure érudition. Le *Discours sur l'Histoire Universelle* ouvre à l'histoire une route nouvelle. — D'abondants matériaux sont déposés dans les mémoires et dans les correspondances des négociateurs. — Une foule d'autres genres sont cultivés avec succès. — Le roman de caractère rivalise avec la comédie. — Les femmes rencontrent, dans la négligence d'une correspondance intime, la perfection du style familier. — La traduction fait quelques progrès. — Enfin la critique littéraire prend naissance.

## HISTORIENS

| | | | |
|---|---|---|---|
| Sarrazin, mort en | 1654 | Amelot de La Houssaye, mort en | 1706 |
| Péréfixe | 1670 | Boulainvilliers | 1722 |
| Le cardinal de Retz | 1679 | Fleury | 1723 |
| Mézeray | 1683 | Rapin de Thoyras | 1725 |
| Le P. Maimbourg | 1686 | Daniel | 1728 |
| Mme de Motteville | 1689 | Vertot | 1735 |
| Saint-Réal | 1692 | Dubos | 1742 |
| Varillas | 1696 | Saint-Simon | 1755 |
| Le P. d'Orléans | 1698 | | |

## HISTORIENS ÉRUDITS

| | | | |
|---|---|---|---|
| Th. Godefroi, mort en | 1646 | Herbelot, mort en | 1695 |
| Sirmond | 1651 | Tillemont | 1698 |
| Pétau | 1652 | Cousin | 1707 |
| Labbe | 1667 | Mabillon | 1707 |
| Valois | 1676 | Ruinard | 1709 |
| Moréri | 1680 | Baluze | 1718 |
| Godefroi | 1681 | Basnage | 1723 |
| Ducange | 1688 | Le Clerc | 1736 |
| Pagi | 1695 | Montfaucon | 1741 |

### LITTÉRATEURS EN DIVERS GENRES

| | | | |
|---|---|---|---|
| Voiture, mort en | 1648 | Bonhours, mort en | 1702 |
| Vaugelas. | 1649 | Perrault. | 1703 |
| Balzac. | 1654 | Saint-Évremond. | 1703 |
| Du Ryer. | 1656 | Fénelon. | 1715 |
| Scarron. | 1660 | Tourreil. | 1715 |
| D'Ablancourt. | 1664 | Madame de Maintenon | 1719 |
| Arnauld d'Andilly. | 1674 | Hamilton. | 1720 |
| Le Bossu. | 1680 | Dufresny. | 1724 |
| De Saci. | 1684 | La Motte-Houdard. | 1731 |
| Chapelle. | 1686 | Dubos. | 1742 |
| Ant. Arnauld. | 1694 | Mongault. | 1747 |
| Lancelot. | 1695 | Le Sage. | 1747 |
| M$^{me}$ de Sévigné. | 1696 | M$^{me}$ de Lambert. | 1753 |
| M$^{me}$ de La Fayette. | 1699 | Fontenelle. | 1757 |
| Bachaumont. | 1702 | | |

La métaphysique donne une impulsion nouvelle à l'esprit humain. — Les moralistes accumulent les observations sans essayer de donner à la morale un ensemble, une forme scientifique. — On commence à porter l'esprit philosophique dans les sciences naturelles. — Quelques sceptiques, isolés dans ce siècle, forment la liaison du seizième siècle avec le dix-huitième.

### PHILOSOPHES

| | | | |
|---|---|---|---|
| Descartes, mort en | 1650 | Bayle, mort en. | 1706 |
| Gassendi. | 1655 | Malebranche. | 1715 |
| Pascal. | 1662 | Huet. | 1721 |
| La Mothe le Vayer. | 1672 | Buffier. | 1737 |
| La Rochefoucauld. | 1680 | L'abbé de Saint-Pierre. | 1743 |
| Nicole. | 1695 | Fontenelle. | 1757 |
| La Bruyère. | 1696 | | |

Les sciences ne sont pas négligées. — Essor des mathématiques. — Naissance de la géographie. — Commencement des voyages scientifiques.

### SAVANTS ET MATHÉMATICIENS

| | | | |
|---|---|---|---|
| Descartes, mort en | 1650 | L'Hospital, mort en | 1704 |
| Fermat | 1652 | Jacques Bernouilli | 1705 |
| Pascal | 1662 | Nicolas Bernouilli | 1726 |
| Pecquet | 1674 | Jean Bernouilli | 1748 |
| Rohault | 1675 | | |

### GÉOGRAPHES ET VOYAGEURS

| | | | |
|---|---|---|---|
| Samson, mort en | 1667 | Tournefort, mort en | 1708 |
| Bochard | 1669 | Chardin | 1713 |
| Bernier | 1688 | De l'Isle | 1726 |
| Vaillant | 1706 | | |

L'érudition classique n'est pas moins cultivée qu'au seizième siècle, mais elle est moins remarquée.

### ÉRUDITS ET POÈTES LATINS

| | | | |
|---|---|---|---|
| Saumaise, mort en | 1653 | Jouvency, mort en | 1716 |
| Lefèvre | 1672 | Mme Dacier | 1722 |
| Rapin | 1687 | Dacier | 1722 |
| Furetière | 1688 | De La Rue | 1725 |
| Ménage | 1691 | De La Monnoye | 1728 |
| Santeul | 1697 | Le cardinal de Polignac | 1741 |
| Commire | 1702 | Brumoy | 1742 |
| Danet | 1709 | | |

Quoique la culture des arts du dessin ne fasse pas le caractère principal du siècle de Louis XIV, ils contribuent aussi à la splendeur de cette brillante époque. L'architecture y jette le plus grand éclat. La peinture, cultivée d'abord avec génie, éprouve une décadence qui doit s'accélérer dans le siècle suivant.

### PEINTRES

| | | | |
|---|---|---|---|
| Le Sueur, mort en | 1655 | Mignard, mort en | 1695 |
| Poussin | 1665 | Jouvenet | 1717 |
| Le Brun | 1690 | Rigaud | 1744 |

**SCULPTEURS**

| | | | |
|---|---|---|---|
| Puget, mort en | 1685 | Coysevox, mort en. | 1720 |
| Girardon. | 1615 | Coustou. | 1733 |

**ARCHITECTES**

| | | | |
|---|---|---|---|
| Fr. Mansard, mort en. | 1666 | Claude Perrault, mort en | 1703 |
| Le Nôtre. | 1700 | H. Mansard. | 1708 |

**GRAVEURS**

| | | | |
|---|---|---|---|
| Callot, mort en. | 1635 | Audran, mort en. | 1703 |
| Nanteuil. | 1678 | | |

**MUSICIEN**

Lulli, mort en . . . . . . . . . 1687

§ 2. — *Angleterre, Hollande, Allemagne.* — *Italie, Espagne.*

L'Angleterre, l'Italie et l'Espagne suivent immédiatement la France dans la carrière des lettres; les deux premières (avec la Hollande) la devancent dans celle des sciences. — Malgré l'apparition de quelques hommes supérieurs, le développement de l'Allemagne ne commence pas encore. — L'Italie, dans la première moitié du dix-septième siècle, conserve la gloire de la peinture, que la Flandre partage avec elle.

1° *Littérature.* — Les noms de Bacon et de Shakespeare marquent le premier essor du génie anglais. Mais les guerres religieuses arrêtent longtemps toute spéculation; c'est cependant à elles que l'on doit rapporter le phénomène du *Paradis perdu* (malgré la tardive apparition de ce poème, 1669). Sous Charles II, l'Angleterre est soumise à l'influence littéraire, comme à l'influence politique de la France; et cet esprit d'imitation subsiste dans toute la période *classique* de la littérature anglaise (de l'avènement de Charles II à la mort de la reine Anne, 1661-1714). Dans cette période, l'Angleterre produit trois grands poètes (Dryden, Addison et Pope), beaucoup de poètes ingénieux et plusieurs prosateurs distingués.

#### POÈTES ANGLAIS

| | | | |
|---|---|---|---|
| Shakespeare, mort en | 1616 | Walter, mort en | 1687 |
| Denham | 1666 | Dryden | 1701 |
| Cowley | 1667 | Rowe | 1718 |
| Milton | 1674 | Addison | 1719 |
| Rochester | 1680 | Prior | 1729 |
| Butler | 1680 | Congrève | 1729 |
| Roscommon | 1684 | Gay | 1732 |
| Otway | 1685 | Pope | 1744 |

#### PROSATEURS ANGLAIS

| | | | |
|---|---|---|---|
| Clarendon, mort en | 1674 | Addison, mort en | 1719 |
| Tillotson | 1694 | Steele | 1729 |
| Temple | 1697 | Swift | 1745 |
| Burnet | 1715 | Bolingbroke | 1751 |

La littérature italienne a perdu son éclat. Un penseur original et profond (Vico, mort en 1744) fonde à Naples la philosophie de l'histoire; quelques historiens estimables se font remarquer; mais la poésie est envahie par le bel-esprit et l'affectation.

#### POÈTES ITALIENS

| | | | |
|---|---|---|---|
| Marini, mort en | 1625 | Salvator Rosa, mort en | 1673 |
| Tassoni | 1635 | | |

#### HISTORIENS ITALIENS

| | | | |
|---|---|---|---|
| Sarpi, mort en | 1625 | Bentivoglio, mort en | 1644 |
| Davila | 1634 | Nani | 1678 |

La littérature espagnole offre un prodige de philosophie et de gaieté ; après les noms de Cervantès et de deux poètes tragiques viennent ceux de plusieurs historiens.

### ÉCRIVAINS ESPAGNOLS

| | | | |
|---|---|---|---|
| Cervantès, mort en | 1616 | Lope de Vega, mort en | 1635 |
| Mariana | 1624 | Solis | 1686 |
| Herrera | 1625 | Calderone | 1687 |

2° *Philosophie*. — L'Angleterre, préparée par les controverses théologiques et politiques, ouvre à la métaphysique et à la science politique des routes nouvelles. — L'Allemagne oppose un seul homme à tous les métaphysiciens, comme à tous les savants anglais (Leibniz). — Un Hollandais érige l'athéisme en système (Spinoza) ; mais un autre philosophe de la même nation (Grotius) donne à la morale une forme scientifique, et montre qu'elle doit régir les rapports des sociétés comme ceux des individus. La nouvelle science, appuyée d'abord sur l'érudition, l'est ensuite sur la philosophie.

### PHILOSOPHES ET POLITIQUES ANGLAIS

| | | | |
|---|---|---|---|
| Bacon, mort en | 1626 | Locke, mort en | 1704 |
| Hobbes | 1679 | Shaftesbury | 1713 |
| Sidney | 1683 | Clarke | 1729 |
| Cudworth | 1688 | | |

### PHILOSOPHES ET POLITIQUES HOLLANDAIS

| | | | |
|---|---|---|---|
| Grotius, mort en | 1645 | S'Gravesand, mort en | 1742 |
| Spinoza | 1677 | | |

### PHILOSOPHES ET POLITIQUES ALLEMANDS

| | | | |
|---|---|---|---|
| Puffendorf, mort en | 1695 | Wolf, mort en | 1754 |
| Leibniz | 1716 | | |

3° *Sciences*. — Elles ont eu dans Bacon leur législateur et comme leur prophète ; mais elles ne reçoivent leur direction véritable que de Galilée et de Newton. A la suite de ces grands hommes se rangent une foule de savants.

#### SAVANTS ANGLAIS

| | | | |
|---|---|---|---|
| Bacon, mort en | 1626 | Les Grégori, m. en 1646, 1675, | 1708 |
| Harvey. | 1657 | Newton. | 1726 |
| Barrow. | 1677 | Halley. | 1741 |
| Boyle. | 1691 | | |

#### SAVANTS ITALIENS

| | | | |
|---|---|---|---|
| Aldovrandi, mort en. | 1615 | Borelli, mort en, | 1679 |
| Sanctorius,. vers | 1636 | Viviani. | 1703 |
| Galilée. | 1642 | Cassini. | 1712 |
| Torricelli. | 1647 | | |

#### SAVANTS HOLLANDAIS

| | | | |
|---|---|---|---|
| Huyghen, mort en. | 1702 | Boerhaave, mort en. | 1758 |

#### SAVANTS ALLEMANDS ET DANOIS

| | | | |
|---|---|---|---|
| Kepler, mort en. | 1630 | Kirkher, mort en | 1680 |
| Tycho-Brahé. | 1636 | Stahl. | 1733 |

4° *Érudition*. — Elle s'exerce sur des objets plus variés. Les antiquités du Moyen-âge et de l'Orient partagent les travaux des érudits, jusqu'alors exclusivement occupés de l'antiquité classique. — *Érudits anglais* : Owen, Farnabe, Usserius, Bentley, Marsham, Stanley, Hyde, Pocock. — *Érudits de Hollande et des Pays-Bas* : Barlæus, Schrevelius, Heinsius, les Vossius. — *Érudits allemands* : Freinshemius, Gronovius, Morhof, Fabricius, Spanheim. — *Érudits italiens*: Muratori, etc.

5° *Arts*. — Les arts suivent en Italie la décadence

des lettres. La peinture seule fait exception. École lombarde. École flamande.

### PEINTRES ITALIENS

| | | | |
|---|---|---|---|
| Le Guide, mort en | 1642 | Le Guerchin, mort en | 1666 |
| L'Albane | 1647 | Salvator Rosa | 1673 |
| Lanfranc | 1647 | Le Bernin, sculpteur, architecte et peintre | 1780 |
| Le Dominiquin | 1648 | | |

### PEINTRES FLAMANDS ET HOLLANDAIS

| | | | |
|---|---|---|---|
| Rubens, mort en | 1640 | Rembrandt, mort en | 1688 |
| Van Dyck | 1641 | Le jeune Téniers | 1694 |
| Le vieux Téniers | 1649 | | |

## SECONDE PARTIE DE LA TROISIÈME PÉRIODE

(1715-1789)

## CHAPITRE XXI

Dissolution de la monarchie. (1715-1789.) [1]

Entre Louis-le-Grand et Napoléon-le-Grand, la France descendit sur une pente rapide, au terme de laquelle la vieille monarchie, rencontrant le peuple,

1. *État des principales puissances après la paix d'Utrecht.*

*Angleterre.* 1714-1727, Avènement de la maison de Hanovre dans la personne de Georges I<sup>er</sup>. — Ce prince entièrement livré aux Whigs. L'Angleterre, toujours plus puissante depuis la paix d'Utrecht, exerce la même influence sur la Hollande, qui décline insensiblement. — *France.* 1715-1723, Minorité de Louis XV. Régence du duc d'Orléans. Ce prince, inquiété par le roi d'Espagne et par les princes légitimés, se lie étroitement avec l'Angleterre, qui, de son côté, craint les entreprises du Prétendant. — *Espagne.* 1700-1746, Philippe V. Il est gouverné d'abord par la princesse des Ursins, ensuite par sa seconde femme, Élisabeth de Parme. 1715-1719, Ministère d'Alberoni. — *Autriche.* 1711-1740, Charles VI. La maison d'Autriche est considérablement agrandie, mais non fortifiée par le traité d'Utrecht. Troubles religieux de l'Empire. Guerre civile de Hongrie. Guerre des Turcs. Toutes les puissances, excepté l'Espagne, sont intéressées au maintien de la paix d'Utrecht, et s'efforcent, pendant vingt ans, de la prolonger par des négociations. — Vastes

se brisa, et fit place à l'ordre nouveau qui prévaut encore. L'unité du dix-huitième siècle est dans la préparation de ce grand événement. D'abord la guerre littéraire et philosophique pour la liberté religieuse,

projets d'Alberoni pour reconquérir les pays démembrés de la monarchie espagnole, pour dépouiller le duc d'Orléans de la régence, et pour rétablir le Prétendant sur le trône d'Angleterre. Ses négociations avec Charles XII et Pierre-le-Grand. 1717, Triple alliance (le Régent de France avec le roi d'Angleterre et la Hollande). 1717-1718, La Sardaigne et la Sicile reconquises par les Espagnols. Conspiration de Cellamare contre le Régent. — 1718, *Quadruple Alliance* (la France, l'Angleterre et la Hollande avec l'Empereur). L'Espagne est forcée d'y souscrire. — 1720, L'Empereur renonce à l'Espagne et aux Indes ; le roi d'Espagne à l'Italie et aux Pays-Bas ; l'infant don Carlos reçoit l'investiture des duchés de Toscane, de Parme et de Plaisance, considérés comme fiefs de l'Empire, lesquels seront occupés provisoirement par des troupes neutres ; l'Autriche prend pour elle la Sicile, et donne la Sardaigne en échange au duc de Savoie. — 1721-1725, Congrès de Cambrai. Difficultés suscitées par l'Empereur et le roi d'Espagne relativement à la forme des renonciations : par l'Empereur relativement à sa *Pragmatique Sanction :* par la Hollande et l'Angleterre relativement à la compagnie d'Ostende ; par les ducs de Parme et de Toscane, relativement aux investitures accordées à l'infant don Carlos. — 1725, Rupture du traité de Cambrai ; le duc de Bourbon, premier ministre de France, décide cet événement en renvoyant l'infante pour faire épouser à Louis XV la fille du roi de Pologne fugitif, Stanislas Leczinski. Paix de Vienne entre l'Autriche et l'Espagne ; alliance défensive, à laquelle accèdent la Russie et les principaux États catholiques de l'Empire. Alliance de Hanovre entre la France, l'Angleterre et la Prusse, à laquelle accèdent la Hollande, la Suède et le Danemarck. — Plusieurs causes préviennent la guerre générale prête à éclater : 1° la mort de Catherine I$^{re}$, impératrice de Russie ; le caractère pacifique des principaux ministres de France et d'Angleterre, le cardinal Fleury (1726-1743) et Robert Walpole (1721-1742). Médiation du pape ; préliminaires de Paris. 1728, Congrès de Soissons. 1729, Paix de Séville (entre la France, l'Angleterre et l'Espagne). 1731, *Traité de Vienne :* l'Angleterre et la Hollande garantissent la *Pragmatique* de Charles VI ; il renonce à faire le commerce des Indes par les Pays-Bas, et consent à l'occupation de Parme et de Plaisance par les Espagnols. — 1733, Mort d'Auguste II, roi de Pologne. Deux prétendants à la couronne : Auguste III, Électeur de Saxe, fils du feu roi, soutenu par la Russie et l'Autriche ; Stanislas Leczinski, beau-père de Louis XV, soutenu par la France, alliée à l'Espagne et à la Sardaigne. L'Angleterre et la Hollande restent neutres, malgré leur alliance avec l'Autriche. Stanislas est chassé par les Russes et les Saxons ; mais la France et l'Espagne attaquent l'Autriche avec succès.

puis la grande et sanglante bataille de la liberté politique, une victoire ruineuse sur l'Europe, et, malgré une réaction passagère, l'affermissement définitif de l'ordre constitutionnel et de l'égalité civile.

Occupation de la Lorraine. Prise de Kehl. 1734, L'Empire se déclare contre la France. Prise de Philippsbourg. Conquête du Milanais par les armées sarde et française. Victoire de Parme et de Guastalla. — 1734-1735, Conquête du royaume de Naples et de la Sicile par les Espagnols. Victoire de Bitonto. L'infant don Carlos couronné roi des Deux-Siciles. — L'arrivée de dix mille Russes sur le Rhin, la médiation des puissances maritimes, et le désir de confirmer l'établissement des Bourbons d'Espagne en Italie, malgré la jalousie des Anglais, déterminent le cardinal Fleury à traiter avec l'Autriche. 1738, *Traité de Vienne :* Stanislas reçoit, en dédommagement du trône de Pologne, la Lorraine, qui, à sa mort, doit passer à la France; François, duc de Lorraine, gendre de l'Empereur, reçoit en échange le grand-duché de Toscane, comme fief de l'Empire (le dernier Médicis étant mort sans postérité); les Deux-Siciles et les ports de Toscane sont assurés à l'infant don Carlos (CHARLES III); l'Empereur recouvre le Milanais, le Mantouan, Parme et Plaisance. Novare, Tortone restent au roi de Sardaigne.

*Guerre de la succession d'Autriche* (1741-1748), *et Guerre de Sept-Ans* (1756-1763).

Le milieu du dix-huitième siècle est marqué par deux ligues européennes tendant à l'anéantissement des deux grandes puissances germaniques. L'une de ces puissances, autrefois prépondérante, excite, par sa faiblesse et son isolement, l'ambition de tous les États; l'autre, par son élévation subite, allume leur jalousie. Chacune d'elles engage toute l'Europe dans la lutte qu'elle soutient contre sa rivale; chacune d'elles se défend avec succès, heureusement pour les agresseurs eux-mêmes, dont l'imprudence allait rompre l'équilibre continental. — Les deux guerres n'en sont véritablement qu'une, séparée par une trêve de six ans. Quoiqu'elles aient la même durée, le nom de *Guerre de Sept-Ans* est resté exclusivement à la seconde.

*Guerre de la succession d'Autriche* (1741-1748).

Prétentions contradictoires des princes alliés contre l'Autriche. Le roi de Prusse sait seul ce qu'il veut, et l'obtient. — D'abord (1741-1744), le but est d'anéantir l'Autriche; puis (1744-1745) de délivrer la Bavière. Jusqu'en 1744, l'Allemagne est le théâtre de la guerre; la Prusse et la France sont les parties principales contre l'Autriche. Dans le reste de la guerre, la France, devenue seule partie principale, combat surtout en Italie et dans les Pays-Bas. — L'An-

Au point de départ, au terme, apparaît la maison d'Orléans.

Pendant que le feu roi s'en va tout seul et sans pompe à Saint-Denis, le duc d'Orléans fait casser son

gleterre soutient l'Autriche par ses négociations et par ses armes ; à cette occasion commence ce système de subsides par lequel elle achète la direction de la politique continentale. L'Autriche subsiste, et ne perd que trois provinces ; mais elle est profondément humiliée par la perte de la Silésie, et ne peut consentir à l'élévation du roi de Prusse, devenu, avec l'Angleterre, l'arbitre de l'Europe. — 1740, Mort de l'empereur Charles VI, dernier mâle de la maison de Habsbourg-Autriche. Sa *Pragmatique Sanction*, garantie par tous les États de l'Europe, assure sa succession à sa fille aînée, Marie-Thérèse, épouse de François de Lorraine, duc de Toscane, au préjudice des filles de Joseph I<sup>er</sup>. Les époux de ces princesses, Charles-Albert, Électeur de Bavière (descendant de l'empereur Ferdinand I<sup>er</sup>), et Auguste II, Électeur de Saxe, roi de Pologne, font valoir leurs droits à la succession d'Autriche. Philippe V, roi d'Espagne, réclame la Bohême et la Hongrie ; Frédéric II, roi de Prusse, une partie de la Silésie ; Charles-Emmanuel, roi de Sardaigne, le Milanais. La France, entraînée par les frères de Belle-Isle, malgré le cardinal Fleury, appuie les prétentions de ces diverses puissances. — Abandon de Marie-Thérèse ; l'Angleterre encore sous le ministère de Walpole, et occupée d'une guerre contre l'Espagne ; la Suède engagée par les intrigues de la France dans une guerre malheureuse contre la Russie. — 1740-1741, Le roi de Prusse envahit la Silésie, et gagne la bataille de Molwitz. 1741, L'Électeur de Bavière et les Français s'emparent de la Haute-Autriche et envahissent la Bohême. 1742, L'Électeur de Bavière élu empereur sous le nom de CHARLES VII. — Héroïsme de Marie-Thérèse. Dévouement des Hongrois à sa cause. Elle reçoit des subsides de la Hollande et de l'Angleterre. 1742, Chute du ministre pacifique Walpole. La Sardaigne se déclare pour Marie-Thérèse. Une escadre anglaise force le roi de Naples à la neutralité. La médiation de l'Angleterre et la défaite de Czaslau décident Marie-Thérèse à céder la Silésie au roi de Prusse, qui se détache de la ligue ; traité de Berlin. L'Électeur de Saxe, roi de Pologne, suit l'exemple du roi de Prusse. 1743, L'armée *pragmatique* de Georges II victorieuse à Dettingen ; traité de Worms (entre Marie-Thérèse et le roi de Sardaigne). Les Français évacuent la Bohême, l'Autriche, la Bavière, et sont repoussés en deçà du Rhin. 1744, la France déclare la guerre à la reine de Hongrie et au roi d'Angleterre. Union de Francfort, conclue entre la France, la Prusse, l'Électeur Palatin, le landgrave de Hesse et l'Empereur, pour faire reconnaître ce dernier, et le rétablir dans ses États héréditaires. Frédéric envahit la Bohême. Les Français rentrent en Allemagne. Les Impériaux reprennent la Bavière. 1745, Mort de Charles VII. Maximilien-Joseph, son fils, traite avec la reine de Hongrie à Fuessen. Élection au trône impérial de François I<sup>er</sup>, époux de Marie-

testament par le Parlement. La politique du Régent, sa vie, ses mœurs, toute sa personne, étaient un démenti pour le règne précédent. Toutes les vieilles barrières tombent; le Régent invite les particuliers à

Thérèse. — Frédéric s'assure la possession de la Silésie par les victoires de Hohenfriedberg, de Sorr et de Kesselsdorf; et, par l'envahissement de la Saxe, force l'Électeur et la reine à signer le traité de Dresde. — Les Français continuent la guerre avec succès; en Italie, 1745, secondés par les Génois, par le roi de Naples et par les Espagnols, ils établissent l'infant don Philippe dans les duchés de Milan et de Parme; dans les Pays-Bas, sous le maréchal de Saxe, ils gagnent les batailles de Fontenoy et de Raucoux (1746). — 1745-1746, Expédition de Charles-Édouard, fils du Prétendant, qui force l'Angleterre de rappeler le duc de Cumberland des Pays-Bas (batailles de Preston-Pans et de Culloden). 1746, Les Français et les Espagnols battus à Plaisance. L'armée espagnole rappelée par le nouveau roi Ferdinand VI. Les Autrichiens chassent les Français de la Lombardie, s'emparent de Gênes et envahissent la Provence. La révolution de Gênes les oblige à repasser les Alpes. — 1747, Conquête de la Flandre hollandaise par les Français. Le stathoudérat rétabli et déclaré héréditaire en faveur de Guillaume IV, prince de Nassau-Dietz. Victoire des Français à Lawfeld, et prise de Berg-op-Zoom. 1748, Le siège de Maëstricht décide la Hollande et l'Angleterre à traiter. La France y est décidée par l'arrivée des Russes sur le Rhin, et par la destruction de sa marine et la perte de ses colonies. (Voy. plus bas.) — *Paix d'Aix-la-Chapelle*. La France, l'Angleterre et la Hollande se rendent leurs conquêtes en Europe et dans les deux Indes; Parme, Plaisance et Guastalla sont cédés à don Philippe (frère des rois de Naples et d'Espagne, et gendre de celui de France); la *Pragmatique* de Charles VI, la succession de la maison de Hanovre en Angleterre et en Allemagne, la possession de la Silésie par le roi de Prusse, sont confirmées et garanties.

*Guerre de Sept-Ans.* (1756-1763.)

La jalousie de l'Autriche arme l'Europe contre un souverain qui ne menace point l'indépendance commune. L'Angleterre lutte en même temps contre la France et l'Espagne. Frédéric et William Pitt, unis d'intérêts, conduisent séparément la guerre continentale et la guerre maritime. — Supériorité de Frédéric; son génie militaire; discipline de ses troupes, habileté de ses lieutenants, le prince Henri, Ferdinand de Brunswick, Schewerin, Seidlitz, Schmettau, Keith. L'Autriche lui oppose, comme généraux, Brown, Daun, Landon; et comme négociateur, Kaunitz. — La France, en attaquant l'Angleterre dans le Hanovre, force ce royaume et les États voisins à devenir le rempart de Frédéric, et

donner leur avis sur les affaires, il proclame les maximes de Fénelon, il fait imprimer le *Télémaque* à ses frais, il ouvre au public la *Bibliothèque du roi*. Les traitants, qui, sous le dernier règne, se sont

néglige la guerre maritime. — Le pacte de famille trop tardif pour être utile à la France. — Frédéric sort vainqueur de sa lutte contre l'Europe. La Prusse subsiste et garde la Silésie. L'Angleterre atteint son but, la destruction de la puissance maritime de la France. Frédéric, quoique affaibli, partage toujours le premier rang avec l'Angleterre. Mais il ne désire plus la guerre, et l'union de la France et de l'Autriche promet une longue paix au continent. — Mésintelligence entre la France et l'Angleterre. 1754, Premières hostilités en Amérique. 1756, Alliance de l'Angleterre avec la Prusse, de la France avec l'Autriche. Partage projeté des États du roi de Prusse. — 1756, Le roi de Prusse prévient ses ennemis en attaquant la Saxe; il occupe Dresde, bat les Autrichiens à Lowositz, et fait poser les armes aux Saxons à Pirna. — La France s'empare de Minorque, et fait passer des troupes dans la Corse; mais bientôt elle néglige la guerre maritime pour attaquer l'Angleterre dans le Hanovre. 1757, Succès des Français. Victoire de Hastenbeck. Convention de Closter-Seven. La Suède, la Russie et l'Empire accèdent à la Ligue contre le roi de Prusse. — Frédéric entre en Bohême, gagne la bataille de Prague; il est repoussé et défait à Kolin. Un de ses lieutenants est battu par les Russes à Jægerndorf. Danger de sa situation. Il évacue la Bohême, passe en Saxe, et bat les Français et les Impériaux à Rosbach. — Frédéric retourne en Silésie, et répare la défaite de Breslaw par la victoire de Lissa. Il envahit successivement la Moravie, la Bohême, empêche la jonction des Autrichiens avec les Russes. 1758, Il remporte sur ceux-ci la victoire longtemps disputée de Zorndorf. Il est surpris à Hochkirchen par les Autrichiens. 1759, Les Prussiens battus par les Russes à Palzig; par les Russes et les Autrichiens à Kunersdorff; par les Autrichiens à Maxen. Les vainqueurs ne profitent pas de leurs succès. Les Prussiens, battus de nouveau à Landshut, sont vainqueurs à Liegnitz et à Torgau. 1760, Ils reprennent la Silésie, et envahissent de nouveau la Saxe. — 1758-1762, Campagnes malheureuses des Français. 1758, Ferdinand de Brunswick, les ayant chassés du Hanovre, passe le Rhin et gagne la bataille de Crevelt. Les Français occupent la Hesse, et Ferdinand repasse le Rhin. 1759, Victoire de Broglie à Berghen. Défaite des Français à Minden. 1760, Victoire des Français à Corbach et à Clostercamp; dévouement du chevalier d'Assas. 1761, Les Français vainqueurs à Grunberg, vaincus à Fillingshausen. — 1759, Mort du roi d'Espagne, Ferdinand VI; il a pour successeur son frère, le roi de Naples, Charles III, qui laisse le trône de Naples à son troisième fils, Ferdinand IV. 1761, *Pacte de famille*, négocié par le duc de Choiseul entre les diverses branches de la maison de Bourbon (France, Espagne, Naples, Parme). L'Espagne déclare la

engraissés des maux de la France, sont jugés par une Chambre Ardente, rançonnés, condamnés à tort et à travers ; cette terreur contre les financiers ne fait qu'ajouter à la popularité du prince. Cependant il ne

guerre à l'Angleterre et au Portugal. — 1760, Mort du, roi d'Angleterre, Georges II. GEORGES III. 1762, Démission de Pitt. — 1762, Mort d'Élisabeth, impératrice de Russie. PIERRE III. CATHERINE II rappelle les troupes russes de Silésie, et se déclare neutre. — 1762, *Paix de Hambourg* entre la Prusse et la Suède. *Paix de Paris* entre la France, l'Angleterre, l'Espagne et le Portugal. Le roi de Prusse, par la victoire de Freyberg et la prise de Schweidnitz, décide l'impératrice et le roi de Pologne, Électeur de Saxe, à signer la *Paix à Hubertsbourg*. Le premier et le dernier traité rétablissent les choses en Allemagne dans l'état où elles étaient avant la guerre.

*Colonies des Européens pendant le dix-huitième siècle.*

GRANDEUR croissante des colonies, surtout des anglaises et des françaises, à la faveur du calme dont elles jouissent au commencement du dix-huitième siècle. Immense accroissement du débit des denrées coloniales. Relâchement du système de monopole, surtout en Angleterre, depuis l'avènement de la maison de Hanovre. — Les colonies deviennent pour l'Europe une cause de guerre fréquente, jusqu'à ce que les principales se séparent de leur métropole. — La prépondérance maritime est assurée à l'Angleterre par l'abaissement de la France (traité d'Utrecht), et surtout par l'ascendant qu'elle a pris sur la Hollande. Cependant la lutte recommence bientôt entre la France et l'Angleterre. Le théâtre de cette lutte est le nord de l'Amérique, les Antilles et les Indes orientales, où la chute de l'Empire du Mogol ouvre un vaste champ aux Européens. La France succombe d'abord dans l'Amérique septentrionale. Mais les colonies anglaises, n'ayant plus à craindre le voisinage des Français ni des Espagnols, s'affranchissent, avec le secours des premiers, du joug de l'Angleterre. Celle-ci trouve une compensation dans les établissements indiens des Hollandais auxquels elle succède, et dans la conquête du continent de l'Inde. — *Division* : I. 1713-1739, Histoire des colonies, depuis la paix d'Utrecht jusqu'à la première guerre. — II. 1739-1763, Guerres des métropoles à l'occasion de leurs colonies. — III. 1765-1789, Première guerre des colonies contre leurs métropoles. — IV. 1739-1789, Fin de l'histoire des colonies dans le dix-huitième siècle. — I. 1713-1739, Histoire des colonies depuis la paix d'Utrecht jusqu'à la première guerre. — Commerce de contrebande des Français, et surtout des Anglais, entre eux et avec les colonies espagnoles. Nouvelle liberté de commerce accordée aux colonies par l'Angleterre, 1739-1751 ; et par la France, 1717. — Introduction de la culture du café à Surinam,

suffit pas de les condamner, il faut les remplacer par d'autres moyens, faire face à cette dette de trois milliards que laisse Louis XIV. Alors une grande chose est tentée ; un banquier écossais, nommé Law, dis-

1718; à la Martinique, 1728 ; dans l'île de France et dans l'île de Bourbon, vers 1736; dans les colonies anglaises de l'Amérique septentrionale, 1732. — 1711, Compagnie *anglaise* de la mer du Sud. 1732, Formation de la province de Géorgie. — Nouvelle importance des Antilles *françaises*. 1711, Compagnie française du Mississipi et d'Afrique, à laquelle on réunit celle des Indes orientales. 1762, Les Français acquièrent l'île de France et l'île de Bourbon. 1736, La Bourdonnais en est nommé gouverneur. 1728-1733, Différends entre les Français et les Anglais au sujet des *îles neutres*. — Décadence des colonies orientales des *Hollandais*. Prospérité de Surinam. — Riches produits de la colonie *portugaise* du Brésil. — 1719-1733. Agrandissement des possessions *danoises* dans les Antilles. 1734, Fondation d'une compagnie danoise des Indes occidentales. 1731, Commerce de la Suède avec la Chine. — II. 1739-1765, Premières guerres des métropoles à l'occasion des colonies. — 1739, Guerre entre l'Espagne et l'Angleterre, à l'occasion du commerce de contrebande que faisait cette dernière puissance avec les colonies espagnoles. Les Anglais prennent Porto-Bello, et assiègent Carthagène. Cette guerre se mêle à celle de la succession d'Autriche. 1740, Expédition de l'amiral Anson. 1745, Prise de Louisbourg. 1746-1748, Succès des Français aux Indes. La Bourdonnais prend Madras aux Anglais; Dupleix les repousse de Pondichéry. 1758, restitution mutuelle des conquêtes, au traité d'Aix-la-Chapelle. — Nouvelles conquêtes de Dupleix. Différends qui subsistent au sujet des limites de l'Acadie et du Canada, et relativement aux îles *neutres*. 1754, Assassinat de Jumonville, et prise du fort de la Nécessité. 1758, Bataille de Québec : mort de Wolff et de Montcalm. Perte du Canada, des Antilles, des possessions dans les Indes orientales. 1762, Par le traité de Paris, la France recouvre ses colonies, excepté le Canada et ses dépendances, le Sénégal et quelques-unes des Antilles; elle s'engage à ne plus entretenir de troupes au Bengale; l'Espagne cède la Floride à l'Angleterre, et la France dédommage l'Espagne par la cession de la Louisiane. — 1757-1765, Conquêtes de lord Clive dans les Indes orientales. Acquisition du Bengale, et fondation de l'empire anglais dans les Indes. — III. 1765-1783, Première guerre des colonies contre leurs métropoles. — Étendue, population et richesse des colonies anglaises de l'Amérique septentrionale. Leurs constitutions démocratiques. Elles sentent moins le besoin de la métropole depuis que le Canada n'appartient plus aux Français, ni la Floride aux Espagnols. Leur assujettissement au monopole britannique. Le gouvernement anglais entreprend d'introduire des taxes dans ces colonies. — 1765, Acte du timbre. 1766, *Bill déclaratoire*. 1757-1770, Impôt sur le thé. 1773, Insurrection de Boston. Acte coercitif. 1774, Congrès

ciple, à ce qu'il dit, de Locke et de Newton, vient faire en France la première épreuve des ressources du crédit. Il ouvre une banque, substitue les billets à l'argent, hypothèque ses billets sur l'entreprise

de Philadelphie. 1775, Commencement des hostilités. Washington, général en chef des armées américaines. 1776, Déclaration d'indépendance. Établissement du gouvernement fédératif des *États-Unis d'Amérique*. 1777, Capitulation de Saratoga. — Ambassade de Franklin. 1778, La France s'allie aux Américains; guerre entre la France et l'Angleterre. La France met dans ses intérêts l'Espagne et la Hollande. — 1780, *Neutralité armée*. L'Angleterre déclare la guerre à la Hollande. 1778, Combat d'Ouessant. Les Français s'emparent de plusieurs des Antilles anglaises et du Sénégal, les Anglais de plusieurs des Antilles françaises et hollandaises, et des possessions hollandaises à la Guyane. — 1779-1782, L'Espagne prend Minorque et la Floride occidentale, mais assiège inutilement Gibraltar. 1782, Victoire de Rodney sur le comte de Grasse, dans les Antilles. — 1779-1783, les Anglais s'emparent des possessions françaises et hollandaises sur le continent de l'Inde. Victoire de Suffren. — 1777-1781, Campagnes peu décisives des Anglais et des Américains secourus par les Français. 1781, Capitulation de Cornwallis dans York-Town. (1782, Ministère de Fox en Angleterre.) 1783-84, *Traité de Versailles et de Paris;* l'indépendance des États-Unis d'Amérique est reconnue par l'Angleterre; la France et l'Espagne recouvrent leurs colonies et gardent, la première, le Sénégal et les îles de Tabago, Sainte-Lucie, Saint-Pierre et Miquelon; la seconde, Minorque et les Florides. La Hollande cède aux Anglais Négapatnam, et leur assure la libre navigation dans les mers de l'Inde. — IV. 1739-1789, Fin de l'histoire des colonies dans le dix-huitième siècle. — Progrès des Anglais dans les Indes orientales, 1767-1769 et 1774-1784, leurs guerres contre les sultans de Mysore, Hyder-Haly et Tippoo-Saëb, et contre les Mahrattes. — 1773 et 1784, Nouvelle organisation de la compagnie des Indes orientales, tendant à donner plus d'unité à l'administration et à la rendre plus dépendante du gouvernement anglais. — 1768-1770, Voyages du capitaine Cook, 1786, colonie des nègres libres à Sierra-Leone. 1788, Colonie de Sidney-Cove, dans la Nouvelle-Galles. — *Colonies espagnoles*. — Prise de Porto-Bello par les Anglais, 1740, et de la Havane, 1762. 1764, Acquisition de la Guyane française et de la Louisiane, cédées par la France; et, en 1778, des îles d'Annobon et de Fernand del Po, cédées par le Portugal. — Nouvelle organisation de l'Amérique espagnole. 1776, Quatre vice-royautés et huit capitaineries indépendantes. 1748-1784, Relâchement successif du système du monopole. 1785, Compagnie des Philippines. — *Colonies françaises*. 1763, Tentative de colonisation à Cayenne. Prospérité de Saint-Domingue. Poivre importe la culture des épices à l'île de France, 1770. — *Colonies hollandaises*. Leur décadence depuis le commencement du siècle dans les Indes orientales, depuis la

immense de la perception des impôts du royaume, sur les richesses coloniales d'un monde inconnu. Il crée la compagnie du Mississipi. L'on voit, pour la première fois, les hommes repousser l'or; la valeur

guerre d'Amérique dans les Indes occidentales. — *Colonies portugaises.* 1777, Guerre entre le Portugal et l'Espagne, qui s'empare de San-Sacramento. Division du Brésil en neuf gouvernements. — 1755-1759, Le marquis de Pombal enlève le commerce aux Jésuites, et le met entre les mains de plusieurs compagnies privilégiées. 1755, Émancipation des indigènes du Brésil. — *Colonies danoises.* 1764, Le commerce des Indes occidentales devient libre par la dissolution de la compagnie. 1777, La compagnie des Indes orientales cède au gouvernement ses possessions. — *Colonies suédoises.* 1784, Acquisition de Saint-Barthélemy. — 1762, Liberté du commerce *russe* avec la Chine. 1786, Compagnie russe, pour le commerce de pelleterie, dans l'Amérique septentrionale.

*Histoire intérieure des États occidentaux.* (1715-1789.)

*Italie.* Dans la première moitié du dix-huitième siècle, comme dans la première moitié du seizième, les Français, les Espagnols et les Allemands se disputent l'Italie; mais les guerres du seizième siècle avaient changé les principaux États italiens en provinces de monarchies étrangères; celles du dix-huitième leur rendent des souverains nationaux. — Administration bienfaisante des princes de la maison de Lorraine en Toscane. 1765-1790, PIERRE-LÉOPOLD. — 1730, Abdication de VICTOR-AMÉDÉE II, roi de Sardaigne, en faveur de CHARLES-EMMANUEL III. Captivité du vieux roi. La maison de Savoie perd son éclat. VICTOR-AMÉDÉE III. — 1773-1796, Les Deux-Siciles reprennent quelque vie sous les princes de la maison de Bourbon. CHARLES I<sup>er</sup>, 1734-1759, et FERDINAND IV, 1779-1824. — *Corse.* Soulèvement de cette île contre les Génois, dans le commencement du dix-huitième siècle. 1733, Les Génois implorent les secours de l'Empereur. 1734, La Corse se déclare république indépendante. 1736, Le roi Théodore. 1737, Les Génois appellent les Français. 1755, Pascal Paoli. 1768, Gênes cède la Corse à la France. — *Genève.* 1768, Intervention de la France dans les troubles de cette république. 1772. Nouveaux troubles. Médiation armée des trois puissances voisines. 1789. Nouvelle constitution. — *Suisse.* Sa neutralité. Troubles intérieurs. 1712-1719. Guerre des cantons protestants de Berne et Zurich contre l'abbé de Saint-Gall, soutenu par les cantons catholiques d'Uri, Zug, Schwitz, Unterwalden. — *Espagne* Sa faiblesse, malgré l'établissement de la famille royale en Italie. 1724. Abdication momentanée de Philippe IV en faveur de Louis I<sup>er</sup>. 1746-1759, FERDINAND VI. — 1759-1788, CHARLES III passe du trône

des billets croît d'heure en heure. On s'étouffe dans la rue Quincampoix, aux portes des bureaux où l'on échange pour du papier ce métal incommode. Le Régent devient un des directeurs de l'entreprise, et

de Naples à celui d'Espagne. Liaisons étroites avec la France. Ministère d'Aranda, de Campomanès, etc. — *Portugal*. Langueur de ce royaume sous Jean V, 1706-1750. — 1750-1777. Joseph I<sup>er</sup>. Réforme universelle et violente du marquis de Pombal. Abaissement de la noblesse. 1759. Expulsion des Jésuites. La révolution opérée par Pombal laisse peu de traces. 1777-1788, Pierre et Marie. — *Angleterre*. Attachement de la nation pour la maison de Hanovre. Tentative du Prétendant. Accroissement de l'influence de la couronne dans le Parlement. Développement immense de l'industrie et du commerce intérieur et extérieur. Système des emprunts. Accroissement effrayant de la dette. — 1714-1727, Georges I<sup>er</sup>. — 1727-1760, Georges II. — 1760. Georges III. 1721-1742, Ministère de Robert Walpole. 1756-1761, Ministère de William Pitt (lord Chatham). Rivalité de Fox et du second Pitt, qui commence son ministère en 1783. — *Empire*. Bouleversement momentané, à l'occasion de la succession d'Autriche. La conquête de la Silésie, en rendant irréconciliables la Prusse et l'Autriche, rompt pour jamais l'unité de l'Empire. Tandis que le lien politique se relâche, une sorte de lien moral se forme pour l'Allemagne par le développement d'une langue, d'une littérature, d'une philosophie communes. 1711-1740, Charles VI. — 1742-1745, Charles VII. — 1745-1765, François I<sup>er</sup> et Marie-Thérèse. — 1765-1790, Joseph II, Douceur du gouvernement de Marie-Thérèse dans ses États héréditaires. Innovations de Joseph II. 1787, Soulèvement des Pays-Bas autrichiens. — *Prusse*. Elle double dans ce siècle d'étendue et de population. Force et unité du gouvernement. Trésor. Organisation toute militaire — 1713-1740, Frédéric-Guillaume I<sup>er</sup>. — 1740-1786, Frédéric II, dit *le Grand*. — 1786, Frédéric-Guillaume II. — *Bavière*. 1711. Extinction de la branche cadette de la maison de Wittelsbach, par la mort de l'Électeur Maximilien-Joseph. La succession doit revenir à l'Électeur Palatin. Prétentions de l'empereur Joseph II et de Marie-Thérèse; de l'électrice douairière de Saxe, et des ducs de Mecklembourg. 1778, Accord de la cour de Vienne avec l'Électeur Palatin. Le roi de Prusse soutient les réclamations du duc de Deux-Ponts, héritier de l'Électeur Palatin, et envahit la Bohême et la Silésie autrichienne. Intervention de la France et de la Russie. 1779, La succession de Bavière est assurée à l'Électeur Palatin, qui dédommage les autres prétendants. — *Hollande*. Elle s'affaiblit par sa longue dépendance de l'Angleterre. Formation du parti anti-anglais. 1747-1751, Rétablissement du stathoudérat en faveur de Guillaume IV, de la branche cadette de Nassau-Orange. 1751-1795, Guillaume V. — 1781-1785, Démêlés des Hollandais avec Joseph II. — 1783-1788, Soulèvement contre le stathouder. Intervention des cours de Berlin et de Versailles. Une armée prussienne fait prévaloir le stathouder. La Hollande se fait banquier. Cependant la confiance s'ébranle, cette religion du papier a ses incrédules : il tombe rapidement. Malheur aux derniers possesseurs ; d'étranges bouleversements s'opèrent, le riche

renonce à l'alliance de la France pour celle de la Prusse et de l'Angleterre.

*Affaires générales du Nord et de l'Orient. — Révolutions de la Russie et de la Pologne.*

L'impulsion donnée à la Russie par Pierre-*le-Grand* dure jusqu'à l'avènement de Catherine-*la-Grande*, quoique ralentie pendant la période où les étrangers sont exclus du gouvernement (1741-1762). L'avènement de Catherine est une ère nouvelle pour la Russie. — Le développement de cette puissance est favorisé par la situation de ses voisins. Cependant la Suède est sauvée par une révolution intérieure ; la Turquie, par la jalousie des États européens. La Russie, en se mettant à la tête d'une opposition contre la toute-puissance maritime de l'Angleterre, se rend incapable d'exécuter ses projets sur la Turquie. — Elle est plus heureuse du côté de la Pologne. La vigueur du caractère polonais s'est en partie énervée sous Auguste II et Auguste III ; la Pologne reçoit un prince de la Russie, est abandonnée de la France, secourue sans succès par la Turquie, et condamnée à garder sa constitution anarchique. Ceux qui étaient intéressés à son existence, la voyant perdue sans ressources, partagent avec la Russie. Ils acquièrent quelques provinces ; mais ils introduisent les Russes jusqu'aux frontières de l'Allemagne. — 1725-1727, Catherine I<sup>re</sup>, veuve de Pierre-*le-Grand*. Ministère de Menzikoff. — 1727-1730, Pierre II, petit-fils de Pierre-*le-Grand*, par son fils Alexis. Menzikoff renversé par Dolgorouki. — 1730-1740, Anne Iwanowna, nièce de Pierre-*le-Grand*, veuve du duc de Courlande. Crédit de Biren, de Munich et d'autres étrangers. La Russie étend de nouveau son influence au dehors. — 1733, Affaires de Pologne. 1737, Biren, duc de Courlande. 1736, Les Russes s'allient avec Thomas-Kouli-Khan contre les Turcs, dans le but de reprendre Azow et de se rouvrir la mer Noire. 1737, L'Empereur s'allie aux Russes. Ceux-ci, sous Munich, prennent Azow, envahissent la Crimée, gagnent la bataille de Choczim et s'emparent de la Moldavie ; mais les Turcs chassent les Impériaux de la Valachie et de la Servie et assiègent Belgrade. 1730, *Paix de Belgrade ;* l'Autriche ne conserve que Temeswar de toutes les conquêtes que lui avait assurées la paix de Passarowitz ; la Russie rend aussi les siennes et renonce à la navigation de la mer Noire. 1740-1741, Iwan VI, arrière-neveu de Pierre-*le-Grand*, fils d'Anne de Mecklembourg, sous la régence de Biren, puis sous celle de sa mère. 1741, La Suède déclare la guerre à la Russie. — 1741-1762, Élisabeth, deuxième fille de

devient pauvre, le pauvre riche. La fortune, qui jusque-là tenait au sol et s'immobilisait dans les familles, s'est, pour la première fois, volatilisée ; elle suivra désormais les besoins du commerce et de

*Pierre-le-Grand*, renverse le jeune Iwan. Expulsion des étrangers. 1741-1743, Les Suédois battus près de Villemanstrand, et forcés d'abandonner la Finlande. *Paix d'Abo :* une partie de la Finlande reste aux Russes. 1757-1762, Les Russes entrent dans la coalition européenne contre le roi de Prusse. — 1702, PIERRE III, petit-fils de *Pierre-le-Grand,* par sa mère, Anne Petrowna, fils du duc de Holstein-Gottorp. Il s'allie avec la Prusse, et se prépare à attaquer le Danemarck, de concert avec Frédéric. 1762-1796, Catherine détrône Pierre III. Situation de la Pologne sous Auguste III (1734-1763). 1764, STANISLAS PONIATOWSKI, élevé au trône de Pologne par l'influence de la Russie. 1768, Les *dissidents* rétablis dans leurs droits. Confédération de Bar. — La Porte se déclare contre la Russie. 1769-1770, Les Russes envahissent la Moldavie et la Valachie. Victoires du Pruth et du Kagul. La flotte russe pénètre dans la Méditerranée, soulève la Morée et brûle la flotte turque dans l'Archipel. 1771, Dolgorouki envahit la Crimée. Intervention de l'Autriche. 1774, les Turcs bloqués par Romanzow. *Paix de Kaynardgi.* Les Tartares de Crimée sont reconnus indépendants; la Russie rend ses conquêtes, excepté Azow et quelques places sur la mer Noire, et obtient la navigation libre dans les mers de la Turquie; l'Autriche obtient la Bukowine. — 1773, *Premier démembrement de la Pologne.* La Russie, l'Autriche et la Prusse s'emparent des provinces limitrophes. — 1780, *Neutralité armée.* La Russie, à la tête des puissances du Nord, fait respecter son pavillon de l'Angleterre et de la France. — 1775, Réduction des Cosaques Zaporogues. — 1784, La Russie réunit la Crimée à son empire, du consentement de la Porte. 1787-1791, Guerre des Turcs contre les Russes. L'empereur Joseph II se déclare pour la Russie; le roi de Suède, Gustave III, pour la Porte. Ce dernier prince, attaqué par les Danois, alliés de la Russie, conclut la paix avec l'impératrice, à Werela. 1790, Brillantes victoires des Russes sur les Turcs. 1791, *Paix de Szistowa* entre les Autrichiens et la Porte; *Paix de Yassi* entre les Russes et la Porte : Joseph II rend ses conquêtes; mais le Dniester devient frontière des empires de Russie et de Turquie. — 1788-1791. Nouvelle constitution de Pologne. 1793, *Second démembrement.* — 1795, *Partage définitif de la Pologne* entre la Russie, l'Autriche et la Prusse. La Courlande se soumet à la Russie (Révolution de ce duché). 1737, Extinction de la maison de Kettler, et avènement de BIREN. 1759, CHARLES DE SAXE, fils d'Auguste III, roi de Pologne. 1762, Rétablissement de Biron. Son fils PIERRE, après vingt-cinq ans de règne, abdique en faveur de l'impératrice de Russie. — 1796, Mort de Catherine-*la-Grande.* Sa brillante administration. Législation. Écoles. Fondation de Cherson, 1778, et l'industrie. Un mouvement analogue a lieu par toute l'Europe ; les esprits sont, pour ainsi dire, détachés de la glèbe. Law, s'enfuyant au milieu des malédictions, a du moins laissé ce bienfait (1717-1721).

d'Odessa, 1796. Manufactures. Commerce de caravanes avec la Perse et la Chine. Essor du commerce de la mer Noire. Entreprise d'un grand canal entre la Baltique et la Caspienne. Voyages de découvertes, etc.

*Suède et Danemarck. — Turquie.*

*Suède.* 1719, 1720, 1751, ULRIQUE-ÉLÉONORE, sœur de Charles XII (au préjudice du duc de Holstein-Gottorp, fils d'une sœur aînée de ce prince), et FRÉDÉRIC I<sup>er</sup> de Hesse-Cassel. Le gouvernement, monarchique de nom, devient aristocratique. Faiblesse du gouvernement. Les deux partis de la guerre et de la paix, de la France et de la Russie, *des Chapeaux et des Bonnets*. — 1743, Pour condition de la paix d'Abo, la Russie fait désigner à la succession de Suède Adolphe-Frédéric de Holstein-Gottorp, évêque de Lubeck (oncle du nouveau grand-duc de Russie), de préférence au prince royal de Danemarck, dont l'élection eût renouvelé l'ancienne union des trois royaumes du Nord. — 1751-1771, ADOLPHE FRÉDÉRIC II. Nouvel affaiblissement du pouvoir royal. — 1771, Gustave III. Caractère de ce prince. 1772, Rétablissement de l'autorité royale. La nouvelle constitution maintient tous les droits des États; mais le Sénat n'est que le conseil du roi. Vigueur du gouvernement. La Suède, soustraite à l'influence de la Russie, reprend son ancien système d'alliance avec la France et la Turquie. 1792, Assassinat de Gustave III. — *Danemarck.* Calme et bonheur au dedans. Les révolutions du palais ne troublent point la nation. — Funeste rivalité de la branche régnante avec la branche de Holstein-Gottorp. — 1730, Mort de FRÉDÉRIC IV. — 1730-1746, CHRISTIERN VI. 1740, Acquisition du Sleswig. — 1746-1766, FRÉDÉRIC V. 1762, Guerre imminente avec la Russie. 1767, Arrangement relatif au Sleswig et au Holstein. — 1766, CHRISTIERN VII. Chute et exécution de Struensée. 1784-1808, Régence du prince royal, depuis FRÉDÉRIC VI. — *Turquie.* Elle n'a plus à craindre l'Empire. Elle oppose à la Russie une résistance inattendue; cependant la perte de la Crimée et l'établissement de la Russie sur la mer Noire ouvrent la Turquie à toutes les attaques de son ennemi. — 1703-1754, ACHMET III, MAHMOUD I<sup>er</sup>. Guerre contre la Perse. 1721-1727, Les Turcs regagnent vers l'Orient ce qu'ils viennent de perdre du côté de l'Occident. 1730-1736, Thamas-Kouli-Khan les dépouille de leurs conquêtes. Mais ils reprennent à l'Empereur les provinces qu'ils lui ont cédées par le traité de Passarowitz 1743-1746, Nouvelle guerre désavantageuse contre Thamas-Kouli-Khan. 1754-1789, OTHMAN III, MUSTAPHA III, ABDUL-HAMED. Guerres malheureuses contre la Russie.

Le Régent, dans sa facilité pour les idées nouvelles, dans sa curiosité scientifique, dans ses mœurs effrénées, est un des types du dix-huitième siècle. Il impose la Bulle par égard pour le Pape, mais n'en est pas moins impie. Ses *roués* sont des nobles; mais son homme, son ministre, le vrai roi de la France, est ce drôle de cardinal Dubois, fils d'un apothicaire de Brives-la-Gaillarde. Le Régent est naturellement uni avec l'Angleterre, qui, sous la maison de Hanovre, représente aussi le principe moderne, comme en Allemagne la jeune royauté de Prusse, dans le nord la Russie créée par Pierre-le-Grand. L'ennemi commun est l'Espagne, aux dépens de laquelle s'est faite la paix d'Utrecht. L'Espagne et la France, d'autant plus ennemies qu'elles sont parentes, se regardent d'un œil hostile. Le ministre espagnol, l'intrigant Alberoni entreprend de relever le vieux principe par toute l'Europe. Il veut rendre à l'Espagne tout ce qu'elle a perdu, et donner la régence de France à Philippe V; il veut rétablir le prétendant en Angleterre. Pour cela Alberoni compte louer la meilleure épée du temps, prendre à sa solde le Suédois Charles XII; ce roi aventurier sera payé par l'Espagne, comme Gustave-Adolphe le fut par la France. Cet immense projet manqua partout : Charles XII fut tué, le Prétendant échoua, l'ambassadeur espagnol en France fut pris en flagrant délit de conspiration avec la duchesse du Maine, femme d'un fils légitimé de Louis XIV. La petite et spirituelle princesse avait cru, de son académie de Sceaux, changer la face de l'Europe. Les mémoires de la Fronde, qui venaient de paraître, lui avaient donné de l'émulation. Le Régent et Dubois, qui n'avaient ni haine ni amitié, trouvèrent cela si ridicule qu'ils ne punirent personne, sauf quelques pauvres gentilshommes bretons qui s'étaient mis en avant (1718). La France, l'Angleterre, la Hollande et l'Empereur, unis contre Alberoni, forment la *Quadruple Alliance*. Cependant, en 1720, l'Espagne obtient pour consolation la Toscane, Parme et Plaisance ; et l'Empereur, en lui donnant l'investiture de ces États, force le duc de Savoie de prendre la Sardaigne en échange de la Sicile. L'Europe était obstinée à la paix, et l'on s'arrangeait à tout prix.

Le dur et maladroit ministère du duc de Bourbon, qui gouverna après la mort du Régent (1723-1726), fut bientôt remplacé par celui du prudent et circonspect Fleury, ex-précepteur du jeune roi, qui, sans bruit, s'empara du roi et du royaume (1726-1745). Louis XV, qui, jusqu'à sept ans, marchait à la lisière, qui, jusqu'à douze, porta un corps de baleine, devait être mené toute sa vie. Sous le gouvernement économe et timide du vieux prêtre, la France ne fut troublée que par l'affaire de la Bulle, les *convulsions* du jansénisme et les réclamations des parlements. La France, endormie sous Fleury, était unie à l'Angleterre endormie sous Walpole ; union inégale, où la France n'avait l'avantage en aucun sens. L'Angleterre était alors l'admiration des Français ; ils allaient étudier auprès des *libres penseurs* de la Grande-Bretagne, comme autrefois les philosophes grecs auprès des prêtres égyptiens. Voltaire y allait chercher quatre mots de Locke, de Newton, et sa tragédie de *Brutus* (1730). Le président de Montesquieu, devenu plus circonspect, après le brillant scandale des *Lettres persanes* (publiées en 1721), prenait en Angleterre le type qu'il devait proposer à l'imitation de tous les peuples. Personne ne songeait à l'Allemagne, où Leibniz était mort, ni à l'Italie où vivait Vico.

Il y avait tant de causes de guerre au milieu de ce grand calme, qu'une étincelle partie du Nord mit l'Europe en flammes.

Sous le duc de Bourbon, une intrigue de cour avait par hasard marié le roi de France à la fille d'un prince sans État, Stanislas Leczinski, ce palatin que Charles XII avait fait un instant roi de Pologne, et qui s'était retiré en France. A la mort d'Auguste II (1733), le parti de Stanislas se réveilla, en opposition à celui d'Auguste III, Électeur de Saxe, fils du feu roi. Stanislas réunit jusqu'à soixante mille suffrages. Villars et les vieux généraux poussaient à la guerre ; ils prétendaient qu'on ne pouvait se dispenser de soutenir le beau-père du roi de France. Fleury se laissa forcer la main. Il en fit trop peu pour réussir, assez pour compromettre le nom français. Il envoya trois millions et quinze cents hommes contre cinquante mille Russes. Un Français, qui se trouvait par hasard à l'arrivée de nos troupes, le comte de Plélo, ambassadeur en Danemarck, rougit pour la France, se mit à leur tête et se fit tuer.

L'Espagne s'était déclarée pour Stanislas contre

l'Autriche, qui soutenait Auguste. Cette guerre lointaine de Pologne était pour elle un prétexte pour recouvrer ses possessions d'Italie ; elle y réussit en partie par le secours de la France. Pendant que Villars envahissait le Milanais, les Espagnols reprenaient les Deux-Siciles, et y établissaient l'infant D. Carlos (1734-35). Ils gardèrent cette conquête au traité de Vienne (1738). Stanislas en dédommagement du trône de Pologne, reçut la Lorraine, qui, à sa mort, dut passer à la France ; le duc de Lorraine François, gendre de l'Empereur, époux de la fameuse Marie-Thérèse, eut en échange la Toscane, comme fief de l'Empire. Le dernier des Médicis étant mort sans postérité, Fleury s'empressa de traiter pour assurer les Deux-Siciles aux Bourbons d'Espagne, malgré la jalousie des Anglais. Ajoutez que dix mille Russes étaient parvenus jusqu'au Rhin. On s'aperçut, pour la première fois, que cette Asie européenne pouvait, par-dessus l'Allemagne, étendre ses longs bras jusqu'à la France.

Ainsi, la France, décrépite avec Fleury et Villars, sous un ministre octogénaire et un général octogénaire, avait pourtant gagné la Lorraine. L'Espagne, renouvelée par la maison de Bourbon, avait gagné deux royaumes sur l'Autriche. Celle-ci, encore sous la maison de Charles-Quint, représentait le vieux principe européen, destiné à périr pour faire place au principe moderne. L'empereur Charles VI, inquiet comme Charles II d'Espagne en 1700, avait, au prix des plus grands sacrifices, essayé de faire garantir ses États à sa fille Marie-Thérèse, épouse du duc de Lorraine, devenu duc de Toscane.

En face de la vieille Autriche, s'élevait la jeune Prusse, État allemand, slave, français, au milieu de l'Allemagne ; aucun n'avait reçu plus de réfugiés après la Révocation de l'Édit de Nantes. La Prusse était destinée à renouveler l'ancienne opposition saxonne contre les empereurs. Cet État pauvre et sans barrière naturelle, qui n'opposait à l'ennemi ni les canaux de la Hollande ni les montagnes de la Savoie, n'en a pas moins crû et grandi, pure création de la politique, de la guerre, c'est-à-dire de la volonté, de la liberté humaine triomphant de la nature. Le premier roi, Guillaume, dur et brutal soldat, avait passé trente ans à amasser de l'argent et à discipliner ses troupes à coups de canne ; ce fondateur de la Prusse conçut l'État comme un régiment. Il craignait que son fils ne continuât pas sur le même plan ; et il eut la tentation de lui faire couper la tête comme fit le czar Pierre pour son fils Alexis. Ce fils, qui fut Frédéric II, plaisait peu à un père qui n'estimait que la taille et la force, qui faisait enlever partout des hommes de six pieds pour composer des régiments de géants. Le jeune Frédéric était petit, avec de grosses épaules, un gros œil dur et perçant, quelque chose de bizarre. C'était un bel esprit, un musicien, un philosophe avec des goûts immoraux et ridicules ; grand faiseur de petits vers français, il ne savait pas le latin, et méprisait l'allemand ; pur logicien qui ne pouvait saisir ni la beauté de l'art antique, ni la profondeur de la science moderne. Il avait pourtant une chose, par quoi il a mérité d'être appelé le Grand : *il voulait*. Il voulut être brave ; il voulut faire de sa Prusse l'un des premiers États de l'Europe ; il voulut être législateur ; il voulut que ses déserts de Prusse se peuplassent. Il vint à bout de tout. Il fut l'un des fondateurs de l'art militaire, entre Turenne et Napoléon. Quand celui-ci entra à Berlin, il ne voulut voir que le tombeau de Frédéric, prit pour lui son épée, et dit : « Ceci est à moi. »

La Prusse, État nouveau, qui devait ses plus industrieux citoyens à la Révocation de l'Édit de Nantes, devait tôt ou tard devenir le centre du philosophisme moderne. Frédéric II comprit ce rôle ; il se déclara, en poésie, en philosophie, disciple de Voltaire ; c'était faire sa cour à l'opinion : les goûts futiles de Frédéric servirent en cela ses projets les plus sérieux. L'Empereur Julien avait été le singe de Marc-Aurèle, Frédéric fut celui de Julien. D'abord, en l'honneur des Antonins que Voltaire lui proposait pour modèle, il écrit un livre sentimental et vertueux contre Machiavel. Il ne régnait pas encore. Voltaire, dans son naïf enthousiasme, revoit les épreuves, exalte le royal auteur, et promet au monde un Titus. A son avènement, Frédéric voulut faire détruire l'édition.

La même année, l'empereur Charles VI meurt, et Frédéric devient roi (1740). Tous les États qui ont garanti sa succession à sa fille Marie-Thérèse prennent les armes contre elle. Le moment semble venu de dépecer le grand corps de l'Autriche ; tous accourent à cette curée. Les droits les plus surannés sont ravivés. L'Espagne réclame la Bohême et la Hongrie, le roi de Sardaigne le Milanais, Frédéric la Silésie; la France ne demande rien, sinon l'Empire même pour l'Électeur de Bavière, client de nos rois depuis plus d'un demi-siècle. L'Électeur, élu empereur sans difficulté, est nommé en même temps généralissime du roi de France.

Les frères Belle-Isle, petits-fils de Fouquet, remuent la France de leurs projets chimériques. Fleury fait pour la seconde fois la guerre malgré lui, et, comme la première, il la fait manquer. L'armée française, mal payée, mal nourrie, se disperse après de faciles succès partout où elle peut vivre. Elle laisse Vienne de côté et s'enfonce en Bohême. D'autre part, Frédéric, vainqueur à Molwitz, met la main sur la Silésie (1741).

Marie-Thérèse était seule; sa cause semblait perdue. Enceinte alors, elle croyait « qu'il ne lui resterait pas une ville pour y faire ses couches ». Mais l'Angleterre et la Hollande ne pouvaient voir de sang-froid le triomphe de la France. Le pacifique Walpole tombe, des subsides sont donnés à Marie-Thérèse, une escadre anglaise force le roi de Naples à la neutralité. Le roi de Prusse, qui a ce qu'il veut, fait la paix. Les Français se morfondent en Bohême, perdent Prague et reviennent à grand'peine à travers les neiges. Belle-Isle en fut quitte pour se comparer à Xénophon (1742).

Les Anglais, descendus sur le continent, se mettent à Dettingen entre les mains de l'armée française, qui les lâche et se laisse battre (1745). Voilà nos troupes rejetées en deçà du Rhin, et notre pauvre empereur de Bavière abandonné à la vengeance de l'Autriche.

Ce n'était pas là le compte du roi de Prusse. Marie-Thérèse, redevenue si forte, n'aurait pas manqué de lui reprendre la Silésie. Il se met du côté de la France et de la Bavière, revient à la charge, entre en Bohême, s'assure de la Silésie par trois victoires, envahit la Saxe, et force l'Impératrice et les Saxons de signer le traité de Dresde. Le Bavarois étant mort, l'Autrichienne avait fait son époux empereur (François I$^{er}$, 1745).

Cependant les Français avaient l'avantage en Italie. Secondés par les Espagnols, le roi de Naples et les Génois, ils établissent l'infant don Philippe dans les duchés de Milan et de Parme. Aux Pays-Bas, sous le maréchal de Saxe, ils gagnent les batailles de Fontenoy (1745) et de Raucoux (1746). La première, tant célébrée, était perdue sans remède, si l'Irlandais Lally, inspiré par sa haine contre les Anglais, n'eût proposé de rompre leur colonne avec quatre pièces de canon. Un courtisan adroit, le duc de Richelieu, s'appropria l'idée et la gloire du succès. L'Irlandais entra le premier dans la colonne anglaise, l'épée à la main. La même année, la France lançait sur l'Angleterre son plus formidable ennemi, le Prétendant. Les Highlanders de l'Écosse l'accueillirent, fondirent des montagnes avec un irrésistible élan, enlevant les canons à la course, et démolissant les escadrons à coups de poignard. Il eût fallu que ces succès fussent soutenus par la France. Notre marine était réduite à rien. Lally obtint quelques vaisseaux ; mais les Anglais gardaient la mer, ils empêchèrent les Écossais de recevoir aucun secours. Ils avaient sur les Écossais l'avantage du nombre, de la richesse, une bonne cavalerie, une bonne artillerie. Ils vainquirent à Culloden (1745-46).

Les Espagnols se retirent de l'Italie. Les Français en sont chassés. Ils avancent dans les Pays-Bas. L'Angleterre craint pour la Hollande et y rétablit le stathoudérat. Les succès de la France contre la Hollande servirent du moins à décider la paix. Elle avait perdu sa marine, ses colonies ; les Russes paraissaient pour la seconde fois sur le Rhin. La paix d'Aix-la-Chapelle rendit à la France ses colonies, assura la Silésie à la Prusse, Parme et Plaisance aux Bourbons d'Espagne. Contre toute espérance, l'Autriche subsista (1748).

La France avait fait une dure expérience de sa faiblesse, mais elle n'en pouvait profiter. Au gouvernement du vieux prêtre avait succédé celui des maîtresses. Mademoiselle Poisson, marquise de Pompadour, régna vingt années. Née bourgeoise, elle eut quelques velléités de patriotisme. Sa créature, le contrôleur Machault, voulait imposer le clergé ; d'Argenson organisait l'administration de la guerre avec le talent et la sévérité de Louvois. Au milieu de la petite guerre du Parlement et du clergé, le philosophisme gagnait.

A la Cour même, il avait des partisans; le roi, tout ennemi qu'il était des idées nouvelles, avait sa petite imprimerie, et imprimait lui-même les théories économiques de son médecin Quesnay, qui proposait un impôt unique, portant sur la terre; la noblesse et le clergé, qui étaient les principaux propriétaires du sol, eussent enfin contribué. Tous ces projets aboutissaient en vaines conversations; les vieilles corporations résistaient; la royauté, caressée par les philosophes, qui auraient voulu l'armer contre le clergé, éprouvait un vague effroi à l'aspect de leur progrès. Voltaire préparait une histoire générale anti-chrétienne (*Essai sur les mœurs*, 1756). Peu à peu la philosophie nouvelle sortait de cette forme polémique à laquelle Voltaire la réduisait. Dès 1748, le président de Montesquieu, fondateur de l'Académie des Sciences naturelles à Bordeaux, donna, sous forme, il est vrai, décousue et timide, une théorie matérialiste de la législation, déduite de l'influence des climats; telle est du moins l'idée dominante de *l'Esprit des Lois*, ce livre si ingénieux, si brillant, quelquefois si profond. En 1749, apparut la colossale *Histoire naturelle* du comte de Buffon; en 1751, les premiers volumes de l'*Encyclopédie*, monument gigantesque où devait entrer tout le dix-huitième siècle, polémique et dogmatique, économie et mathématique, irréligion et philanthropie, athéisme et panthéisme, d'Alembert et Diderot. Le tout fut dit par Condillac en un mot, qui contient ce siècle : *Traité des Sensations*, 1754. Cependant la guerre religieuse était continuée par Voltaire, qui venait de se poster en observation au point central de l'Europe, entre la France, la Suisse et l'Allemagne, aux portes de Genève, au chef-lieu des anciens Vaudois, d'Arnaldo de Brescia et de Zwingle et de Calvin.

C'était l'apogée de la puissance de Frédéric. Depuis sa conquête de Silésie, il avait perdu tout ménagement. Dans son étrange cour de Potsdam, ce bel esprit guerrier se moquait de Dieu, des philosophes et des souverains, ses confrères; il avait maltraité Voltaire, le principal organe de l'opinion; il désolait de ses épigrammes les rois et les reines; il ne croyait ni à la beauté de madame de Pompadour, ni au génie poétique de l'abbé Bernis, principal ministre de France. L'occasion parut favorable à l'Impératrice pour recouvrer la Silésie; elle ameuta l'Europe, les reines surtout; elle entraîna celle de Pologne et l'Impératrice de Russie; elle fit sa cour à la maîtresse de Louis XV. La monstrueuse alliance de la France avec cette vieille Autriche contre un souverain qui maintenait l'équilibre de l'Allemagne réunit contre lui toute l'Europe. L'Angleterre seule l'aida et lui donna des subsides. Elle était gouvernée alors par un avocat goutteux, le fameux William Pitt, depuis lord Chatham, qui s'éleva à force d'éloquence, à force de haine contre les Français. L'Angleterre voulait deux choses : le maintien de l'équilibre européen et la ruine des colonies françaises et espagnoles. Ses griefs étaient graves : les Espagnols avaient maltraité ses contrebandiers, et les Français voulaient l'empêcher, au

Canada, de bâtir sur leur territoire. Aux Indes, La Bourdonnais, et son successeur Dupleix, menaçaient de fonder une grande puissance, en face de la puissance anglaise. Les Anglais, pour déclaration de guerre, nous confisquèrent trois cents navires (1756).

Ce fut une merveille dans cette guerre, de voir l'imperceptible Prusse, entre les masses de l'Autriche, de la France et de la Russie, courir de l'une à l'autre et faire face de tous côtés. C'est la seconde époque de l'art militaire. Les ineptes adversaires de Frédéric crurent qu'il devait tous ses succès à la précision des manœuvres des soldats prussiens, à leur habileté à faire l'exercice et à tirer cinq coups par minute. Frédéric avait certainement perfectionné la machine-soldat. Cela pouvait s'imiter : le czar Pierre III et le comte de Saint-Germain formèrent des automates guerriers à coups de bâton. Ce qu'on n'imita pas, c'est la célérité de ses manœuvres, l'heureuse disposition de ses marches, qui lui donnait une grande facilité de mouvoir, de concentrer des masses rapides, de les porter au défaut de l'armée ennemie.

Dans cette chasse terrible que les grandes et grosses armées des alliés faisaient à l'agile Prussien, on ne peut s'empêcher de remarquer l'amusante circonspection des tacticiens autrichiens, et la fatuité étourdie des grands seigneurs qui conduisaient les armées de France. Le Fabius de l'Autriche, le sage et pesant Daun, se bornait à une guerre de position; il ne trouvait pas de camps assez forts, de montagnes assez inaccessibles; Frédéric battait toujours ces armées paralytiques.

D'abord, il se débarrassa des Saxons. Il ne leur fit pas de mal, il les désarma seulement. Puis il frappa un coup en Bohême. Repoussé, délaissé de l'armée anglaise, qui convient à Closter-Seven de ne plus se battre, menacé par les Russes vainqueurs à Jœgerndorf, il passe en Saxe, et y trouve les Français et les Impériaux combinés. Quatre armées entouraient la Prusse. Il se croyait perdu, il voulait se tuer; il l'écrivit à sa sœur et à d'Argens. Il n'avait peur que d'une chose, c'est que, lui mort, le grand distributeur de la gloire, Voltaire, ne poursuivît son nom; il lui écrivit une épître pour le désarmer : ainsi Julien, blessé à mort, tira de sa robe et débita un discours qu'il avait composé pour cette circonstance. « Pour moi, disait Frédéric,

> Pour moi, menacé du naufrage,
> Je dois, en affrontant l'orage,
> Penser, vivre et mourir en roi. »

L'épître faite, il battit l'ennemi. Le prince de Soubise croyant le voir fuir, se met étourdiment à sa poursuite; alors les Prussiens démasquent leurs troupes, tuent trois mille hommes, et en prennent sept mille. On trouva dans le camp une armée de cuisiniers, de comédiens, de perruquiers, quantité de perroquets, de parasols, je ne sais combien de caisses d'eaux de lavande, etc. (1757).

Le tacticien seul peut suivre le roi de Prusse dans cette série de belles et savantes batailles. La Guerre de

Sept-Ans, quelle que soit la variété de ses événements, est une guerre de politique et de stratégie ; elle n'a pas l'intérêt des guerres d'idée, des guerres de la religion et de la liberté au seizième siècle et au nôtre.

La défaite de Rosbach, renouvelée à Crevelt, de grands revers balancés par de petits avantages, la ruine totale de notre marine et de nos colonies, les Anglais maîtres des mers et conquérants de l'Inde, l'épuisement, l'humiliation de toute la vieille Europe en face de la jeune Prusse, voilà la Guerre de Sept-Ans. Elle se termina sous le ministère de M. de Choiseul. Ce ministre, homme d'esprit, crut frapper un grand coup en ménageant le *Pacte de famille* entre les diverses branches de la maison de Bourbon (1761).

Au milieu des humiliations de la Guerre de Sept-Ans, et par ces humiliations même, le drame du siècle s'acheminait rapidement vers sa péripétie. Qui avait été vaincu dans cette guerre et dans la précédente? La France? Non, mais la noblesse, qui, seule, fournissait les officiers, les généraux. Les ennemis de la France ne pouvaient nier la bravoure française après Chevert et d'Assas. N'avait-on pas vu, au combat d'Exiles, nos soldats, escaladant les Alpes sous la mitraille, s'élancer aux canons ennemis par les embrasures, pendant que les pièces reculaient. Quant aux généraux, les seuls qu'on ose nommer à cette époque, Saxe, Broglie, étaient des étrangers. Celui qui s'appropria la gloire de Fontenoy, le grand général du siècle, au dire des femmes et des courtisans, le *vainqueur de Mahon*, le vieil Alcibiade du vieux Voltaire, Richelieu, avait suffisamment prouvé, pendant cinq campagnes de la dernière guerre, ce qu'on devait penser de cette réputation si habilement ménagée. Ces campagnes furent du moins lucratives, il en rapporta de quoi bâtir sur nos boulevards l'élégant pavillon de Hanovre.

Vers la fin de cette ignoble Guerre de Sept-Ans, où l'aristocratie était tombée si bas, éclata la grande pensée plébéienne. C'était comme si la France eût crié à l'Europe : Ce n'est pas moi qui suis vaincue. Dès 1750, le fils d'un horloger de Genève, Jean-Jacques Rousseau, vagabond, scribe, laquais tour à tour, avait maudit la science, en haine du philosophisme et de la caste des gens de lettres; puis maudit l'inégalité, en haine d'une noblesse dégénérée (1754). Cette fièvre de dissolution niveleuse coula par torrents dans les lettres de la *Nouvelle Héloïse* (1759). Le naturalisme fut posé dans l'*Émile*, le déisme dans la profession de foi du *Vicaire savoyard* (1762). Enfin dans le *Contrat social* apparurent les trois mots de la Révolution, tracés d'une main de feu.

La Révolution, elle s'avançait, tellement irrésistible, que le roi qui l'entrevoyait avec épouvante, travaillait pour elle en dépit de lui, et lui frayait la voie. En 1763, il lui fonda son temple, le *Panthéon*, qui devait recevoir Rousseau et Voltaire. En 1764, il abolit les Jésuites; en 1771, le Parlement. Instrument docile de la nécessité, il abattait d'une main indifférente ce qui restait encore debout des ruines du Moyen-âge.

La société des Jésuites, qu'on croyait si profondément enracinée, fut anéantie sans coup férir dans toute l'Europe. Ainsi avaient péri les Templiers au quatorzième siècle, quand le système auquel ils appartenaient eut fait son temps. On livra les Jésuites aux parlements, leurs ennemis acharnés. Mais de même que les pierres de Port-Royal étaient tombées sur la tête des Jésuites, la chute de ceux-ci fut fatale aux parlements. Ces corporations, entraînées par leur popularité croissante et par leur récente victoire, voulaient sortir de leurs anciennes voies. L'imparfaite balance de la vieille monarchie tenait à l'élastique opposition des parlements, qui remontraient, ajournaient, et finissaient par céder respectueusement. Quelques têtes hardies et dures, entre autres le Breton La Chalotais, entreprirent de les mener plus loin. Dans le procès du duc d'Aiguillon, ils tinrent ferme, ils furent brisés (1771). Ce n'était pas aux juges de Lally, de Calas, de Sirven et de Labarre qu'il appartenait de faire la Révolution, encore moins à la coterie qui les renversa. Le spirituel abbé Terray et le facétieux chancelier Maupeou, alliés du duc d'Aiguillon et de madame Du Barry, n'étaient pas assez honnêtes gens pour avoir droit de faire le bien. Terray, qui eut les finances, remédia un peu au désordre, mais par la banqueroute. Maupeou abolit la vénalité des charges, et voulut rendre la justice gratuite; mais personne ne voulut croire qu'elle fût jamais gratuite entre les mains des créatures de Maupeou. Tout le monde se moqua de leur réforme, personne plus qu'eux-mêmes. Un rire inextinguible éclata à l'apparition des *Mémoires* de Beaumarchais. Louis XV les lut comme tout le monde et y prit plaisir. L'égoïste monarque distinguait mieux que personne le péril croissant de la royauté, mais il jugeait avec raison qu'après tout elle durerait encore plus que lui (mort en 1774).

Son infortuné successeur, Louis XVI, héritait de tout cela. Beaucoup de gens avaient conçu de tristes présages à l'occasion des fêtes de son mariage, où plusieurs centaines de personnes furent étouffées. Cependant l'avènement de l'honnête jeune roi, s'asseyant avec sa gracieuse épouse sur le trône purifié de Louis XV, avait rendu au pays un immense espoir. Ce fut pour cette vieille société une époque de bonheur et de naïf attendrissement; elle pleurait, s'admirait dans ses larmes, et se croyait rajeunie. Le genre à la mode était l'idylle, d'abord les fadeurs de Florian, l'innocence de Gessner, puis l'immortelle églogue de *Paul et Virginie*. La reine se bâtissait dans Trianon un hameau, une ferme. Les philosophes conduisaient la charrue, par écrit. « Choiseul est agricole et Voltaire est fermier. » Tout le monde s'intéressait au peuple, aimait le peuple, écrivait pour le peuple; la bienfaisance était de bon ton, on faisait de petites aumônes et de grandes fêtes.

Pendant que la haute société jouait sincèrement cette comédie sentimentale, continuait le grand mouvement du monde, qui dans un moment allait tout emporter. Le vrai confident du public, le *Figaro* de

Beaumarchais, devenait plus âcre chaque jour; il tournait de la comédie à la satire, de la satire au drame tragique. Royauté, Parlement, Noblesse, tout chancelait de faiblesse; le monde était comme ivre. Le philosophisme lui-même était malade de la morsure de Rousseau et de Gilbert. On ne croyait plus ni à la religion, ni à l'irréligion : on aurait voulu croire pourtant; les esprits forts allaient incognito chercher des croyances dans la fantasmagorie de Cagliostro et dans le baquet de Mesmer. Cependant retentissait autour de la France et à son insu l'éternel dialogue du scepticisme rationnel : au nihilisme d'Hume répondait le dogmatisme de Kant, et, par-dessus la grande voix poétique de Goethe, harmonieuse, immorale et indifférente. La France, émue et préoccupée, n'entendait rien de tout cela. L'Allemagne poursuivait l'épopée scientifique; la France accomplissait le drame social.

Ce qui fait le triste comique de ces derniers jours de la vieille société, c'est le contraste des grandes promesses et de la complète impuissance. L'impuissance est le trait commun de tous les ministères d'alors. Tous promettent, et ne peuvent rien. M. de Choiseul voulait défendre la Pologne, abaisser l'Angleterre, relever la France par une guerre européenne, et il ne pouvait suffire aux dépenses de la journée; s'il eût voulu exécuter ses projets, les parlements qui le soutenaient l'auraient abandonné. Maupeou et Terray ôtent les parlements, et ne peuvent rien mettre à la place; ils veulent réformer les finances, et ils ne s'appuient que sur les voleurs du trésor public. Sous

Louis XVI, le grand, l'honnête, le confiant Turgot (1774-1776) propose le vrai remède : l'économie et l'abolition du privilège. A qui les propose-t-il? aux privilégiés, qui le renversent. Cependant la nécessité les oblige d'appeler à leur aide un habile banquier, un éloquent étranger, un second Law, mais plus honnête. Necker promet merveille, il rassure tout le monde, il n'annonce point de réforme fondamentale, il va procéder tout doucement. Il inspire confiance, il s'adresse au crédit, il trouve de l'argent, il emprunte. La confiance, la bonne administration vont étendre le commerce, le commerce va créer des ressources. De rapides emprunts sont hypothéqués sur des ressources fortuites, lentes, lointaines. Necker finit par jeter les cartes sur la table, et revenir aux moyens proposés par Turgot, l'économie, l'égalité d'impôt. Son *Compte rendu* est un aveu triomphant de son impuissance (1781).

Necker avait eu, il faut l'avouer, à soutenir un double combat. Il lui fallut, par-dessus les dépenses de l'intérieur, suffire à celles de la guerre que nous faisions en faveur de la jeune Amérique (1778-1784). Nous aidâmes alors à créer contre l'Angleterre une Angleterre rivale. Quoique celle-ci ait prouvé qu'elle en gardait peu de souvenir, jamais argent ne fut mieux employé. On ne pouvait trop payer les dernières victoires navales de la France et la création de Cherbourg. C'était alors un curieux moment de confiance et d'enthousiasme. La France enviait Franklin à l'Amérique; notre jeune noblesse s'embarquait aux croisades de la liberté.

Le roi ayant essayé en vain de ministres patriotes, de Turgot et de Necker, il crut la reine et la Cour : il essaya des ministres courtisans. On ne pouvait trouver un ministre plus agréable que M. de Calonne, un guide plus rassurant pour s'enfoncer gaiement dans la ruine. Quand il eut épuisé le crédit que la sage conduite de Necker avait créé, il ne sut que devenir et assembla les Notables (1787). Il fallut leur avouer que les emprunts s'étaient élevés en peu d'années à un milliard six cent quarante-six millions, et qu'il existait dans le revenu un déficit annuel de cent quarante millions. Les Notables, qui appartenaient eux-mêmes aux classes privilégiées, donnèrent, au lieu d'argent, des avis et des accusations. Brienne, élevé par eux à la place de Calonne, eut recours aux impôts ; le Parlement refusa de les enregistrer et demanda les États généraux, c'est-à-dire sa propre ruine et celle de la vieille monarchie.

Les philosophes avaient échoué avec Turgot, les banquiers avec Necker, les courtisans avec Calonne et Brienne. Les privilégiés ne voulaient point payer et le peuple ne le pouvait plus. Les États généraux, comme l'a dit un éminent historien, ne firent que décréter une révolution déjà faite (ouverture des États généraux, 5 mai 1789).

FIN DU PRÉCIS DE L'HISTOIRE MODERNE.

# INTRODUCTION

## A

## L'HISTOIRE UNIVERSELLE

Ce petit livre pourrait aussi bien être intitulé :
*Introduction à l'Histoire de France;* c'est à
la France qu'il aboutit. Et le patriotisme n'est
pour rien en cela. Dans sa profonde solitude,
loin de toute influence d'école, de secte ou de
parti, l'auteur arrivait, et par la logique et par
l'histoire, à une même conclusion : c'est que
sa glorieuse patrie est désormais le pilote du
vaisseau de l'humanité. Mais ce vaisseau vole
aujourd'hui dans l'ouragan; il va si vite, si vite,
que le vertige prend aux plus fermes, et que
toute poitrine en est oppressée. Qeu puis-je
dans ce beau et terrible mouvement? Une seule
chose : le comprendre; je l'essayerai du moins.

Mais il part de haut et de loin; ce ne serait pas trop de l'histoire du monde pour expliquer la France. Peut-être aurai-je le temps d'exposer ailleurs ce que je ne puis qu'indiquer aujourd'hui. Je voudrais, dans ce rapide passage, obtenir quelques moments du tourbillon qui nous entraîne, seulement ce qu'il en faut pour l'observer et le décrire; qu'il m'emporte après, et me brise s'il veut!

Paris, 1ᵉʳ avril 1831.

# INTRODUCTION

A

# L'HISTOIRE UNIVERSELLE

---

Avec le monde a commencé une guerre qui doit finir avec le monde, et pas avant; celle de l'homme contre la nature, de l'esprit contre la matière, de la liberté contre la fatalité. L'histoire n'est pas autre chose que le récit de cette interminable lutte.

Dans les dernières années, la fatalité semblait prendre possession de la science comme du monde. Elle s'établissait paisiblement dans la philosophie et dans l'histoire. La liberté a réclamé dans la société; il est temps qu'elle réclame aussi dans la science. Si cette Introduction atteignait son but, l'histoire apparaîtrait comme l'éternelle protestation, comme le triomphe progressif de la liberté.

Sans doute la liberté a ses limites; je ne songe pas à les contester : je ne les sens que trop dans l'action absorbante de la nature physique sur l'homme, mieux encore au trouble que ce monde ennemi jette en moi. Eh! qui n'a pas cent fois, au milieu des menaces et des séductions dont il nous obsède, maudit, nié la liberté?... *Elle se meut pourtant,* comme disait Galilée; en moi, quoi que je fasse, je trouve quelque chose qui ne veut pas céder, qui n'accepte le joug ni de l'homme ni de la nature, qui ne se soumet qu'à la raison, à la loi, qui ne connaît point de paix entre soi et la fatalité. Dure à jamais le combat! il constitue la dignité de l'homme et l'harmonie même du monde.

Et il durera, n'en doutons pas, tant que la volonté humaine se roidira contre les influences de race et de climat; tant qu'un Byron pourra sortir de l'industrielle Angleterre pour vivre en Italie, et mourir en Grèce; tant que les soldats de la France iront, au nom de la liberté du monde, camper indifféremment vers la Vistule ou vers le Tibre[1].

Ce qui doit nous encourager dans cette lutte sans fin, c'est qu'au total la partie nous est favorable. Des deux adversaires, l'un ne change pas, l'autre change et devient plus fort. La nature reste la même, tandis que chaque jour l'homme prend quelque avantage sur elle. Les Alpes n'ont pas grandi, et nous avons frayé le Simplon. La vague et le vent ne sont pas moins capricieux, mais le vaisseau à vapeur fend la vague sans s'informer du caprice des vents et des mers.

Suivez d'orient en occident, sur la route du soleil et des courants magnétiques du globe, les migrations

---

[1]. Ceci était écrit en janvier 1830. Je n'ai pas eu le courage de l'effacer.

du genre humain ; observez-le dans ce long voyage de l'Asie à l'Europe, de l'Inde à la France : vous voyez à chaque station diminuer la puissance fatale de la nature, et l'influence de race et de climat devenir moins tyrannique. Au point de départ, dans l'Inde, au berceau des races et des religions, *the womb of the world*, l'homme est courbé, prosterné sous la toute-puissance de la nature. C'est un pauvre enfant sur le sein de sa mère, faible et dépendante créature, gâté et battu tour à tour, moins nourri qu'enivré d'un lait trop fort pour lui. Elle le tient languissant et baigné d'un air humide et brûlant, parfumé de puissants aromates. Sa force, sa vie, sa pensée, y succombent. Pour être multiplié à l'excès et comme dédaigneusement prodigué, l'homme n'en est pas plus fort ; la puissance de vie et de mort est égale dans ces climats. A Bénarès, la terre donne trois moissons par an. Une pluie d'orage fait d'une lande une prairie. Le roseau du pays, c'est le bambou de soixante pieds de haut ; l'arbre, c'est le figuier indien qui, d'une seule racine, donne une forêt. Sous ces végétaux monstrueux vivent des monstres. Le tigre y veille au bord du fleuve, épiant l'hippopotame qu'il atteint d'un bond de dix toises ; ou bien un troupeau d'éléphants sauvages vient en fureur à travers la forêt, pliant, rompant les arbres à droite et à gauche. Cependant des orages épouvantables déplacent des montagnes, et le choléra-morbus moissonne les hommes par millions.

Ainsi, rencontrant partout des forces disproportionnées, l'homme accablé par la nature n'essaye pas de lutter, il se livre à elle sans condition. Il prend et reprend encore cette coupe enivrante où Siva verse à pleins bords la mort et la vie; il y boit à longs traits; il s'y plonge, il s'y perd; il y laisse aller son être, et il avoue, avec une volupté sombre et désespérée, que Dieu est tout, que tout est Dieu, qu'il n'est rien lui-même qu'un accident, un phénomène de cette unique substance. Ou bien, dans une patiente et fière immobilité, il conteste l'existence à cette nature ennemie, et se venge par la logique de la réalité qui l'écrase.

Ou bien encore, il fuit vers l'Occident, et commence vers la Perse le long voyage et l'affranchissement progressif de la liberté humaine.

« En Perse, dit le jeune Cyrus dans Xénophon, l'hiver et l'été existent en même temps. » Un air sec et léger dégage la tête des pesantes vapeurs qui l'alourdissent dans l'Inde. La terre, aride à la surface, cache dans son sein mille sources vives qui semblent appeler l'industrie agricole. Ici, la liberté s'éveille et se déclare par la haine de l'état précédent : les dieux de l'Inde deviennent des *dives*, des démons; les sacrées images sont désormais des idoles; plus de statues, plus d'art. Ainsi se présente dès son origine le génie iconoclaste des peuples héroïques. A cette divinité multiple qui, dans la confusion de ses formes infinies, prostituait l'esprit à la matière; à cette sainteté impie d'un mondedieu, succède le dualisme de la lumière pure et intelligente, de la lumière immonde et corporelle. La première doit vaincre, et sa victoire est le but marqué à l'homme et au monde. La religion s'adressant à l'homme intérieur, le sacerdoce n'apparaît que pour montrer son impuissance. Les sectateurs du Magisme fêtent annuellement le massacre des Mages. Nous ne trouvons plus ici la patience de l'Indien, qui ne sait se venger de son oppresseur qu'en se tuant sous ses yeux.

*La Perse est le commencement de la liberté dans la fatalité.* La religion choisit ses dieux dans une nature moins matérielle, mais encore dans la nature : c'est la lumière, le feu, le feu céleste, le soleil. L'Azerbidjan est la terre de feu. La chaleur féconde et homicide des bords de la Caspienne rappelle l'Inde, à laquelle nous croyions avoir échappé. Le sentiment de l'instabilité universelle donne au Persan une indifférence qui enchaîne son activité naturelle. La Perse est la grande route du genre humain; les Tartares d'un côté, les Arabes de l'autre, tous les peuples de l'Asie ont logé, chacun à son tour, dans ce caravansérail. Aussi les hommes de ce pays n'ont guère pris la peine d'élever des constructions solides. Dans la moderne Ispahan, comme dans l'antique Babylone, on bâtit en briques; les maisons sont de légers kiosques, des pavillons élégants, espèces de tentes dressées pour le passage; on n'habite point celle de son père; chacun s'en bâtit une, qui meurt avec le propriétaire. Ils ne gardent pas même d'aliments pour le lendemain; ce qui reste le soir, on le donne aux pauvres. Ainsi, à son premier élan, l'activité humaine retombe découragée et expire dans l'indifférence. L'homme cherche l'oubli de soi dans l'ivresse. Ici, l'enivrement n'est point, comme dans l'Inde, celui de la nature; l'ivresse est volontaire. Le Persan trouve dans le froid opium les rêves d'une vie fantastique, et, à la longue, le repos de la mort.

La liberté humaine, qui ne meurt pas, poursuit son affranchissement de l'Égypte à la Judée, comme de l'Inde à la Perse. L'*Égypte est le don du Nil;* c'est le fleuve qui a apporté de l'Éthiopie, non seulement les hommes et la civilisation, mais la terre elle-même. Le grand Albuquerque conçut, au seizième siècle, le projet d'anéantir l'Égypte. Il suffisait pour cela de détourner le Nil dans la mer Rouge; le sable du désert eût bientôt enseveli la contrée. Tous les étés, le fleuve, descendant des monts inconnus, vient donner la subsistance annuelle. L'homme qui assistait à cette merveille précaire, à laquelle tenait sa vie même, était d'avance vaincu par la nature. La génération, la fécondité, la toute-puissante Isis domina sa pensée, et le retint courbé sur son sillon. Cependant, la liberté trouva déjà moyen de se faire jour; l'Égypte, comme l'Inde, la rattacha au dogme de l'immortalité de l'âme. La personnalité humaine, repoussée de ce monde, s'empara de l'autre. Quelquefois, dans cette vie même, elle se souleva contre la tyrannie des dieux. Les deux frères Chéops et Chéphrem, qui défendirent les sacrifices, et furent maudits des prêtres, passent pour les fondateurs des Pyramides, ces tombeaux qui devaient éclipser tous les temples. Ainsi, le plus grand monument de ce monde fatal de l'Égypte est la protestation de l'humanité.

Mais la liberté humaine ne s'est point reposée avant d'avoir atteint dans sa fuite les montagnes de la Judée. Elle a sacrifié *les viandes et les oignons* de l'Égypte, et quitté sa riche vallée pour les roches du Cédron et les sables de la mer Morte. Elle a maudit le veau d'or égyptien, comme la Perse avait brisé les idoles de l'Inde. Un seul dieu, un seul temple. Les juges, puis les rois, dominent le sacerdoce. Héli et Samuel veulent faire régner le prêtre, et n'y parviennent pas. Les chefs du peuple sont les forts qui l'affranchissent de l'étranger : un Gédéon et ses trois cents; un Aod, qui combat des deux mains; un Samson, qui enlève sur ses épaules les portes des villes ennemies; un David, qui n'hésite point à manger les pains de proposition. Et, à côté du génie héroïque, le sacerdoce voit la liberté humaine lui susciter un plus formidable ennemi dans l'ordre même des choses religieuses. Les voyants, les prophètes s'élèvent du peuple, et communiquent avec Dieu sans passer par le temple. La nature, chez les Perses, prolongeait, non sans combat, son règne dans la religion; elle est détrônée chez les

Juifs. La lumière elle-même devient ténèbres à l'avènement de l'esprit; la dualité cède à l'unité. Pour ce petit monde de l'unité et de l'esprit, un point suffit dans l'espace, entre les montagnes et les déserts. Il n'est placé dans l'Orient que pour le maudire. Il entend avec une égale horreur retentir par-dessus l'âpre Liban les chants voluptueux d'Astarté et les rugissements de Moloch. Qu'au Midi vienne la horde errante de l'Arabe, sans demeure et sans loi, Israël reconnaît Ismaël pour son frère, mais ne lui tend pas la main. Périsse l'étranger; la Ville Sainte ne s'ouvrira pas. Il lui suffit de garder dans son tabernacle ce dépôt sans prix de l'unité, que le monde reviendra lui demander à genoux, quand il aura commencé son œuvre dans l'Occident par la Grèce et par Rome.

Si, dans l'histoire naturelle, les animaux d'ordre supérieur, l'homme, le quadrupède, sont les mieux *articulés*, les plus capables des mouvements divers que leur activité leur imprime; si, parmi les langues, celles-là l'emportent qui répondent par la variété de leurs inflexions, par la richesse de leurs tours, par la souplesse de leurs formes, aux besoins infinis de l'intelligence, ne jugerons-nous pas aussi qu'en géographie certaines contrées ont été dessinées sur un plan plus heureux, mieux découpées en golfes et ports, mieux limitées de mers et de montagnes, mieux percées de vallées et de fleuves, mieux *articulées*, si je l'ose dire, c'est-à-dire plus capables d'accomplir tout ce qu'en voudra tirer la liberté. Notre petite Europe, si vous la comparez à l'informe et massive Asie, combien n'annonce-t-elle pas à l'œil plus d'aptitude au mouvement ? Dans les traits même qui leur sont communs, l'Europe a l'avantage. Toutes deux ont trois péninsules au midi, l'épais carré de l'Espagne et de l'Arabie; la longue arête de l'Italie et de l'Hindoustan, avec leur grand fleuve au nord, et leur île au midi; enfin, ce tourbillon d'îles et de presqu'îles qu'on appelle ici la Grèce, là-bas la seconde Inde. Mais la triste Asie regarde l'Océan, l'infini; elle semble attendre du pôle austral un continent qui n'est pas encore. Les péninsules que l'Europe projette au midi, sont des bras tendus vers l'Afrique; tandis qu'au nord elle ceint ses reins, comme un athlète vigoureux, de la Scandinavie et de l'Angleterre. Sa tête est à la France, ses pieds plongent dans la féconde barbarie de l'Asie. Remarquez sur ce corps admirable les puissantes nervures qui se prolongent des Alpes aux Pyrénées, aux Karpathes, à l'Hémus, et cette imperceptible merveille de la Grèce dans la variété heurtée de ses monts et de ses torrents, de ses caps et de ses golfes, dans la multiplicité de ses courbes et de ses angles, si vivement et si spirituellement accentués. Regardez-la en face de la ligne immobile et directe de l'uniforme Égypte; elle s'agite et scintille sur la carte, vrai symbole de la mobilité dans notre mobile Occident.

L'Europe est une terre libre : l'esclave qui la touche est affranchi; ce fut le cas pour l'humanité, fugitive de l'Asie. Dans ce monde sévère de l'Occident, la nature ne donne rien d'elle-même; elle impose comme loi nécessaire l'exercice de la liberté. Il fallut bien se serrer contre l'ennemi, et former cette étroite association qu'on appelle *la Cité*.

Ce petit monde, enfermé de murailles, absorba dans son unité artificielle la famille et l'humanité. Il se constitua en une éternelle guerre contre tout ce qui resta dans la vie naturelle de la tribu orientale. Cette forme sous laquelle les Pélasges avaient continué l'Asie en Europe, fut effacée par Athènes et par Rome. Dans cette lutte se caractérisent les trois moments de la Grèce : elle attaque l'Asie dans la guerre de Troie, la repousse à Salamine, la dompte avec Alexandre. Mais elle la dompte bien mieux en elle-même, et dans les murs mêmes de la cité. Elle dompte l'Asie lorsqu'elle repousse, avec la polygamie, la nature sensuelle qui s'était maintenue en Judée même, et déclare la femme compagne de l'homme. Elle dompte l'Asie, lorsque, réduisant ses idoles gigantesques aux proportions de l'humanité, elle les rend à la fois susceptibles de beauté et de perfectionnement. Les dieux se laissent à regret tirer du ténébreux sanctuaire de l'Inde et de l'Égypte, pour vivre au jour et sur la place publique. Ils descendent de leur majestueux symbolisme et revêtent la pensée vulgaire. Jusque-là ils contenaient l'État dans leur immensité. En Grèce, il leur faut devenir citoyens, quitter l'infini pour adopter un lieu, une patrie, se faire petits pour tenir dans la cité. Ici sont les dieux doriens, là ceux de l'Ionie; ils se classent d'après leurs adorateurs. Mais voyez, en récompense, combien ils profitent dans la société du peuple, comme ils suivent le progrès rapide de l'humanité. La Pallas de l'*Iliade* est une déesse sanguinaire et farouche, qui se bat avec Mars, et le blesse d'une pierre. Dans l'*Odyssée*, elle est la voix même de l'ordre et de la sagesse, réclamant pour l'homme auprès du *Père des Dieux*.

Et voilà ce qui fit la Grèce belle entre les choses belles. Placée au point intermédiaire où le divin est divin encore et déjà humain, où, se dégageant de la nature fatale, la fleur de la liberté vient à s'épanouir, la Grèce est restée pour le monde le type du moment de la beauté, de la beauté physique, et encore immobile; l'art grec n'a guère passé la statuaire. Ce moment, dans la littérature, c'est Hérodote, Platon et Sophocle; moment court, irréparable, que la sagesse virile du genre humain ne peut regretter; mais qui lui revient toujours en mémoire avec le charme du premier amour.

Ce petit monde porte dans sa beauté même sa condamnation. Il faut que la beauté passe, que la grâce du jeune âge fasse place à la maturité, que l'enfant devienne homme. Quand Aristote a précisé, prosaïsé, codifié la science grecque; quand Alexandre a dispersé la Grèce de l'Hellespont à l'Indus, tout est fini. Le fils de Philippe rêvait que le monde était une cité *dont sa phalange était la citadelle*. La cité grecque est trop étroite pour que le rêve s'accomplisse; il faut un monde plus large, qui réunisse les caractères de la tribu et de la cité ; il faut que les dieux mobiles de la Grèce prennent un caractère plus grave, il faut qu'ils sortent de l'art qui les retient dans la matière, qu'ils s'affranchissent du Destin homérique dans lequel pèse encore sur eux la main de l'Asie ; il faut que la femme quitte le gynécée pour être en effet délivrée de la servitude. Sur les ruines du monde grec, dispersé, dévasté, reste son élément indestructible, son atome d'après lequel nous le jugerons, comme on classe le cristal brisé par son dernier noyau ; ce noyau, c'est l'individu sous la forme du stoïcisme, ramassé en soi, appuyé sur soi, ne demandant rien aux dieux, ne les accusant point, ne daignant pas même les nier.

Le monde de la Grèce était un pur combat ; combat contre l'Asie, combat dans la Grèce elle-même, lutte des Ioniens et des Doriens, de Sparte et d'Athènes. La Grèce a deux cités : c'est-à-dire que la cité y est incomplète. La grande Rome enferme dans ses murs les deux cités, les deux races, étrusque et latine, sacerdotale et héroïque, orientale et occidentale, patricienne et plébéienne ; la propriété foncière et la propriété mobilière, la stabilité et le progrès, la nature et la liberté.

La famille reparaît ici dans la cité ; le foyer domestique des Pélasges est rallumé sur l'autel de Vesta. Le dualisme de la Perse est reproduit ; mais il a passé des dieux aux hommes, de l'abstraction à la réalité, de la métaphysique religieuse au droit civil. La présence de deux races dans les mêmes murs, l'opposition de leurs intérêts, le besoin d'équilibre, commencent cette guerre légale par-devant le juge, dont la forme fait l'objet de la jurisprudence. L'héroïsme guerrier de la Perse et de la Grèce, cette jeune ardeur de combat devient ici plus sage, et consent à n'employer dans la cité d'autre arme que la parole. Dans ce duel verbal, comme dans la guerre des conquêtes, les adversaires sont éternellement le *possesseur* et le *demandeur.* Le premier a pour lui l'autorité, l'ancienneté, la loi écrite ; ses pieds posent fortement sur la terre dans laquelle il est enraciné. L'autre, athlète mobile, a pour arme l'interprétation ; le temps est de son parti. Et le juge, emporté par le temps, n'aura d'autre travail que de sauver la lettre immobile, en y introduisant l'esprit toujours nouveau. Ainsi la liberté ruse avec la fatalité ; ainsi le droit va s'humanisant par l'équivoque.

Rome n'est point un monde exclusif. A l'intérieur, la cité s'ouvre peu à peu aux plébéiens ; à l'extérieur, au Latium, à l'Italie, à toutes les provinces. De même que la famille romaine se recrute par l'adoption, s'étend et se divise par l'émancipation, la cité adopte des citoyens, puis des villes entières sous le nom de *municipes,* tandis qu'elle se reproduit à l'infini dans ses colonies ; sur chaque conquête, elle dépose une jeune Rome qui représente sa métropole.

Ainsi, tandis que la cité grecque, colonisant, mais n'adoptant jamais, se dispersait et devait, à la longue, mourir d'épuisement, Rome gagne et perd avec la régularité d'un organisme vivant; elle aspire, si je l'ose dire, les peuples latins, sabins, étrusques, et, devenus Romains, elle les respire au dehors dans ses colonies.

Et elle assimila ainsi tout le monde. La barbarie occidentale, Espagne, Bretagne et Gaule, la civilisation orientale, Grèce, Égypte, Asie, Syrie, tout y passa à son tour. Le monde sémitique résistait : Carthage fut anéantie, la Judée dispersée. Tout le reste fut élevé malgré soi à l'uniformité de langue, de droit, de religion; tous devinrent, bon gré, mal gré, Italiens, Romains, sénateurs, empereurs. Après les Césars, romains et patriciens, les Flaviens ne sont plus qu'Italiens; les Antonins, Espagnols ou Gaulois; puis, l'Orient réclamant ses droits contre l'Occident, paraissent les empereurs africains et syriens : Septime, Caracalla, Héliogabale, Alexandre-Sévère; enfin les provinciaux du centre, les durs paysans de l'Illyrie, les Aurélien et les Probus, les Barbares même, l'Arabe Philippe et le Goth Maximin. Avant que l'Empire soit envahi, la pourpre impériale a été déjà conquise par toutes les nations.

Cette magnifique adoption des peuples fit longtemps croire aux Romains qu'ils avaient accompli l'œuvre de l'humanité. *Capitoli immobile saxum... res romanæ, perituraque regna...* Rome se trompa comme Alexandre, elle crut réaliser la cité universelle, éternelle. Et cependant les Barbares, les chrétiens, les esclaves, protestaient, chacun à leur manière, que

Rome n'était pas la cité du monde, et rompaient diversement cette unité mensongère.

Le monde héroïque de la Grèce et de Rome, laissant les arts de la main aux vaincus, aux esclaves, ne poursuivit pas loin cette victoire de l'homme sur la nature qu'on appelle l'industrie. Les vieilles races industrielles, les Pélasges et d'autres tribus furent asservies, et périrent. Puis, périrent, entre les vainqueurs eux-mêmes, les tribus inférieures, achéennes, etc. Puis, dans les vainqueurs des vainqueurs, Doriens, Ioniens, Romains, les pauvres périrent à leur tour. Celui qui a aura davantage; celui qui manque aura toujours moins, si l'industrie ne jette un pont sur l'abîme qui sépare le pauvre et le riche. L'économie fit préférer le travail des esclaves, c'est-à-dire des choses, à celui des hommes; l'économie fit traiter ces choses comme choses; si elles périssaient, le maître en rachetait à bon marché, et y gagnait encore. Les Syriens, Bithyniens, Thraces, Germains et Gaulois approvisionnèrent longtemps les terres avides et meurtrières de la Grèce et de l'Italie. Cependant le cancer de l'esclavage gagnait de proche en proche; et, peu à peu, rien ne put le nourrir. Alors la dépopulation commença et prépara la place aux Barbares, qui devaient venir bientôt d'eux-mêmes aux marchés de Rome, mais libres, mais armés, pour venger leurs aïeux.

Longtemps avant cette dissolution matérielle et définitive de l'Empire, une puissante dissolution morale le travaillait au dedans. La Grèce et l'Orient, que Rome avait cru asservir, l'avaient elle-même envahie et soumise. Dès les guerres de Philippe et d'Antiochus, les dieux élégants d'Athènes s'étaient, sous les noms des vieilles divinités latines, insinués dans les temples de Rome, et avaient occupé les autels des dieux vainqueurs. Le romain barbare se mit à étudier la Grèce. Il en adopta la langue, en imita la littérature, relut le *Phédon* à Utique, mourut à Philippes en citant Euripide, ou s'écria en grec sous le poignard de Brutus. L'expression littéraire de cette Rome hellénisée est le siècle d'Auguste; son fruit fut Marc-Aurèle, l'idéal de la morale antique.

Derrière la Grèce, s'avançait à cette conquête intellectuelle de Rome le monde oriental qui s'était fondu avec la Grèce dans Alexandrie. La translation de l'Empire dans l'Orient, qui réussit à Constantin, avait été, de bonne heure, tentée par Antoine. Il voulut faire d'une ville orientale la capitale du monde. Cléopâtre jurait : « Par les lois que je dicterai dans le Capitole. » Il fallut, pour que l'Orient accomplît cette parole, qu'il eût auparavant conquis l'Occident par la puissance des idées. Alexandrie fut du moins le centre de ce monde ennemi de Rome, le foyer où fermentèrent toutes les croyances, toutes les philosophies de l'Asie et de l'Europe, la Rome du monde intellectuel.

Ces croyances, ces religions n'entrèrent pas sans peine dans Rome. Elle avait repoussé avec horreur dans les bacchanales la première apparition du culte orgiastique de la nature. Et voilà qu'un moment après, les prêtres fardés de Cybèle amènent le lion de la Bonne-Déesse, étonnant le peuple de leurs danses frénétiques, de leurs grossiers prestiges, se tailladant les bras et les jambes, et se faisant un jeu de leurs blessures. Leur dieu, c'est l'équivoque Athis, dont ils fêtent par des rires et des pleurs la mort et la résurrection. Puis arrive le sombre Sérapis, autre dieu de la vie et de la mort. Et cependant sous le Capitole, sous le trône même de Jupiter, le sanguinaire Mithra creuse sa chapelle souterraine, et régénère l'homme avide d'expiation, dans le bain immonde du hideux taurobole. Enfin une secte sortie des Juifs, et rejetée d'eux, célèbre aussi la mort et la vie; son Dieu est mort du supplice des esclaves; Tacite ne sait que dire de l'association nouvelle. Il ne connaît les chrétiens que pour avoir illuminé de leurs corps en flammes les fêtes et les jardins de Néron.

La différence était cependant profonde entre le christianisme et les autres religions orientales de la vie et de la mort. Celles-ci plongeaient l'homme dans la matière, elles prenaient pour symbole le signe obscène de la vie et de la génération. Le christianisme embrassa l'esprit, embrassa la mort. Il en adopta le signe funèbre. La vie, la nature, la matière, la fatalité, furent immolées par lui. Le corps et la chair, divinisés jusque-là, furent marqués dans leurs temples même du signe de la consomption qui les travaille. On aperçut avec horreur le ver qui les rongeait sur l'autel. La liberté, affamée de douleur, courut à l'amphithéâtre, et savoura son supplice.

J'ai baisé de bon cœur la croix de bois qui s'élève au milieu du Colisée, vaincu par elle. De quelles étreintes la jeune foi chrétienne dut-elle la serrer, lorsqu'elle apparut dans cette enceinte entre les lions et les léopards ! Aujourd'hui encore, quel que soit l'avenir, cette croix, chaque jour plus solitaire, n'est-elle pas pourtant l'unique asile de l'âme religieuse ? L'autel a perdu ses honneurs, l'humanité s'en éloigne peu à peu ; mais, je vous en prie, oh ! dites-le-moi, si vous le savez, s'est-il élevé un autre autel ?

Dans l'arène du Colisée se rencontrèrent le Chrétien et le Barbare, représentants de la liberté pour l'Orient et pour l'Occident. Nous sommes nés de leur union, et nous, et tout l'avenir.

« Je vois devant moi le gladiateur étendu. Sa tête
« sur sa main s'affaisse par degrés. Les dernières
« gouttes de son sang s'échappent lentement... Déjà
« l'arène tourne autour de lui... il entend encore les
« barbares acclamations... Il a entendu, mais ses
« yeux, son cœur, étaient bien loin. Il voyait sa hutte
« sauvage près du Danube, et ses enfants qui se
« jouaient, et leur mère... Lui égorgé pour le
« passe-temps de Rome !.... Il faut qu'il meure, et
« sans vengeance ! Levez-vous, homme du Nord !... »
S'écroulent l'Empire, et le cirque, et cette ville enivrée de sang !

Alaric assurait qu'une impulsion fatale l'entraînait contre Rome. Il la saccagea et mourut. Le premier ban des Barbares, Goths, Bourguignons, Hérules, révérèrent la majesté mystérieuse de la ville qu'on ne violait pas impunément. Celui même qui se vantait que l'herbe ne poussait jamais où avait passé son cheval, tourna bride, et sortit de l'Italie. Les premiers Barbares furent intimidés ou séduits par la cité qu'ils venaient détruire. Ils composèrent avec le génie romain, et maintinrent l'esclavage. A eux n'appartenait pas la restauration du monde.

Ensuite vinrent les Francs[1], enfants d'Odin, furieux de pillage et de guerre, avides de blessures et de mort, comme les autres de fêtes et de banquets, impatients d'aller boire la bière au Wahalla, dans le crâne de leurs ennemis. Ceux-là marchaient presque nus au combat, se jetaient dans une barque pour tourner l'Océan, du Bosphore à la Batavie. Sous leur domination farouche et impitoyable, l'esclavage domestique ne laissa pas de disparaître; le servage lui succéda; le servage fut déjà une délivrance pour l'humanité opprimée.

Ces Barbares apportaient une nature vierge à l'Église. Elle eut prise sur eux. Les Goths et Bourguignons, qui ne voyaient qu'un homme en Jésus, n'avaient reçu du christianisme ni sa poésie ni sa forte unité. Le Franc adopta l'homme-Dieu, adopta Rome purifiée, et se fit appeler César. Le chaos tourbillonnant de la barbarie, qui, dès Attila, dès

1. Les idées qui suivent sur le caractère des Francs, ont été légèrement modifiées par l'auteur dans d'autres ouvrages. Il a cru aussi devoir expliquer la théorie de la page 424 *sur Satan*.

Théodoric, voulait se fixer et s'unir, trouva son centre en Charlemagne.

Cette unité, matérielle et mensongère encore, dura une vie d'homme, et tombant en poudre, laissa sur l'Europe l'aristocratie épiscopale, l'aristocratie féodale, couronnées du pape et de l'empereur. Merveilleux système dans lequel s'organisèrent et se posèrent en face l'un de l'autre l'empire de Dieu et l'empire de l'homme. La force matérielle, la chair, l'hérédité, dans l'organisation féodale; dans l'Église, la parole, l'esprit, l'élection. La force partout, l'esprit au centre, l'esprit dominant la force. Les hommes de fer courbèrent devant le glaive invisible la raideur de leurs armures ; le fils du serf put mettre le pied sur la tête de Frédéric-Barberousse. Et non seulement l'esprit domina la force, mais il l'entraîna. Ce monde de la force, subjugué par l'esprit, s'exprima par les croisades, guerre de l'Europe contre l'Asie, guerre de la liberté sainte contre la nature sensuelle et impie. Toutefois il lui fallut, pour but immédiat, un symbole matériel de cette opposition; ce fut la délivrance du tombeau de Jésus-Christ. Tous, hommes et femmes, jeunes et vieux, partirent sans armes, sans vivres, sans vaisseaux, bien sûrs que Dieu les nourrirait, les défendrait, les transporterait au delà des mers. Et les petits enfants aussi, dit un contemporain, suivaient dans des chariots, et à chaque ville dont ils apercevaient de loin les murs, ils demandaient dans leur simplicité : N'est-ce pas là Jérusalem ?

Ainsi s'accomplit en mille ans ce long miracle du

Moyen-âge, cette merveilleuse légende dont la trace s'efface chaque jour de la terre, et dont on douterait dans quelques siècles, si elle ne s'était fixée et comme cristallisée pour tous les âges dans les flèches, et les aiguilles, et les roses, et les arceaux sans nombre des cathédrales de Cologne et de Strasbourg, dans les cinq mille statues de marbre qui couronnent celle de Milan. En contemplant cette muette armée d'apôtres et de prophètes, de saints et de docteurs échelonnés de la terre au ciel, qui ne reconnaîtra la cité de Dieu, élevant jusqu'à lui la pensée de l'homme?... Chacune de ces aiguilles qui voudraient s'élancer, est une prière, un vœu impuissant arrêté dans son vol par la tyrannie de la matière. La flèche, qui jaillit au ciel d'un si prodigieux élan, proteste auprès du Très-Haut que la volonté du moins n'a pas manqué. Autour rugit le monde fatal du paganisme, grimaçant en mille figures équivoques de bêtes hideuses, tandis qu'au pied les guerriers barbares restent pétrifiés dans l'attitude où les a surpris l'enchantement de la parole chrétienne; l'éternité ne leur suffira pas pour en revenir.

Le charme s'est pourtant rompu pour le genre humain. Le dernier mot du christianisme dans l'art, la cathédrale de Cologne est restée inachevée. Ces nefs immenses se sont trouvées trop étroites pour l'envahissement de la foule. Du peuple s'est levé d'abord un homme noir, un légiste, contre l'aube du prêtre, et il a opposé le droit au droit. Le marchand est sorti de son obscure boutique pour sonner la cloche des communes et barrer au chevalier sa rue tortueuse. Cet homme enfin (était-ce un homme?) qui vivait sur la glèbe à quatre pattes, s'est redressé avec un rire terrible, et, sous leurs vaines armures, a frappé d'un boulet niveleur le noble seigneur et son magnifique coursier.

La liberté a vaincu, la justice a vaincu. Le monde de la fatalité s'est écroulé. Le pouvoir spirituel lui-même avait abjuré son titre en invoquant le secours de la force matérielle. Le triomphe progressif du *moi*, le vieil œuvre de l'affranchissement de l'homme, commencé avec la profanation de l'arbre de la science, s'est continué. Le principe héroïque du monde, la liberté, longtemps maudite et confondue avec la fatalité sous le nom de *Satan*, a paru sous son vrai nom. L'homme a rompu peu à peu avec le monde naturel de l'Asie, et s'est fait, par l'industrie, par l'examen, un monde qui relève de la liberté. Il s'est éloigné du dieu-nature de la fatalité, divinité exclusive et marâtre qui choisissait entre ses enfants, pour arriver au dieu pur, au dieu de l'âme, qui ne distingue point l'homme de l'homme, et leur ouvre à tous, dans la société, dans la religion, l'égalité de l'amour et du sein paternel.

———

Comment s'est accompli dans l'Europe le travail de l'affranchissement du genre humain? Dans quelle proportion y ont contribué chacune de ces personnes politiques qu'on appelle des États, la France et l'Italie, l'Angleterre et l'Allemagne?

Le monde, depuis les Grecs et les Romains, a perdu cette unité visible qui donne un caractère si simple et si dramatique à l'histoire de l'Antiquité. L'Europe moderne est un organisme très complexe, dont l'unité, dont l'âme et la vie n'est pas dans telle ou telle partie prépondérante, mais dans leur rapport et leur agencement mutuel, dans leur profond engrènement, dans leur intime harmonie. Nous ne pouvons dire ce qu'a fait la France, ce qu'elle est et sera, sans interroger sur ces questions l'ensemble du monde européen. Elle ne s'explique que par ce qui l'entoure. Sa personnalité est saisissable pour celui-là seul qui connaît les autres États qui la caractérisent par leur opposition.

Le monde de la civilisation est gardé à ses deux portes, vers l'Afrique et l'Asie par les Espagnols et les Slaves, voués à une éternelle croisade, chrétiens barbares opposés à la barbarie musulmane. Ce monde a pour ses deux pôles, au sud et au nord, l'Italie et la Scandinavie. Sur ces points extrêmes pèse lourdement la fatalité de race et de climat.

Au centre s'étend l'indécise Allemagne. Comme l'Oder, comme le Wahal, ces fleuves vagues qui la limitent si mal à l'orient et à l'occident, l'Allemagne aussi a cent fois changé ses rivages, et vers la Pologne et vers la France. Qu'on suive, si l'on peut, dans la Prusse et la Silésie, dans la Suisse, la Lorraine et les Pays-Bas, les capricieuses sinuosités que décrit la langue germanique. Quant au peuple, nous le retrouvons partout. L'Allemagne a donné ses Suèves à la Suisse et à la Suède, à l'Espagne ses Goths, ses Lombards à la Lombardie, ses Anglo-Saxons à l'Angleterre, ses Francs à la France. Elle a nommé et renouvelé toutes les populations de l'Europe. Langue et peuple, l'élément fécond a partout coulé, pénétré.

Aujourd'hui même que le temps des grandes migrations est passé, l'Allemand sort volontiers de son pays; il y reçoit volontiers l'étranger. C'est le plus hospitalier des hommes. Entrez sous ce toit pointu, dans cette laide maison de bois bariolée; asseyez-vous hardiment près du feu, ne craignez rien, vous obligez votre hôte. Telle est la partialité des Allemands pour l'étranger. L'Autrichien, le Souabe, si maltraités par nos soldats, pleuraient souvent au départ du Français. Dans telle cabane enfumée, vous trouverez tous les journaux de la France. L'Allemand sympathise avec le monde; il aime, il adopte les modes, les idées des autres peuples, sauf à en médire.

Le caractère de cette race, qui devait se mêler à tant d'autres, c'est la facile abnégation de soi. Le vassal se donne au seigneur; l'étudiant, l'artisan, à leurs corporations. Dans ces associations, le but intéressé est en seconde ligne; l'essentiel, ce sont les réunions amicales, les services mutuels, et ces rites, ces symboles, ces initiations qui constituent pour les associés une religion de leur choix. La table commune est un autel où l'Allemand immole l'égoïsme; l'homme y livre son cœur à l'homme, sa dignité et sa raison à la sensualité. Risibles et touchants mystères de la vieille Allemagne, baptême de la bière, symbolisme sacré des forgerons et des maçons, graves initiations des tonneliers, des charpentiers; il reste bien peu de tout cela, mais, dans ce qui subsiste, on retrouve cet esprit sympathique et désintéressé.

Rien d'étonnant si c'est en Allemagne que nous voyons pour la première fois l'homme se faire *l'homme* d'un autre, mettre ses mains dans les siennes et jurer de mourir pour lui. Ce dévouement sans intérêt, sans condition, dont se rient les peuples du Midi, a pourtant fait la grandeur de la race germanique. C'est par là que les vieilles bandes des conquérants de l'Empire, groupées chacune autour d'un chef, ont fondé les monarchies modernes. Ils lui donnaient leur vie, à ce chef de leur choix; ils lui donnaient leur gloire même. Dans les vieux chants germaniques tous les exploits de la nation sont rapportés à quelques héros. Le chef concentre en soi l'honneur du peuple, dont il devient le type colossal. La force, la beauté, la grandeur, tous les nobles faits d'armes s'accumulent en Siegfrid, en Dietrich, en Frédéric-Barberousse, en Rodolphe de Habsbourg. Leurs fidèles compagnons ne se sont rien réservé.

Au-dessus du seigneur, au-dessus des comtes et des ducs, et des Électeurs, et de l'Empereur, au sommet de toute hiérarchie, l'Allemagne a placé la femme (Frau). *Velleda*, dit Tacite, *fut adorée vivante.* Un vieux minnesinger place la femme sur *un trône avec douze étoiles pour couronne, et la tête de l'homme pour marchepied.* Si la poésie est une affaire de cœur, c'est ici. Les minnelieder sont pleins de larmes enfantines, de cette douleur abandonnée qui se trouble elle-même, et ne peut plus s'exprimer. Vous ne rencontrerez là ni *jongleurs*, ni *gai savoir*, pas davantage la frivole dialectique des *cours d'amour*. L'objet de ces chants, c'est la femme idéale, c'est la vierge, qui leur fait oublier Dieu et les saints. C'est encore la verdure et les fleurs; ils ne tarissent pas sur ce dernier sujet. Cette poésie puérile et profonde tout ensemble se laisse aller à l'attraction magnétique de la nature, qu'elle finira par diviniser. Mélange admirable de force et d'enfance, le génie allemand m'apparaît dans ce Parceval d'Eschenbach, ce puissant chevalier que les soins d'une mère timide ont retenu dans l'innocence et la touchante imbécillité du jeune âge. Il échappe et se rend à la ville des miracles à travers les forêts et les déserts. Mais un oiseau blessé laisse tomber sur la neige trois gouttes de sang; le héros revoit dans ces couleurs la blancheur et l'incarnat de sa bien-aimée. Il s'arrête, il rêve immobile. Il contemple dans la réalité présente l'idéal qui remplit sa pensée. Malheur à qui veut finir le songe; il renverse sans bouger de place les chevaliers qui viennent tour à tour pour l'en arracher.

Ainsi éclate d'abord dans le dévouement féodal, dans l'amour et la poésie, l'abnégation et le profond désintéressement du génie allemand. Trompé par le fini, il s'adresse à l'infini; s'il s'est immolé à son seigneur, à sa dame, que refusera-t-il à son Dieu? Rien, pas même sa moralité, sa liberté. Il jettera tout dans cet abîme, il confondra l'homme dans l'univers, l'univers en Dieu. Préparé par le mysticisme protestant, il adoptera sans peine le panthéisme de Schelling, et l'adultère de la matière et de l'esprit sera de nouveau consommé. Où sommes-nous, grand Dieu? nous voilà replongés dans l'Inde; aurions-nous fait en vain ce long voyage? A ce terme se manifeste, avec ses conséquences immorales, la sympathie universelle, ou l'universelle indifférence du génie germanique. Viennent toute religion, toute philosophie, toute histoire, l'auteur du *Faust*, le Faust contemporain les réfléchira, les absorbera dans l'océan de sa poésie.

Oui, l'Allemagne, c'est l'Inde en Europe, vaste, vague, flottante et féconde, comme son Dieu, le Protée du panthéisme. Tant qu'elle n'a pas été serrée et encadrée par les fortes barrières des monarchies qui l'environnent, la tribu indo-germanique a débordé, découlé par l'Europe, et l'a changée en se changeant. Livrée alors à sa mobilité naturelle, elle ne connaissait ni murs ni ville. « Chaque famille, dit Tacite, s'arrête où la retient son caprice, un bois, un pré, une fontaine. » Mais, à mesure que, derrière, s'accumulaient les flots d'une autre Barbarie, Slaves, Avares et Hongrois, tandis qu'à l'occident la France se fermait, il fallut se serrer pour ne pas perdre terre, il fallut bâtir des forts, *inventer* les villes. Il fallut se donner à des ducs, à des comtes, se grouper en cercles, en provinces. Jetée au centre de l'Europe pour champ de bataille à toutes les guerres, l'Allemagne s'attacha, bon gré, mal gré, à l'organisation féodale, et resta barbare pour ne pas périr. C'est ce qui explique ce merveilleux spectacle d'une race toujours jeune et vierge, qu'on aperçoit engagée comme par enchantement dans une civilisation transparente, comme un liquide vivement saisi reste fluide au centre du cristal imparfait. De là, ces bizarres contrastes qui font de l'Allemagne un pays monstrueusement diversifié. Des États de vingt millions d'hommes, d'autres de vingt mille. Le morcellement infini, le droit infiniment varié des seigneuries féodales; et à côté une grande monarchie disciplinée comme un régiment. Des villes d'hier, toutes blanches, nivelées, alignées, tirées à angles droits, ennuyeuses et maussades petites Londres. D'autres, comme la bonne Nuremberg, où les maisons, grotesquement peintes, prêchent toujours aux passants les paroles du Saint-Évangile; ou bien, pour unir tous les contrastes, de savantes bibliothèques au milieu des forêts; et les cerfs venant boire sous le balcon des Électeurs. Ces oppositions extérieures ne font qu'exprimer celles des mœurs. L'esclavage de la glèbe, les communes du Moyen-âge, tout se trouve dans ce curieux musée, où chaque pas dans l'espace vous fait voyager dans le temps. Dans plusieurs provinces, la femme y est servante, comme elle l'était du guerrier barbare, ce qui ne l'empêche pas d'être déifiée par le génie idéal de la chevalerie.

De toutes ces contradictions, la plus forte est celle qui maintient, sous le joug du Moyen-âge, un peuple curieux d'innovations et enthousiaste de l'étranger. Avec si peu de ténacité, une telle perpétuité d'usages et de mœurs! Certes, ce qui manque à l'Allemagne, ce n'est point la volonté du changement, de l'indépendance. Que de fois elle s'est soulevée, mais c'était pour retomber bientôt. Le vieux génie saxon, éternelle opposition politique de l'Allemagne, la fierté farouche des tribus scandinaves, tout le Nord proteste contre la tendance panthéistique des provinces méridionales; il refuse de perdre sa personnalité en un homme, en Dieu ou dans la nature. Cette prétention du Nord se déploie avec une magnifique ostentation. En Islande, les dieux mourront comme nous. L'homme les a précédés ; l'univers s'est taillé des membres d'un géant. *A qui crois-tu?* disait saint Olaf à un de ses guerriers. *Je crois à moi,* répondit-il. D'où vient donc que ce génie superbe retombe toujours si vite, en religion au mysticisme, au despotisme en politique? La Suède, le champion de la liberté protestante sous Gustave-Adolphe, s'est soumise aux Rose-Croix. Qui parla plus haut que

Luther contre la tyrannie de Rome? mais ce fut pour anéantir la doctrine du libre arbitre. Du vivant de Luther, à sa table même, commença le mysticisme qui devait triompher en Bœhme. Kant mit sur son étendard les mots : *Critique et liberté;* l'Allemagne entendit être enfin libre et forte, et, pour mieux s'assurer de soi, elle se serra dans les entraves d'un effrayant formalisme ; mais cette nature glissante échappait toujours, par l'art et par le sentiment, par Goethe et par Jacobi. Alors vint Fichte, inflexible stoïcien, ardent patriote. Il prit pour affranchir l'homme le seul moyen qui restait : il supprima le monde, comme il eût voulu délivrer l'Allemagne en supprimant la France. Vaines espérances des hommes ! La philosophie de Fichte, les chants de Koerner, et 1814, aboutirent au sommeil; sommeil inquiet, sans doute. L'Allemagne se laissa rendormir au panthéisme de Schelling, et si le Nord en sortit par Hegel, ce fut pour violer l'asile sacré de la liberté humaine, pour pétrifier l'histoire. Le monde social devint un dieu entre leurs mains, mais un dieu immobile, insensible, tout propre à consoler, à prolonger la léthargie nationale.

Non, la grande, la savante, la puissante Allemagne n'a pas le droit de mépriser la pauvre Italie qu'elle écrase. Au moins, celle-ci peut alléguer la langueur du climat, les forces disproportionnées des conquérants, la longue désorganisation. Donnez-lui le temps, à cette ancienne maîtresse du monde, à cette vieille rivale de la Germanie. Ce qui a fait l'humiliation de l'Italie comme peuple, ce qui l'a soumise à la molle et disciplinable Allemagne, c'est précisément l'indomptable personnalité, l'originalité indisciplinable qui, chez elle, isole les individus.

Cet instinct d'abnégation que nous avons trouvé en Allemagne est étranger à l'Italie. En cela, comme en tout, l'opposition des deux peuples est tranchée. L'Italien n'a garde de s'abdiquer lui-même, et de se perdre avec Dieu et le monde dans un même idéalisme. Il fait descendre Dieu à lui, il le matérialise, le forme à son plaisir, y cherche un objet d'art. Il fait de la religion, et souvent de bonne foi, un objet de gouvernement. Elle lui apparaît dans tous les siècles sous un point de vue d'utilité pratique. La divination des Étrusques était un art de surprendre aux dieux la connaissance des intérêts de la terre, une partie de la politique et de la jurisprudence. Les prières et les formules augurales sont de véritables contrats avec les dieux. L'augure cherche les termes les plus précis, ne promet rien de trop, ne s'engage pas, prend ses précautions contre l'autre partie. Il ne craint pas de fatiguer les dieux d'interrogations et de stipulations nouvelles. Pour trouver les plus beaux raisins, pour rattraper un oiseau perdu, on prenait le *lituus*, et l'on traçait des lignes sacrées.

Le droit canonique, comme le droit augural, s'appliquait au gouvernement de ce monde. On sait avec quel art l'église de Rome atteignit et régla toutes les actions des hommes, comme matière du péché. La théologie fut enfermée, bon gré, mal gré, dans la jurisprudence; les papes furent des légistes. Nous savons ici les choses de Dieu, leur écrivait un roi de France, mieux que vous autres gens de loi.

L'Italie est le seul peuple qui ait eu une architecture civile, aux époques diverses où les autres nations ne connaissaient que l'architecture religieuse. Le mot *pontifex* signifie constructeur de ponts. Les monuments étrusques, différents en cela de ceux de l'Orient, ont tous un but d'utilité pratique. Ce sont des murs de villes, des aqueducs, des tombeaux; on parle moins de leurs temples. L'Italie du Moyen-âge bâtit beaucoup d'églises, mais c'étaient les lieux où se tenaient les assemblées politiques. Tandis que l'Allemagne, l'Angleterre et la France n'élevaient que des édifices religieux, l'Italie faisait des routes, des canaux. Aussi l'Allemagne devança l'Italie dans la construction de ses prodigieuses cathédrales. Jean Galéas Sforza fut obligé de demander des architectes à Strasbourg, pour fermer les voûtes de la cathédrale de Milan.

Si l'individualité italienne ne se donne pas à Dieu sans condition, combien moins à l'homme! Vous trouverez dans l'Italie du Moyen-âge plus d'une image de la féodalité, les lourdes armures, les puissants coursiers, les forts châteaux, jamais ce qui constitue la féodalité elle-même, la foi de l'homme en l'homme. L'héroïsme italien est de nature plus haute. Que lui importe un homme périssable, une chair mortelle, et ce cœur qui bientôt ne battra plus? il sait mourir, quoiqu'il n'aille pas chercher la mort, mais mourir pour une idée. Je sais dans telle forteresse tel homme qui, au milieu des plus rudes épreuves, gardera jusqu'à la mort le secret de la liberté. Tout autre dévouement est simplicité, enfance aux yeux des compatriotes de Machiavel. La recherche aventureuse des périls inutiles, la déification de la femme, la religion de la fidélité, la rêverie enthousiaste du monde féodal, tout cela excite en eux un rire inextinguible. Leur poème chevaleresque est la satire de la chevalerie, l'*Orlando furioso*. Point d'association industrielle ni militaire, si ce n'est pour un but précis, pour un intérêt, pour une idée.

Le génie italien est un génie passionné, mais sévère, étranger aux vagues sympathies. Ce n'est point le monde naturel de la famille, de la tribu, c'est le monde artificiel de la cité. Circonscrit par la nature dans les vallées de l'Apennin, isolé par des fleuves peu navigables, il s'enferme encore dans des murs. Il y règne loin de la nature dans des palais de marbre, où il vit d'harmonie, de rythme et de nombre; s'il en sort, c'est pour se bâtir dans ses *villas* des jardins de pierre. Et d'abord, il se caractérise par l'harmonie de la vie civile, par la législation, par la jurisprudence. Après tant d'invasions barbares, l'indestructible droit romain reparaît à Bologne et par toute l'Italie. Les subtilités de Tribonien sont subtilisées par Accurse et Barthole. A côté des juristes, reviennent les mathématiciens. Cardan et Tartaglia continuent Archytas et Pythagore. Leur géométrie abstraite est reçue dans la géométrie concrète de l'architecture, l'art de la cité matérielle, comme la législation est l'art de la cité morale. A Rome, à Florence, la figure humaine, dans les tableaux, reproduit la sévérité, quelquefois la sécheresse architecturale. Ce n'est guère qu'au nord, dans le coloris vénitien, dans la grâce lombarde, que la peinture consent à humaniser l'homme. Pour la nature, elle osera rarement se montrer dans les tableaux. Peu de paysages, peu de poésie descriptive en Italie.

La poésie s'y inspire du génie de la cité. Sans doute dans ce pays tout homme chante; le climat y délie toute langue. Mais le vrai poète italien, c'est l'architecte de la cité invisible, dont les cercles symboliques sont la scène de la *Divina Commedia*. Dante est l'expression complète de l'idée italienne du rythme, du nombre; il a mesuré, dessiné, chanté son enfer. C'est encore sous la forme harmonique de la cité que l'histoire de l'humanité apparut au fondateur de la philosophie de l'histoire, le Dante de l'âge prosaïque de l'Italie, Giambatista Vico. Dans la dualité du *corso* et du *ricorso*, dans la triplicité des âges, dans la beauté géométrique de sa forme, la *Scienza Nuova* me représente le génie rythmique de l'Étrurie et de la Grèce pythagoricienne.

Lors même qu'il sort de la cité, l'Italien en transporte, en imprime partout l'image. On sait avec quel soin sévère la religion étrusque et la politique romaine mesuraient et orientaient les champs. Partout l'*agrimensor* et l'augure venaient, derrière les légions conquérantes, calquer la colonie nouvelle sur la forme sacrée de la métropole. Tandis que, chez les nations germaniques, l'homme s'attache à son champ, s'y enracine, et aime à tirer son nom de sa terre, l'Italien lui donne le sien ; il n'y voit qu'un rapport de plus avec la cité, qu'une matière d'intérêt civil. Le juriste, le stratégiste, viendront reconnaître la terre pour en régler ou déplacer les limites, pour transférer ou maintenir la propriété selon les moyens divers de leur art.

La mère de la tactique comme de la jurisprudence, c'est l'Italie. La guerre est devenue une science entre les mains des *condottieri* italiens, les Alberic, les Sforza, les Malatesta de la Romagne, les Braccio, les Baglioni, les Piccinino de l'Ombrie. L'Italie fournit le Levant d'ingénieurs. Les fondateurs de l'architecture militaire sont des Italiens. Le premier capitaine de l'Antiquité, César, appartient à l'Italie ; le premier des temps modernes fut un homme de race italienne adopté par la France. Quand nous ignorerions l'origine de Napoléon, le caractère à la fois poétique et pratique de son génie, la beauté sévère de son profil, ne feraient-ils pas reconnaître le compatriote de Machiavel et de Dante ?

Il est temps d'en finir avec ces ridicules déclamations sur la mollesse du caractère italien. Voulez-vous juger la valeur italienne par la populace de Naples? Jugez donc la France par les *canuts* de Lyon. Laissons les *gentlemen* anglais et les poètes allemands aller chercher à la table des Italiens de Rome et de Milan des inspirations de mépris sublime et de colère généreuse. N'ont-ils pas aussi insulté la Grèce au tombeau, la veille de sa résurrection? Hommes légers et cruels, qui confondez sous le même opprobre les lazzaroni et les romagnols, les héros et les lâches, avez-vous donc oublié l'armée italienne de Bonaparte, et tant de faits d'armes des Piémontais? Et naguère encore, ceux que vous accusiez de ne pas savoir tirer l'épée pour leur pays, n'ont-ils pas su mourir pour vous?

L'Italie a changé, dit-on, et l'on croit avec un mot avoir expliqué et justifié ses malheurs. Et moi, je soutiens qu'aucun peuple n'est resté plus semblable à lui-même. J'ai déjà marqué dans ce qui précède la perpétuité du génie italien, des temps anciens aux temps modernes. Il me serait trop facile de la suivre dans une foule de détails moins importants.

Le costume est presque le même, au moins dans le peuple. Je vois partout le *venetus cucullus*, l'aiguille d'acier dans les cheveux des femmes, les colliers, les anneaux, comme à Pompéi; jusqu'aux sandales et au *pileus*, que vous retrouverez vers Fondi.

La nourriture est analogue. Dans les villes, mêmes rues étroites. Les *thermopoles* sous le nom de cafés. Le *prandium* à midi, et la sieste et la promenade du soir. En tout temps, même foule autour de l'improvisateur, qu'il s'appelle Stace, Dante, ou Sgricci. On rencontre dans les *filosofi* de Venise, les *litterati* en plein vent, les Ennianistes de l'Antiquité. Seulement l'Arioste et le Tasse ont pris la place d'Ennius.

Dans les campagnes, même système de culture. La charrue est celle même que décrit Virgile. En Toscane, les bestiaux sont comme autrefois renfermés et nourris de feuillage, de peur qu'ils ne blessent les vignes et les oliviers. Ailleurs, ils poursuivent leur éternel voyage des montagnes aux plaines de Rome et de la Pouille, et de la plaine à la montagne.

Chaque province est restée fidèle à son génie. Naples est toujours grecque, quoi qu'aient fait les Barbares. Le type sauvage des Brutiens s'est manifestement conservé à *San-Giovanni in fiore*. Les Napolitains sont toujours bruyants et grands parleurs. Naples est une ville d'avocats. Dès l'Antiquité il y avait à Naples des combats de musique. Le génie philosophique de la Grande-Grèce n'a-t-il pas revécu dans Telesio, dans Campanella et dans l'infortuné Bruno?

Au midi, l'idéalisme, la spéculation et les Grecs; au nord, le sensualisme, l'action et les Celtes. Les charpentiers, les menuisiers, les colporteurs, les maçons, viennent de Novare, de Como, de Bergame. Bergame, patrie d'Arlequin, est celle aussi du vieux comique Cecilius Statius.

Même perpétuité dans les contrées du centre, dans

Rome et dans l'Étrurie. Le caractère cyclopéen n'est pas plus frappant dans les murs de Volterra que dans les édifices de Florence, dans les masses du palais Pitti. La raideur de l'art étrusque reparaît dans Giotto et jusque dans Michel-Ange. Mais je compte mieux montrer ailleurs l'identité de l'Étrurie dans tous les âges.

Lorsque le barbare Sylla eut dévasté l'Étrurie, il choisit une place dans la vallée de l'Arno, y fonda une ville, et la nomma d'après le nom mystérieux de Rome. Ce nom, connu des seuls patriciens, et qu'il était défendu de prononcer, était *Flora*. Il appela la ville nouvelle *Florentia*. Florence a répondu à l'augure. Le poème des antiquités de l'Italie primitive, l'*Énéide*, venait de la colonie étrusque de Mantoue, et c'est à un Toscan, à un Florentin qu'est dû le poème des antiquités du Moyen-âge, la *Divine Comédie*. L'Italie est le pays des traditions et de la perpétuité historique. *Questa provincia*, dit Machiavel, avec sa force et sa gravité ordinaires, *pare nata a risuscitare le cose morte.*

Au centre de la péninsule, le peuple n'a pas changé davantage. Ceux-ci n'ont jamais été propres ni à l'art ni à la science. La plupart des écrivains illustres de Rome, Catulle, Virgile, Horace, Ovide, Lucain et Juvénal, Cicéron, Tite-Live, Sénèque et les Pline, une foule d'autres moins illustres, lui sont venus d'autres contrées. De même au Moyen-âge. Son théologien, son artiste, sont deux étrangers, saint Thomas d'Aquin, Raphaël d'Urbin. A Rome toutefois vous trouverez la satire amère et mordante, le rire tragique. Lucile et Juvénal étaient Romains de naissance ; Salvator Rosa et Monti l'ont été d'adoption.

La véritable vocation du Romain, c'était l'action politique. Ne pouvant plus agir, il rêve. Contemplez cette race monumentale dans les rues et sur les places publiques, vous serez frappé de sa fierté. Ce sont les bas-reliefs de la colonne Trajane, qui sont descendus et qui marchent. Pour rien au monde, le Romain ne fera œuvre servile. Il faut qu'il vienne des hommes des Abruzzes pour recueillir les moissons ou réparer les routes, des Bergamasques pour porter les fardeaux. Sa femme ne daignera recoudre les trous de son manteau; il faut un juif pour le raccommoder. La seule exportation de Rome, c'est la terre même, les haillons et les antiquités.

Comme au temps où Juvénal nous montre le préteur et le tribun recueillant la *sportula* de porte en porte, le Romain d'aujourd'hui mendie noblement. Sa nourriture est toujours le porc. Les charcutiers et les bouchers sont presque les seules boutiques à Rome. Toujours sensuel et cruel, il se contente de combats de taureaux, faute de gladiateurs. Accusez-le de férocité si vous voulez; mais de faiblesse, non : son couteau répondrait. Son couteau ne le quitte pas. Le coup de couteau est un geste naturel et fréquent à Rome. Il faut voir aussi avec quelle joie furieuse il place le feu sous la peau du cheval de course. Son cri de carnaval est un cri de sang et de nivellement : *Mort au seigneur abbé! mort à la belle princesse!* Il ne criait pas plus fort : Les chrétiens aux lions ! Et il faut dire aussi qu'il y a dans l'air de cette ville quelque chose d'orageux, d'immoral et de frénétique. Au milieu des plus étourdissants contrastes, parmi les monuments de tous les âges, égyptiens, étrusques, grecs, romains, au rendez-vous de toutes les races du monde, vous entendez toutes les langues excepté l'italienne ; plus d'étrangers que de Romains, et des rois dans la foule. La tête tourne, le vertige gagne ; je ne m'étonne pas que tant d'empereurs, qui voyaient tout cela tourbillonner à leurs pieds, soient devenus fous.

Une ressemblance plus triste encore entre les temps anciens et les temps modernes, c'est la solitude des environs de Rome et en général des campagnes d'Italie. Quel que fût le génie agricole des anciens Latins, on voit que, dès le temps de la République, une partie de la contrée était laissée en prairies (*prata Muccia, Quintia*, etc.). Caton recommande le pâturage comme le meilleur emploi de la terre. Ce conseil fut suivi. Il dispensait les propriétaires de résider sur leurs terres, de faire travailler les pauvres ; il leur suffisait de quelques esclaves. Il en advint à l'Italie comme à l'Angleterre au temps d'Henri VIII, où l'on disait que *les moutons avaient mangé les hommes*. La désolation s'étendit. César fut déjà chargé de dessécher les Marais-Pontins. Strabon, Pline et Tacite se plaignent de la *malaria*.

Et Lucain put dire sans exagération : *Urbs nos una capit.*

Ce mot est la condamnation de l'Italie. Le désert de Rome, aussi isolée sur la terre que Venise au milieu des eaux, est le triste symbole des maux qu'a faits cette vie urbaine (*urbanitas*) dans laquelle s'est toujours complu le génie italien. L'Italie a vu deux fois se reproduire dans les villes étrusques de l'Antiquité, dans les villes guelfes du Moyen-âge, le premier développement de l'industrie, et la domination des cités sur les campagnes. Deux fois aussi, contre l'industrie productrice, s'est élevée l'industrie destructrice, la guerre, qui a dévoré les campagnes, épuisé les villes; la guerre comme métier et calcul; la guerre vivant d'elle-même, Rome dans l'Antiquité, au Moyen-âge les *condottieri*.

La pauvre Italie a peu changé, et c'est là sa ruine. Elle a subi constamment la double fatalité de son climat et du système étroit de société dans laquelle elle est concentrée. Ce système a desséché et amaigri le cœur de l'Italie (*Italum robur*); je veux dire Rome et l'ancien Samnium. Dès le temps d'Honorius, la Campanie *heureuse* avait elle-même été abandonnée sans culture. Les Germains, ennemis des cités, semblaient devoir rendre l'importance aux campagnes qu'ils se partageaient. Il n'en fut pas ainsi. Les hommes du Nord fondirent comme neige sur cette terre ardente. Les cités italiennes absorbèrent les Goths en moins d'un siècle. Les Lombards, la race la plus énergique de l'Allemagne, n'y tinrent pas deux cents ans. A en juger par la physionomie du peuple et par la langue, l'influence des invasions germaniques fut tout extérieure. Les Barbares ont cru souvent avoir soumis l'Italie; mais ils ont introduit peu de mots tudesques dans cet idiome indomptable. En vain le parti allemand ou gibelin, s'organisant sous la forme féodale, dressa ses châteaux sur les montagnes, et arma les campagnes contre les cités. Les châteaux furent détruits, les campagnes absorbées par les villes, les villes isolées par la dépopulation des campagnes, nivelées par le radicalisme de l'Église romaine, du parti guelfe, et des tyrans; elles perdirent avec l'aristocratie gibeline tout esprit militaire, et la contrée se trouva livrée aux étrangers. Depuis ce temps, la tête de l'Italie, qui dans l'Antiquité était au midi, dans la Grande-Grèce, a passé au nord, et se trouve aujourd'hui dans la Romagne, le Milanais et le Piémont, parties celtiques de l'Italie. C'est dire assez que l'Italie a peu d'espoir d'originalité, et que longtemps du moins elle regardera la France.

Ainsi dans l'Europe même, que semblait s'être réservée la liberté, la fatalité, nous poursuit. Nous l'avons trouvée dans le monde de la tribu et dans celui de la cité, dans l'Allemagne et dans l'Italie. Là comme ici, la liberté morale est prévenue, opprimée par les influences locales de races et de climats. L'homme y porte également dans son aspect le signe de la fatalité. La contrée se réfléchit en lui;

vous diriez un miroir. L'Allemagne est toute dans la figure de l'Allemand; l'œil bleu pâle comme un ciel douteux, le poil blond ou fauve comme la biche de l'Odenwald. Les années mêmes ne suffisent pas toujours pour caractériser ses formes. Vous retrouverez souvent dans la forte jeunesse, jusque dans l'âge mûr, la molle et incertaine beauté de l'enfance. Ainsi l'homme se confond avec la nature qui l'environne. — L'Italien semble mieux s'en détacher. Son œil profond et sa vive pantomime promettent une personnalité forte, mais cet œil ardent flotte et rêve. Le regard est souvent mobile à faire peur; ces cheveux noirs comme les vins du Midi, ce teint profondément bruni, accusent le fils de la vigne et du soleil, et le replongent dans la fatalité dont il avait paru affranchi.

Ces puissantes influences locales, identifiant l'homme à sa terre, l'attachant au moins de cœur et d'esprit à sa montagne, à sa vallée natale, le maintiennent dans un état d'isolement, de dispersion, d'hostilité mutuelle. La vieille opposition *de la Saxe et de l'Empire* subsiste obstinément à travers les âges. Chacune même des deux moitiés n'est pas homogène. Le Hessois hait le Franconien, le Franconien le Bavarois, celui-ci l'Autrichien. Le Grec de la Calabre, le Celte de Milan, ne sont pas plus éloignés l'un de l'autre que le fils de l'âpre Samnium et celui de la molle Étrurie. Cette diversité de provinces et de villes s'exprime par la dérision mutuelle, par la création d'un comique local, par l'opposition du bergamasque Arlequin et du Polichinelle napolitain, du saxon Eulenspiegel, et de l'autrichien Hanswurtz.

Dans de telles contrées, il y aura juxtaposition de races diverses, jamais fusion intime. Le croisement des races, le mélange des civilisations opposées, est pourtant l'auxiliaire le plus puissant de la liberté. Les fatalités diverses qu'elles apportent dans ce mélange s'y annulent et s'y neutralisent l'une par l'autre. En Asie, surtout avant le mahométisme, les races isolées en tribus dans des contrées diverses, superposées en castes dans les mêmes contrées, représentent chacune des idées distinctes, ne communiquent guère et se tiennent à part. Races et idées, tout se combine et se complique en avançant vers l'Occident. Le mélange, imparfait dans l'Italie et l'Allemagne, inégal dans l'Espagne et dans l'Angleterre, est en France égal et parfait. Ce qu'il y a de moins simple, de moins naturel, de plus artificiel, c'est-à-dire de moins fatal, de plus humain et de plus libre dans le monde, c'est l'Europe ; de plus européen, c'est ma patrie, c'est la France.

L'Allemagne n'a pas de centre, l'Italie n'en a plus. La France a un centre ; une et identique depuis plusieurs siècles, elle doit être considérée comme une personne qui vit et se meut. Le signe et la garantie de l'organisme vivant, la puissance de l'assimilation, se trouve ici au plus haut degré : la France française a su attirer, absorber, identifier les Frances anglaise, allemande, espagnole, dont elle était environnée. Elles les a neutralisées l'une par l'autre, et converties toutes à sa substance. Elle a amorti la Bretagne par la Normandie, la Franche-Comté par la Bourgogne ; par le Languedoc, la Guyenne et la Gascogne ; par le Dauphiné, la Provence. Elle a méridionalisé le Nord, septentrionalisé le Midi ; a porté au second le génie chevaleresque de la Normandie, de la Lorraine ; au premier la forme romaine de la municipalité toulousaine et l'industrialisme grec de Marseille.

La France française, le centre de la monarchie, le bassin de la Seine et de la Loire, est un pays remarquablement plat, pâle, indécis. Lorsque des pics sublimes des Alpes, des vallées sévères du Jura, des coteaux vineux de la Bourgogne, vous tombez dans les campagnes uniformes de la Champagne et de l'Ile-de-France, au milieu de ces fleuves vagues et sales, de ces villes de craie et de bois, l'âme est saisie d'ennui et de dégoût. Vous voyez bien de grasses campagnes, de bonnes fermes et de bons bestiaux. Mais cette image prosaïque d'aisance et de bien-être ferait regretter la pauvre Suisse et jusqu'à la désolation de la campagne de Rome. Quant aux hommes, ne leur demandez ni les saillies de la Gascogne, ni la grâce provençale, ni l'âpreté conquérante et chicaneuse de la Normandie, encore moins la persistance de l'Auvergnat et l'opiniâtreté du Breton. Il en est, toute proportion gardée, de nos provinces éloignées comme de l'Italie et de l'Allemagne méridionale, comme de tous les pays divisés par des montagnes et d'âpres vallées ; l'homme plus isolé, dépourvu des puissants secours de la division du travail et de la communication des idées, est souvent plus ingénieux, plus original, mais aussi moins exercé à comparer, moins cultivé, moins humanisé, moins *social*. L'homme de la France centrale vaut moins comme individu; mais la masse y vaut mieux. Son génie propre est précisément dans ce que les étrangers, les provinciaux même, appellent insignifiance et indifférence, et qu'on doit plutôt nommer une aptitude, une capacité, une réceptivité universelle. Le caractère du centre de la France est de ne présenter aucune des originalités provinciales, de participer à toutes et de rester neutre, d'emprunter à chacune tout ce qui n'exclut pas les autres, de former le lien, l'intermédiaire entre toutes, au point que chacune puisse à volonté reconnaître en lui sa parenté avec tout le reste. C'est là la supériorité de la France centrale sur les provinces, de la France entière sur l'Europe.

Cette fusion intime des races constitue l'identité de notre nation, sa personnalité. Examinons quel est le génie propre de cette unité multiple, de cette personne gigantesque composée de trente millions d'hommes.

Ce génie, c'est l'action, et voilà pourquoi le monde lui appartient. C'est un peuple d'*hommes de guerre*, et d'*hommes d'affaires*, ce qui, sous tant de rapports, est la même chose. La guerre des subtilités juridiques, que nous devions nous en vanter ou non, nous y primons, il faut le dire; le procureur est français de nation. Avant que les légistes entrassent aux affaires, la théologie, la scolastique y donnaient accès. Paris fut alors pour l'Europe la capitale de la dialectique. Son Université vraiment universelle se partageait en *nations*. Tout ce qu'il y avait d'illustre au monde venait s'exercer dans cette gymnastique. L'italien Dante et l'espagnol Raymond Lulle entouraient la chaire de Duns Scot. Des leçons d'un seul professeur sortirent deux papes et cinquante évêques. Là éclatait, autant qu'aux croisades et aux guerres des Anglais, le génie batailleur de la nation. D'effroyables mêlées de syllogismes avaient lieu sur la limite des deux camps ennemis de l'île et de la montagne, du Parvis et de Sainte-Geneviève, de l'église et de la ville, de l'autorité et de la liberté. De là partaient en expédition les chevaliers errants de la dialectique, comme ce terrible Abailard qui démonta Guillaume de Champeaux, Anselme de Laon, et jeta le gant à l'Église en défiant saint Bernard.

Le goût de l'action et de la guerre, l'*épée rapide*, l'argument et le sophisme toujours prêts, sont les caractères communs aux peuples celtiques. La valeur et la dialectique hibernoises ne sont pas moins célèbres que celles de la France. Ce qui est particulier à celle-ci, ce qu'elle a par-dessus tous les peuples, c'est le génie social, avec ses trois caractères en apparence contradictoires : l'acceptation facile des idées étrangères, l'ardent prosélytisme qui lui fait répandre les siennes au dehors, la puissance d'organisation qui résume et codifie les unes et les autres.

On sait que la France se fit italienne au seizième

siècle, anglaise à la fin du dix-huitième. En revanche, au dix-septième, au nôtre, elle francisa les autres nations. Action, réaction ; absorption, résorption, voilà le mouvement alternatif d'un véritable organisme. Mais de quelle nature est l'action de la France ? c'est ce qui mérite d'être expliqué. L'amour des conquêtes est le prétexte de nos guerres, et nous-mêmes y sommes trompés. Toutefois le prosélytisme en est le plus ardent mobile. Le Français veut surtout imprimer sa personnalité aux vaincus, non comme sienne, mais comme type du bon et du beau; c'est sa croyance naïve. Il croit, lui, qu'il ne peut rien faire de plus profitable au monde que de lui donner ses idées, ses mœurs et ses modes. Il y convertira les autres peuples l'épée à la main, et, après le combat, moitié fatuité, moitié sympathie, il leur exposera tout ce qu'ils gagnent à devenir Français. Ne riez pas ; celui qui veut invariablement faire le monde à son image, finira par y parvenir. Les Anglais ne trouvent que simplicité dans ces guerres sans conquêtes, dans ces efforts sans résultat matériel. Ils ne voient pas que nous ne manquons le but mesquin de l'intérêt immédiat que pour en atteindre un plus haut et plus grand. L'assimilation universelle à laquelle tend la France n'est point celle qu'ont rêvée, dans leur politique égoïste et matérielle, l'Angleterre et Rome. C'est l'assimilation des intelligences, la conquête des volontés : qui jusqu'ici y a mieux réussi que nous ? Chacune de nos armées, en se retirant, a laissé derrière elle une France. Notre langue règne en

Europe, notre littérature a envahi l'Angleterre sous Charles II, l'Italie et l'Allemagne au dernier siècle ; aujourd'hui, ce sont nos lois, notre liberté si forte et si pure, dont nous allons faire part au monde. Ainsi va la France dans son ardent prosélytisme, dans son instinct sympathique de fécondation intellectuelle.

La France importe, exporte avec ardeur de nouvelles idées, et fond en elle les unes et les autres avec une merveilleuse puissance. C'est le peuple législateur des temps modernes, comme Rome fut celui de l'Antiquité. De même que Rome avait admis dans son sein les droits opposés des races étrangères, l'élément étrusque et l'élément latin, la France a été, dans sa vieille législation, germanique jusqu'à la Loire, romaine au midi de ce fleuve. La révolution française a marié les deux éléments dans notre Code civil.

La France agit et raisonne, décrète et combat; elle remue le monde, elle fait l'histoire et la raconte. L'histoire est le compte rendu de l'action. Nulle part ailleurs vous ne trouverez de Mémoires, d'histoire individuelle, ni en Angleterre, ni en Allemagne, ni en Italie. Ceci souffre peu d'exceptions. Dans l'Italie du Moyen-âge, la vie de l'homme était celle de la cité. La morgue anglaise est trop forte pour que la personnalité se soumette à rendre compte de soi. La nature modeste de l'Allemand ne lui permet pas d'attacher tant d'importance à ce qu'il a pu faire. Lisez les notes informes qu'a dictées Goetz *à la main de fer;* comme il s'efface volontiers, comme il avoue ses mésaventures. L'Allemagne est plus faite pour l'épopée que pour l'histoire ; elle garde la gloire pour ses vieux héros, et dédaigne volontiers le présent. Le présent est tout pour la France. Elle le saisit avec une singulière vivacité. Dès qu'un homme a fait, a vu quelque chose, vite il l'écrit. Souvent il l'exagère. Il faut voir dans les vieilles Chroniques tout ce que font *nos gens*. Il y a déjà longtemps qu'on accuse les Français de *gaber*. Mais il est juste de dire que cet esprit d'exagération est souvent désintéressé ; il dérive du désir habituel de produire un effet; en d'autres termes, il est le résultat du génie oratoire et rhéteur, qui est un défaut et une puissance de notre caractère national.

Résignons-nous : la littérature de la France, c'est l'éloquence et la rhétorique, comme son art est la mode ; toutes deux également occupées à parer, à exagérer la personnalité. La rhétorique et l'éloquence, dont elle est tour à tour l'art et l'abus, parlent pour les autres, la poésie pour elle-même. L'éloquence ne peut naître que dans la société, dans la liberté. La nature pèse sur le poète. La poésie en est l'écho fatal, le son que rend l'humanité frappée par elle. L'éloquence est la voix libre de l'homme s'efforçant d'amener à la pensée commune la libre volonté de son semblable. Aussi ce peuple est-il entre tous le peuple rhéteur et prosateur.

La France est le pays de la prose. Que sont tous les prosateurs du monde à côté de Bossuet, de Pascal, de Montesquieu et de Voltaire ? Or, qui dit la prose, dit la forme la moins figurée et la moins concrète, la plus abstraite, la plus pure, la plus transparente ; autrement dit, la moins matérielle, la plus libre, la plus commune à tous les hommes, la plus *humaine.* La prose est la dernière forme de la pensée, ce qu'il y a de plus éloigné de la vague et inactive rêverie, ce qu'il y a de plus près de l'action. Le passage du symbolisme muet à la poésie, de la poésie à la prose, est un progrès vers l'égalité des lumières ; c'est un nivellement intellectuel. Ainsi, de la mystérieuse hiérarchie des castes orientales sort l'aristocratie héroïque ; de celle-ci, la démocratie moderne. Le génie démocratique de notre nation n'apparaît nulle part mieux que dans son caractère éminemment prosaïque, et c'est encore par là qu'elle est destinée à élever tout le monde des intelligences à l'égalité.

Ce génie démocratique de la France n'est pas d'hier. Il apparaît confus et obscur, mais non pas moins réel, dès les premières origines de notre histoire. Longtemps il grandit, à l'abri et sous la forme même du pouvoir religieux. Avant les Romains, avant César, je vois le sacerdoce gaulois, rival des chefs de clans, surgir, non pas de la naissance et de la chair, mais de l'initiation, c'est-à-dire de l'esprit, de l'égalité. Les Druides, sortis du peuple, s'allient au peuple des villes contre l'aristocratie. Après l'invasion des Barbares, après l'organisation féodale, le Romain, le vaincu, c'est-à-dire le peuple, est représenté par le prêtre, élu du peuple, homme de l'esprit, contre l'homme de la terre et de la force. Celui-ci, enraciné, localisé dans son fief, et, par là même, dispersé sur le territoire, tend à l'isolement, à la barbarie. Le prêtre, comme le serf, à la classe duquel il appartient souvent, regarde vers le pouvoir central et royal. Droit abstrait et divin du roi et du prêtre ; droit concret et humain du seigneur engagé dans sa terre. L'étroite association des deux premiers caractérise les rois les plus populaires de chacune des trois races : le bon Dagobert, Louis-le-Bon ou le Débonnaire, le bon Robert, enfin saint Louis. Le type du roi de France est un saint. Le prêtre et le roi favorisent également l'affranchissement des serfs ; tout homme qui échappe à la servitude locale de la terre leur appartient, appartient au pouvoir central, abstrait, spirituel. Prêtres et rois s'avisent enfin d'affranchir des villes entières, de créer les communes et de chercher en elles une armée anti-féodale. Alors le peuple, qui, jusque-là, n'arrivait à la liberté que dans la personne du prêtre, apparaît pour la première fois sous sa forme propre.

Mais le prêtre et le monarque se repentirent bientôt d'avoir suscité la turbulente liberté des communes, qui tournait contre eux. Les rois arrêtèrent l'émigration rapide des laboureurs, qui fuyaient les campagnes pour se réfugier derrière les murs des villes. Ils ajournèrent ainsi la chute de la féodalité. Il fallait qu'elle pérît, mais par eux et pour eux d'abord, c'est-à-dire au profit du pouvoir central. En même temps que tombent les privilèges locaux des communes vers le règne de Philippe-le-Bel, commencent les États généraux. Le prêtre, sortant toujours du peuple, mais peu à peu séparé de lui par l'intérêt de corps, siège comme ministre auprès du roi, et pendant cinq siècles, de Suger à Fleury, règne alternativement avec le légiste.

Si le prêtre fût resté peuple, il eût régné seul et en son propre nom ; la féodalité eût fait place à une démagogie sacerdotale. Si la liberté des villes eût prévalu, si les communes eussent subsisté, la France couverte de républiques ne fût jamais devenue une nation ; il lui serait arrivé ce qu'a éprouvé l'Italie : les villes auraient absorbé les campagnes désertées par leurs habitants.

Grâce à la lente extinction de la féodalité, la France s'est trouvée forte dans les campagnes, comme l'Allemagne ; forte dans les villes, comme l'Italie, vivante et féconde comme la tribu, une et harmonique comme la cité. Un pouvoir central, merveilleusement puissant, s'y est formé par l'alliance du droit abstrait du roi et du prêtre contre le droit concret et local des seigneurs. Le nom du prêtre et du roi, représentants de ce qu'il y avait de plus général, c'est-à-dire de divin, dans la pensée nationale, a prêté au droit obscur du peuple comme une enveloppe mystique dans laquelle il a grandi et s'est fortifié. Et un matin, se trouvant grand et fort, il a rejeté les langes de son berceau. Le droit divin du roi et du prêtre n'existait qu'à condition d'exprimer la pensée divine, c'est-à-dire l'idée générale du peuple.

Sous la forme sacerdotale et monarchique qu'il a portée si longtemps, on pouvait entrevoir que ce peuple, organisé contre les nobles par les rois et les prêtres, n'en conservait pas moins un instinct indépendant des uns et des autres. Pour adversaire du chef de la féodalité, de l'Empereur, la France élève et soutient le pontife de Rome, jusqu'à ce qu'elle puisse l'amener à Avignon et confisquer le pontificat. C'était, au douzième siècle, un dicton en Provence : *J'aimerais mieux être prêtre que de faire telle chose.* Même esprit de liberté en politique sous les formes de la monarchie absolue. L'idéal historique et la jactance habituelle de la nation fut d'être le *royaume des Francs*. De bonne heure, le roi de France est présenté comme un roi citoyen ; lisez Comines et Machiavel. Ses Parlements lui résistent ; lui-même ordonne qu'on lui *désobéisse sous peine de désobéissance :* admirable contradiction ! La monarchie y est l'arme nationale contre l'aristocratie, la route abrégée du nivellement. Tant que l'aristocratie est puissante, toute tentative contre la monarchie échouera ; Marcel pourra agiter les communes, la Jacquerie soulever les campagnes. Les libertés privilégiées doivent périr sous la force centralisante, qui doit tout broyer pour tout égaler.

Ce long nivellement de la France par l'action monarchique est ce qui sépare profondément notre patrie de l'Angleterre, à laquelle on s'obstine à la comparer. L'Angleterre explique la France, mais par opposition.

L'orgueil humain personnifié dans un peuple, c'est l'Angleterre. J'ai déjà marqué l'enthousiasme que l'homme du Nord s'inspire à lui-même, surtout dans cette vie effrénée de courses et d'aventures que menaient les vieux Scandinaves. Que sera-ce lorsque ces barbares seront transplantés dans cette île puissante, où ils s'engraisseront du suc de la terre et des tributs de l'Océan? Rois de la mer, du monde sans loi et sans limites, réunissant la dureté sauvage du pirate danois, la morgue féodale du lord fils des Normands... Combien faudrait-il entasser de Tyrs et de Carthages pour monter jusqu'à l'insolence de la titanique Angleterre?

Ce monde de l'orgueil subit pour peine expiatoire ses propres contradictions. Composé de deux principes hostiles, l'industrie et la féodalité, l'égoïsme d'isolement et l'égoïsme d'assimilation, il s'accorde en un point, l'acquisition et la jouissance de la richesse. L'or lui a été donné comme le sable. Qu'il s'assouvisse et se soûle, s'il peut. Mais non, il veut jouir, et savoir qu'il jouit ; il se retranche dans l'étroite prudence du *confortable*. Et cependant, au milieu de ce monde matériel qu'il tient et qu'il savoure, la nausée vient bientôt. Alors tout est perdu ; l'univers s'était concentré en l'homme, l'homme dans la jouissance du réel, et la réalité lui manque. Ce ne sont pas des pleurs, des cris efféminés qui s'élèvent, mais des blasphèmes, des rugissements contre le ciel. La liberté sans Dieu, l'héroïsme impie, en littérature l'*école satanique*, annoncée dès la Grèce dans le *Prométhée* d'Eschyle, renouvelée par le doute amer d'Hamlet, s'idéalise elle-même dans le Satan de Milton. Elle s'écrie avec lui : *Mal, sois mon bien!* Mais elle retombe avec Byron dans le désespoir : *Bottomless perdition*.

Cet inflexible orgueil de l'Angleterre y a mis un obstacle éternel à la fusion des races comme au rapprochement des conditions. Condensées à l'excès sur un étroit espace, elles ne s'y sont pas pour cela mêlées davantage. Et je ne parle pas de ce fatal *remora* de l'Irlande que l'Angleterre ne peut ni traîner, ni jeter à la mer. Mais dans son île même, le Gallois chante, avec le retour d'Arthur et de Bonaparte, l'humiliation prochaine de l'Angleterre. Y a-t-il si longtemps que les Higlanders combattirent encore les Anglais à Culloden? L'Écosse suit sans l'aimer, mais parce qu'elle y trouve son compte, la dominatrice des mers. Enfin, même dans la vieille Angleterre, *the old England*, le fils robuste du Saxon, le fils élancé du Normand, ne sont-ils pas toujours distincts? Si vous ne rencontrez plus le premier courant les bois avec l'arc de Robin Hood, vous le trouverez brisant les machines ou sabré à Manchester par la *Yeomanry*.

Sans doute l'héroïsme anglais devait commencer la liberté moderne. En tout pays, c'est d'abord par l'aristocratie, par l'héroïsme, par l'ivresse du moi humain, que l'homme s'affranchit de l'autorité. Les aristocraties guerrières et iconoclastes de la Perse et de Rome apparaissent comme un véritable protestantisme après l'Inde et l'Étrurie. Ainsi commence en ce monde ce que le sacerdoce appelle l'esprit du mal, Satan, Ahriman, le principe critique et négatif, *celui qui dit toujours : non*. Quand l'aristocratie guerrière a commencé par l'orgueil de la force la révolte du genre humain, l'œuvre se continue par l'orgueil du raisonnement individuel, par le génie dialectique. Celui-ci sort vite de l'aristocratie; il descend dans la masse; il appartient à tous. Mais nulle part il ne prend plus de force que dans les pays déjà nivelés par le sacerdoce et la monarchie.

Ainsi s'est révélé au bout de l'Occident ce mystère que le monde avait ignoré : l'héroïsme n'est pas encore la liberté. Le peuple héroïque de l'Europe est l'Angleterre, le peuple libre est la France. Dans l'Angleterre, dominés par l'élément germanique et féodal, triomphent le vieil héroïsme barbare, l'aristocratie, la liberté par privilège. La liberté sans l'égalité, la liberté injuste et impie n'est autre chose que l'insociabilité dans la société même. La France veut la liberté dans l'égalité[1], ce qui est précisément le génie social. La liberté de la France est juste et sainte. Elle mérite de commencer celle du monde, et de grouper pour la première fois tous les peuples dans une unité véritable d'intelligence et de volonté.

L'égalité dans la liberté, cet idéal dont nous devons approcher de plus en plus sans jamais y toucher, devait être atteinte de plus près par le plus mixte des peuples, par celui en qui les fatalités opposées

---

1. Est-il besoin de dire qu'il s'agit de l'égalité des droits, ou plutôt de l'égalité des moyens d'arriver aux lumières et à l'exercice des droits politiques qui doit y être attaché.

de races et de climats se seraient le mieux neutralisées l'une par l'autre ; par un peuple fait pour l'action, mais non pour la conquête ; par un peuple qui voulût l'égalité pour lui et le genre humain. Il fallait que ce peuple eût en même temps le génie du morcellement et celui de la centralisation ; la substitution des départements aux provinces explique ma pensée. La Révolution française, matérialiste en apparence dans sa division départementale qui nomme les contrées par les fleuves, n'en efface pas moins les nationalités de provinces qui, jusque-là, perpétuaient les fatalités locales au nom de la liberté.

Il fallait que ce génie, contradictoire en apparence, du morcellement et de la centralisation se reproduisît dans notre langue, qu'elle fût éminemment propre à analyser, à résumer les idées. Cette double puissance constitue le génie aristotélique, qui met en poussière les agrégations naturelles et fatales, et tire de cette poussière des agrégations artificielles qui forment peu à peu le patrimoine de la raison humaine ; patrimoine légitime que la liberté a gagné à la sueur de son front.

Toutefois, avouons-le, le peuple, le siècle où tombent en même temps l'aristocratie et le sacerdoce, où le vieil ordre de la fatalité s'enfonce et se dissipe dans une poussière tourbillonnante, certes, ce peuple et ce moment ne sont pas ceux de la beauté. Le plus mélangé des peuples, et à une époque où tout se mêle, n'est pas fait pour plaire au premier aspect.

La France n'est point une race comme l'Allemagne ; c'est une nation. Son origine est le mélange, l'action est sa vie. Tout occupée du présent, du réel, son caractère est vulgaire, prosaïque. L'individu tire sa gloire de sa participation volontaire à l'ensemble ; il peut dire, lui aussi : *Je m'appelle légion*. Chercherez-vous là la personnalité superbe de l'Anglais, ou le calme, la pureté, le chaste recueillement de l'Allemagne ? Demandez donc aussi le gazon de mai à la route poudreuse où la foule a passé tout le jour.

Mélange, action, savoir-faire, tout cela ne se concilie guère, il faut le dire, avec l'idée d'innocence, de dignité individuelle. Ce génie libre et raisonneur, dont la mission est la lutte, apparaît sous les formes peu gracieuses de la guerre, de l'industrie, de la critique, de la dialectique. Le rire moqueur, la plus terrible des négations, n'embellit pas les lèvres où il repose. Nous avons grand besoin de la physionomie pour ne pas être un peuple laid. Quoi de plus grimaçant que notre premier regard sur le monde du Moyen-âge. Le *Gargantua* de Rabelais fait frémir à côté de la noble ironie de Cervantès et du gracieux badinage de l'Arioste.

Je ne sais pourtant si aucun peuple mêlé à la vie, engagé dans l'action autant que la France, aurait mieux gardé sa pureté. Voyez au contraire comme les races non mélangées boivent avidement la corruption. Le machiavélisme, plus rare en Allemagne, y atteint souvent un excès dont au moins le bon sens nous préserve. Nous avons, nous, le privilège d'entrer dans le vice sans nous y perdre, sans que le sens se déprave, sans que le courage s'énerve, sans être entièrement dégradés. C'est que, dans le plaisir du mal, ce qui nous plaît le plus, c'est d'agir, c'est de nous prouver à nous-mêmes que nous sommes libres par l'abus de la liberté. Aussi rien n'est perdu; nous revenons par le bon sens à l'idée de l'ordre.

Notre vertu, à nous, ce n'est pas l'innocence, l'ignorance du mal, cette grâce de l'enfance, cette vertu sans moralité; c'est l'expérience, c'est la science, mère sérieuse de la liberté. Le bien sortant ainsi de l'expérience est fort et durable; il dérive non de l'aveugle sympathie, mais de l'idée d'ordre. Il sort de la sensibilité incertaine et mobile pour entrer dans le domaine immuable de la raison.

Il sera pardonné beaucoup à ce peuple pour son noble instinct social. Il s'intéresse à la liberté du monde; il s'inquiète des malheurs les plus lointains. L'humanité tout entière vibre en lui. Dans cette vive sympathie est toute sa gloire et sa beauté. Ne regardez pas l'individu à part; contemplez-le dans la masse et surtout dans l'action. Dans le bal ou la bataille, aucun ne s'électrise plus vivement du sentiment de la communauté, qui fait le vrai caractère d'homme. Les nobles faits, les paroles sublimes, lui viennent naturellement; des mots qu'il n'avait jamais sus, il les dit. Le génie divin de la société délie sa langue. C'est surtout dans le péril, lorsqu'un soleil de juillet illumine la fête que le feu répond au feu, que jaillissent et rejaillissent la balle et la mort; alors la stupidité devient éloquente, la lâcheté brave; cette poussière vivante se détache, scintille, et devient merveilleusement belle. Une brûlante poésie sort de la masse et roule avec le glas du tocsin et l'écho des fusillades, du Panthéon au Louvre, et du Louvre au pont de la Grève... De la Grève? Non. Au pont d'Arcole. Et puisse ce mot s'entendre en Italie!

Ce que la Révolution de Juillet offre de singulier, c'est de présenter le premier modèle d'une révolution sans héros, sans noms propres; point d'individu en qui la gloire ait pu se localiser. La société a tout fait. La révolution du quatorzième siècle s'expia et se résuma dans la Pucelle d'Orléans, pure et touchante victime qui représenta le peuple et mourut pour lui. Ici pas un nom propre; personne n'a préparé, n'a conduit; personne n'a éclipsé les autres. Après la victoire, on a cherché le héros, et l'on a trouvé tout un peuple.

Cette merveilleuse unité ne s'était pas encore présentée au monde. Il s'est rencontré cinquante mille hommes d'accord à mourir pour une idée. Mais ceux-là n'étaient que les braves, une foule d'autres combattaient de cœur; la subite élévation du drapeau tricolore par toute la France a exprimé l'unanimité de plusieurs millions d'hommes. Cet élan si impétueux n'a pas été désordonné. On s'accorda sans s'être entendus. Par-dessus l'action et le tumulte s'éleva l'idée de l'ordre. Dans l'absence momentanée d'un gouvernement, d'un chef visible, apparut l'invisible souverain du monde, le droit et la loi. Au milieu d'un si grand trouble, pas un meurtre, pas un vol ne fut commis pendant les trois jours. Dans d'autres temps, on eût vu ici un miracle; aujourd'hui nous n'y voyons que l'œuvre de la liberté humaine; mais quoi de plus divin que l'ordre dans la liberté?

Ce moment unique qui me revient toujours en mémoire, soutient mon espérance et me donne foi aux destinées morales et religieuses de ma patrie. Au milieu de l'agitation universelle qui nous environne, je crois au repos de l'avenir. Car enfin ce peuple s'est uni un jour dans une pensée commune; l'idée divine de l'ordre a lui à ses yeux. Ce n'est pas en vain que l'on a une fois entrevu cet éclair céleste.

Ayons espoir et confiance, de quelque agitation que soit encore remplie la belle et terrible époque où notre vie s'est rencontrée. C'est la péripétie d'une tragédie où la victime est tout un monde. Epoque de destruction, de dissolution, de décomposition, d'analyse et de critique. C'est, en philosophie, par l'analyse logique, dans l'ordre social, par cette autre analyse de révolutions et de guerres que l'homme passe d'un système à un autre, qu'il dépouille une forme pour en revêtir une autre qui, donne toujours plus à l'esprit; mais ce n'est pas sans un cruel effort, sans un douloureux déchirement qu'il s'arrache à la fatalité au sein de laquelle il est resté si longtemps suspendu; la séparation saigne aussi au cœur de l'homme. Cependant il faut bien qu'elle ait lieu, que l'enfant quitte sa mère; qu'il marche de lui-même; qu'il aille en avant. Marche donc, enfant de la providence. Marche; tu ne peux t'arrêter; Dieu le veut! Dieu le veut! c'était le cri des croisades.

Ce dernier pas loin de l'ordre fatal et naturel, loin du Dieu de l'Orient, en est un vers le Dieu social qui doit se révéler peu à peu dans notre liberté même. Mais s'il est un moment où le premier disparaît et s'efface, où l'autre tarde à paraître, un moment où les hommes croient, comme Werner, voir sur l'autel le Christ en pleurs avouer lui-même qu'il n'y a point de Dieu, dans quelle agonie de désespoir tombera ce monde orphelin? Demandez à l'infortuné Byron.

Comment du fond de cet abîme allons-nous remonter vers Dieu?

L'humanité, nous l'avons dit, procède éternellement de la décomposition à la composition, de l'analyse à la synthèse. Dans l'analyse, tous les rapports disparaissent, tous les liens se brisent, l'unité sociale et divine devient insensible. Mais peu à peu les rapports reparaissent dans la science et dans la société, l'unité revient dans la cité, dans la nature. Ce monde, naguère en poudre, se reconstitue et refleurit d'une création nouvelle où l'homme reconnaît, plus belle et plus pure, l'image de l'ordre divin. Aujourd'hui la science en est à l'analyse, à la minutieuse observation des détails; c'est par là seulement que son œuvre peut commencer. La société achève un laid et sale ouvrage de démolition : elle déblaie le sol encombré des débris du monde fatal qui s'est écroulé. Ce travail nous paraît long sans doute. Voilà bientôt quarante ans qu'il a commencé. Hélas! c'est plus d'une vie d'homme. Mais c'est peu dans la vie d'une nation. Tranquillisons-nous donc, et prenons courage; l'ordre reviendra tôt ou tard, au moins sur nos tombeaux.

L'unité, et cette fois la libre unité, reparaissant dans le monde social; la science ayant, par l'observation des détails, acquis un fondement légitime pour élever son majestueux et harmonique édifice, l'humanité reconnaîtra l'accord du double monde, naturel et civil, dans l'intelligence bienveillante qui en a fait le lien. Mais c'est surtout par le sens social qu'elle reviendra à l'idée de l'ordre universel. L'ordre une fois senti dans la société limitée de la patrie, la même idée s'étendra à la société humaine, à la république du monde.

*L'Athénien disait : Salut, cité de Cécrops! Et toi, ne diras-tu pas : Salut, cité de la providence!*

Le christianisme a constitué l'homme moral; il a posé dans l'égalité devant Dieu un principe qui devait plus tard trouver dans le monde civil une application féconde. Cependant les circonstances qui entourèrent son berceau l'ont rendu moins favorable à l'action commune, à la vie sociale, qu'à la contemplation inactive et solitaire. Lorsqu'il parut, Dieu était encore captif dans le matérialisme et la sensualité païenne; l'homme était emprisonné dans l'étroite enceinte de la cité antique. Le christianisme délivra l'homme en brisant la cité, affranchit Dieu en brisant les idoles. A ce moment unique, l'homme, entrevoyant pour la première fois sa patrie divine, languit pour elle d'un incurable amour, croisa les bras, et, les yeux vers le ciel, attendit le moment de s'y élancer. *Quand sera-ce? grand Dieu!...* Ouvrier impatient et paresseux, qui vous asseyez et réclamez votre salaire avant le soir, vous demandez le ciel, mais qu'avez-vous fait de la terre que Dieu vous a confiée? Suffit-il pour dompter la matière de briser des images, de jeûner, de fuir au désert? Vous devez lutter et non fuir, la regarder en face cette nature ennemie, la connaître, la subjuguer par l'art, en user pour la mépriser. Vous avez dissous la cité antique, cité étroite et envieuse qui repoussait l'humanité, et, des ruines de cette Babel, vous vous êtes dispersés par le monde. Vous voilà divisés en royaumes, en monarchies, parlant vingt langues diverses. Que devient la cité universelle et divine, dont la charité chrétienne vous avait donné le pressentiment, et que vous aviez promis de réaliser ici-bas?

Si le sens social doit nous ramener à la religion, l'organe de cette révélation nouvelle, l'interprète entre Dieu et l'homme, doit être le peuple social entre tous. Le monde moral eut son Verbe dans le christianisme, fils de la Judée et de la Grèce; la France expliquera le Verbe du monde social que nous voyons commencer.

C'est aux points de contact des races, dans la collision de leurs fatalités opposées, dans la soudaine explosion de l'intelligence et de la liberté, que jaillit de l'humanité cet éclair céleste qu'on appelle le Verbe, la parole, la révélation. Ainsi, quand la Judée eut entrevu l'Égypte, la Chaldée et la Phénicie, au point du plus parfait mélange des races orientales, l'éclair brilla sur le Sinaï, et il en resta la pure et sainte unité. Quand l'unité juive se fut fécondée du génie de la Perse et de l'Égypte grecque, l'unité s'épanouit, et elle embrassa le monde dans l'égalité de la charité divine. La Grèce μυθοτόκος, mère du mythe et de la parole, expliqua la Bonne-Nouvelle; il ne fallut pas moins que la merveilleuse puissance analytique de la langue d'Aristote pour dire aux nations le verbe du muet Orient.

Au point du plus parfait mélange des races européennes, sous la forme de l'égalité dans la liberté, éclate le verbe social. Sa révélation est successive; sa beauté n'est ni dans un temps ni dans un lieu. Il n'a pu présenter la ravissante harmonie par laquelle le verbe moral éclata en naissant : le rapport de Dieu à l'individu était simple; le rapport de l'humanité à elle-même dans une société divine, cette translation du ciel sur la terre, est un problème complexe, dont la longue solution doit remplir la vie du monde; sa beauté est dans sa progression, sa progression infinie.

C'est à la France qu'il appartient et de faire éclater cette révélation nouvelle et de l'expliquer. Toute solution sociale ou intellectuelle reste inféconde pour l'Europe, jusqu'à ce que la France l'ait interprétée, traduite, popularisée. La réforme du saxon Luther, qui replaçait le Nord dans son opposition naturelle contre Rome, fut démocratisée par le génie de Calvin. La réaction catholique du siècle de Louis XIV fut proclamée devant le monde par le dogmatisme superbe de Bossuet. Le sensualisme de Locke ne devint européen qu'en passant par Voltaire, par Montesquieu qui assujettit le développement de la société à l'influence des climats. La liberté morale réclama au nom du sentiment par Rousseau, au nom de l'idée par Kant; mais l'influence du Français fut seule européenne.

Ainsi chaque pensée solitaire des nations est révélée par la France. Elle dit le Verbe de l'Europe, comme la Grèce a dit celui de l'Asie. Qui lui mérite cette mission? C'est qu'en elle, plus vite qu'en aucun peuple, se développe, et pour la théorie et pour la pratique, le sentiment de la généralité sociale.

A mesure que ce sentiment vient à poindre chez les autres peuples, ils sympathisent avec le génie français, ils deviennent France; ils lui décernent, au moins par leur muette imitation, le pontificat de la civilisation nouvelle. Ce qu'il y a de plus jeune et de plus fécond dans le monde, ce n'est point l'Amérique, enfant sérieux qui imitera longtemps; c'est la vieille France, renouvelée par l'esprit. Tandis que la civilisation enferme le monde barbare dans les serres invincibles de l'Angleterre et de la Russie, la France brassera l'Europe dans toute sa profondeur. Son intime union sera, n'en doutons point, avec les peuples de langues latines, avec l'Italie et l'Espagne, ces deux îles qui ne peuvent s'entendre avec le monde moderne que par l'intermédiaire de la France. Alors nos provinces méridionales reprendront l'importance qu'elles ont perdue.

L'Espagne résistera longtemps. La profonde démagogie monacale qui la gouverne, la ferme à la démocratie modérée de la France. Ses moines sortent de la populace et la nourrissent. Si pourtant ce peuple, rassuré du côté de la France, reprend son génie d'aventure, c'est par lui que la civilisation occidentale atteindra l'Afrique, déjà si bien nivelée par le mahométisme.

L'Italie, celtique de race dans les provinces du Nord, l'Italie préparée à la démocratie par le génie anti-féodal de l'Église et du parti guelfe, appartient de cœur à la France, qui ne lui demande pas plus aujourd'hui. Ces deux contrées sont sœurs ; même génie pratique : Salerne et Montpellier, Bourges et Bologne, n'avaient-elles pas un esprit commun ? L'économie politique, née en France, a retenti en Italie. Il y a un double écho dans les Alpes. La fraternité des deux contrées fortifiera le sens social de l'Italie, et suppléera à ce qu'elle laissera toujours à désirer pour l'unité matérielle et politique. Chef de cette grande famille, la France rendra au génie latin quelque chose de la prépondérance matérielle qu'il eut dans l'Antiquité, de la suprématie spirituelle qu'il obtint au Moyen-âge. Dans les derniers temps, le traité de famille qui unissait la France, l'Italie et l'Espagne, dans une alliance fraternelle, était une vaine image de cette future union qui doit les rapprocher dans une communauté de volontés et de pensées. Mais la vraie figure de cette union future de l'Italie et de la France, c'est Bonaparte. Ainsi Charlemagne figura matériellement l'unité spirituelle du monde féodal et pontifical qui se préparait. Les grandes révolutions ont d'avance leurs symboles prophétiques.

Quiconque veut connaître les destinées du genre humain doit approfondir le génie de l'Italie et de la France. Rome a été le nœud du drame immense dont la France dirige la péripétie. C'est en nous plaçant au sommet du Capitole que nous embrasserons, du double regard de Janus, et le monde ancien qui s'y termine, et le monde moderne, que notre patrie conduit désormais dans la route mystérieuse de l'avenir.

# DISCOURS D'OUVERTURE

PRONONCÉ

A LA FACULTÉ DES LETTRES

LE 9 JANVIER 1834.

Messieurs,

C'est une chose grave de parler d'histoire dans un lieu si profondément historique. Ces murs qui me rappellent tant de souvenirs, cet auditoire réuni de toutes les parties de la France, m'accablent et troublent ma parole; en ce moment unique, en cet étroit espace, l'histoire m'apparaît immense et variée, dans toute la complexité des lieux et des temps. — Dès le treizième siècle, dès le règne de saint Louis, le nom de Sorbonne rappelle la grande école de la France, disons mieux, celle du monde; tout ce que le Moyen-âge eut d'illustre a siégé sur ces bancs. La subtilité hibernoise de Duns Scot, l'ardeur africaine de Raymond Lulle, l'idéaliste poésie de Pétrarque, tout s'y rencontra. Ceux qui ne purent reposer nulle part, l'auteur de la *Jérusalem*, et celui de la *Divine Comédie,* l'exilé de Florence, le contemplateur errant des trois mondes, ils s'arrêtèrent ici un instant. Au dix-septième siècle, cette enceinte, renouvelée par Richelieu, fut témoin des premiers essais du Platon chrétien, de Malebranche, et des rudes combats d'Arnauld. A deux pas de cette maison furent élevés Fénelon, Molière et Voltaire. A l'ombre des murs extérieurs de cette chapelle, dans l'obscurité d'une petite rue voisine, écrivirent Pascal et Rousseau. Ici même, un étudiant, un jeune homme de vingt-cinq ans, posa dans une thèse les véritables bases de la philosophie de l'histoire. L'histoire, Messieurs, celle de la philosophie, de la littérature, des événements politiques, avec quel éclat elle a été récemment professée dans cette chaire, la France ne l'oubliera jamais. Qui me rendra le jour où j'y vis remonter mon illustre maître et ami, ce jour où nous entendîmes pour la seconde fois cette parole simple et forte, limpide et féconde, qui, dégageant la science de toute passion éphémère, de toute partialité, de tout mensonge de fait ou de style, élevait l'histoire à la dignité de la loi ?

Telle a été, Messieurs, des temps les plus anciens jusqu'au nôtre, la noble perpétuité des traditions qui s'attachent au lieu où nous sommes. Cette maison est vieille; elle en sait long, quelque blanche et rajeunie qu'elle soit; bien des siècles y ont vécu; tous y ont laissé quelque chose. Que vous la distinguiez ou non, la trace reste, n'en doutez pas. C'est comme dans un cœur d'homme ! Hommes et maisons, nous sommes tous empreints des âges passés. Nous avons en nous, jeunes hommes, je ne sais combien d'idées, de sentiments antiques, dont nous ne nous rendons pas compte. Ces traces des vieux temps, elles sont en notre âme confuses, indistinctes, souvent importunes. Nous nous trouvons savoir ce que nous n'avons pas appris; nous avons mémoire de ce que nous n'avons pas vu; nous ressentons le sourd prolongement des émotions de ceux que nous ne connûmes pas. On s'étonne du sérieux de ces jeunes visages. Nos pères nous demandent pourquoi, dans cet âge de force, nous marchons pensifs et courbés. C'est que l'histoire est en nous, les siècles pèsent, nous portons le monde.

Je voudrais, Messieurs, analyser avec vous ces éléments complexes, qui nous gênent d'autant plus que nous les démêlons à peine, saisir tout ce qu'il y a d'antique dans celui qui est né d'hier, m'expliquer à moi, homme moderne, ma propre naissance, me raconter mes longues épreuves pendant les cinq derniers siècles, reconnaître ce pénible et ténébreux passage par où, après tant de fatigues, je suis parvenu au jour de la civilisation, de la liberté.

Grave, solennel, laborieux sujet ! il s'agit de dire comment l'homme, perdu dans l'obscure impersonnalité du Moyen-âge, s'est révélé à soi-même, comment l'individu a commencé de compter pour quelque chose et d'exister en son propre nom. Plus d'esclave, plus de serf ! l'esclave c'est désormais la matière, domptée, asservie par l'industrie humaine. L'Antiquité rabaissa l'homme au rang de chose ; l'âge moderne élève la nature, elle l'ennoblit par l'art, elle l'humanise. Une société plus juste s'appuie sur la base de l'égalité. L'ordre civil est fondé, la liberté conquise.... et qu'on vienne nous l'arracher !...

Ce qu'il en a coûté à nos pères pour nous amener là, l'histoire aura beau faire, nous ne le saurons jamais. Tant d'efforts, de sang, de ruines !... On a bien tenu compte des moments dramatiques, des combats, des révolutions ; mais les longs siècles de souffrance, les misères extrêmes du peuple, ses jeûnes sans fin, ses effroyables douleurs pendant les guerres des Anglais, pendant les guerres de religion, dans la Guerre de Trente-Ans, dans celles de Louis XIV, ce qu'on en a dit est bien peu de chose. Nous jouissons de tout, nous les derniers venus. Tous les siècles ont travaillé pour nous. Le quatorzième, le quinzième, nous ont assuré une patrie ; ils ont sué la sueur et le sang ; ils ont chassé l'Anglais ; ils nous ont fait la France. Le seizième, pour nous donner la liberté religieuse, a subi cinquante ans d'horribles petites guerres, d'escarmouches, d'embûches, d'assassinats, la guerre à coups de poignard, à coups de pistolet. Le dix-huitième la fit à coups de foudre, et cependant il créait la société où nous vivons encore : création soudaine ; le père n'y plaignit rien ; où quelque chose manquait, il s'ouvrait la veine, et donnait à flots de son sang.... Ainsi, chaque âge contribua; tous souffrirent, combattirent, sans s'inquiéter si cela leur profiterait à eux-mêmes. Ils moururent sans prévoir... Nous qui savons, Messieurs, nous qui cueillons les fruits de leur labeur, bénissons-les, et travaillons de telle sorte que nous soyons bénis à notre tour « de ceux qui appelleront ce temps *le temps antique* ».

Ce fut une solennelle époque dans l'histoire que l'an 1300, ce moment où Boniface VIII proclama son jubilé, comme pour signaler par cette pompeuse solennité la fin de la domination pontificale sur l'Europe. Il y eut grande foule à Rome; on compta les pèlerins par cent mille, et bientôt il n'y eut plus moyen de compter; ni les maisons ni les églises ne suffirent à les recevoir; ils campèrent par les rues et les places sous des abris construits à la hâte, sous des toiles, sous des tentes, et sous la voûte du ciel. On eût dit que, les temps étant accomplis, le genre humain venait par-devant son juge dans la vallée de Josaphat. Le grand poète du Moyen-âge, Dante, était alors à Rome; ce spectacle ne fut pas perdu pour lui. Le pape avait appelé à Rome tous les vivants; le poète convoqua dans son poème tous les morts; il fit la revue du monde fini, le classa, le jugea. Le Moyen-âge, comme l'Antiquité, comparut devant lui. Rien ne lui fut caché. Le mot du sanctuaire fut dit et profané. Le sceau fut enlevé, brisé; on ne l'a pas retrouvé depuis. Le Moyen-âge avait vécu ; la vie est un mystère qui périt lorsqu'il achève de se révéler. La révélation, ce fut la *Divina Commedia*, la cathédrale de Cologne, les peintures du Campo-Santo de Pise. L'art vient ainsi terminer, fermer une civilisation, la couronner, la mettre glorieusement au tombeau.

Ce vieux monde, qui s'éteignait alors, avait vécu sur deux idées d'ordre, le saint pontificat romain, le saint empire romain, deux hiérarchies universelles, deux ordres, deux absolus, deux infinis. Deux infinis ensemble, c'est chose absurde. Un ordre double, c'est désordre. Combien en fait les deux hiérarchies étaient-elles troublées, c'est ce que personne n'ignore ; mais enfin cette fiction légale avait mis quelque simplicité dans la vie. Le baron relevait sans difficulté du comte, le comte du roi ; le roi lui-même ne méconnaissait pas dans l'empereur la tête du monde féodal. Chacun savait sa place, la route était prévue, tracée d'avance. On naissait, on mourait dans un ordre prescrit. Si la vie était triste et dure, il y avait du moins pour la mort un bon oreiller.

Aussi, lorsque tout cela s'ébranla, lorsque l'édifice où l'on s'était établi pour l'éternité se mit à chanceler, l'humanité n'eut garde de se réjouir. Elle ne vit pas en cela, comme nous pourrions croire, un affranchissement. Ce fut une immense tristesse. Chacun joignit les mains, et dit : Que deviendrons-nous ?

Ce fut, Messieurs, comme si, une planète hostile s'approchant de la nôtre, en suspendant les lois, en troublant l'harmonie, vous voyiez cette maison trembler, le sol remuer, les montagnes s'émouvoir, le Mont Blanc descendre et se mettre en marche au-devant des Pyrénées.

D'abord les deux figures colossales, le pape et l'empereur, se heurtèrent front contre front; le monde fit cercle autour. Il y eut là des choses étranges. Ces deux représentants de l'Europe chrétienne mirent bas toute religion, et renièrent. Le chef du Saint-Empire appelle les Sarrasins contre les chrétiens, les établit en Italie, en face de Rome; il alla donner la main au soudan; il écrivit, telle est du moins la tradition, le livre des *Trois imposteurs*, Moïse, Mahomet et Jésus-Christ. De l'autre côté, le pape, le prêtre, le pacifique, prit le glaive, jeta l'étole, et fit de sa crosse une massue; il vendit les clés, et la mitre, il se vendit lui-même à la France, pour tuer l'empereur. Il le tua, mais il en mourut, laissant dans la plaie son aiguillon et sa vie.

Un signe grave de mort, c'est le soin dont les deux adversaires se travaillent à cette époque pour constater qu'ils sont en vie. Jamais ils n'ont crié plus haut, jamais ils n'ont élevé de plus superbes prétentions; ils s'agitent, déclament et gesticulent en furieux du fond de leurs sépulcres. Leurs partisans répètent fièrement des paroles de démence, dont on frémit alors : bravades de la mort, insolence du néant. D'un côté, Barthole proclame que toute âme est soumise à l'empereur, que le monde spirituel est à lui, comme le temporel, qu'il est *la loi vivante*. « Non, réplique le défenseur du pape, le frère Augustinus Triomphus, l'autorité infinie, *immense,* c'est celle du pape; *immense*, je veux dire, sans nombre, poids, ni mesure. Le pape, c'est plus qu'un homme, plus qu'un ange, puisqu'il représente Dieu. » Et si Barthole insiste, les moines, poussés à bout, lui diront « qu'entre le soleil de la papauté et la lune de l'empire, il y a cette différence, que la terre étant sept fois plus grande que la lune, le soleil huit fois plus grand que la terre, le pape est tout juste quarante-sept fois plus grand que l'empereur ».

Quoi qu'on pense de cette étrange arithmétique, quelle que soit entre les concurrents la grandeur relative, tous deux sont alors bien petits. C'est le moment où le premier résigne dans sa Bulle d'or les principaux droits de l'empire; dans cette dernière comédie, les Électeurs le débarrassent respectueusement de son pouvoir; ils lui dressent une table haute de six pieds, ils le servent à table, mais sur cette table ils lui font signer son abaissement et leur grandeur. Le temps n'est pas loin où ce maître du monde engagera ses chevaux aux marchands qui ne voudront plus lui faire crédit, et s'enfuira de peur d'être retenu par les bouchers de Worms. Pauvre dignité impériale, elle va traîner son orgueilleuse misère, fugitive avec

Charles IV, captive avec Maximilien; celui-ci servira le roi d'Angleterre à cent écus par jour, jusqu'à ce qu'il rétablisse ses affaires par un mariage, et que sa femme le nourrisse.

Le pape, d'autre part, n'est ni moins fier, ni moins humilié. Souffleté en Boniface VIII par son bon ami le roi de France, il est venu se mettre à sa discrétion. Le Gascon Bertrand de Gott, pour devenir Clément V, pactise secrètement dans cette sombre forêt de Saint-Jean-d'Angely; il y baise, les uns disent la griffe du diable; les autres, la main de Philippe-le-Bel. Tel est le marché satanique : les Templiers périront, et avec eux la mémoire des croisades; Boniface VIII sera flétri; le pape déclarera que le pape peut faillir; autrement dit, la papauté se tuera elle-même; le juge se condamnera; l'immuable aura reculé.

Ce qu'il y a encore de dur dans la pénitence du pape, c'est qu'il est forcé par le roi de France de continuer à maudire l'empereur, qu'il ne hait plus. « Hélas! disait Benoît XII aux impériaux qui demandaient l'absolution, le roi de France ne le voudra pas. Il m'a déjà menacé de me traiter plus mal que Boniface VIII. » Philippe de Valois tenait en effet le pape et la papauté; il avait contre elle son Université, sa Sorbonne. Il fit un instant craindre à Jean XXII de le faire brûler comme hérétique. « Pour les choses de la foi, lui écrivait-il, nous avons ici des gens qui savent tout cela mieux que vous autres légistes d'Avignon. »

Voilà, Messieurs, dans quelles misères tombèrent les deux grandes puissances qui, au Moyen-âge, avaient représenté le droit : le saint-empire et le saint-pontificat. L'idée du droit, placée naguère dans les deux représentants des pouvoirs temporel et spirituel, où va-t-elle se transporter? L'homme est lâché hors de la route antique, le sentier tracé disparaît à ses yeux, il se trouve obligé de se guider et de voir pour soi. La pensée soutenue jusque-là, jusqu'alors persuadée qu'elle ne pouvait aller d'elle-même, la voilà laissée comme orpheline; il lui faut, seulette et timide, cheminer par sa propre voie dans ce vaste désert du monde.

Elle chemine; à côté d'elle marchent les nouveaux guides qui veulent la conduire. Ceux-ci, Franciscains, Dominicains, parlent encore au nom de l'Église. Ce sont des moines, mais des moines voyageurs, mendiants. Ils n'ont rien de la sombre austérité du Moyen-âge; l'humanité n'a rien à craindre; ils lui font un petit chemin de fleurs; s'il y a un mauvais pas, ils jettent sous ses pieds leur manteau. Lestes et facétieux prédicateurs, ils charment l'ennui du voyage spirituel. Ils savent de belles histoires, ils les content, les chantent, les jouent, les mettent en action. Ils en ont pour tout rang, pour tout âge. La foi, élastique en leurs mains, s'allonge, s'accourcit à plaisir. Tout est devenu facile. Après la loi juive, la loi chrétienne; après le Christ, saint François. Saint François et la Vierge remplacent tout doucement Jésus-Christ. Les plus hardis de l'Ordre annoncent que le Fils a fait son temps. C'est maintenant le tour du Saint-Esprit. Ainsi le christianisme sert de forme et de véhicule à une philosophie anti-chrétienne. L'autorité est ruinée par ceux qu'elle avait institués ses défenseurs.

Tandis que ces moines entraînent le peuple dans leur mysticisme vagabond, les juristes, immobiles sur leurs sièges, ne poussent pas moins au mouvement. Ceux-ci, âmes damnées des rois, fondateurs du despotisme monarchique, ne semblent pas d'abord pouvoir être comptés parmi les libérateurs de la pensée. Enfoncés dans leur hermine, ils ne parlent qu'au nom de l'autorité; ils ressuscitent les procédures de l'Empire, la torture, le secret des jugements. Ils somment l'esprit humain de marcher droit par l'itinéraire du droit romain. Ils lui montrent dans les *Pandectes* la route nécessaire. Rien de plus, rien de moins. C'est la *raison écrite.* Si l'humanité se hasarde de demander autre chose, ils n'entendent pas, ils ne comprennent pas, ils secouent la tête : *Nihil hoc ad edictum prætoris.* Ces gens-là ont traversé le Moyen-âge sans en tenir compte. Depuis Tribonien, ils ne datent plus. Ce sont les Sept-Dormants qui se sont couchés sous Justinien, et se réveillent au onzième siècle. Quand le monde pontifical et féodal invoque le temps comme autorité, les jurisconsultes sourient, ils lui demandent son âge; cette jeune Antiquité de quelques siècles leur fait pitié. Leur religion, c'est Rome aussi, mais la Rome du droit; celle-ci les rend hardis contre l'autre; un des leurs s'en va froidement *appréhender au corps* le successeur des Apôtres. Cette lutte, commencée par un soufflet, ils la continuent pendant cinq cents ans au nom des libertés de l'Église gallicane. Ils mettent tout doucement la féodalité en pièces avec leur succession romaine, qui morcelle les fiefs. Ils relèvent la monarchie de Justinien. Ils prouvent doctement aux rois que tout droit est aux rois; ils nivellent tout sous un maître.

Dans leur démolition du monde pontifical et féodal, les légistes procèdent avec méthode. D'abord ils défendent l'empereur contre le pape, puis ils poussent le roi de France contre le pape et l'empereur. Il ne tient pas à eux qu'en celui-ci ne soit coupée la tête du monde féodal. Ce monde s'en va en morceaux. Quand la France s'élève par la ruine de l'empire, qui s'était dit son suzerain, quand le roi de France, transfiguré de Dieu au Diable, de saint Louis à Philippe-le-Bel, commence, sous la direction des juristes, à réclamer la suzeraineté universelle, son vassal d'Angleterre répond pour tous; il réplique brutalement : *Non.* Que dis-je? il a l'insolence de jeter par terre son seigneur : C'est moi, dit-il, qui suis roi de France.

Alors commence une furieuse guerre. Elle commence entre deux rois, elle continue entre deux peuples. C'est la forte et petite Angleterre qui vient secouer rudement la France endormie. Le sommeil est profond après ce long enchantement du Moyen-âge. Pour arriver jusqu'au peuple, il faut que l'Anglais passe à travers la noblesse. Celle-ci, battue à Crécy, prise et rançonnée à Poitiers, s'enferme dans ses châteaux; l'Anglais ne peut l'en tirer, les plus outrageuses provocations suffisent à peine. Cinq ou six fois elle refuse la bataille avec des armées doubles et triples. Alors l'Anglais s'en prend à l'homme du peuple, au paysan; il lui coupe arbres, vignes, l'affame, le bat, lui brûle sa maison, lui tue son porc, lui prend sa femme, donne aux chevaux la moisson en herbe... Il en fait tant, que le *bonhomme Jacques* se réveille, ouvre les yeux, se tâte, et remue les bras. Furieux de misère et n'ayant rien à perdre, il se rue contre son seigneur, qui l'a si mal défendu, il lui casse ses sabots sur la tête; cela s'appelle *la Jacquerie*. Jacques a senti sa force. Les étrangers revenant, il sent de plus son droit, il s'avise que le bon Dieu est du parti français. Alors les femmes même s'en mêlent, elles jettent leur quenouille, et mènent les hommes à l'ennemi. Cette fois Jacques s'appelle *Jeanne;* c'est *Jeanne-la-Pucelle*.

La France a aux Anglais une grande obligation. C'est l'Angleterre qui lui apprend à se connaître elle-même. Elle est son guide impitoyable dans cette douloureuse initiation. C'est le démon qui la tente, et l'éprouve, qui la pousse, l'aiguillon dans les reins, par les cercles de cet enfer de Dante, qu'on appelle l'histoire du quatorzième siècle. Il y eut là, Messieurs, un temps bien dur. D'abord une guerre atroce entre les peuples, et, en même temps, une autre guerre, celle de la fiscalité, entre le gouvernement et le peuple; l'administration naissante vivant au jour le jour de confiscations, de fausse monnaie, de banqueroute; le fisc arrachant au peuple affamé de quoi payer les soldats qui le pillent. L'or, redevenu le dieu du monde, comme au temps de Carthage, et l'exécrable impiété des mercenaires antiques renouvelée dans les condottieri de toutes nations.

De temps à autre, quelques mots jetés par les historiens nous font entrevoir tout un monde de douleurs. « A cette époque, dit l'un d'eux, il ne restait pas hors des lieux fortifiés une maison debout, de Laon jusqu'en Allemagne. » « En l'année 1348, dit négligemment Froissart, il y eut une maladie, nommée épidémie, dont bien la tierce partie du monde mourut. »

Et tout en effet semblait se mourir. A la sérieuse inspiration des grands poèmes chevaleresques succédait la dérision obscène des fabliaux. Le monde n'avait plus de goût qu'aux licencieux écrits de Boccace. La poésie semblait laisser la place au conte, à l'histoire, l'idéal à la réalité. Entre Joinville et Froissart apparaît le froid et judicieux Villani.

Ce triomphe universel de la prose sur la poésie, qui, après tout, n'annonçait qu'un progrès vers la maturité, vers l'âge viril du genre humain, on crut y voir un signe de mort. Tous s'imaginèrent, comme avant l'an 1000, que le monde allait finir. Plusieurs se hasardèrent à prédire l'époque précise. D'abord ce devait être en l'an 1260; puis on obtint un sursis jusqu'en 1303, jusqu'en 1335 ; mais, en 1360, le monde était sûr de sa fin; il n'y avait plus de rémission.

Rien ne finissait pourtant; tout continuait, mais tout semblait s'obscurcir et s'enfoncer dans les ténèbres; le monde s'effrayait, il ne savait pas que par la nuit il allait au jour. De là ces vagues tristesses qui n'ont jamais su se comprendre elles-mêmes. De là les molles douleurs de Pétrarque, et ces larmes intarissables qu'il regarde puérilement tomber une à une dans la source de Vaucluse. Mais c'est à l'auteur de la *Divine Comédie* qu'il est donné de réunir tout ce qu'il y a alors en l'homme de trouble et d'orage. Délaissé par le vieux monde, et ne voyant pas l'autre encore, descendu au fond de l'enfer, et distinguant à peine les douteuses lueurs du purgatoire, suspendu entre Virgile qui pâlit et Béatrix qui ne vient pas, tout ce qu'il laisse derrière lui paraît renversé, à contre-sens. La pyramide infernale lui semble porter sur la pointe. Cependant, par cette pointe, les deux mondes se touchent, celui des ténèbres et celui du jour. Encore un effort, la lumière va reparaître; et le poète, ayant franchi ce pénible

passage, pourra s'écrier : « La douce teinte du saphir
« oriental qui flotte dans la sérénité d'un air pur a
« réjoui le regard consolé ; j'en suis sorti, de cette
« morte vapeur qui contristait mon cœur et mes
« yeux. »

Messieurs, ne désespérez jamais. De nos jours,
comme au temps de Dante, vous entendrez souvent
des paroles de tristesse et de découragement. On vous
dira que le monde est vieux, qu'il pâlit chaque jour,
que l'idée divine s'éclipse ici-bas. N'en croyez rien ;
pour moi, si je pensais qu'il en fût ainsi, jamais
je n'aurais entrepris de vous raconter cette triste
histoire, jamais je ne serais monté dans cette chaire.
Non, Messieurs, au milieu des variations de la forme,
quelque chose d'immuable subsiste. Ce monde où
nous vivons est toujours la cité de Dieu. L'ordre civil,
si chèrement acheté par nous, est divin de justice
et de moralité. La puissance du sacrifice n'est pas
éteinte. Ce siècle n'est pas plus qu'un autre déshérité
de dévouement. Le droit éternel a ses fidèles qui
le suivent jusqu'à la mort. De nos jours, nous en
avons connu qui couronnèrent une vie pure d'une
fin héroïque. Nous n'avons pas connu ceux qui, aux
siècles antiques, donnèrent leur vie pour leur foi.
Mais pourtant, nous aussi, nous avons vu, touché
des martyrs. Leurs reliques ne sont ni à Rome, ni à
Jérusalem ; elles sont au milieu de nous, dans nos
rues, sur nos places ; chaque jour nous nous décou-
vrons devant leurs tombeaux.

Quels que soient nos doutes, nos incertitudes, dans ces âges de transition, croyons fermement au progrès, à la science, à la liberté. Marchons hardiment sur cette terre, elle ne nous manquera pas ; la main de Dieu ne lui manque pas à elle-même. Nous sommes toujours, croyez-le bien, environnés de la Providence. Elle a mis en ce monde, comme on l'a remarqué pour le système solaire, une force curative et réparatrice qui supplée les irrégularités apparentes. Ce que nous prenons souvent pour une défaillance est un passage nécessaire, une crise périodique qui a ses exemples et qui revient à son temps.

C'est à l'histoire qu'il faut se prendre, c'est le fait que nous devons interroger, quand l'idée vacille et fuit à nos yeux. Adressons-nous aux siècles antérieurs ; épelons, interprétons ces prophéties du passé ; peut-être y distinguerons-nous un rayon matinal de l'avenir. Hérodote nous conte que, je ne sais quel peuple d'Asie ayant promis la couronne à celui qui le premier verrait poindre le jour, tous regardaient vers le levant ; un seul, plus avisé, se tourna du côté opposé ; et, en effet, pendant que l'orient était encore enseveli dans l'ombre, il aperçut vers le couchant les lueurs de l'aurore qui blanchissaient déjà le sommet d'une tour !

# ÉCLAIRCISSEMENTS

DE

## L'INTRODUCTION A L'HISTOIRE UNIVERSELLE

---

*Introduction...* et non pas *esquisse*. — Une esquisse doit représenter tous les grands traits de l'objet. Une introduction promet seulement une méthode, un fil pour guider celui qui veut faire une étude de cet objet; elle peut négliger beaucoup de choses qui devraient trouver place même dans une simple esquisse.

Page 403. — *Entre l'esprit et la matière... interminable lutte.* — Je félicite de tout mon cœur les nouveaux apôtres qui nous annoncent la bonne nouvelle d'une pacification prochaine. Mais j'ai peur que le traité n'aboutisse simplement à matérialiser l'esprit. Le panthéisme industriel, qui croit commencer une religion, ignore deux choses : d'abord, qu'une religion tant soit peu viable part toujours d'un élan de la liberté morale, sauf à finir dans le panthéisme, qui est le tombeau des religions ; en second lieu, que le dernier peuple du monde chez lequel la personnalité humaine consentira à s'absorber dans le panthéisme, c'est la France. Le panthéisme est chez soi en Allemagne, mais ici !...

Page 403. — *De la liberté et de la fatalité.* — Je prends ce dernier mot au sens populaire, et je place sous cette dénomination générale tout ce qui fait obstacle à la liberté. Comment coexistent-elles ? Demandez à la philosophie, qui, peut-être, sur ce point, devrait avouer plus nettement son impuissance.

Page 403. — *Dans la philosophie et dans l'histoire.* — Ce reproche ne peut être adressé à M. Guizot. Il a respecté la liberté morale, plus qu'aucun historien de notre époque ; il n'asservit l'histoire ni au fatalisme de races, ni au fatalisme d'idées ; un esprit aussi étendu repousse naturellement toute solution exclusive. — Le grand ouvrage que nous promet M. Villemain (*Vie de Grégoire VII*), sera de même, nous en sommes sûrs d'avance, éloigné d'une doctrine qui tend à pétrifier l'histoire. Un grand écrivain est incapable de fausser et briser la vie pour la faire entrer, bon gré, mal gré, dans des formules.

Page 404. — Selon M. Ampère, ces *courants magnétiques* expliquent la chaleur de la superficie du globe mieux qu'aucune autre hypothèse ; ils sont dirigés en général de l'est à l'ouest.

Page 405. — *Puissants aromates.* — Voyez dans Chardin (t. IV, p. 43, édit. de Langlès, 1811) avec quelle prodigalité on use des parfums aux Indes ; aux noces d'une princesse de Golconde, en 1679, on en versait deux ou trois bouteilles sur chacun des conviés.

Page 405. — *Multiplié à l'excès.* — Laknot, ancienne capitale du Bengale, contenait, en 1538, douze cent mille familles, d'après l'Ayen-Acbery.

Page 405. — *Un troupeau d'éléphants sauvages vient en fureur.* — Voir le drame de Sakountala.

Page 406. — *Mille sources vives.* — Un visir du Khorassan (Bactriane) trouva, dans les registres de la province, qu'il y avait eu autrefois quarante-deux mille kerises ou canaux souterrains. — *Chaleur féconde et homicide... J'ai vu dans un songe du matin l'ange de la mort qui fuyait sans chaussure et des pieds et des mains, loin de la ville de Raga. Je lui dis : Et toi aussi, tu fuis !* Voir, pour cette citation d'un poète persan, et pour tous les détails qui suivent, Chardin, t. II, p. 413 ; t. III, p. 405 ; t. IV, p. 57, 58, 125, 127. — Voir aussi le magnifique ouvrage de Porter (*Ker Porter's travels*, 1818, 2 vol. in-4°), le seul qui mérite de faire autorité sous le rapport de l'art.

Page 407. — *En se tuant sous ses yeux.* — *Asiatic Researches*, III, 344 ; v. 268.

Page 407. — *Dans la fatalité même.* — *Das Heldenbuch von Iran aus dem Schah-Nameh des Firdussi* von J. Goerres (1820). Einleitung.

Page 408. — *Le don du Nil.* — Hérod., II, 5. Ὅτι Αἴγυπτος... ἔστι Αἰγυπτίοισι ἐπίκτητός τε γῆ καὶ δῶρον τοῦ ποταμοῦ.

Page 408. — *Le grand Albuquerque...* — *Commentarios do grando Alfonso de Alboquerque, capitan general dà India*, etc., 1576, in-fol., par le fils même d'Albuquerque. — Voir aussi l'*Asia Portugueza* de Barros, et ses continuateurs.

Page 409. — *Qui combat des deux mains... qui n'hésite point à manger les pains de proposition.* — Juges, chap. III, v. 15. — Rois, liv. 1ᵉʳ, chap. XXI..

Page 413. — *Réclamant pour l'homme auprès du père des Dieux...*

> Ζεῦ πάτηρ, ἠδ' ἄλλοι μάκαρες θεοὶ αἰὲν ἐόντες,
> Μήτις ἔτι πρόφρων ἀγανὸς καὶ ἤπιος ἔστω
> Σκηπτοῦχος βασιλεύς, μηδὲ φρεσὶν αἴσιμα εἰδώς,
> Ἀλλ' αἰεὶ χαλεπός τ' εἴη, καὶ αἴσυλα ῥέζοι.
> Ὡς οὔτις μέμνηται Ὀδυσσῆος θείου
> Λαῶν οἷσιν ἄνασσε, πατὴρ δ' ὡς ἤπιος ἦεν...
>
> ODYSS. E.

Page 415. — *Rome*, etc. — Le développement et les preuves de tout ceci se placent plus naturellement dans mon *Histoire Romaine*.

Page 416. — *Le monde sémitique résistait...* — Voyez dans le vol. 1ᵉʳ de l'*Histoire Romaine*, liv. II, chap. II, le tableau de la longue lutte du monde sémitique et du monde indo-germanique.

Page 418. — *Relut le* Phédon *à* Utique, *mourut à* Philippes *en citant Euripide, ou s'écria en grec sous le poignard de Brutus.* — Voyez dans Plutarque les *Vies* de Caton et de Brutus, et dans Suétone celle de César.

Page 418. — *Rome avait repoussé les Bacchanales.* — Cette invasion de Rome par les idées de la Grèce et de l'Orient fait un des principaux objets du livre III de mon *Histoire Romaine* (liv. III, *Dissolution de la Cité*, ch. II).

Page 419. — *Le sombre Sérapis, autre dieu de la vie et de la mort.* — Adrien écrivait : Ceux qui adorent Sérapis sont chrétiens, et ceux qui se disent évêques du Christ sont consacrés à Sérapis... Ils (ceux d'Alexandrie) n'ont qu'un Dieu, auquel rendent hommage les chrétiens, les juifs et toutes les nations. » Lettre d'Adrien dans *Vopiscus*. Saturnin, chap. VIII. — Voyez la dissertation de M. Guigniaut, à la suite du t. V de la trad. de Tacite, par M. Burnouf.

Page 419. — *Sous le Capitole... Le sanguinaire Mithra...* — Le fameux bas-relief mithriaque de la villa Borghèse, qui se trouve aujourd'hui au Louvre, avait été consacré dans le souterrain qui conduisait à travers le Mont Capitolin du Champ de Mars au Forum. — *Du hideux taurobole...* Voyez le Mémoire de M. Lajart, et la *Symbolique* de Creuzer, notes de M. Guigniaut.

Page 419. — *La liberté, affamée de douleur, courut à l'amphithéâtre, et savoura son supplice...* — Nous avons entre autres lettres de saint Ignace, évêque d'Antioche, celle qu'il écrivit aux chrétiens de Rome qui voulaient le délivrer et le priver ainsi de la couronne du martyre : « J'ai l'espoir de vous saluer bientôt sous les fers du Christ, pourvu que j'aie le bonheur de consommer ce que j'ai commencé si heureusement. Ce que je crains, c'est que votre charité ne me fasse tort. Je ne retrouverai jamais une occasion pareille d'arriver à Dieu ; si vous me favorisez de votre silence, je suis à lui..... Vous n'êtes point envieux; vous enseignez les autres. Je ne veux qu'accomplir vos enseignements. Laissez-moi devenir la pâture des bêtes ; je suis le froment de Dieu ; que je puisse, broyé sous leurs dents, être trouvé le vrai pain de Dieu!... Oh! puissé-je jouir des bêtes qu'on me prépare... Je vous écris vivant, mais avide et amoureux de la mort (ὀναίμην τῶν θηρίων τῶν ἐμοὶ ἡτοιμασμένων... ζῶν γὰρ γράφω ὑμῖν, ἐρῶν τοῦ ἀποθάνειν). » Cette lettre, dont la critique a établi l'authenticité, n'est pas du nombre des lettres apocryphes du même Père (SS. *Patrum qui temporibus apostolicis floruerent, Barnabæ, Clementis, Hermæ, Ignatii, Polycarpi opera*. Recensuit J. Clericus, Amstelodami, 1724, in-fol.; p. 25-30).

Page 420. — *Je vois devant moi le gladiateur expirant...* — Childe Harold, IV, 191-2.

> I see before me the gladiator lie :
> He leans upon his hand — his manly brow
> Consents to death! but conquers agony,
> And his droop'd head sinks gradually low —
> And through his side the last drops, ebbing slow
> From the red gash, fall heavy, one by one,
> Like the first of a thunder-shower; and now
> The arena swims around him — he is gone,
> Ere ceased the inhuman shout which hail'd the wretch whowon.
>
> He heard it, but he heeded not — his eyes
> Were with his heart, and that was far away
> He reck'd not of the life he lost nor prize,
> But where his rude hut by the Danube lay
> *There* were his young barbarians all at play,
> *There* was their Dacianmother — he, their sire,
> Butcher'd to make a Roman holiday —
> All this rush'd with his blood — shall he expire,
> And unavenged? — Arise! ye Goths, and glut your ire !
>
> . . . . . . . . . . . . . . .
> While stands the Coliseum, Rome shall stand;
> When falls the Coliseum, Rome shall fall;
> And when Rome falls — the world.....

Page 421. — *Du Bosphore à la Batavie*. — Sur l'établissemen des Francs aux bords du Pont-Euxin et leur retour dans le pays des Bataves, v. *Panegyr. vet.* V, 18, et Zozim. I, p. 66.

Page 421. — *Sous leur domination farouche et impitoyable, l'esclavage...* — Il est visible que les Francs n'accordèrent pas au propriétaire d'esclaves une protection aussi spéciale que les Bourguignons et les Visigoths. — Voyez dans le tome IV de la

Collection des Historiens de France, *lex Burgundionum*, tit. xxxix; et *lex Visigothorum*, lib. III, tit. ii, § 3, 4, 5; tit. iii, § 9. — Lib. V, tit. iv, § 17, 18, 21; tit. vii, § 2, 3, 10, 11, 13, 14, 16, 17, 20, 21. — Lib. VI, tit. iii, 6; tit. iv, 1, 9, 11; tit. v, 9, 20. — Lib. VII, tit. i, § 6; tit. ii, § 21; tit. iii, § 1, 2, 4. — Lib. IX, tit. i.

Page 422. — *N'est-ce pas là Jérusalem ?...* — Videres mirum quiddam; ipsos infantulos, dum obviam habent quælibet castella vel urbes, si hæc esset Jerusalem ad quam tenderent, rogitare. *Guibert*, lib. I.

Page 423. — *Les arceaux sans nombre des cathédrales...* — Vers l'an 1000, le monde du Moyen-âge, étonné d'avoir survécu à cette époque, pour laquelle on lui annonçait depuis si longtemps sa destruction (*adventante mundi vespero*, etc.), se mit à l'ouvrage avec une joie enfantine, et renouvela la plupart des édifices religieux. — C'était, dit un contemporain, comme si le monde, se secouant lui-même, et rejetant ses vieux lambeaux, eût revêtu la robe blanche des églises; *erat enim instar ac si mundus ipse excutiendo semet, rejecta vestutate passim candidam ecolesiarum vestem indueret.* Rad. Glaber, iii. — 4.

Page 423. — *Les cinq mille statues de marbre qui couronnent celle de Milan.* — Ce nombre étonnant m'a été garanti par le savant et exact écrivain auquel nous devons la description de cette cathédrale. — *Storia e descrizione del Duomo di Milano*, esposte da Gaetano Franchetti. Milano, 1821. In-folio. — Voyez aussi l'ouvrage colossal de Boisserée sur la cathédrale de Cologne. Pour que rien ne manquât à la ressemblance, la description est restée inachevée comme le monument.

Page 423. — *Un homme noir, un légiste contre l'aube du prêtre.* — C'est au milieu du treizième siècle que l'influence des hommes de loi éclate dans la législation jusque-là toute féodale et ecclésiastique. Saint Louis et Frédéric II donnent presque en même temps leurs codes, où le droit romain se montre, pour la première fois, ouvertement en face du droit féodal. Dans les *Établissements*, les *Pandectes* sont citées pédantesquement, et souvent mal comprises. C'est à ces légistes qu'il faut vraisemblablement attribuer la conduite ferme du pieux Louis IX à l'égard de la cour de Rome. Cependant, j'avoue que ce cortège de procureurs me semble faire un peu ombre au poétique tableau du saint roi, rendant à ses sujets une justice patriarcale sous le chêne de Vincennes. Peu à peu ces légistes devinrent les maîtres, ils régnèrent au quatorzième siècle. Ce fut l'un de ces *chevaliers en loi*, Guillaume de Nogaret, qui se chargea de porter à Boniface VIII le soufflet de Philippe-le-Bel. Toute la chrétienté en fut indignée. « Je vois, s'écrie Dante, entrer dans Anagni l'homme des fleurs de lys (*lo fiordaliso*), et Christ captif dans son vicaire. Je le vois de nouveau insulté et moqué, je le vois abreuvé de fiel et de vinaigre, et mis à mort entre des brigands. » *Purgat.*, xx, 86. J'ai rapporté plus bas tout le morceau dans l'italien.

(ALLEMAGNE). Quelle que soit la sévérité du jugement que l'on va lire, le lecteur ne doit pas m'accuser de partialité contre la bonne et savante Allemagne, aux travaux de laquelle j'ai tant d'obligation, et où j'ai des amis si chers. Personne ne rend plus que moi justice à la touchante bonté, à la pureté adorable des mœurs de l'Allemagne, à l'omniscience de ses érudits, au vaste et profond génie de ses philosophes. Sous la Restauration, le public français commençait à se faire leur disciple docile, et recevait patiemment ce qu'on daignait lui révéler de ce mystérieux pays ; encore peu d'années, et peut-être la France était conquise par les idées de l'Allemagne du nord, comme l'Italie l'a été par les armes de l'Allemagne du midi. Cependant, quelle que soit sa supériorité scientifique, ce pays a-t-il aujourd'hui assez d'élan et d'originalité pour prétendre entraîner la France ? Le chef de sa littérature a quatre-vingts ans ; tout ce qui lui reste de ses grands hommes, Schelling et Hegel, Goerres et Creuzer, sont des hommes déjà mûrs, et ont donné leur fruit. Si vous exceptez deux hommes jeunes et pleins d'espérances, Gans et Otfried Müller, l'Allemagne ne présente guère qu'un grand atelier d'érudition et de critique, un immense laboratoire d'éditions, de recensions, d'animadversions, etc. C'est un peuple d'érudits supérieurement dressés et disciplinés ; l'avenir décidera de ce que vaut cette supériorité de discipline en guerre et en littérature.

Page 426. — *Le plus hospitalier des hommes.* — Au Moyen-âge, et dans la plus haute antiquité du Nord, l'hôte exige une condition du pèlerin, du chanteur, du messager, du mendiant (mots souvent synonymes), c'est qu'il réponde à quelque question énigmatique. Odin, déguisé en pèlerin, propose aussi des questions à ses hôtes; il a voyagé quarante-deux fois parmi les peuples et sous autant de noms différents. *Alors vint un pauvre voyageur, qui voulait aller au Saint-Sépulcre ; il avait nom Tragemund, et connaissait soixante-douze royaumes* (Chant allemand de *l'Habit décousu* ou *du roi Orendel*). Voyez les questions du pèlerin dans le *Tragemundeslied*, et la dissertation de J. Grimm sur ce chant (Altdeusche Wælder 7 Heft. 1813).

La tradition de saint André, dont la *Légende dorée* fait mention, s'en rapproche par la forme. Le Diable, sous la figure d'une jolie femme, s'était glissé chez un évêque, et voulait le séduire. Tout à coup un pèlerin se présente à la porte, frappe à coups redoublés et appelle à grands cris. L'évêque demande à la femme s'il faut recevoir l'étranger. Qu'on lui propose, répondit-elle, une question difficile : s'il sait y répondre, qu'il soit admis; sinon, qu'il soit repoussé comme ignorant et indigne de paraître en présence de l'évêque. Qu'on lui demande ce que Dieu a fait de plus admirable dans les petites choses. Le pèlerin répond : L'excellence et la variété des figures. La femme dit alors : Qu'on lui propose une seconde question plus difficile. En quel point la terre est plus élevée que le ciel? Le pèlerin répond : Dans l'empyrée où repose le corps de Jésus-Christ (*comme chair et par conséquent comme terre*). Eh bien ! dit la femme, qu'on lui propose une troisième question très difficile et très obscure, afin que l'on sache qu'il est digne de s'asseoir à la table de l'évêque. Quelle est la distance de la terre au ciel? Alors le pèlerin au messager : Retourne à celui qui t'envoie, et fais-lui cette demande à lui-même, car il s'y connaît mieux que moi, il a mesuré l'espace quand il a été précipité dans l'abîme, et moi je ne suis jamais tombé du ciel. Le messager, saisi de frayeur, avait à peine apporté la réponse, que le Malin disparut. — On retrouve une histoire toute semblable dans les Sagas du nord.

Page 427. — *La table commune est un autel.* — La table a aussi un caractère sacré chez les peuples celtiques, témoin la fameuse table ronde d'Arthur. Mais c'est surtout dans l'Allemagne et le Nord que l'homme se livre avec un abandon irréfléchi à ces agapes barbares, où, désarmé par l'ivresse, il se remet sans défense à la foi de ses compagnons. Ces habitudes intempérantes sont constatées dans les lois de Norvège : *Les chefs de famille doivent juger à jeun; si l'un d'eux a trop mangé ou trop bu, point de jugement pour ce jour.* (*Magnusar*

*Konongs laga-baetirs gula-things-lang-sive jus comme Norvegicum. Havniæ;* 1817, in-4°. C'est une réforme des lois antiques donnée par le roi Magnus, en 1274, dans l'île Guley. La Norvège a suivi ce Code pendant cinq siècles).

Page 427. — *Baptême de la bière... Risibles et touchants mystères de la vieille Allemagne... Symbolisme sacré... Graves initiations...* — Ce sujet si peu connu mérite d'être traité avec quelque détail. J'insisterai particulièrement sur les associations des chasseurs, et sur celles des artisans.

Grimm a recueilli deux cents cinq cris de chasse (*Alt. Wælder*, III, 3, 4, 5° *Waidsprüche und Jægerschreie*). Moeser prétend en avoir connu plus de sept cent cinquante. La langue de la chasse, telle que ces cris et chants nous l'ont conservée, est infiniment variée et poétique. Les chasseurs reconnaissent à la trace, non seulement l'espèce, mais aussi le sexe, l'âge, la fécondité des animaux avec une précision qui nous étonne. Ils avaient soixante-douze signes pour distinguer les traces d'un cerf; la plupart de ces signes avaient un nom. Sous ce rapport extérieur, la langue des chasseurs et des bergers allemands est déjà une langue poétique, puisqu'elle a une foule de mots qui sont autant d'images. Les contrées montagneuses du Tyrol, de la Suisse, du Palatinat et de la Souabe, sont les plus riches en pareilles expressions.

Les demandes et les réponses des ouvriers voyageurs ont, avec celles des chasseurs, une ressemblance intime et incontestable; vous y retrouvez les couleurs et les nombres symboliques (3, 7). A son langage, à ses répliques sages, prudentes et précises, l'hôte, le compagnon ouvrier ou chasseur, reconnaît son frère, voit qu'il est avec son semblable, et qu'il peut se fier à lui; les bandes de brigands même qui, par le braconnage, ont un rapport avec les chasseurs, se sont fait une langue pleine de mots poétiques, qu'ils ont su conserver depuis un temps infini. Les anciens joete, héros et nains, échangent des questions et se demandent des signes. De même les compagnons voyageurs et chasseurs ont représenté tout le côté poétique et joyeux de leur genre de vie par des formules régulières, tour à tour instructives et plaisantes, dont le sens profond et sérieux est déguisé par la bonne humeur.

— Bon chasseur, qu'as-tu senti aujourd'hui? *R.* Un noble

cerf et un sanglier; que puis-je désirer de mieux? — Bon chasseur, dis-moi : quel est le meilleur temps pour toi? R. La neige et le dégel, c'est le meilleur temps. — Dis-moi, bon chasseur, que doit faire le chasseur de bon matin quand il se lève? R. Il doit prier Dieu pour que la journée soit heureuse et plus heureuse que jamais; il doit prendre son limier par la laisse, pour découvrir les meilleures traces, il doit vivre selon Dieu, et jamais il n'aura de malheur. — Bon chasseur, dis-moi pourquoi le chasseur est appelé maître chasseur? R. Un chasseur adroit et sûr de son coup obtient, des princes et des seigneurs, la faveur d'être appelé maître dans les sept arts libéraux (*Freien Kunst*).

— Dis-moi, mon bon chasseur, où donc as-tu laissé ta belle et gentille demoiselle? R. Je l'ai laissée sous un arbre majestueux, sous le vert feuillage, et j'irai l'y rejoindre. Vive la jeune fille à la robe blanche, qui me souhaite tous les jours bonheur et prospérité! Tous les jours, avec la rosée, je la revois à la même place; quand je suis blessé, c'est la belle fille qui me guérit. Je souhaite au chasseur (*dit-elle*) bonheur et santé : puisse-t-il trouver un bon cerf!

— Dis-moi, bon chasseur, comment le loup parle au cerf en hiver. R. Sus, sus, enfant sec et maigre, tu passeras par mon gosier; je vais t'emporter dans la forêt sauvage.

— Bon chasseur, dis-moi gentiment ce qui fait rentrer le noble cerf de la plaine dans la forêt? R. La lumière du jour et la clarté de l'aurore. — Bon chasseur, dis-moi, qu'a fait le noble cerf sorti du bois dans la plaine? R. Il a foulé l'avoine et le seigle, et les paysans sont furieux.

— Bon valet de chasse, fais ton devoir, et je te donnerai ton droit de chasseur; sois actif et alerte, tu seras mon valet favori.
— Debout, traînards et paresseux, qui voudriez-vous reposer encore. Toi, chasseur prudent, arrange les instruments, fais l'ouvrage de ton père; toi, fier chasseur, tu conduiras ma meute au bois; et toi, jeune piqueur, qu'as-tu senti? R. Bonheur et santé seront notre partage. Je sens un cerf et un sanglier; il vient de passer devant moi : mieux vaudrait l'avoir pris.

— Bon chasseur, sans te fâcher, où courent-ils donc maintenant? R. Ils courent par la plaine et par les chemins; tant mieux pour le commun gibier; malheur au noble cerf Entends-tu la réponse de mon chien; ils chassent par monts et par vaux. Ils sont sur la bonne voie; je les entends sonner du cor; ils vont tuer le noble cerf. Oui, que Dieu nous favorise; que le noble cerf soit couché sur son flanc; que leur cor nous annonce la prise du cerf, et nous allons y courir à grands cris : que Dieu nous prête vie à tous.

Debout, debout, cellerier et cuisinier; préparez aujourd'hui encore une bonne soupe et un baril de vin, afin que nous puissions tous vivre en joie.

— Dis-moi, gentil chasseur, où trouves-tu la première trace du noble cerf? R. Quand le noble cerf quitte le corps de sa mère et s'élance dans la feuillée et sur le gazon. — Dis-moi, gentil chasseur, quelle est la plus haute trace? R. Quand le noble cerf équarrit sa noble ramure, et qu'il en frappe les branches, quand il a renversé le feuillage avec sa noble couronne.

— Dis-moi, d'une façon gentille et polie, quel est le plus fier, le plus élevé, et le plus noble des animaux? — Je vais te le dire : le noble cerf est le plus fier, l'écureuil est le plus haut, et le lièvre est regardé comme le plus noble; on le reconnaît à sa trace. — Bon chasseur, dis-moi bien vite quel est le salaire du chasseur? R. Je vais te le dire tout de suite; le temps est beau, alors tous les chasseurs sont gais et contents; le temps est clair et serein, alors tous les chasseurs boivent du bon vin : ainsi je reste avec eux aujourd'hui et toujours. — Dis-moi bien, bon chasseur, quels seraient, pour mon prince ou mon seigneur, les gens les plus inutiles. R. Un chasseur bien mis qui ne rit pas, un limier qui trotte et ne prend rien, un lévrier qui se repose, ce sont là les gens inutiles. — Dis-moi, bon chasseur, ce qui précède le noble cerf dans le bois? R. Son haleine brûlante va devant lui dans le bois. — Dis-moi ce que le noble cerf a fait dans cette eau limpide et courante? R. Il s'est rafraîchi, il a ranimé son jeune cœur. — Bon chasseur, dis-moi, que fait au noble cerf sa corne si jolie? R. Ce sont les petits vers qui font au noble cerf sa corne si jolie. — Dis-moi, bon chasseur, ce qui rend la forêt blanche, le loup blanc, la mer large, et d'où vient toute sagesse. R. Je vais le dire : la vieillesse blanchit le loup, et la neige les forêts, l'eau agrandit la mer, et toute sagesse vient des belles filles.

Debout, debout, seigneurs et dames (*et plus loin* : vous toutes, jolies demoiselles), allons voir un noble cerf. Debout, seigneurs et dames, comtes et barons, chevaliers, pages, et vous aussi, bons compagnons, qui voulez avec moi aller dans la forêt. Debout, au nom de celui qui créa la bête sauvage et l'animal domestique. Debout, debout, frais et bien dispos comme le noble cerf; debout, frais et contents comme des chasseurs. Debout, sommelier, cuisinier.

Voyez-le courir, chasseur, c'est un noble cerf, j'en réponds. Il court, il hésite (*wanks und schwanks*), le pauvre enfant ne songe plus à sa mère; il court au delà des chemins et des pâturages; Dieu conserve ma belle amie. Le noble cerf traverse le fleuve et la vallée; que j'aime la bouche vermeille de mon amie. Voyez, le noble cerf fait un détour; je voudrais tenir par la main ma belle amie. Le noble cerf court au delà des chemins; je voudrais reposer sur le sein de ma belle amie. Le noble cerf franchit la bruyère; que Dieu protège ma belle amie à la robe blanche. Le noble cerf court sur la rosée; que j'aime à voir ma belle amie.

(Les chasseurs boivent après avoir atteint le cerf.) — Chasseur, dis-moi, bon chasseur, de quoi le chasseur doit se garder? *R*. De parler et de babiller; c'est la perte du chasseur.

— Bon chasseur, gentil chasseur, dis-moi quand le noble cerf se porte le mieux? *R*. Quand les chasseurs sont assis et boivent la bière et le vin, le cerf a coutume de très bien se porter.

*Quand les chasseurs s'informent de leurs chiens:* Pourrais-tu me dire, bon chasseur, si tu as vu courir ou entendu aboyer mes chiens? *R*. Oui, bon chasseur, ils sont sur la bonne voie, je t'en réponds; ils étaient trois chiens, l'un était blanc, blanc, blanc, et poursuivait le cerf de toutes ses forces; l'autre était fauve, fauve, fauve, et chassait le cerf par monts et par vaux; le troisième était rouge, rouge, rouge, et chassait le noble cerf jusqu'à la mort.

*Quand on donne la curée au chien, le chasseur lui dit:* Compagnon, brave compagnon, tu chassais bien le cerf aujourd'hui, quand il franchissait la plaine et les chemins, aussi nous a-t-il cédé les droits du chasseur. Oh! oh! compagnon, honneur et merci! N'est-ce pas un beau début? Les chasseurs peuvent maintenant se réjouir, ils boivent le vin du Rhin et du Necker. Grand merci, mon fidèle compagnon, honneur et merci.

Les artisans, beaucoup plus étroitement liés que les chasseurs, n'admettaient de nouveaux membres dans leurs corporations qu'en leur faisant subir des initiations solennelles dont on aimera peut-être à trouver ici la forme : *Extrait du livre de Frisius, correcteur à Altenbury, vers 1700.* (*Altdeutsche Wælder, durch die Brüder Grimm.*, 3 Heft. Cassel, 1813.)

Réception d'un compagnon forgeron. — L'apprenti doit paraître devant les compagnons le jour où ils se réunissent à l'auberge. Les discours et les opérations qui ont lieu sont de trois sortes : 1° souffler le feu ; 2° ranimer le feu ; 3° instruire.

On place une chaise au milieu de la chambre, un ancien se passe autour du cou un essuie-main, dont les bouts retombent dans une cuvette placée sur la table. Celui qui veut souffler le feu, se lève et dit : Qu'il me soit permis d'aller chercher ce qu'il faut pour souffler le feu.... Une fois, deux fois, trois fois, qu'il me soit permis d'ôter aux compagnons leurs cuvettes.... Compagnons, que me reprochez-vous ?

Réponse : Les compagnons te reprochent beaucoup de choses, *tu boites, tu pues*[1] ; si tu peux trouver quelqu'un qui *boite et qui pue* davantage, lève-toi et pends-lui au cou tes sales lambeaux.

Le compagnon fait semblant de chercher, et l'on introduit celui qui veut se faire recevoir. Dès que l'autre l'aperçoit, il lui pend sa serviette au cou et le place sur une chaise. L'ancien dit alors à l'apprenti : Cherche trois parrains qui te fassent compagnon.... Alors on ranime le feu. Le filleul dit à son parrain : « Mon parrain, combien veux-tu me vendre l'honneur de porter ton nom ? *R.* Un panier d'écrevisses, un morceau de bouilli, une mesure de vin, une tranche de jambon, moyennant quoi nous pourrons nous réjouir....

*Instruction* : Mon cher filleul, je vais t'apprendre bien des coutumes du métier, mais tu pourrais bien savoir déjà plus que je n'ai moi-même appris et oublié. Je vais te dire en tout cas quand il fait bon voyager. Entre Pâques et Pentecôte, quand les souliers sont bien cousus et la bourse bien garnie, on peut se mettre en route. Prends honnêtement congé de ton maître,

---

1. Deux mots allemands qui sonnent à peu près de même, et qu'on retrouve toujours ensemble dans les vieilles chansons pour désigner en général ce qui est déplaisant. Ainsi dans un rans (*Recueil de J.-R. Wyss. Berne*, 1826) :

    Tryh yha allsamma :
    Die hinket, die stinket, etc.

le dimanche à midi après le dîner; jamais dans la semaine. Ce n'est pas la coutume du métier qu'on quitte l'ouvrage dans le milieu d'une semaine. Dis-lui : Maître, je vous remercie de m'avoir appris un métier honorable; Dieu veuille que je vous le rende à vous ou aux vôtres, un jour ou l'autre. Dis à la maîtresse : Maîtresse, je vous remercie de m'avoir blanchi gratis; si je reviens un jour ou l'autre, je vous paierai de vos peines.... Va trouver ensuite tes amis et tes confrères, et dis-leur : Dieu vous garde; ne me dites point de mauvaises paroles. Si tu as de l'argent, fais venir un quart de bière, et invite tes amis et tes confrères.... Quand tu seras à la porte de la ville, prends trois plumes dans ta main et souffle-les en l'air. L'une s'envolera par-dessus les remparts, l'autre sur l'eau, la troisième devant toi. Laquelle suivras-tu?

Si tu suivais la première par delà les remparts, tu pourrais bien tomber, et tu en serais pour ta jeune vie, ta bonne mère en serait pour son fils, et nous pour notre filleul; ça ferait donc trois malheurs. Si tu suivais la seconde au-dessus de l'eau, tu pourrais te noyer, etc... Non, ne sois pas imprudent, suis celle qui volera tout droit, et tu arriveras devant un étang où tu verras une foule d'hommes verts assis sur le rivage, qui te crieront : Malheur! malheur!

Passe outre; tu entendras un moulin qui te dira sans s'arrêter : En arrière, en arrière! Vas toujours jusqu'à ce que tu sois au moulin. As-tu faim, entre dans le moulin et dis : Bonjour, bonne mère, le veau a-t-il encore du foin? Comment va votre chien? La chatte est-elle en bonne santé? Les poules pondent-elles beaucoup? Que font les filles, ont-elles beaucoup d'amoureux? Si elles sont toujours honnêtes, tous les hommes les rechercheront. — Eh! dira la bonne mère, c'est un beau fils bien élevé; il s'inquiète de mon bétail et de mes filles! Elle ira chercher une échelle pour monter dans la cheminée et te décrocher un saucisson; mais ne la laisse pas monter, monte toi-même, et descends-lui la perche. Ne sois pas assez grossier pour prendre le plus long et le fourrer dans ton sac; attends qu'elle te le donne. Quand tu l'auras reçu, remercie et va-t'en. Il pourrait se trouver là une hache de meunier, que tu regarderais en pensant que tu voudrais bien faire un pareil outil, mais le meunier penserait que tu veux la prendre : ne regarde pas plus longtemps, car les meuniers sont gens inhospitaliers. Ils ont de longs cure-oreilles; s'ils t'en donnaient sur les oreilles, tu en serais pour ta jeune vie, ta bonne mère, etc.

En allant plus loin tu te trouveras dans une forêt épaisse, où les oiseaux chanteront, petits et grands, et tu voudras t'égayer comme eux; alors tu verras venir à cheval un brave marchand habillé de velours rouge, qui te dira : Bonne fortune, camarade! pourquoi si gai? — Eh! diras-tu, comment ne serais-je pas gai, puisque j'ai sur moi tout le bien de mon père? — Il pensera que tu as dans tes poches quelque deux mille thalers, et te proposera un échange. N'en fais rien, ni la première, ni la seconde fois. S'il insiste une troisième fois, alors change avec lui, mais fais bien attention, ne *lui donne pas ton habit* le premier, laisse-le donner le sien. Car si tu lui donnais le tien d'abord, il pourrait se sauver au galop ; il a quatre pattes, tu n'en as que deux, et tu ne pourrais l'attraper. Après l'échange, va toujours et ne regarde point derrière toi. Si tu regardais et qu'il s'en aperçût, il pourrait penser que tu l'as trompé, il pourrait revenir, te poursuivre, et mettre ta vie en danger : continue ton chemin.

Plus loin tu verras une fontaine.... bois et ne salis point l'eau, car un autre bon compagnon pourrait venir qui ne serait point fâché de boire... Plus loin tu verras une potence : seras-tu triste ou gai?

Mon filleul, tu ne dois être ni gai ni triste, ni craindre d'être pendu, mais tu dois te réjouir d'être arrivé dans une ville ou dans un village. Si c'est dans une ville, et que l'on te demande aux portes d'où tu viens, ne dis pas que tu viens de loin; dis toujours *d'ici près*, et nomme le plus prochain village. C'est l'usage en beaucoup d'endroits que les gardes ne laissent entrer personne; on dépose son paquet à la porte et l'on va chercher le signe. — Vas donc à l'auberge[1] demander le signe au père des compagnons. Dis en entrant : Bonjour, bonne fortune, que Dieu protège l'honorable métier; maître et compagnons, je demande le père.

Si le père est au logis, dis-lui : Père, je voudrais vous prier de me donner le signe des compagnons pour prendre mon paquet à la porte de la ville. Alors le père te donnera pour signe un fer à cheval ou bien un grand anneau, et tu pourras faire entrer ton paquet. Dans ton chemin tu rencontreras un petit chien blanc avec une jolie queue frisée. — Eh! diras-tu, je voudrais bien attraper ce petit chien et lui couper la queue, ça me ferait un bon plumet. — Non, mon filleul, n'en fais rien,

---

1. Chaque métier avait son auberge chez un vieux compagnon.

tu pourrais perdre ton signe en le lui jetant, ou bien le tuer, et tu perdrais un métier honorable... Quand tu seras revenu chez le père, à l'auberge, dis-lui : Je voudrais vous prier, en l'honneur du métier, de m'héberger moi et mon paquet. Le père te dira : Pose ton paquet : mais prends bien garde et ne le pends pas au mur, comme les paysans pendent leurs paniers; place-le joliment sous l'établi; si le père ne perd pas ses marteaux, tu ne perdras pas non plus ton paquet...

Le soir, quand on va se mettre à table, reste près de la porte; si le père compagnon te dit : Forgeron, viens et mange avec nous; n'y vas pas si vite; s'il t'invite une seconde fois, vas-y et mange. Si tu coupes du pain, coupe d'abord doucement un petit morceau, qu'on s'aperçoive à peine de ta présence, et à la fin coupe un bon gros morceau, et rassasie-toi comme les autres. .

Quand le père boira à ta santé, tu peux boire aussi. S'il y a beaucoup à boire, bois beaucoup; s'il y a peu, bois peu; mais si tu as beaucoup d'argent, bois tout et demande si l'on pourrait avoir un commissionnaire, dis que tu veux aussi payer une canette de bière... Quand viendra la nuit, demande si le bon père a besoin d'un forgeron qui dorme bien. Le père te répondra : Je dors bien moi-même; je n'ai pas besoin d'un forgeron pour cela. Le lendemain quand tu seras levé de bonne heure, le père te dira : Forgeron, que signifiait donc ce vacarme (*au matin*)? Réponds : Je n'en sais rien; les chats s'y battent, et je n'ose rester au lit.

L'ancien dira alors : Celui dont le nom ne se trouve point dans nos lettres, dans les registres de la société, celui-là doit se lever et comparaître devant la table des maîtres et compagnons; qu'il donne un gros pour frais d'écriture, un bon *pourboire* au secrétaire, et on l'inscrira comme moi-même, comme tout autre bon compagnon, parce que tels sont les usages et les coutumes du métier, et que les usages et les coutumes du métier doivent être conservés, soit ici, soit ailleurs... Que personne ne parle des coutumes et des histoires du métier, de ce qu'ont pu faire à l'auberge maîtres et compagnons, jeunes ou vieux.

RÉCEPTION D'UN COMPAGNON TONNELIER. — On demande d'abord la permission d'introduire dans l'assemblée le jeune homme qui doit être reçu compagnon, et qu'on appelle *Tablier de Peau de chèvre.* Lorsqu'il est introduit, le compagnon qui doit *raboter*, parle ainsi :

Que le bonheur soit parmi vous ! Que Dieu honore l'honorable compagnie, maîtres et compagnons : Je le déclare avec votre permission, quelqu'un, je ne sais qui, me suit avec une peau de chèvre, un meurtrier de cerceaux, un gâte-bois, un batteur de pavés, un traître à la compagnie; il avance sur le seuil de la porte, il recule, il dit qu'il n'est pas coupable, il entre avec moi, il dit qu'après avoir été *raboté*, il sera bon compagnon comme un autre. Je le déclare donc, chers et gracieux maîtres et compagnons, *Peau de chèvre* ici présent est venu me trouver, et m'a prié de vouloir bien le *raboter* selon les coutumes du métier, et de bénir son nom d'honneur, puisque c'est l'usage de la compagnie. J'ai bien pensé qu'il trouverait beaucoup de compagnons plus anciens qui ont plus oublié dans les coutumes du métier, que moi, jeune compagnon, je ne puis avoir appris, mais je n'ai point voulu refuser. J'ai consenti, car ce refus eût été ridicule, et c'était lui faire commencer bien mal ses voyages. Je vais donc le *raboter* et l'instruire, comme mon parrain m'a instruit; ce que je ne saurai lui dire, il pourra l'apprendre dans ses voyages. Mais je vous prie, maîtres et compagnons, si je me trompais d'un ou plusieurs mots dans l'opération, de ne point m'en savoir mauvais gré, mais de bien vouloir me corriger et m'instruire.

Avec votre permission, je ferai trois questions : Je demande pour la première fois : S'il est un maître ou compagnon qui sache quelque chose sur moi, ou sur *Peau de chèvre* ici présent, ou sur son maître ? Que celui-là se lève et fasse maintenant sa déclaration... S'il sait quelque chose sur mon compte, je me soumettrai à la discipline de l'honorable compagnie, comme c'est la coutume; s'il sait quelque chose sur *Peau de chèvre* ici présent, alors celui-ci ne sera pas tenu digne d'être reçu compagnon par moi et par toute l'honorable compagnie; mais s'il s'agit de son maître, le maître se laissera punir aussi comme de coutume... Avec votre permission, je vais monter sur la table.

L'apprenti entre alors dans la chambre avec son parrain; il porte un tabouret sur ses épaules, et se place avec le tabouret sur la table; les autres compagnons s'approchent l'un après l'autre, et lui retirent chacun trois fois le tabouret pour le faire tomber sur la table, mais le parrain lui prête secours et le retient en haut par les cheveux; c'est ce qu'on nomme *raboter*; puis on le consacre à plusieurs reprises avec de la bière.

Le parrain dit : Vous le voyez, la tête que je tiens est creuse comme un sifflet; elle a bien une bouche vermeille qui mange de bons morceaux et boit de bons coups... C'est ici comme ailleurs l'usage et la coutume du métier, que celui que l'on *rabote* doit avoir, outre son parrain, deux autres parrains *raboteurs* : regarde donc tous les compagnons et choisis-en deux qui te servent de compères... Comment veux-tu t'appeler de ton nom de rabot? Choisis un joli nom, court et qui plaise aux jeunes filles. Celui qui porte un nom court plaît à tout le monde, et tout le monde boit à sa santé un verre de vin ou de bière... Maintenant, donne pour l'argent de baptême ce qu'un autre a donné, et les maîtres et compagnons seront contents de toi.

Avec votre permission, maître N..., je vous demanderai si vous répondez que votre apprenti sache son métier. A-t-il bien taillé, bien coupé le bois et les cerceaux? A-t-il été souvent boire le vin et la bière, et courir les belles filles? A-t-il bien joué et bien joûté (*geturniret*)? A-t-il dormi longtemps, peu travaillé, souvent mangé et allongé les dimanches et fêtes? A-t-il fait ses années d'apprentissage, comme il convient à un bon apprenti? *R*. Oui. — As-tu tout appris? *R*. Oui.
Eh! ça n'est pas possible, regarde autour de toi ces maîtres et ces compagnons; il y en a de bien braves et de bien vieux, cependant aucun d'eux ne sait tout, et tu voudrais tout savoir? Tu es loin de ton compte. Prétends-tu passer maître? — Oui. — Tu dois d'abord être compagnon. Veux-tu voyager? — Oui. — ... Sur ton chemin tu verras d'abord un tas de fumier, et dessus des corbeaux noirs qui crieront : Il part! Il part! Que faire? faudra-t-il reculer ou passer outre? Réponds oui ou non... Tu dois passer outre, et dire en toi-même : Noirs corbeaux, vous ne serez pas mes prophètes. Plus loin, devant un village, trois vieilles femmes te regarderont et diront : Ah! jeune compagnon, retournez sur vos pas, car au bout d'un quart de mille vous arriverez dans une grande forêt où vous vous perdrez, et l'on ne pourra savoir où vous êtes... Retourneras-tu? *R*. Oui.
— Eh! non, n'en fais rien, il serait ridicule à toi de t'en laisser conter par trois vieilles femmes. Au bout du village tu passeras

devant un moulin qui dira : En arrière ! en arrière ! Que feras-tu ! Voilà trois espèces de conseillers, d'abord des corbeaux, puis les trois vieilles femmes, puis maintenant le moulin ; il t'arrivera sans doute un grand malheur. Faut-il reculer ou passer outre ? *R*. Oui. — Poursuis ta route et dis : Moulin, va ton train, et j'irai mon chemin... Plus loin, tu arriveras dans la grande et immense forêt dont les trois vieilles femmes t'ont parlé, forêt immense et sombre ; tu pâliras de crainte en la traversant, mais il n'y a pas d'autre chemin ; les oiseaux chanteront, grands et petits, un vent piquant et glacial soufflera sur toi, les arbres s'agiteront, *wink et wank, klink et klank*, ils craqueront comme s'ils allaient tomber les uns sur les autres, et tu seras dans un grand danger : Ah ! diras-tu, si j'étais resté chez ma mère ! car enfin un arbre pourrait t'écraser en tombant, et tu en serais pour ta jeune vie, ta mère pour son fils, et moi pour mon filleul. Tu seras donc forcé de retourner ? ou bien veux-tu passer outre ?... tu le dois.

Au sortir de la forêt, tu te trouveras dans une belle prairie, où tu verras s'élever un beau poirier couvert de belles poires jaunes, mais l'arbre sera bien haut !... Reste quelque temps dessous et tend la bouche ; s'il vient un vent frais, les poires tomberont dans ta bouche à foison... Est-ce là ce qu'il faut faire ? (L'apprenti répond oui, et on le *rabote* en lui tirant les cheveux comme il faut)... N'essaie pas de monter sur l'arbre, le paysan pourrait venir et te rouer de coups ; les paysans sont des gens grossiers qui frappent deux ou trois fois à la même place. Écoute, je vais te donner un conseil : Tu es un jeune compagnon robuste : prends le tronc de l'arbre et secoue-le fortement, les poires tomberont en grand nombre... Vas-tu les ramasser toutes ? *R*. Oui. — Eh ! non pas, tu dois en laisser quelques-unes et te dire : Qui sait ? peut-être à son tour un brave compagnon, traversant la forêt, viendra jusqu'à ce poirier ; il voudrait bien manger des poires, mais il ne serait pas assez fort pour secouer l'arbre, ce serait donc lui rendre un bon service que de lui préparer des provisions.

En continuant ton chemin, tu viendras près d'un ruisseau coupé par un pont fort étroit, et sur ce pont tu rencontreras une jeune fille et une chèvre ; mais le pont sera si étroit que vous ne pourrez manquer de vous heurter. Comment feras-tu ? Eh bien, pousse dans l'eau la jeune fille et la chèvre, et tu pourras passer à ton aise : Qu'en dis-tu ? *R*. Oui. — Eh ! non pas ; je vais te donner un autre conseil ; prends la chèvre sur tes épaules, la jeune fille dans tes bras, et passe avec ton fardeau ; vous arriverez tous trois de l'autre côté, tu pourras alors prendre la jeune fille pour ta femme, car il te faut une femme, et tu pourras tuer la chèvre, sa chair est bonne pour le repas de noce ; sa peau te fournira un bon tablier, ou une musette pour réjouir ta femme... (L'apprenti est raboté de nouveau.)

Plus loin tu verras la ville ; quand tu en seras près, arrête-toi quelques moments, mets des souliers et des bas propres... Demande l'auberge tenue par un maître, vas-y tout droit. salue tout le monde, et dis : Père des compagnons, je voudrais vous prier de m'héberger en l'honneur du métier, moi et mon paquet, de souffrir que je m'asseye sur votre banc et que je mette mon paquet dessous ; je vous prie, ne me faites pas asseoir devant la porte, je me conduirai selon les usages du métier, comme il convient à un honnête compagnon.

Le père te dira : Si tu veux être un bon fils, entre dans la chambre et dépose ton paquet au nom de Dieu. Si tu vois la mère en entrant dans ta chambre, dis-lui : Bonsoir, bonne mère. Si le père a des filles, appelle-les *sœurs*, et les compagnons *frères*. En plusieurs endroits ils ont de belles chambres, avec des bois de cerfs attachés au mur ; pends ton paquet à l'un de ces bois ; s'il a plu, et que tu sois mouillé, pends ton manteau près du poêle, comme aussi tes souliers et tes bas, et fais-les bien sécher, pour être le lendemain frais et dispos, prêt à partir ; le feras-tu ? *R.* Oui. — Eh ! non pas ; si le père a bien voulu t'héberger, entre dans la chambre, dépose ton paquet sous le banc près de la porte, assieds-toi sur le banc, et te tiens coi.

Quand le soir viendra, le père te fera conduire à ton lit, mais si la sœur veut monter pour t'éclairer... afin que tu n'aies pas peur... prends garde. Quand tu es arrivé en haut, et que tu vois ton lit, remercie-la, souhaite-lui une bonne nuit, et dis-lui qu'elle descende pour l'amour de Dieu, que tu seras bientôt couché.

Le matin, quand il fait jour et que les autres se lèvent, tu peux rester au lit, jusqu'à ce que le soleil t'éclaire, personne ne viendra te secouer, et tu peux dormir à ton aise ; qu'en dis-tu ? *R.* Oui. — Eh ! non pas, mais si tu t'aperçois qu'il est temps de se lever, lève-toi, et quand tu entreras dans la chambre, souhaite le bonjour au père, à la mère, aux frères et aux sœurs; ils te demanderont peut-être comment tu as dormi; raconte-leur ton rêve pour les faire rire.

As-tu envie de travailler en ville... tantôt c'est l'ancien, tantôt c'est le frère, d'autres fois c'est toi-même qui dois te chercher de l'ouvrage; selon l'usage différent des lieux. Vas trouver l'ancien et dis : Compagnon, je voudrais vous prier, selon les usages et coutumes du métier, de vouloir bien me trouver de l'ouvrage, je désire travailler ici; l'ancien répondra : Compagnon, je m'en occuperai... Maintenant tu vas sortir pour boire de la bière, ou pour voir les belles maisons de la ville... N'est-ce pas? *R*. Oui. — Eh! non pas, tu dois retourner à l'auberge, jusqu'à ce que l'ancien revienne, car il vaut mieux que tu attendes, que de te faire attendre par lui. Mais, dans l'intervalle, tu verras sur ton chemin trois maîtres : le premier a beaucoup de bois et de cerceaux; le second a trois belles filles et donne de la bière et du vin; le troisième est un pauvre maître; chez lequel travailleras-tu? Si tu travailles chez le premier, tu deviendras un vigoureux cercleur; chez le second qui donne de la bière et du vin, et qui a de belles filles, tu seras heureux, comme on dit; on y fait de beaux cadeaux, on y boit bien, on saute avec les belles filles. Et chez le pauvre maître?... J'entends, tu voudrais faire fortune. Chez lequel veux-tu travailler? Tu ne dois mépriser personne, tu dois travailler chez le pauvre comme chez le riche. L'ancien te dira à son retour : Compagnon, j'ai cherché de l'ouvrage et je n'en ai trouvé. Réponds : Compagnon, attendez, je vais faire venir une canette de bière. Mais si tu n'as pas d'argent, dis-lui : Compagnon, pour le moment, je ne suis pas en fonds, mais si nous nous retrouvons aujourd'hui ou demain, je saurai bien vous prouver ma reconnaissance.

Le maître te donnera ton ouvrage et tes outils. Après avoir travaillé quelques moments, tes outils ne couperont plus. Maître, diras-tu, je ne sais pas si c'est que les outils ne veulent pas couper, ou que je n'ai pas de goût au travail, tournez-moi la meule pour que j'aiguise mes outils. Le feras-tu? *R*. Oui. — Eh! non pas. Si tu te mets à l'ouvrage, et qu'il y ait avec toi beaucoup de compagnons, tu ne dois pas être piqué de ce que le maître ne te met pas tout de suite au-dessus d'eux : si le maître voit que tu travailles bien, il saura bien te mettre à ta place.

Demande aux compagnons s'ils vont tous à l'auberge, et ce que le nouveau venu doit mettre à la masse : ils t'en instruiront... L'ancien te dira : Un gros, ou bien neuf liards, selon la coutume. A l'auberge, l'ancien dira : C'est ici comme ailleurs la coutume du métier qu'on se rassemble à l'auberge tous les quinze jours, et que chacun donne le denier de la semaine. Si ta mère a bien garni ta bourse, prends de l'argent et jette-le sur la table, si bien qu'il saute à la figure de l'ancien, et dis : Voilà pour moi, rendez-moi de la monnaie. Le feras-tu? R. Oui. — Eh! non pas, prends l'argent dans ta main droite; place-le bien honnêtement devant l'ancien, et dis : Avec votre permission, voilà pour moi; ne demande pas ta monnaie, l'ancien saura bien te la rendre, si tu as donné plus qu'il ne faut... (Alors on le *rabote* pour la troisième fois).

Si l'ancien te dit : Compagnon, fais plaisir aux maîtres et compagnons, et va chercher de la bière, tu ne dois pas refuser. Si tu rencontres une jeune fille ou un bon ami, tu lui donneras de ta bière, entends-tu? R. Oui. — Eh! non pas, si tu veux faire une honnêteté à quelqu'un, prends ton argent et dis : Vas boire à ma santé; quand les compagnons se seront séparés, j'irai te rejoindre; autrement, tu serais puni. A la fin du repas, lève-toi de table et crie au feu! les autres viendront l'éteindre... — Le parrain rentre alors et dit : Je le déclare avec votre permission, maîtres et compagnons; tout à l'heure je vous amenais une *Peau de chèvre*, un meurtrier de cerceaux, un gâte-bois, un batteur de pavés, traître aux maîtres et compagnons; maintenant j'espère vous amener un brave et honnête compagnon... Mon filleul, je te souhaite bonheur et prospérité dans ton nouvel état et dans tes voyages; que Dieu te soit en aide sur la terre et sur l'eau. Si tu vas aujourd'hui ou demain dans un endroit où les coutumes du métier ne soient pas en vigueur, travaille à les établir; si tu n'as pas d'argent, tâche d'en gagner, fais respecter les coutumes du métier, ne souffre point qu'elles s'affaiblissent, fais plutôt recevoir dix braves compagnons qu'un mauvais, là où tu pourras les trouver; si tu ne les trouves point, prends ton paquet et va plus loin.

Alors l'apprenti doit courir dans la rue en criant : *au feu!* les compagnons viennent et lui font une aspersion d'eau froide assez abondante. Enfin vient le repas; on le couronne, on lui donne la place d'honneur, et l'on boit à sa santé.

Pour achever de faire connaître l'esprit des compagnons allemands, nous ferons connaître, d'après le bel ouvrage de Goerres (*Volksbucher*), plusieurs de leurs livres populaires.

# ÉCLAIRCISSEMENTS

*Couronne d'honneur des Meuniers, revue et augmentée, ou Explication complète de la vraie nature du Cercle, dédiée à la compagnie des Meuniers, par un garçon meunier nommé Georges Bohrmann, donné en présent à ses compagnons pour qu'ils conservent de lui un bon souvenir. On a fait imprimer ses vers et ses écrits parce que, comme le dit Sirak, à l'œuvre on connaît l'artisan. Imprimé dans cette année* (ce titre est en vers). — Écrit en Misnie. — Le meilleur livre qu'ait produit en Allemagne l'esprit de corporation. — Esprit de simplicité calme et digne; versification facile. Une première gravure en bois représente un cercle avec des sentences mystiques; l'explication nous apprend ensuite que tout a été créé par le cercle. A la seconde figure, l'auteur essaie de nous montrer le monde dans la croix. Vient ensuite une histoire de la profession des meuniers d'après la Sainte-Écriture, puis un dialogue satirique, puis un voyage poétique et une description des meilleurs moulins de Lusace, Silésie, Moravie, Hongrie, Bohême, Thuringe, Franconie; admiration et souhaits pour Nuremberg. — Il place en forme de triangle les noms des trois meilleurs meuniers qui aient existé. Enfin il termine dévotement par Dieu, *l'architecte du monde*, et par une conclusion à la louange de l'état de meunier. — Livre connu seulement, à ce qu'il semble, dans le nord de l'Allemagne.

*Quelques belles nouvelles formules de l'honorable corps des Charpentiers, qu'ils ont coutume de prononcer après avoir achevé un nouveau bâtiment, en attachant le bouquet ou la couronne en présence d'un grand nombre de spectateurs. Publié pour la première fois en cette année. Cologne et Nuremberg.* — La maison est considérée comme l'image mystique de l'Église visible. — Cérémonie du bouquet placé sur la maison terminée. — Discours à prononcer du haut du toit.

*Coutumes de l'honorable métier des Boulangers, comment chacun doit se conduire à l'auberge et à l'ouvrage. Imprimées pour le mieux, à l'usage de ceux qui se préparent aux voyages. Nuremberg.*

*Origine, antiquité et gloire de l'honorable compagnie des Pelletiers. Description exacte de toutes les formules observées depuis longtemps d'après les statuts de la corporation dans les engagements, initiations et réceptions de maître, comme aussi de la manière dont on examine les compagnons. Le tout fidèle-*

*ment décrit par Jacob Wahrmund* (bouche véridique), *imprimé pour la première fois.* — Les pelletiers et les mégissiers se vantent d'avoir eu pour premier compagnon Dieu lui-même, attendu qu'il est dit dans l'Écriture Sainte que Dieu fit à Adam et Ève un habit de peau, honneur que n'ont point les autres compagnies. Le candidat doit être enfant très légitime.

Le génie symbolique des livres de compagnonnage forme un contraste avec l'*Eulenspiegel,* le livre populaire des paysans allemands :

*Eulenspiegel* (miroir de hibou) *ressuscité, histoire surprenante et merveilleuse de Till Eulenspiegel, fils d'un paysan, natif du pays de Braunschweig, traduite du saxon en bon haut allemand, revue et augmentée de quelques figures; ouvrage très divertissant, suivi d'un appendice très gai; le tout bien rehaussé et bien recuit. Cologne et Nuremberg.* — Esprit de grosse malice. — C'est l'esprit du paysan du Nord personnifié; Eulenspiegel fréquente toutes les classes, fait tous les métiers; c'est le fou du peuple, par contraste avec les fous des princes. — La première édition parut en 1483. A la Réforme, l'Eulenspiegel de la quatrième édition de Strasbourg fut, comme l'Allemagne, moitié catholique et moitié protestant; en cette dernière qualité, il se moque des papes et des prêtres. Il fut traduit en français, en vers ïambiques latins, et plus tard, en plusieurs autres langues. — Ce livre réussit auprès des paysans de l'intérieur de la Suisse, ces robustes montagnards chez qui la chair est si forte et si puissante, et qui s'accommodent assez des obscénités d'Eulenspiegel. — On dit que le héros du livre exista en effet, et mourut en 1350. On montrerait encore son tombeau sous les tilleuls à Mœllen, près Lubeck. La pierre porterait gravés une chouette et un miroir; la chouette désigne le caractère malicieux, gourmand et voleur d'Eulenspiegel.

A côté de ce livre national se place l'*Histoire de Faust.* Elle est tirée d'un ouvrage plus volumineux, dont voici le titre : *Première partie des péchés et des vices affreux et abominables, comme aussi des prodiges surprenants que le docteur Joannes Faustus, fameux magicien, archi-sorcier, a opérés par sa magie jusqu'à sa fin terrible. Hambourg,* 1599. — Les dépositions d'une foule de témoins oculaires prouvent l'existence de Faust à la fin du quinzième siècle et au commencement du seizième. Contemporain et ami de Paracelse, de Cornelius Agrippa, Mélanchton (dans ses lettres), Conrad, Gessner, Manlius *in Collectaneis locorum communium* parlent de Faust.

Vidmann cite les paroles de Luther à son sujet. L'abbé Tritheim, dans ses *Lettres familières*, le traite de fat et d'imposteur : *N'a-t-il pas osé dire que si les volumes d'Aristote et de Platon périssaient tous avec leur philosophe, il les rendrait au monde par son génie, comme Esdras retrouva les livres saints dans sa mémoire!* — Chaque époque avait eu son Faust, auquel les contemporains attribuaient toujours quelque chose de surnaturel; tous vinrent se réunir dans le véritable et dernier Faust, qui dès lors fut le chef de tous les sorciers précédents, perfectionna le grand œuvre et fit plus encore. Faust est donc plutôt un livre qu'une personne; tout ce que l'histoire de sa vie raconte de ses tours de sorcellerie était depuis des siècles dans la tradition, et l'image de Faust fut seulement imprimée comme un cachet sur le recueil universel. — L'écrit de Vidmann se fonde sur un manuscrit autographe de Faust, que les trois fils d'un docteur célèbre de Leipsick trouvèrent dans sa bibliothèque. Ce manuscrit pourrait bien être de Waiger ou Wagner, disciple de Faust à qui son maître rend témoignage en ces termes : *Discret, plein de malice et de ruse, ayant assez d'esprit, passant pour muet à l'école avec les boulangers et les bouchers, mais parlant fort bien au logis; bâtard au demeurant.* Il le fit son héritier, lui laissa tous ses livres, et lui dit avant sa mort : *Je t'en prie, ne revèle que longtemps après ma mort mon art et mes opérations; alors tu rassembleras les faits avec soin pour en composer une histoire; ton esprit familier, le coq de bruyère, t'aidera dans ce travail, et te rappellera ce que tu auras oublié; car on voudra connaitre mon histoire écrite de ta main.*

La littérature populaire de l'Allemagne se ferme par la Réforme, ou plutôt elle se concentre alors dans le seul Luther, l'écrivain le plus populaire qui ait existé. Immédiatement avant cette époque (vers 1500), on distingue deux poètes, le cordonnier Hans Sachs, et le prédicateur impérial Murner. Je ne parle pas de Sébastien Brant, conseiller de Maximilien, l'auteur du *Vaisseau des fous* (*Narrenschiff*), qui eut si peu de mérite et de succès, et qui peut-être servit de modèle aux *Emblemata* d'Alciat. Brant place au premier rang, parmi les fous, les amis de l'imprimerie, *qui*, dit-il, *doit tomber bientôt dans le mépris.*

Hans Sachs est plus intéressant (Voyez ses *Œuvres*, réimprimées à Nuremberg, 1781, 5 vol. in-8°, sa *Vie*, par Ranisch, et les ouvrages de Wagenseil, Schoeber, Hirsch, Dunkel, Will et Riederer). Sa vie, peu féconde en événements, n'en est pas moins propre à faire connaître les mœurs et la singulière culture des artisans de l'Allemagne à cette époque. — Né en 1494 d'un tailleur de Nuremberg, envoyé à sept ans aux écoles latines, à quinze en apprentissage chez un cordonnier, à dix-sept en voyage à Ratisbonne, Passau, Salzbourg, Inspruck, où il est employé comme chasseur de l'empereur Maximilien (*Soin inutile de la femme*, 1er vol. de ses œuvres, et 4e vol., p. 294, éd. 1590). Puis il alla à Munich, s'arrêta à Wurtzbourg et à Francfort, puis à Coblentz, Cologne et Aix. — Son maître de poésie avait été Léonard Nunnenbek, tisserand de Nuremberg ; sur sa route, il apprit un grand nombre de rythmes, et, parvenu dans la Haute-Autriche, il embrassa la résolution de se dévouer aux lettres ; et (2me vol., *les Dons des Muses*), il tint peu après à Francfort sa première école. Après avoir visité encore Leipsick, Lubeck, Osnabruck, Vienne, Erfurth, il revint à Nuremberg, âgé de vingt-deux ans (1516), d'après le désir de son père. — Reçu maître cordonnier, il se maria en 1519, fit d'abord dans un faubourg un petit commerce, et retourna encore peu après à la foire de Francfort. Il vécut heureux avec sa Cunégonde plus de quarante ans, en eut deux fils et cinq filles, qui moururent tous avant lui. Il se remaria en 1561 (5me vol. *Kunstlichen frauen lob*). A l'âge de soixante-seize ans, il perdit l'usage de ses facultés, et mourut à quatre-vingt-deux ans, en 1576.

En 1523, il donna un panégyrique de la Réforme, sous le titre suivant : *Le rossignol de Wittemberg qu'on entend aujourd'hui partout*. Dans la gravure en bois, on voit un rossignol entre le soleil, la lune et divers animaux ; sur une montagne, un agneau avec un étendard de victoire. Tout à la fin : *Christus amator. Papa peccator*. Un Père Spée en donna une réfutation sous le titre : *A moi contre le rossignol !* — Hans Sachs écrivit aussi sur la Réforme des dialogues en prose, 1524. Le premier est intitulé : *Dispute entre un chanoine et un cordonnier, où l'on défend la parole de Dieu et une existence chrétienne. Hans Sachs*. MDXXIV. La gravure représente, entre autres personnages, un cordonnier qui tient une paire de pantoufles à la main.

Le plus curieux des ouvrages d'Hans est celui dont nous allons donner l'analyse. Voy. page 290 de l'in-8°, 1781, et page 161 de l'in-24, 1821. *Une courte et joyeuse pièce de carnaval, à trois personnages, savoir : Un bourgeois, un paysan et un homme noble. Les Gâteaux creux*. Le titre est vague, et la moralité, placée à la fin, n'a aucun rapport avec la pièce. L'auteur crut peut-être devoir entourer de ces précautions un ouvrage où il donnait l'avantage au paysan sur les autres, en présence des bourgeois de Nuremberg ; et cela à une époque où la révolte presque universelle des paysans d'Allemagne excitait contre eux la plus violente animosité. La pièce n'est point datée, contre l'usage de l'auteur ; mais l'allusion au nom de Goetz von Berlichingen, général des paysans soulevés, indique qu'elle fut probablement composée après 1525.

Le paysan veut s'asseoir avec le bourgeois pour prendre part à la joie de la fête ; celui-ci le repousse avec insulte ; et le paysan, après une généalogie burlesque, ajoute : Du côté de ma mère je suis un Goetz (Goetz pour Klotz, une souche, une bûche). C'est pourquoi, ceux qui me connaissent, me nomment Goetz Toelp Fritz. Maintenant que vous savez qui je suis, recevez-moi pour convive, et laissez-moi m'asseoir à table. — *Le bourgeois* : Hors d'ici, imbécile ! ne vois-tu pas venir un noble ? Que veux-tu faire ici avec nous ? *Le noble* : Que fais-tu ici, Toelp Fritz ? Ne peux-tu trouver une auberge dans le village sans venir ici avec les bourgeois ? *Le bourgeois* : C'est ce que je lui disais, chevalier. — *Le paysan* : Dois-je vous dire à tous deux ce que j'ai dans l'âme ? — *Le noble* : Parle, Toelp, sans cela tu étoufferais. Tu es bien un vrai paysan. — *Le paysan* : Qui vous ouvrirait les veines de paysan que vous avez, pourrait bien saigner à mort. — *Le noble* : Entendez-vous ce cheval ? Qu'on le jette du haut de l'escalier. — *Le paysan* : Comprenez du moins ma pensée. Adam, comme dit notre curé, a été notre père à tous ; nous sommes tous ses enfants. — *Le noble* : Oui, mais il y a bien de la différence. Noé eut trois fils : l'un, qui était coquin, s'appelait Cham, et c'était un paysan. De Sem et de Japhet descendent les races de la bourgeoisie et de la noblesse. — *Le paysan* : J'avais encore entendu dire que la noblesse venait de la vertu, que jadis les nobles protégeaient les veuves, les orphelins, et défendaient les pauvres voyageurs. Chevalier, est-ce encore votre usage ? — *Le noble* : Et toi, dis-moi, n'était-ce pas aussi le vôtre dans les temps anciens, à vous autres paysans, d'être simples, justes et pieux ? Aujourd'hui vous n'êtes plus que des fripons, des scélérats ; vous avez la bouche dure, vous ne vous laissez pas conduire... Toi, tu n'es qu'un malotru ; moi, je suis noble de race. J'ai toujours des provisions sans travail, j'ai des revenus et des rentes. Je suis élégant et poli quand je vais à la cour des princes. — *Le paysan* : Ma politesse à moi, c'est de labourer, de semer, de moissonner, de battre le grain, de couper le foin, d'arracher les herbes, et tant d'autres travaux par lesquels je vous nourris tous deux... Oh! je sais bien comment vous vivez l'un et l'autre. Dites-moi, noble seigneur, votre cheval n'a-t-il jamais sur une route mordu la poche d'un marchand?

Le paysan prouve ensuite par des raisons burlesques qu'il est plus heureux que le noble et le bourgeois; ce que sans doute les véritables paysans n'auraient point accordé. Suivent beaucoup de détails de mœurs assez curieux sur les costumes, les jeux du peuple et les aliments des différentes classes de la société. Le noble, convaincu, finit par dire : Morbleu! le paysan dit vrai. Viens, je veux faire le carnaval avec toi. Nous verserons bravement, nous boirons, nous jouerons à qui mieux mieux. — *Le bourgeois conclut* : Mes bons seigneurs, ne nous accusez point, si nous sommes restés longtemps avec ce paysan grossier : il ne pouvait être plus poli, comme dit le vieux proverbe : Mettez un paysan dans un sac, les bottes passeront toujours. En vivant avec les gens grossiers, on devient grossier comme eux; il faut donc que les jeunes gens, etc. Hans Sachs vous souhaite une bonne nuit.

Rien n'est plus opposé au génie d'Hans Sachs que celui de Murner. Le cordonnier de Nuremberg vise à l'élégance, parle toujours de fleurs et de bocages, et tombe souvent dans la fadeur. Murner, docteur, prédicateur, poète lauréat, affecte la grossièreté pour se faire entendre du peuple. Ses satires mordantes (la *Compagnie des fripons*, et la *Conjuration des fous*, *Schelmenzunft*, *Narrenbeschwœrung*), inspirées par la corruption mercantile de Strasbourg, n'ont rien qui fasse penser à la vieille Allemagne. Nous n'en citerons que les passages suivants :

« Il y en a qui veulent décider de ce qui se fait dans l'Empire, juger où l'Empereur en est avec l'Allemagne ou l'Italie, et pourtant, à bien examiner, personne ne le leur commande. *A qui les Vénitiens empruntent-ils? Comment veulent-ils vendre? Comment le pape tient-il maison? Pourquoi le Français ne reste-t-il pas dans l'alliance du roi des Romains?* Que nous mangions ou nous buvions, nous déplorons la puissance de *ce rusé* (Louis XII), *qui veut nous faire la queue; le roi d'Aragon ne veut pas trop bien récompenser ceux de Venise; le Turc passe la mer*, ce qui nous chagrine fort le cœur, sans parler des *villes de l'Empire qui nous ont fait ceci et cela, mais ce ne sera point sans vengeance!...* Mon bon ami, songe à tes affaires; laisse les villes impériales pour villes impériales; bois plutôt de bon vin; l'Empire n'en perdra aucune ville. — ... Avoir peu et dépenser beaucoup, écarter les mouches des seigneurs, fourrer à la dérobée dans son manteau, jeter des pierres dans les fenêtres, écrire de petits libelles anonymes, pousser ensemble des mensonges, se grimer dans l'habit de prêtre... Est-ce ma faute, si je les place ici? Je suis pour cette année secrétaire de la *Compagnie des fripons*. Qu'ils en choisissent un autre. »

Page 39. — *Se faire l'*HOMME *de l'autre...* Est-il permis à un vassal de cracher, tousser, éternuer ou se moucher en présence de son seigneur? ne mérite-t-il pas punition pour ne pas s'être tenu droit, ou avoir chassé les mouches en sa présence? Le *Jus feudale Alemanicum* pose ces deux questions. — Cette dépendance servile dans la forme était ordinairement anoblie par la sincérité du dévouement; il éclate d'une manière touchante dans ces vers d'Harmann de Aue : « Ma joie ne fut jamais sans inquiétude, jusqu'au jour où je cueillis pour moi les fleurs du Christ que je porte aujourd'hui (les insignes de la croisade), depuis que la mort m'a privé de mon seigneur; il entre pour la meilleure part dans ma joie, et la moitié de mon pèlerinage est pour lui. » Gœrres, *Recueil des Minnesinger*. Citations de la préface.

Grimm (*Ueber den aldeutschen Meistergesang*, 1811) a fort bien établi que généralement le poète, comme le chevalier, était l'*homme* du prince, et subsistait de ses présents. La poésie louangeuse était, à ce qu'il semble, un service féodal, comme celui de l'ost et du plaid. Voici des vers où un meistersinger s'efforce de provoquer par des louanges mêlées de reproche la générosité du pauvre et *chevalereux* empereur, Rodolphe de Habsbourg. « Le roi des Romains ne donne rien, et pourtant il est riche comme un roi; il ne donne rien, mais il est brave comme un lion; il ne donne rien, mais il est très chaste; il ne donne rien, mais sa vie est irréprochable; il ne donne rien, mais il aime Dieu et respecte la vertu des femmes; il ne donne rien, mais jamais homme n'eut un plus beau corps; il ne donne rien, mais il est sans tache; il ne donne rien, mais il est sage et pur; il ne donne rien, mais il juge avec équité; il ne donne rien, mais il aime l'honneur et la fidélité; il ne donne rien, mais il est plein de vertus; hélas! il ne donne rien à personne! Que dirai-je encore? il ne donne rien, mais c'est un héros plein de grâce et de prestesse; il ne donne rien, le roi Rodolphe, quoi qu'on puisse dire et chanter à sa louange. »

Page 428. — FRAU... *la Vierge*... Il peut être curieux de mesurer tout le chemin qu'avait fait l'idéal de la femme germanique, depuis le paganisme du Nord jusqu'au temps du christianisme et de la chevalerie, qui la placèrent sur l'autel même, et la montrèrent transfigurée à la droite de Dieu. D'abord dans le Nialsaga, la femme est belle d'une pureté farouche; elle est élevée par un guerrier qui veille sur elle toute sa vie, et qui tue sans pitié l'époux trop peu respectueux pour sa fille d'adoption. Deux fois la vierge fatale coûte ainsi la vie à son époux. Dans les *Niebelungen*, la femme charme son barbare amant par sa force autant que par sa beauté. « Divers bruits s'élevaient sur le Rhin; sur le Rhin, disait-on, il y a plus d'une belle-fille; Gunther le roi puissant voulut en obtenir une, et le désir s'accrut dans le cœur du héros. — Une reine avait son empire sur la mer; de l'aveu commun, elle n'eut point de semblable; elle était d'une beauté démesurée (*die was unmazen schœne*), puissante était la force de ses membres; elle défiait au javelot les rapides guerriers qui briguaient son amour. — Elle lançait au loin la pierre, et la ramassait d'un seul bond. Celui qui la priait d'amour devait, sans pâlir, vaincre à trois jeux la noble femme; vaincu dans une joute, il payait de sa tête. — Mille fois elle était sortie vierge de ces combats. — Sur le Rhin un héros bien fait l'apprit, qui tourna tous ses pensers vers la belle femme; avec lui les héros payèrent de leur tête. — Un jour le roi était assis avec ses hommes; ils agitaient de quelle femme leur maître pourrait faire son épouse et la reine d'un beau pays. — Le chef du Rhin dit alors : « Je veux descendre jusqu'à la mer, jusqu'à Brünhild, quoi qu'il m'arrive; pour son amour je risquerai ma vie, et la perdrai si elle n'est ma femme. — Et moi je vous en détournerai, dit Sigfried. Cette reine a des mœurs si barbares! qui prétend à son amour joue gros jeu; et je vous donne sur ce voyage un avis franc et sincère. — Jamais, dit le roi Gunther, femme ne fut si forte et si hardie; je voudrais de mes mains dompter son corps dans la lutte. — Doucement, vous ne connaissez pas sa force. Fussiez-vous quatre, vous ne sortiriez pas sains et saufs de sa terrible colère; renoncez à votre envie, je vous le conseille en ami, et, si vous ne voulez mourir, ne courez point, pour son amour, une chance si affreuse. — Quelle que soit sa force, je ne renonce pas à mon voyage; allons chez Brünhild, quoi qu'il m'arrive; pour sa beauté prodigieuse, on doit tout oser, et, quoi que Dieu me réserve, suivez-moi sur le Rhin. » *Der Niebelungen Lied*, éd. 1820.

Nous avons traduit le morceau dans toute sa naïveté barbare. M. le baron d'Eckstein, qui a donné dans le *Catholique* de belles et éloquentes traductions des *Niebelungen*, me semble en avoir adouci quelquefois le caractère rude et fruste, sans doute par ménagement pour la timidité du goût français.

Peu à peu l'idéal de la femme s'épure. La femme de la chair subsiste sous le nom de WEIB, tandis que s'en dégage la femme le l'esprit, la femme morale, FRAU. L'un des plus célèbres meistersinger, Frauenlob, reçut ce nom pour avoir dans maint combat poétique soutenu cette distinction, et célébré tour à tour dans des chants d'amour et dans des hymnes les dames de ce monde et les dames du paradis. Celles d'ici-bas témoignèrent au panégyriste de la femme une tendre reconnaissance; elles voulurent faire elles-mêmes les funérailles de leur poète. La pierre sépulcrale, que l'on voit encore dans la cathédrale de Mayence, les représente portant le cercueil de celui qu'elles avaient inspiré si longtemps et fait tant pleurer.

Page 428. — *La Vierge...* — Voy. Grimm, *Alt. W.*, introd. à la *Forge d'Or* (poème en l'honneur de la Vierge), de Conrad de Wurtzbourg, très curieux pour les mythes chrétiens du Moyen-âge. « Une des idées qui reviennent le plus dans nos Meistersinger, dit le savant éditeur, c'est la comparaison de l'incarnation de Jésus-Christ avec *l'aurore d'un nouveau soleil*. Toute religion avait eu son soleil-dieu, et, dès le quatrième siècle, l'Église occidentale célèbre la naissance de Jésus-Christ au jour où le soleil remonte, au 25 décembre, c'est-à-dire au jour où l'on célébrait la naissance du *soleil invincible*. C'est un rapport évident avec le soleil-dieu Mithra (Creuzer, *Symbolick*, II, 220; Jablonski, *opus*, III, 546, seq.). — On lit encore dans nos poètes que Jésus à sa naissance reposait sur le sein de Marie, comme un oiseau qui, le soir, se réfugie dans une fleur de nuit éclose au milieu de la mer. Quel rapport remarquable avec le mythe de la naissance de Brama, enfermé dans le lys des eaux, le lotus, jusqu'au jour où la fleur fut ouverte par les rayons du soleil, c'est-à-dire par Vischnou lui-même, qui avait produit cette fleur (Voy. Mayer et Kanne)! Le Christ, le nouveau jour, est né de la nuit, c'est-à-dire de Marie-la-Noire, dont les pieds reposent sur la lune, et dont la tête est couronnée de planètes comme d'un brillant diadème (voy. les tableaux d'Albert Dürer). Ainsi reparaît, comme dans l'ancien culte, cette grande divinité, appelée tour à tour Maïa Bhawani, Isis, Cérès, Proserpine, Perséphoné. Reine du ciel, elle est la nuit d'où sort la vie, et où toute vie se replonge ; mystérieuse réunion de la vie et de la mort. Elle s'appelle aussi la rosée, et, dans les mythes allemands la rosée est considérée comme le principe qui reproduit et redonne la vie. Elle n'est pas seulement la nuit, mais comme mère du soleil, elle est aussi l'aurore devant qui les planètes brillent et s'empressent, comme pour *Persephone*. Lorsqu'elle signifie la terre comme Cérès, elle est représentée avec la gerbe de blé, de même que Cérès a sa couronne d'épis : elle est Perséphoné, la graine de semence ; comme cette déesse, elle a sa faucille ; c'est la demi-lune qui repose sous ses pieds. Enfin, comme la déesse d'Éphèse, la triste Cérès et Proserpine, elle est belle et brillante, et cependant sombre et noire, selon l'expression du *Cantique des Cantiques* : *Je suis noire, mais pleine de charmes; le soleil m'a brûlée* (le Christ). Encore aujourd'hui, l'image de la mère de Dieu est noire à Naples, comme à Einsiedeln en Suisse. Elle unit ainsi le jour et la nuit, la joie avec la tristesse, le soleil et la lune (chaleur, humidité), le terrestre et le céleste.

Page 428. — *Les fleurs...* Les minnesinger chantent les fleurs sans jamais se lasser, et commencent toujours par parler de la beauté des forêts et de leurs joyeux concerts. On pourrait, à l'exemple de l'Edda, qui appelle avec tant de grâce l'hiver *le deuil, la souffrance et la misère des oiseaux*, comprendre les sujets de la plupart des chants d'amour en deux classes, l'été et l'hiver: la joie, le réveil, la vie des oiseaux et des fleurs; et le deuil, la langueur, le sommeil et la mort des fleurs et des oiseaux. — Sur la signification des fleurs et des feuilles, voy. Grimm., *Altd. W.* 4 Heft, d'après un manuscrit du quinzième siècle, dont l'auteur était peut-être du pays de Cologne, des bords de la Moselle, ou bien encore de la Flandre, de la Champagne, de la Picardie, patrie des *Rederiker* ou *Rhétoriciens* du Moyen-âge, qui parlaient aussi beaucoup des fleurs. Nous trouvons ici des règles fixes et positives sur la manière dont les amants portaient les feuilles et les fleurs, par leur choix, ou par l'ordre de leurs dames. — « *Chêne.* Celui qui porte des feuilles de chêne annonce par là sa force, et fait entendre que rien ne peut rompre sa volonté. Mais s'il les porte par l'ordre de sa dame, c'est un signe qu'il ne faut point s'attaquer à lui, car le bois de chêne est plus dur que tout autre bois. — *Bouleau.* Celui qui se choisit de lui-même un seul maître, et souffre volontiers les châtiments qu'il lui impose, qu'ils soient doux ou rigoureux, celui-là doit porter le bouleau sans feuilles; celui à qui l'on ordonne de les porter doit comprendre par là qu'on ne veut lui pas montrer trop de rigueur, et que cependant on veut toujours le tenir sous la verge. — *Châtaignier.* Celui à qui son amour devient de jour en jour plus cher et qui plaît à sa dame, celui-là doit porter des châtaignes qui sont piquantes, et plus elles sont piquantes mieux elles valent. — *La bruyère.* Celui qui choisit la bruyère avec ses feuilles, et ses fleurs, montre que son cœur aime la solitude comme la bruyère qui naît volontiers dans les lieux déserts, et n'habite point dans le voisinage des autres plantes. S'il reçoit l'ordre de la porter, c'est un avis pour lui de n'avoir des sentiments que pour sa belle, de bien veiller sur lui, et de placer en haut lieu son amour et sa joie, comme la bruyère qui s'élève avec ses semblables sur les montagnes et sur les rochers, quoique peu noble par elle-même. — *Bluet.* Celui dont le cœur volage ne sait point lui-même où il doit s'arrêter et fixer son inconstance, celui-là doit porter des bluets, jolie fleur bleue, mais qui blanchit et ne sait point conserver sa couleur. — *Rose.* Celui qui aime en son amie la crainte du péché et l'innocence, et qui la défend contre lui-même, celui-là doit porter la rose avec ses épines.

Page 428. — *Puérile et profonde...* — Voyez le charmant recueil intitulé : *des Knaben Wunderhorn*, le Cor merveilleux de l'enfant. La plupart de ces chants populaires, si doux, si inspirés de calme et de solitude, me restent dans le cœur et dans l'oreille, à l'égal des plus délicieux chants de berceau que j'aie entendus jamais sur les genoux de ma mère. Je n'ose en rien traduire.

Page 428. — *Le Parceval d'Eschenbach....* — Dût le lecteur en sourire, je citerai tout au long le morceau de Grimm (*Alt. W.* t II.) sur le Parceval. « Le noble héros, dont la jeunesse simple et naïve comme l'enfance, sans cesse enfermée et tenue sous les yeux d'une mère trop craintive, résiste encore à la voix secrète qui l'appelle tous les jours plus fortement au service de Dieu ; Parceval est piqué des reproches de Sigunen, et se rend dans la ville des miracles à travers les forêts et les déserts. Un matin, au point du jour, la neige lui cache son chemin ; il dirige son cheval à travers les buissons et les pierres ; bientôt la blanche forêt brille aux rayons du soleil, il approche d'une plaine où venait de s'abattre une troupe d'oies sauvages : un faucon fond sur elles et en blesse une ; elle s'élève dans les airs, mais de ses blessures tombent sur la neige trois larmes de sang ; objet de douleur pour Parceval et pour son amour. — Lorsqu'il vit sur la neige toute blanche ces gouttes de sang, il se dit : Qui donc avec tant d'art a peint ces vives couleurs ? Condviramurs, cette couleur peut se comparer à la tienne. Dieu me protège, il veut que je trouve ici ton image. Dieu soit loué, et toutes ces créatures ! Condviramurs, voilà ton incarnat ! La neige prête au sang sa blancheur, et le sang rougit la neige. C'est l'image de ton beau corps. Les yeux du héros sont humides de pleurs, il songe au jour où deux larmes coulaient sur les joues de Condviramurs, et la troisième sur son menton. — Cette comparaison secrète l'occupe et l'absorbe tout entier, il ne sait plus ce qui se passe autour de lui, il reste immobile dans son attitude rêveuse, comme s'il dormait. Un chevalier envoyé vers lui l'appelle, il ne répond point, ne bouge pas ; enfin celui-ci le pousse rudement en bas de son cheval. En se relevant, il marche sur les gouttes de sang et ne les voit plus ; alors il revient à lui-même, renverse le chevalier importun, puis, sans perdre une seule parole, il retourne vers les gouttes de sang, et les contemple de nouveau.

« Un second chevalier n'est pas plus heureux.

« Le troisième est plus sage ; voyant que Parceval ne répond pas à son salut poli et discret, il comprend qu'il est sous le charme de l'amour, et cherche sur quel objet sont arrêtés ses regards immobiles. Il prend alors une fleur sauvage et la laisse tomber sur les gouttes de sang. A peine la fleur les a-t-elle couvertes et cachées, que le héros revient à lui-même, et demande seulement avec douleur qui lui a ravi sa dame.

« C'est nous montrer d'une manière à la fois touchante et singulière combien il aime la femme qu'il a voulu quitter lui-même, pour Dieu et la chevalerie. Dans un monde désert et lointain, un souvenir d'elle le surprend tout à coup comme un songe pénible auquel la force seule peut l'arracher. A la même place où il a vu les gouttes sur la neige, s'élève la tente où il revoit cinq ans après son épouse chérie, dormant dans sa couche avec deux enfants jumeaux qu'il ne connaissait pas encore. Sous les trois gouttes de sang il reconnaît les trois larmes qu'il avait vues un jour sur le visage de Condviramurs ; il ne savait pas qu'elles lui prédisaient ainsi sa femme avec deux enfants dans ses bras, comme trois perles brillantes....

« Dans l'ancien poème français de Chrétien de Troyes, Gauvin, l'ami du héros, ne jette pas de fleurs sur les gouttes de sang. La neige se fond insensiblement aux rayons du soleil; déjà deux gouttes se sont effacées, et Parceval est moins rêveur : la troisième disparaît peu à peu, et Gauvin croit qu'il est temps de le saluer. C'est l'image du temps, à la fois cruel et bienfaisant, qui, paisible comme le soleil, dissipe comme lui les joies et les douleurs de l'homme. »

Suit l'indication d'une foule de passages relatifs à l'opposition du rouge (naissance), du blanc (vie, pureté), et du noir (mort).

Page 429. — *Avec ses conséquences immorales.* — En attaquant ces conséquences et le danger de cette doctrine pour la liberté, je ne m'en dissimule point le caractère profondément poétique. Il faut le dire, cet hymen de l'esprit et de la matière, de l'homme et de la nature, les agrandit et les enchante l'un par l'autre. *L'esprit divin*, dit Schelling, *dort dans la pierre, rêve dans l'animal, est éveillé dans l'homme.* L'homme est le verbe du monde; la nature ayant conscience d'elle-même et reconnaissant son identité, il s'y retrouve en toute chose, et sent à son tour respirer en lui l'univers; partout la vie réfléchit la vie. *Ne vivent-ils pas ces monts et ces étoiles? Les ondes, n'est-il pas en elles un esprit? Et ces grottes en pleurs, n'ont-elles pas un sentiment dans leurs larmes silencieuses?* (Byron.) Lorsque, préoccupé de ces idées, on parcourt les forêts et les vallées désertes, c'est je ne sais quelle douceur, quelle sensualité mystique d'ajouter à son être l'air, les eaux et la verdure, ou plutôt de laisser aller sa personnalité à cette avide nature qui l'attire et qui semble vouloir l'absorber. La voix de la sirène est si douce, que vous la suivriez, comme le pêcheur de Goethe, dans la source limpide et profonde, ou, comme Empédocle, au fond de l'Etna. *O mihi tùm quam molliter ossa quiescant!*

C'est une chose merveilleuse à quel point cette doctrine s'est emparée de la rêveuse Allemagne, et infiltrée dans toute sa littérature. Vous en retrouverez l'influence dans presque tous les livres, dans l'art, dans la critique, dans la philosophie, dans les chansons. J'en connais une d'étudiants qui est fort belle ; mais j'aime encore mieux citer la suivante composée en France dans la guerre de 1815. Au milieu de l'ardeur de la jeunesse, et de l'ivresse des combats, la pensée philosophique arrive bon gré, mal gré. « Rien au monde de plus gai, de plus rapide, que nous autres hussards sur le champ de bataille. L'éclair brille, le tonnerre gronde; rouges comme la flamme, nous tirons sur l'ennemi ; le sang roule dans nos yeux, nous faisons tomber la grêle. — On nous crie : Hussards, tirez tous vos pistolets, frappez, le sabre à la main, fendez celui qui se trouve là. Vous ne comprenez pas le français ! que ça ne vous inquiète pas ! il ne parle plus sa langue quand vous lui coupez la tête. — Si le fidèle camarade restait sur le champ de bataille, les hussards ne s'en plaindraient pas. Le corps pourrit au tombeau, l'habit reste au monde, l'âme s'exhale dans l'air, sous la voûte azurée. »

Page 430. — *Un bois, un pré, une fontaine.* — Ne pati quidem inter se junctas sedes. Colunt discreti ac diversi ; ut fons, ut campus, ut nemus placuit, etc. Taciti, *Germ.*, XVI.

Page 430. — *La bonne Nuremberg...* — Cette coutume d'orner les maisons de belles sentences tirées de l'Écriture est répandue par toute l'Allemagne. J'ai cité Nuremberg, parce que nulle ville n'a mieux conservé son aspect antique. C'est le Pompéi du Moyen-âge.

Page 430. — *Les cerfs venant boire sous le balcon des Électeurs.* — J'ai cédé ici à une double tentation, au plaisir de parler de cette charmante petite ville d'Heidelberg, qui laisse à tous ceux qui l'ont visitée tant de souvenirs et de regrets, et d'en parler dans les termes mêmes d'un grand écrivain qui m'est bien cher, le traducteur d'Herder, l'auteur du *Voyage en Grèce*, Edgar Quinet.

Page 431. — *Que de fois l'Allemagne s'est soulevée ! mais c'était pour retomber bientôt...* Si l'on veut une image de ceci, il n'en est pas de plus fidèle que le Rhin. Vrai symbole du génie de la contrée, il réfléchit l'histoire, tout aussi bien que les arbres et les rochers de ses rives. Sorti comme un torrent de la nuit des Alpes, il s'endort dès le lac de Constance. Il s'élance de nouveau par un lit déchiré de rochers, s'emporte et tombe furieux à Schaffouse ; sa chute fait trembler la Souabe et la Suisse. Ne craignez rien ; il est déjà calmé. Il roule alors, large et profond comme les *Niebelungen* dont il traverse le théâtre. Resserré à Bingen, le fleuve héroïque perce sa route entre des géants de basalte, à travers tous les châteaux qui dominent ses rives, et qui quelquefois semblent être descendus armés de toutes pièces pour lui défendre le passage (à *Pfalz*).

Enfin, quand il a salué l'inachevable cathédrale de Cologne, las et désabusé des nobles efforts, il se laisse aller le long des plaines prosaïques des Pays-Bas, et, si ses rives retentissent encore, c'est d'une déclamation de quelque Rederiker flamand, du chant uniforme d'un Baenkelsænger, d'un poète charpentier ou forgeron, qui va martelant son œuvre de Cologne jusqu'à la Hollande. Le Rhin arrive ainsi en face de l'Océan, et s'y évanouit sans regret. C'est encore ici l'image de l'Allemagne se résignant à s'absorber dans l'unité absolue de Schelling. Heureuse de se reposer dans l'infini, elle fait entendre en Goethe et Goerres un dernier son poétique.

Page 431. — *En Islande, les dieux mourront comme nous...* — Voy. *Geïers Schewedens Geschichte*. Il n'existe encore qu'un volume de la traduction allemande. J'attends aussi avec une vive impatience la publication de l'important ouvrage de M. J.-J. Ampère sur la *Littérature du Nord*. Ce livre, préparé par tant de voyages et d'études variées et profondes, va révéler tout un monde au public français.

Page 432. — *Du vivant de Luther, à sa table même, commença le mysticisme....* — On connaît peu Luther. Avec ce col de taureau, cette face colérique (voyez les beaux portraits de Lucas Cranach), et cette violence furieuse dans le style, c'était une âme tendre, très sensible à la musique, aussi accessible à l'amitié qu'à l'amour. Rien ne lui fut plus douloureux que de voir jusque dans sa maison ses disciples les plus chéris abandonner sa doctrine, ou plutôt la pousser à ses conséquences extrêmes avec une inflexible logique. Dans ses attaques contre Rome, il avait écrit : *Périsse la loi! vive la grâce!* Pouvait-il se plaindre après cela que les luthériens inclinassent au mysticisme? Lui-même, dans la première moitié de sa vie, avait été prodigieusement mystique.

Page 432. — *Qui devait triompher en Bœhme...* — Cordonnier à Gœrlitz, mort en 1624. Saint-Martin a traduit trois de ses ouvrages : *L'Aurore naissante*, *les Trois Principes*, et *la Triple Vie* ou *l'Éternel Engendrement sans origine*. 1802. Il se proposait de traduire les cinquante volumes de Bœhme. Plusieurs passages de ce théosophe sont de la plus haute poésie ; par exemple, tout le commencement du deuxième volume des *Trois Principes*.

Je ne puis m'empêcher de terminer ces notes sur l'Allemagne, sans citer quelques vues de M<sup>me</sup> de Staël, toutes frappantes de sagacité et de justesse. Ces observations sur la société allemande d'aujourd'hui reçoivent une merveilleuse confirmation de l'ancienne littérature de ce peuple, que l'auteur n'a pas connue. — « C'est un certain bien-être physique, qui, dans le midi de l'Allemagne, fait rêver aux sensations, comme dans le nord aux idées. L'existence végétative du midi de l'Allemagne a quelques rapports avec l'existence contemplative du nord : il y a du repos, de la paresse et de la réflexion dans l'une et l'autre. — Les farces tyroliennes, qui amusent à Vienne les grands seigneurs comme le peuple, ressemblent beaucoup plus à la bouffonnerie des Italiens qu'à la moquerie des Français. — Celui qui ne s'occupe pas de l'univers, en Allemagne, n'a vraiment rien à faire. — Il faut, pour que les hommes supérieurs de l'un et de l'autre pays atteignent au plus haut point de perfection, que le Français soit religieux, et que l'Allemand soit un peu mondain. — Il y a plus de sensibilité dans la poésie anglaise, et plus d'imagination dans la poésie allemande. Les Allemands, plus indépendants en tout, parce qu'ils ne portent l'empreinte d'aucune institution politique, peignent les sentiments comme les idées, à travers des nuages : on dirait que l'univers vacille devant leurs yeux, et l'incertitude même de leurs regards multiplie les objets dont leur talent peut se servir. — On a vu souvent, chez les nations latines, une politique singulièrement adroite dans l'art de s'affranchir de tous les devoirs; mais, on peut le dire à la gloire de la nation allemande, elle a presque l'incapacité de cette souplesse hardie, qui fait plier toutes les vérités pour tous les intérêts, et sacrifie tous les engagements à tous les calculs. — Les poêles, la bière et la fumée de tabac, forment autour des gens du peuple, en Allemagne, une sorte d'atmosphère lourde et chaude dont ils n'aiment pas à sortir. Quand le climat n'est qu'à demi rigoureux, et qu'il est encore possible d'échapper aux injures du ciel par des précautions domestiques, ces précautions mêmes rendent les hommes plus sensibles aux souffrances physiques de la guerre. — L'imagination, qui est la qualité dominante de l'Allemagne, artiste et littéraire, inspire la crainte du péril, si l'on ne combat pas ce mouvement naturel par l'ascendant de l'opinion et l'exaltation de l'honneur. — Les Français, opposés en ceci aux Allemands, considèrent les actions avec la liberté de l'art, et les idées avec l'asservissement de l'usage. — Comme il y a chez les Allemands plus d'imagination que de vraie passion (dans l'amour), les événements les plus bizarres s'y passent avec une tranquillité singulière; cependant, c'est ainsi que les mœurs et le caractère perdent toute consistance; l'esprit paradoxal ébranle les institutions les plus sacrées et l'on n'y a sur aucun sujet des règles assez fixes. »

Page 432. — ITALIE. — *Celle-ci peut alléguer la langueur du climat, les forces disproportionnées des conquérants, etc.* — Mais la meilleure excuse de cette malheureuse contrée, c'est que sa fatale beauté a toujours irrité les désirs et le brutal amour de tous les peuples barbares. Les géants de glace que la nature a placés à ses portes, comme pour la défendre, ne lui ont servi de rien. Les conquérants n'ont jamais été rebutés par l'extrême difficulté du passage. Naguère encore, on descendait le mont Cenis par une pente si rapide, qu'elle portait le traîneau du voyageur à deux lieues en dix minutes.

On peut franchir les Alpes de côté, par la Savoie et par l'Allemagne, ou au centre de la Suisse. Ce dernier passage, celui du Simplon, est court et brusque. Du triste Valais où vous laissez les hommes du Nord, les chalets de bois bariolés, vous tombez à Milan, au milieu du bruit, de la brillante lumière, de l'agitation italienne, au milieu des orangers et des maisons de marbre. Le Simplon est la porte triomphale de l'Italie. L'artiste et le poète choisiront ce passage. L'historien entrera plutôt par l'orient ou l'occident; ce sont en effet les deux routes que les armées et les grandes émigrations ont suivies. Les Gaulois, Hannibal, Bonaparte; une foule d'armées françaises passèrent par le mont Cenis ou le Saint-Bernard; les Goths d'Alaric et de Théodoric, les Allemands d'Othon-le-Grand, de Frédéric Barberousse, et de tant d'empereurs, entrèrent par les défilés du Tyrol.

Aujourd'hui encore, lorsqu'on voit cette terrible barrière des Alpes, on frémit en songeant à ce que les hommes ont autrefois osé et souffert pour pénétrer dans ce jardin des Hespérides. Hannibal, entré dans les Alpes avec cinquante mille hommes, en sortit avec vingt-cinq mille. N'importe, toutes les nations du monde ont voulu camper à leur tour sur cette terre, jouir de ses fruits et de son ciel, sauf à y trouver leur tombeau. Les Gaulois y cherchaient la vigne, les Normands le citronnier. Louis XII et François I*er* y usèrent leur vie et leur peuple pour recouvrer *leur belle fiancée*, comme ils appelaient Naples ou Milan. Les Goths croyaient y retrouver leur Asgard, la cité mystérieuse et fortunée d'où, selon eux, leurs ancêtres avaient été exilés. Alaric assurait qu'une invincible fatalité l'entraînait vers Rome, en sortant de laquelle il devait mourir.

C'est qu'en effet la nature a placé sur cette terre d'invincibles séductions : *Je me persuade*, dit Goethe (*Mémoires*), *que j'y suis né, et que je reviens après un voyage en Groënland pour la pêche de la baleine.* — Kennst du das Land, etc.,

Connais-tu le pays où sous un noir feuillage
Brille comme un fruit d'or le fruit du citronnier? etc.

(Goethe, *Weilhelm Meister*. Dans l'élégante traduction de M. Toussenel.)

C'est encore une des séductions de l'Italie, que presque partout le péril s'y trouve à côté du plaisir. A peine échappé aux glaciers et aux avalanches, vous rencontrez les îles Borromées et les enchantements du lac Majeur. Les riches plaines du Pô sont à peine protégées par des digues contre les envahissements du plus fougueux des fleuves. La maremme de Toscane, la campagne de Rome sont aussi remarquables par leur fertilité que par leur insalubrité meurtrière. *Dans la maremme*, dit le proverbe toscan, *on s'enrichit en un an, et l'on meurt en six mois.* — Le Vésuve... (Voy. mon *Histoire romaine*, chap. II.)

Page 433. — *L'Italien fait descendre Dieu à lui, y cherche un objet d'art...* et dans les cérémonies même du culte, il y réussit souvent avec un génie admirablement dramatique. A Messine, le jour de l'Assomption la Vierge, portée par toute la ville, cherche son Fils, comme la déesse de la Sicile antique cherchait Proserpine. Enfin, quand elle est au moment d'entrer dans la grande place, on lui présente tout à coup l'image du Sauveur. Elle tressaille et recule de surprise, et douze oiseaux qui s'envolent de son sein portent à Dieu l'effusion de la joie maternelle. — Comment le cruel M. Blunt n'a-t-il vu là qu'une momerie ridicule? (*Vestiges of ancient manners and customs discoverables in modern Italy and Sicily, by the reverent John James Blunt, fellow of John's college, Cambridge, and late one of the travelling bachelors of that university.* London, J. Murray, 1823; in-8°, p. 158.)

Page 433. — *Les prières et les formules augurales sont de véritables contrats avec les dieux...* — On lit dans les inscriptions : Ædem tempestatibus dedit *merito...* Pompeius votum *merito* Minervæ. — *Solvere vota* indique l'accomplissement d'un contrat. — La formule du vœu d'un *Ver sacrum* (Tit.-Liv., lib. XXII), et celle du consul Licinius contre Antiochus (T. L. XXXVI), sont de véritables contrats avec Jupiter. — Servius ad Æn. III (*ad versum :* Da, pater, augurium). — *Legum dictio* appellatur, cum condictio ipsius augurii certa nuncupatione verborum dicitur, quali conditione augurium peracturus sit... tunc enim quasi *legitimo* jure *legem* adscribit. — Varron nous a conservé la formule augurale par laquelle on choisit l'emplacement du Capitole (dans mon *Histoire romaine,* liv. I<sup>er</sup>).

Page 433. — *Pour trouver les plus beaux raisins, pour rattraper un oiseau perdu...* Cic., de *Divinatione.* — Ainsi, chez ces Romains dont on vante la gravité, la religion fut souvent un objet aussi peu sérieux qu'elle l'est pour les Italiens d'aujourd'hui.

Page 434. — *Les papes furent des légistes... mieux que vous autres gens de loi.* — Ce mot est de Philippe de Valois qui, en 1333, envoyait au pape Jean XXII la décision de l'Université de Paris, sur une question de dogme : Mandans sibi a latere, quatenus sententiam magistrorum de Parisiis, qui melius sciunt quid debet teneri et credi in fide quam juristæ et alii clerici, qui parum aut nihil sciunt de theologia, approbaret, etc., *Cont. chron.* Guil. de Nangis, p. 97. Le roi alla plus loin, selon Pierre d'Ailly (*Concil. eccl. Gall.* 1406); il fit dire au pape qui favorisait l'opinion condamnée par l'Université : « qu'il se révoquast, on qu'il le feroit ardre ».

Page 434. — *Pontifex...* Pontifices ego a ponte arbitror; nam iis Sublicius est factus primum, et restitutus sæpe, cum ideo sacra et ultra et cis Tiberim non mediocri ritu fiant (Varro, *de Lingua lat.*, IV, 15.).

Page 434. — *Les monuments étrusques...* Voy. le grand ouvrage d'Inghirami, l'atlas de Micali (*l'Italia avanti*, etc.), *Die Etrusker*, von Otfried Müller, etc.

Page 434. — *... Beaucoup d'églises, mais c'étaient les lieux où se tenaient les assemblées...*, et le théâtre d'une foule de crises politiques. Julien de Médicis et Jean Galéas Sforza furent poignardés dans des églises. — Entre autres passages qui font vivement sentir ce caractère politique des églises du Moyen-âge, voyez dans notre Ville-Hardouin l'admirable scène où les envoyés des croisés implorent à genoux, et avec larmes, le secours du peuple de Venise assemblé dans Saint-Marc. On pourrait citer aussi une foule de passages de Villani. — Le Duomo de Pise, Santa-Maria de Fiore à Florence, et toutes les vieilles églises italiennes dont je me souviens, n'ont pas de tribunes : c'est que de là on eût dominé l'assemblée du peuple souverain.

Page 434. — *Architectes de Strasbourg, pour fermer les voûtes de la cathédrale de Milan.* — La lettre autographe existe, datée de 1481. Voy. Fiorillo, t. I.

Page 434. — *Jamais ce qui constitue la féodalité elle-même, la foi de l'homme en l'homme.* — Voyez dans l'histoire romaine et au Moyen-âge, avec quelle facilité les clients et les vasssaux se tournent contre leurs patrons et leurs seigneurs.

Page 435. — *Il sait mourir... mais mourir pour une idée...* Je ne puis m'empêcher de rapporter ici (Voy. Sismondi, *Rép. it.*, t. XI, ch. LXXXIV, 1476) l'admirable récit du meurtre de Galéas Sforza, qui a été dicté entre la question et le supplice, par le jeune Girolamo Olgiati, l'un de ceux qui avaient fait le coup. Les Milanais ne pouvaient plus endurer cet exécrable tyran, qui se plaisait à faire enterrer ses victimes toutes vivantes, ou à les faire mourir lentement en les nourrissant d'excréments humains. Trois jeunes gens, Olgiati, Lampugnani et Visconti (celui-ci était prêtre), jurèrent de venger leurs injures et de délivrer la patrie. Leur première conférence eut lieu dans le jardin de la basilique de Saint-Ambroise : « J'entrai ensuite dans le temple ; je me jetai aux pieds de la statue du saint pontife, et lui adressai cette prière : Grand saint Ambroise, soutien de cette ville, espérance et gardien du peuple de Milan, si le projet que tes concitoyens ont formé pour repousser d'ici la tyrannie, l'impureté et les débauches monstrueuses, est digne de ton approbation, sois-nous favorable au milieu des dangers que nous courons pour délivrer notre pays. Après avoir prié, je retournai auprès de mes compagnons, et je les exhortai à prendre courage, les assurant que je me sentais rempli d'espérance et de force, depuis que j'avais invoqué le saint protecteur de notre patrie. Pendant les jours qui suivaient nous nous exerçâmes à l'escrime avec des poignards, pour acquérir plus d'agilité, et nous accoutumer à l'image du péril que nous allions braver... La sixième heure de la nuit avant le jour de saint Étienne, désigné pour l'exécution, nous nous rassemblâmes encore une fois, comme pouvant ne plus nous revoir. Nous arrêtâmes l'heure, le rôle de chacun, et tous les détails de l'exécution, autant qu'on pouvait prévoir. Le lendemain, de grand matin, nous nous rendîmes dans le temple de Saint-Étienne ; nous suppliâmes ce saint de favoriser la grande action que nous devions accomplir dans son sanctuaire, et de ne point s'indigner si nous souillions de sang ses autels, puisque ce sang devait accomplir la délivrance de la ville et de la patrie. A la suite des prières qui sont contenues dans le rituaire de ce premier des martyrs, nous en récitâmes une autre qu'avait composée Charles Visconti ; enfin nous assistâmes au service de la messe, célébrée par l'archiprêtre de cette basilique ; puis je me fis donner les clés de la maison de cet archiprêtre pour nous y retirer. » Les conjurés étaient dans cette maison auprès du feu, car un froid violent les avait fait sortir de l'église, lorsque le bruit de la foule les avertit de l'approche du prince. C'était le lendemain de Noël, 26 décembre 1476. Galéas, qui semblait retenu par des pressentiments, ne s'était déterminé qu'à regret à sortir de chez lui. Il marchait cependant à la fête, entre l'ambassadeur de Ferrare et celui de Mantoue. Jean-André Lampugnani s'avança au-devant de lui, dans l'intérieur même du temple, jusqu'à la pierre des Innocents. De la main et de la voix il écartait la foule. Quand il fut tout près de lui, il porta la main gauche, comme par respect, à la toque que Galéas tenait à la main; il mit un genou en terre, comme s'il voulait lui présenter une requête, et en même temps de la droite, dans laquelle il tenait un court poignard caché dans sa manche, il le frappa au ventre de bas en haut. Olgiati, au même instant, le frappa à la gorge et à la poitrine, Visconti à l'épaule et au milieu du dos. Sforza tomba entre les bras des deux ambassadeurs qui marchaient à ses côtés, en criant : *Ah! Dieu!* Les coups avaient été si prompts, que ces ambassadeurs eux-mêmes ne savaient pas encore ce qui s'était passé. Au moment où le duc fut tué, un violent tumulte s'éleva dans le temple; plusieurs tirèrent leurs épées ; les uns fuyaient, d'autres accouraient, personne ne connaissait encore le but ni les forces des conjurés. Mais les gardes et les courtisans, qui avaient reconnu les meurtriers, s'animèrent bientôt à leur poursuite. Lampugnani, en voulant sortir de l'église, se jeta dans un groupe de femmes qui étaient à genoux; leurs habits s'engagèrent dans ses éperons : il tomba, et un écuyer maure du duc l'atteignit et le tua. Visconti fut arrêté un peu plus tard, et fut aussi tué par les gardes. Olgiati sortit de l'église et se présenta chez lui ; mais son père ne voulut pas le recevoir, et lui ferma les portes de sa maison. Un ami lui donna une retraite, où il ne fut pas longtemps en sûreté. Il était, dit-il lui-même, sur le point d'en sortir, et d'appeler le peuple à une liberté que les Milanais ne connaissaient plus, lorsqu'il entendit les vociférations de la populace, qui traînait dans la boue le corps déchiré de son ami Lampugnani; glacé d'horreur et perdant courage, il attendit le moment fatal où il fut découvert. Il fut soumis à une effroyable torture ; et c'était avec le corps déchiré et les os disloqués, qu'il composa la relation circonstanciée de sa conspiration qu'on lui demandait, et qui nous est restée. Il la termine en ces termes :

« A présent, sainte mère de Notre-Seigneur, et vous, ô princesse Bonne (*la veuve de Galéas*)! je vous implore pour que votre clémence et votre bonté pourvoient au salut de mon âme. Je demande seulement qu'on laisse à ce corps misérable assez de vigueur pour que je puisse confesser mes péchés suivant les rites de l'Église, et subir ensuite mon sort. »

Olgiati était alors âgé de vingt-deux ans; il fut condamné à être tenaillé et coupé, vivant, en morceaux. Au milieu de ces atroces douleurs, un prêtre l'exhortait à se repentir. « Je sais, reprit Olgiati, que j'ai mérité, par beaucoup de fautes, ces tourments, et de plus grands encore, si mon faible corps pouvait les supporter. Mais quant à la belle action pour laquelle je meurs, c'est elle qui soulage ma conscience : loin de croire que j'ai par elle mérité ma peine, c'est en elle que je me confie pour espérer que le Juge suprême me pardonnera mes autres péchés. Ce n'est point une cupidité coupable qui m'a porté à cette action, c'est le seul désir d'ôter du milieu de nous un tyran que nous ne pouvions plus supporter. Si je devais dix fois revivre pour périr dix fois dans les mêmes tourments, je n'en consacrerais pas moins tout ce que j'ai de sang et de forces à un si noble but. » Le bourreau, en lui arrachant la peau de dessus la poitrine, lui fit pousser un cri, mais il se reprit aussitôt. Cette mort est dure, dit-il en latin, mais la gloire en est éternelle! *Mors acerba, fama perpetua; stabit vetus memoria facti.* » (Confessio Hieronymi Olgiati morientis, apud Ripamontium, *Hist. mediol.*, l. VI, p. 649.)

Page 435. — *Génie passionné, mais sévère... monde artificiel de la cité...* — Je n'ignore pas les objections qu'on peut tirer de l'état actuel de l'Italie; mais je dois ici caractériser chaque peuple par l'ensemble de son développement et de son histoire. Aujourd'hui même tout ce que j'ai dit subsiste pour qui ne voit pas toute l'Italie dans la douceur florentine, la sensualité milanaise et la langueur de la baie de Naples.

Page 435. — *L'indestructible droit romain...* — Voyez dans le 3e vol. de Gans (*Erbrecht*), avec quelle puissance ce droit a lutté contre l'esprit des Goths, des Lombards et des Francs. L'influence même des papes l'a moins modifié qu'on ne serait tenté de le croire. Le catholicisme, dit l'ingénieux auteur, est en Italie comme un dôme vu de tout le pays, vers lequel on se tourne quand on veut prier, et qu'on ne remarque plus quand on fait autre chose. — L'ouvrage que prépare M. Forti (de Florence) nous fera connaître d'une manière plus complète encore le curieux développement du droit romain sous la forme italienne du Moyen-âge. Je place la plus grande espérance dans les travaux de ce jeune et savant jurisconsulte. Ce n'est pas en vain qu'on porte dans ses veines le sang des Sismondi.

Page 436. — *Cardan et Tartaglia...,* et page 439, *Campanella et l'infortuné Bruno.* — Nulle part la destinée n'a été plus cruelle pour le génie qu'en Italie. Cela s'explique par la contradiction d'une forte personnalité, froissée et brisée sous le joug de la Cité ou de l'Église. On sait les infortunes de Dante, et l'inélégante et douloureuse épitaphe qu'il s'est faite lui-même pour son tombeau de Ravenne :

> Hic condor Dantes, patriis extorris ab oris,
> Quem genuit parvi Florentia mater amoris.

Tous les grands hommes de l'Italie ont su, comme lui, ce que c'est *que de monter et descendre l'escalier de l'étranger, et goûter combien il y a de sel dans le pain d'autrui.* — Campanella, ce moine héroïque qui voulait armer tous les couvents de la Calabre, et traitait avec les Turcs pour délivrer son pays des Espagnols, passa vingt-sept ans dans un cachot. Les sonnets qu'il y composa, et que nous avons encore, montrent combien la captivité avait été impuissante pour briser cette âme forte. Il parvint enfin à en sortir, se réfugia en France, et y mourut ami du cardinal de Richelieu, qui le consultait souvent dans son couvent de la rue Saint-Honoré.

Tartaglia reçut ce nom ridicule (*tartaglia*, qui bégaie), parce qu'à l'âge de douze ans il fut sabré par les Français au sac de Brescia, dans une église où sa mère avait cru trouver un asile. Le coup fendit la lèvre ; s'il eût porté plus haut, c'était fait du restaurateur des mathématiques.

Cardan, entre autres infortunes, eut celle de voir son fils exécuté comme empoisonneur. La vie de cet homme extraordinaire, écrite par lui-même, est inférieure pour le style, mais non pour l'intérêt des observations psychologiques, aux Confessions de saint Augustin, de Montaigne et de Rousseau.

Que dire de l'existence douloureuse et de la mort horrible du pauvre Giordano Bruno ? On ne peut voir sans émotion, dans un portrait contemporain, la douce et souffrante figure (Voy. en tête de sa *Vie*, par Silber et Rixner) de cet homme que l'on traqua par toute l'Europe comme une bête sauvage. Après avoir erré de Genève à Wittemberg, et de Paris à Londres, le pauvre Italien voulut encore revoir le soleil de sa patrie, et se fit prendre à Venise. On sait qu'il fut condamné comme athée à Rome, et périt sur le bûcher. On pouvait blâmer dans sa doctrine une tendance immorale ; mais comment l'accuser d'athéisme ? Cet athée nous a laissé une foule de poésies religieuses, entre autres un beau sonnet dans le genre de Pétrarque, à l'*amour*. Par ce mot il entend toujours l'amour divin.

Page 436. — *Coloris vénitien, grâce lombarde...* — La Lombardie, celtique d'origine, placée entre la France et l'Italie, entre le mouvement et la beauté, s'exprime en peinture par *la beauté du mouvement*, par la grâce. — L'école vénitienne se distingue par le coloris, les écoles florentine et romaine par le dessin; ainsi la peinture va de Venise à Naples perdant de son caractère concret et se spiritualisant pour ainsi dire; elle atteint dans Salvator Rosa le plus haut degré d'abstraction et de spiritualisation. Les tableaux de ce grand artiste n'ont ni l'éclat du coloris, ni la sévérité du dessin, mais ils sont pleins de vie et de traits ingénieux. — L'école de Bologne, venue après toutes les autres, est un admirable éclectisme.

L'art italien a perdu de bonne heure le génie symbolique, étouffé presqu'à sa naissance par le sentiment de la forme, par l'adoration de la beauté physique. L'Allemagne, au contraire, ne voit dans l'art qu'un symbolisme; tout entière à l'idée, elle traite la forme comme un accessoire. De là cette honnête laideur répandue presque partout dans l'art allemand; mais le charme de la beauté morale y est souvent si pénétrant, que l'âme dément le jugement des yeux. Quand l'Allemagne unit la forme et l'idée, elle égale alors ou surpasse l'Italie. Qui décidera entre les vierges de Cologne et celles du *Campo-Santo* de Pise?

Je n'ai conservé de l'Italie aucun souvenir, aucun regret plus vif que de cette ville de Pise. Florence est bien splendide, Rome bien majestueuse et bien tragique; mais avec tout cela il me semble qu'il serait doux de vivre et de mourir à Pise, et de dormir au Campo-Santo. Ce n'est pas seulement, je l'avoue, parce que la terre en a été apportée de Jérusalem sur je ne sais combien de galères; mais cette architecture arabe est si légère, ces marbres noirs et blancs s'harmonisent si doucement par leurs belles teintes jaunâtres avec le ciel et la verdure; et cette tour de marbre se penche avec un air si compatissant sur la pauvre vieille ville qui n'a conservé rien autre de sa splendeur. Ah! les pierres ont là un sentiment et une vie. Dans ce cloître, où tant de figures mystiques me regardaient d'un œil scrutateur, je remarquai, entre les antiques tombeaux étrusques et ceux des croisés italiens, la statue pensive de l'Allemand Henri VII, le chevaleresque et religieux empereur qui fut empoisonné dans la communion, et mourut plutôt que de rejeter l'hostie.

Page 437. — *L'agrimensor et l'augure mesuraient et orientaient les champs... le juriste et le stratégiste...* — Voy. mon *Histoire*, et le Recueil de Gœsius. — Au jugement de Sylla lui-même, Marius était un des plus habiles agriculteurs du monde.

Page 437. — *L'Italien donne son nom à sa terre.* — Villæ Tullianæ à Tusculum, Formies, Arpinum, Calvi, Puteoli, Pompei, etc. Aujourd'hui l'on recherche curieusement les ruines de ces villas de Cicéron. La villa Manzoni n'excitera pas moins l'intérêt des voyageurs à venir.

Page 437. — *Les fondateurs de l'architecture militaire...* — Castriotto et Félix Paciolto, du duché d'Urbin, qui construisirent les fameuses citadelles d'Anvers et de Turin. — On connaît le grand ouvrage classique sur l'architecture militaire du Bolonais Marchi. — Un autre Bolonais, Ant. Alberti, donna la première idée des cadastres.

Page 438. — *Jugez donc aussi la France par les canuts de Lyon.* — C'est le nom qu'on donne dans cette ville à cette race dégénérée qui végète dans les manufactures, surtout dans celles de soie.

Page 438. — *La perpétuité du génie italien des temps anciens aux temps modernes...* — Voy. sur ce sujet l'ouvrage de Dlunt, cité plus haut, et celui de Carlo Denina (in-8°, 1807, Milan).—On peut consulter aussi la lettre du docteur Middleton, à la suite de la *Conformité des cérémonies* du P. Mussard. (Amsterdam, 1744, 2 vol. in-12.)

Page 438. — *Le costume est presque le même...* — Juv., Sat. xiv, 186; iii, 170. — Plin., *Hist. N.* ix, p. xxiii, 1. — *Rues étroites...* Juv., iii, 236. — *Prandium à midi, la sieste et la promenade du soir...* Suet., 78. — Plin. jun., ep. iii, 5. — Plin., *Hist. N.* vii, 44; x, 8. — Mart., vi, 77, 10. — Suet. *Aug.* 43. — Colum. præf.

Page 439. — *L'improvisateur... qu'il s'appelle Stace, Dante ou Sgricci...* Juven., vii, 85. — On montre encore, en face de la cathédrale de Florence, la pierre où s'asseyait Dante au milieu du peuple (*Sasso di Dante*). J'en veux à ceux qui ont mis cette pierre vénérable parmi les dalles d'un trottoir . il faut se détourner pour ne pas marcher dessus. Dante déclamait encore ses vers, ainsi que Pétrarque, au *Poggio imperiale*, à la porte de la ville, du côté de Rome.

Page 439. — *Les* filosofi *de Naples...* les litterati *en plein vent...* F. I. L. Meyer. *Darstellungen aus italien*, 1784-85? — Suet. *De ill. gr.* — Aul. G. II, 5.

Page 439. — *La charrue est celle que décrit Virgile...* — L'*imcumbere aratro* a toujours été mis en pratique. Une médaille d'Enna représente le laboureur monté sur une planche au-dessus du soc pour l'enfoncer par son poids. (*Hunter's medals*, plat. 25).

Page 439. — *Le type sauvage des Brutiens...* — *Séjour d'un officier français en Calabre*, 1820, p. 242. — Si l'on en croyait le témoignage du comte de Zurlo, cité par Niebuhr, le grec serait encore parlé aujourd'hui aux environs de Locres. Il est bien entendu qu'il ne s'agit point des colonies albanaises.

Page 439. — *Au midi, l'idéalisme, la spéculation et les Grecs; au nord, le sensualisme, l'action et les Celtes...* — Voy. plus bas une des notes relatives à la France. — On reproche entre autres choses aux Italiens d'être bruyants et grands parleurs; ceci ne peut guère s'appliquer qu'aux Italiens du nord et du midi, c'est-à-dire aux Celtes de la Lombardie, et aux Grecs du royaume de Naples.

Page 439. — *Bergame, patrie d'Arlequin...* — Arlequin et Polichinelle peuvent prétendre à une antiquité bien autrement reculée, s'il est vrai qu'on a trouvé des figurines tout à fait analogues dans les hypogées étrusques.

Page 440. — *Le nom mystérieux de Rome....* — Le nom mystérieux de Rome était *Eros* ou *Amor;* le nom sacerdotal, *Flora* ou *Anthusa;* le nom civil, *Roma*. Voy. Plin., *H. N.* III, 5; Münter, De occulto urbis Romæ nomine, n° 1 de ses *Mémoires sur les antiquités*.

Page 440. — *Questa provincia pare nata a risuscitare le cose morte...* — Machiav. *Arte della guerra*, L. VIII, sub fin.

Page 441. — *La seule exportation de Rome, c'est la terre, les haillons et les antiquités...* — Je parle de la pouzzolane qu'on vient chercher de loin à Rome, et dont on fait un ciment inaltérable. On exporte aussi beaucoup de chiffons, qui servent à envelopper pendant l'hiver les arbres délicats, vignes et orangers. — Quant aux antiquités, il y a à Rome un marché où les paysans viennent à jour fixe vendre ce qu'ils ont trouvé en fouillant la terre pendant la semaine. Les médailles, figurines, etc., s'y vendent comme les fruits, les légumes et autres produits du sol.

Page 441. — *Le préteur et le tribun recueillant la sportula de porte en porte...* — On sait que c'était la corbeille d'aliments que les grands de Rome faisaient distribuer à leur porte aux clients qui venaient les saluer... Voy. Martial, III, 7, 2. Suet. Claud. 32, et le beau passage de Juvénal :

> Nunc sportula primo
> Limine parva sedet, turbæ rapienda togatæ.
> Ille tamen faciem priùs inspicit, et trepidat ne
> Suppositus venias, ac falso nomine poscas.
> Agnitus accipies ; jubet a præcone vocari
> Ipsos Trojugenas, nam vexant limen et ipsi
> Nobiscum : da Prætori, da deinde Tribuno.
> Sed libertinus prior est : prior, inquit, ego adsum, etc.

Page 441. — *Toujours le porc...* — Polybe parle déjà du grand nombre de porcs qu'on élevait en Italie, *soit pour la consommation journalière, soit pour les provisions de guerre* (lib. II). — La viande dont on faisait plus tard des distributions au peuple, était fournie par les troupeaux de porcs à l'entretien desquels les empereurs réservaient les forêts de chênes de la Lucanie.

Page 441. — *De combats de taureaux.* — Ce n'est guère qu'à Rome, à Spolète et dans la Romagne, que le peuple prend plaisir à ces combats. Ils sont inconnus à Naples, malgré le long séjour des Espagnols. Remarquons en passant que, dans cette dernière ville, toute corrompue qu'elle est, le meurtre est aussi rare qu'il est commun à Rome. Naples a toujours quelque chose de la douceur du sang grec.

Page 441. — *Le coup de couteau est un geste naturel à*

### ÉCLAIRCISSEMENTS 541

*Rome...* — Un abbé tue un homme; le peuple s'écrie : *Poverino! ha ammazzato un uomo!* la compassion est pour le meurtrier. Après une fête, Meyer trouva à l'hôpital de la Consolation cent soixante hommes blessés de coups de couteau.

Page 442. — *Mort au seigneur abbé...* — Che la bella principezza sia ammazzata! che il signore abate sia ammazzato! — *Et des rois dans la foule...* Je ne parle pas seulement d'illustres voyageurs, comme le roi actuel de Bavière et tant d'autres; mais des rois habitants de Rome, de Christine, des Stuarts, du prince Henri de Prusse, des Napoléons, etc. — Rome est toujours un lieu de refuge. — Ses églises sont ouvertes aux brigands, comme l'asile de Romulus.—La rencontre d'un cardinal sauve un condamné du supplice, comme autrefois celle d'une Vestale... — *Qu'il y a dans l'air de cette ville quelque chose d'orageux, d'immoral et de frénétique...* Hoffmann a placé à Rome le théâtre de quelques-uns de ses contes fantastiques.

Page 443. — *Urbanitas... Solitude des environs de Rome... La guerre vivant d'elle-même.* Voy. sur tout ceci mon *Histoire Romaine.* — *César fut déjà chargé de dessécher les marais Pontins.* (Dion. Plut. Suet. 44. Cicéron se moque de l'entreprise, Philipp. 3.)

Pour terminer ces rapprochements entre l'Italie ancienne et celle des temps modernes, nous ajouterons quelques détails sur certaines croyances qui se sont perpétuées. — Les gens de la campagne de Rome craignent toujours la magicienne Circé, et ne risquent guère de pénétrer dan l'antre du Circeio (Bonstetten, *Voyage sur le théâtre de l'Énéide*). — Les Romains savent bien que la belle Tarpéia est au fond d'un vieux puits du Capitole, assise et toute couverte de diamants (Niebuhr). J'avoue que j'ai cherché inutilement sur les lieux le puits et la tradition. — Tous les Sabelliens, et surtout les Marses, interprétaient les présages en consultant particulièrement le vol des oiseaux. Les Marses charmaient les serpents et guérissaient leurs morsures. Aujourd'hui les jongleurs viennent encore des mêmes contrées à Rome et à Naples. — Les *Giravoli* des environs de Syracuse prétendent, comme les anciens Psylles, guérir la morsure des serpents par leur salive. Ils portent un serpent dans leurs mains comme les statues d'Esculape et d'Hygie.— Le peuple du royaume de Naples attribue aujourd'hui à San Domenico di Cullino ce que ses ancêtres attribuaient à Médée.

(Miéali, *Italia*, etc., et Grimaldi; *Annali del R. di Napoli*, t. IV, p. 328. 38.)

Dans l'ancienne Rome, quatre cent vingt temples; dans la moderne, plus de cent cinquante églises. Le temple de Vesta est maintenant l'église de la Madone du soleil; celui de Romulus et Remus est devenu l'église de Côme et Damien, frères jumeaux. On croit que le temple de Salus a fait place à l'église de San Vital. Près de Lavinium (Pratica), est la chapelle de S. Anna Petronilla, sur le même bord du Nimicius où se précipita Anna Perenna, sœur de Didon, qui revint, sous la forme d'une vieille femme, nourrir le peuple romain sur le mont Sacré. Dans le Forum Boarium, près de la place de l'Ara Maxima, où l'on jurait (Me Hercle), se trouve l'église de Santa-Maria in Cosmedin, mieux connue du peuple sous le nom de Bocca della Verita.

Page 444. — *Le parti allemand ou gibelin...* — Si un guelfe veut se faire tyran, dit Matteo Villani, il faut qu'il change et se fasse gibelin.

Page 444. — *Le radicalisme de l'Église romaine...* — J'espère un jour prouver et éclaircir ce que je me contente d'énoncer ici.

Page 445. — *Fatalités locales de races et de climats...* — Le principe si fécond de la persistance des races a été, je crois, mis pour la première fois dans tout son jour par le D. Edwards. J'espère que, tôt ou tard, cet illustre physiologiste exposera avec plus d'étendue ses idées sur le croisement des races. Lui seul peut-être est capable d'élever cette partie de la physiologie à une forme scientifique, parce que seul il tiendra compte d'un élément trop négligé de ceux qui se livrent à ces études. L'anatomie et la chimie combinées ne sont pas encore la physiologie. D'éléments identiques sortent des produits divers, le mystère de la vie propre et originale varie les résultantes à l'infini. De la combinaison de l'hydrogène et du carbone résultent l'huile et le sucre. Du mélange celto-latino-germanique sortent la France et l'Angleterre.

FRANCE. Page 448. — *Originalités provinciales...* — J'ai toujours trouvé un spectacle attachant dans ces générations incessamment renouvelées, que l'enseignement fait comparaître chaque année devant mes yeux, qui bientôt m'échappent et s'écoulent, et pourtant me laissent chacune quelque intéressant souvenir. A l'École Normale surtout ce spectacle me frappait vivement. Les élèves qui nous venaient de toutes les provinces, et qui en représentaient si naïvement les types, offraient dans leur réunion un abrégé de la France. C'est alors que j'ai commencé à mieux comprendre les nationalités diverses dont se compose celle de mon pays. Pendant que je contais à mes jeunes auditeurs les histoires du temps passé, leurs traits, leurs gestes, les formes de leur langage, me représentaient à leur insu une autre histoire bien autrement vraie et profonde. Dans les uns je reconnaissais les races ingénieuses du Midi, ce sang romain ou ibérien de la Provence et du Languedoc, par lequel la France se lie à l'Italie et à l'Espagne, et qui doit un jour réunir sous son influence tous les peuples de langue latine. D'autres me représentaient cette dure race celtique, l'élément résistant de l'ancien monde, ces têtes de fer avec leur poésie vivace et leur nationalité insulaire sur le continent. Ailleurs, je retrouvais ce peuple conquérant et disputeur de la Normandie, le plus héroïque des temps héroïques, le plus industrieux de l'époque industrielle. Quelques-uns, dans leur instinct historique, caractérisaient la bonne et forte Flandre, pays de beaux faits et de beaux récits, qui donnait tour à tour à Constantinople des historiens et des empereurs. D'autre part, les yeux bleus et les têtes blondes me faisaient songer avec espoir à cette Allemagne française, jetée comme un pont entre deux civilisations et deux races. Enfin l'absence de caractère indigène, les traits indécis, la prompte aptitude, la capacité universelle, me signalaient Paris, la tête et la pensée de la France.

Page 449. — *L'épée rapide...* — C'est le Gernot des *Niebelungen.* — Partout où il y a des coups d'épée à donner et à recevoir, je parierais qu'il y a un Français. A la bataille de Nicopolis, les croisés prisonniers trouvèrent près de Bajazet un Picard, qui, avant d'être avec les Turcs, avait servi Tamerlan. Aujourd'hui, le général des armées de la Cochinchine est un de nos compatriotes. — Le Français est ce *méchant enfant* que caractérisait la bonne mère de Duguesclin, *celui qui bat toujours les autres.* Dans l'histoire de nos mouvements populaires, on a oublié un élément essentiel qui n'appartient qu'à ce pays, le *gamin.* Laissez grandir cet enfant insouciant et intrépide; s'il n'est énervé de trop bonne heure, ce polisson pourra sauver la patrie. — A une époque militaire, formé, discipliné, trempé comme l'acier, par la fatigue et par l'action de tous les climats, le *gamin* finit par devenir le terrible soldat de la garde, le *grognard* de Bonaparte, jugeant son chef et le suivant toujours. Dans les deux types du *gamin* et du *grognard* est tout le génie militaire de la France.

Page 451. — *C'est le peuple législateur des temps modernes....*
— La science du droit a deux patries, Rome et la France; deux époques, le second siècle et le seizième; deux maîtres, Papinien et Cujas. Du temps de ce dernier, les Allemands se découvraient quand on prononçait son nom (Voy. sa *Vie* par Berryat-Saint-Prix). De nos jours, chez le même peuple, *l'école historique* a relevé les autels de Cujas. — Dès le treizième siècle, la France était regardée, avec l'Italie, comme le pays du droit. Un vieux poète allemand qui a parcouru tous les pays *welches* et infidèles, énumère les singularités de chaque contrée : *Je n'ai pas voulu*, dit-il, *étudier la magie sous les nécromanciens de Dol; mais pour Vienne en Dauphiné, je dirais combien il y a de légistes.* (*Le Tanhuser*, cité par Goerres. *Alt. Volks-Und-Meisterlieder, aus den H. der Heidelberger Bibliothek.* 1817.)

Page 452. — *Il faut voir dans les vieilles chroniques tout ce que font nos gens...* Voy. par exemple l'*Histoire de Jean de Paris, roi de France*, imprimée à Troyes, ainsi que tant d'autres livres populaires. C'est probablement la plus forte gasconnade que possède aucun peuple.

Page 452. — *La littérature de la France est l'éloquence et la rhétorique... Peuple rhéteur et prosateur.* — Tout cela est vrai en général. La poésie d'images manque à la France; mais je suis loin de lui refuser la poésie de mouvements qui est encore de l'éloquence.
Je ne puis quitter ce sujet sans remarquer combien les Anciens avaient été frappés de l'instinct rhéteur et du caractère bruyant des Gaulois. *Nata in vanos tumultus gens* (Tit. Liv. à la prise de Rome). Les crieurs publics, les trompettes, les avocats, étaient souvent Gaulois. *Insuber, id est, mercator et præco* (Cic. fragm. *Or. in Pisonem*). Voyez aussi tout le discours *pro Fonteio. Pleraque Gallia duas res industriosissime persequitur, virtutem bellicam et argute loqui* (Cato in Charisio ?

Je cite de mémoire). Ἀπειληταί, καὶ ἀνατατικοί, καὶ τετραγῳδημένοι. *Diod. Sic.*, lib. IV. — Dans les assemblées politiques des Gaulois, les orateurs s'obstinaient souvent à ne point céder la parole. Alors, un huissier, après avoir deux fois commandé le silence, s'approchait du récalcitrant l'épée à la main, et lui coupait un pan de sa saie, assez grand pour que le reste devînt inutile. — (ὅσον ἄχρηστον ποιῆσαι τὸ λοιπόν. *Strab.*, VI, p. 197).

Les *Rederiker* ou *rhétoriciens* des Pays-Bas imitaient la France, et non l'Allemagne (Grimm. *Uber die Meistergesang*) La Belgique avoua par ce mot même ce que la France pensait, sans se l'expliquer : la littérature, c'est la rhétorique. Dans les *Chambres* des rhétoriciens, le poète était mis à genoux, et devait terminer son œuvre avant de se relever. Ces conditions ridicules montrent, ainsi que la métrique prodigieusement compliquée des troubadours, que les uns et les autres étaient, avant tout, préoccupés du mérite de la difficulté vaincue.

Page 454. — *Louis-le-Débonnaire...* — « Encore, écrivait Charles-le-Chauve en parlant de ses frères, s'ils m'avaient cité au tribunal des évêques, mes juges naturels. » Sans les invasions des Normands qui obligèrent la France de prendre un caractère militaire et féodal, la domination des évêques continuait.

Page 454. — *Prêtres et rois s'avisent de créer les communes, et de chercher en elles une armée anti-féodale...* — Tum communitas in Francia popularis statuta est a præsulibus, ut presbyteri comitarentur regi ad obsidionem vel pugnam, cum vexillis et parochianis omnibus. Orderic. Vital., pag. 836, éd. Duchesne.

Page 454. — *En même temps que tombent les privilèges locaux des communes, commencent les États généraux...* — Députés du Tiers-état appelés à l'assemblée des barons, en 1302. De 1320 à 1375, suppression des communes de Laon, Soissons, Meulan, Tournay, Douai, Péronne, Neuville, Roye, etc.

Page 456. — *Pour adversaire du chef de la féodalité, de l'Empereur, la France élève et soutient le pontife de Rome...* — En 1162, l'archevêque de Cologne, chancelier de Frédéric-Barberousse, haranguant la diète assemblée à Besançon, appelait les rois de France et d'Angleterre, *rois provinciaux*. Saxo

*Gramm.* 1. 14. — L'empereur Henri VI eût voulu exiger du roi de France un serment de fidélité. Innoc., III, ep. 64. — Les moines d'Allemagne jouaient dans les couvents une pièce où tous les rois de la terre se soumettaient à l'Empereur; le roi de France résistait avec le secours de l'Antéchrist. Thesaur. Anecdot., t. II, p. III, p. 187.

Page 456. — *Confisquer le pontificat....* — Voyez plus haut, dans une des notes relatives à l'Italie, quelle tyrannie Philippe-le-Bel et Philippe de Valois exercèrent sur les papes, pendant leur séjour à Avignon. La maison de France qui disposait de l'autorité du Saint-Siège, qui possédait le royaume de Naples, et réclamait celui d'Aragon, excitait alors la haine et la jalousie de toute l'Europe. Édouard Ier et Édouard III furent regardés comme les vengeurs de la chrétienté. On peut juger de l'animosité des Italiens par le fameux morceau de Dante où il fait parler Hugues Capet. Le poète pousse la violence aveugle de l'invective jusqu'à faire dire au fondateur de la troisième race qu'il était fils d'un boucher de Paris.

> Io fui radice della mala pianta
> Che la terra Cristiana tutta aduggia,
> Si che buon frutto rado se ne schianta.
>
> Ma se Doaggio, Guanto, Lilla et Bruggia
> Potesser, tosto ne saria vendetta :
> Ed io la cheggio a lui che tutto giuggia.
>
> Chimato fui di là Ugo Ciapetta :
> Di me son nati i Filippi, et i Luigi,
> Per cui novellamente è Francia retta :
>
> Figliuol d'un beccajo di Parigi,
> Quando li regi antichi venner meno
> Tutti, fuor ch'un renduto in panni bigi.
>
> Trovami stretto delle mani il freno
> Del governo del regno e tanta possa
> Di nuovo acquisto, e più d'amici pieno,
>
> Ch'alla corona vedova promossa
> La testa di mio figlio fu, dal quale
> Comminciar di costor le sacrate ossa.

# ÉCLAIRCISSEMENTS

Mentre che la gran dote Provenzale
Al sangue mio non tolse la vergogna,
Poco valea, ma pur non facea male.

Li cominciò con forza et con menzogna
La sua rapina; et poscia per ammenda
Ponti et Normandi prese e Guascogna.

Carlo venne in Italia e per ammenda
Vittima fe' di Corradino, e poi
Ripinse al ciel Tommaso per ammenda.

Tempo vegg'io non molta dopo ancoi,
Che tragge un altro Carlo fuor di Francia
Per far conoscer meglio e se e i suoi.

Senz'arme n'esce, e solo con la lancia
Con la qual giostrò Giuda, e quella ponta,
Si, ch'a Fiorenza fa scoppiar la pancia.

Quindi non terra, ma peccato e onta
Guadagnerà per se, tanto più grave
Quanto più lieve simil danno conta.

L'altro che ci già usù, presso di nave.
Veggio vender sua figlia e patteggiarne,
Come fan li Corsar dell' altre schiave.

O avarizia, che puoi tu più farne,
Poi c' hai il sangue mio a te si tratto.
Che non si cura della propria carne?

Perchè men paja il mal futuro, e'l fatto,
Veggio in Alagna entrar lo fior daliso,
E nel vicario suo Cristo esser catto.

Veggiolo un altra volta esser deriso :
Veggio rinnovellar l'aceto e'l fele,
E tra vivi ladroni essere anciso.

Veggio'l nuova Pilato si crudele,
Che cio nol sazia, ma senza decreto
Porta nel tempio le cupide vele.

O signor mio, quando sarò io lieto,
A veder la vendetta, que nascosa
Fa dolce l'ira tua nel tuo segreto?

(DANTE, *Purg.* xx.)

Page 456. — *C'était au douzième siècle un dicton en Provence...* — Voy. Sismondi, *Littérature du midi de l'Europe.*

Page 456. — *Le roi de France est présenté comme un roi citoyen.* — « En France, dit Fleury, tous les particuliers sont libres (*il veut dire, sans doute, en comparaison du reste de l'Europe*); point d'esclavage; liberté pour domicile, voyages, commerce, mariage, choix de profession, acquisitions, dispositions de biens, successions. » — Voici un passage très singulier de Machiavel, où il juge de même : « Il y a eu beaucoup de rois et très peu de bons rois : j'entends parmi les souverains absolus, au nombre desquels on ne doit point compter les rois d'Égypte, lorsque ce pays dans les temps les plus reculés se gouvernait par les lois; ni ceux de Sparte; *ni ceux de France*, dans nos temps modernes, le gouvernement de ce royaume étant de notre connaissance le plus tempéré par les lois. » *Disc. sopr. Tit. Liv.* I, c. 8. — Le royaume de France, dit-il ailleurs, est heureux et tranquille, parce que le roi est soumis à une infinité de lois qui font la sûreté des peuples. *Celui qui constitua ce gouvernement* voulut que les rois disposassent à leur gré des armes et des trésors; mais, pour le reste, il les soumit à l'empire des lois. » *Disc.* I, 16. — *Comines,* liv. V, c. 19. « Y a-t-il roi ni seigneur sur terre qui ait pouvoir, outre son domaine, de mettre un denier sur ses sujets, sans octroi et consentement de ceux qui le doivent payer, sinon par tyrannie et violence ?... Notre roi est le seigneur du monde qui le moins a cause d'user ce mot : *J'ai privilège de lever sur mes sujets ce qui me plait*, car ni lui ni autre l'a : et ne lui font nul honneur ceux qui ainsi le disent, pour le faire estimer plus grand. »

Page 456. — *De désobéir sous peine de désobéissance...* — Cet ordre, donné par Louis XII au Parlement, a été renouvelé plus d'une fois en d'autres termes. Cela n'est point contradictoire. Il y a, dans un même prince, deux personnes : le roi et l'homme. Le premier défendait d'obéir au second.

Page 456. — *L'Angleterre explique la France, mais par opposition...* — Voy. dans l'*Histoire de la Guerre de la Péninsule*, par le général Foy, tome Ier, un tableau admirablement contrasté des armées française et anglaise.

Page 457. — *L'orgueil humain personnifié... les races n'y sont pas mêlées, ni les conditions rapprochées... l'école satanique...* — La formule la plus vraie d'un objet très complexe doit négliger de nombreuses exceptions; c'est parce qu'elle néglige les exceptions, qu'elle est une formule et une formule vraie. L'Angleterre s'efforce certainement de sortir de l'état que j'ai décrit; mais la peine qu'elle a pour y parvenir prouve mes assertions. La prise en considération du bill de réforme a été décidée par la majorité *d'une seule voix...* En religion, je vois bien que l'Angleterre fait d'incroyables efforts pour croire. Les uns se cramponnent à la lettre, à la Bible; les autres se laissent conduire à l'esprit, au travers des déserts et des précipices. Les nations elles-mêmes se trompent souvent sur l'état de leur foi religieuse. A coup sûr, le siècle de Louis XIV croyait croire; Bossuet triomphait dans la chaire, mais derrière le triomphateur murmurait le triste Pascal qui seul avait la pensée du temps, et voyait toujours l'abîme, entre Montaigne et Voltaire. — Pour l'Angleterre, sa pensée est constatée par son invariable prédilection pour les trois poètes que j'ai nommés. Sa poésie a trois actes : *le doute, le mal et le désespoir.* Shakespeare ouvre la terrible trilogie. Dès que l'Angleterre se reconnaît, après les guerres de France, celles des Roses, et la Réforme, son premier cri est une amère ironie sur ce monde. Shakespeare réfléchit l'univers, moins Dieu. Placée aux extrémités de l'Occident, l'Angleterre a moins ressenti qu'aucun peuple le souffle oriental. Sa littérature est la plus occidentale, la plus *héroïque*, c'est-à-dire la plus vouée à l'orgueil du *moi*. Le développement occidental a atteint son terme dans Fichte, Byron, et la Révolution française. Le moment du retour va commencer. Déjà la race germanique, venue de l'Inde, y est retournée sur les vaisseaux de l'Angleterre. Bonaparte, si Français, si Italien, sympathise pourtant déjà avec l'Orient, surtout avec le radicalisme mahométan. — La fatalité a poussé l'humanité d'Orient en Occident; aujourd'hui nous revenons par notre volonté vers l'Orient. L'Inde anglaise fera, pour l'Asie, ce que l'Inde antique a fait pour l'Europe.

Page 457. — *Cette vie effrénée de courses et d'aventures... rois de la mer, du monde sans loi et sans limites...* — La possession de l'élément aride (ἀτρύγετοιο θάλασσης) a toujours donné cet orgueil farouche. Il éclate dans Eschyle; mais l'individu était trop serré dans la cité grecque pour qu'il atteignît tout son développement. Ajoutez que la marine grecque était fort timide; ceux qui ne perdaient guère la terre de vue, qui apercevaient un beau temple à chaque promontoire, étaient sans cesse avertis des dieux. Au contraire, sur l'Océan sans bornes, sans témoin... Le *Corsaire* de Byron, et le premier volume de Thierry (*Conquête de l'Angleterre, etc.*), sont le vrai commentaire de tout ceci.

Page 457. — *L'égoïsme...* — L'égoïsme se produit tantôt par l'avidité des jouissances, tantôt par l'orgueil qui les dédaigne. De là la tendance si prosaïque de l'industrialisme anglais, à côté d'une poésie si sublime. — Ceci explique pourquoi dans la molle Toscane, dans l'industrielle Florence, s'éleva Michel-Ange, dont l'inspiration semble avoir été la colère et le dédain.

Page 458. — *Mal, sois mon bien...* —

> Evil, be thou my good!...
> Down to bottomless perdition.....
> (Milton, *Paradise lost*. B. IV, v. 110; B. 1, v. 17.)

Page 458. — *Le Gallois chante avec le retour d'Arthur et de Bonaparte...* — Voy. Thierry, *Conquête de l'Angleterre*, 4ᵉ vol.

Page 458. — *Les aristocraties guerrières et inconoclastes de la Perse et de Rome...* — Plutarque (*Vie de Numa*) nous apprend que les Romains n'adorèrent point d'images dans les premiers siècles. — J'ai indiqué ailleurs quelques autres analogies de la Perse et de Rome.

Page 459. — *Celui qui dit toujours, non...* — Voy. le discours du Schah?... dans Saint-Martin, *Histoire d'Arménie*.

Page 461. — *Vulgaire, prosaïque... je m'appelle légion...* — Ceux qui trouveront ceci un peu dur doivent se rappeler que, dans notre langue et dans nos mœurs, c'est un ridicule inexpiable d'être ce qu'on appelle *original*.

Page 461. — *Comme les races non mélangées boivent avidement la corruption...* — Pour ne citer qu'un exemple, voyez

ÉCLAIRCISSEMENTS 551

comme nos Mérovingiens s'abâtardissent en peu de temps. Ils en viennent au point que les derniers meurent presque tous à vingt ans.

Page 463. — *Et puisse ce mot s'entendre en Italie...* — Il y a été trop entendu peut-être. Infortunée Bologne ! dans quel état ce livre va-t-il vous trouver en passant les Alpes ? Hélas ! une ville française de cœur ! pour qui Dante rêvait la suprématie de l'esprit et du langage dans l'Italie !

Page 465. — *Que l'enfant quitte sa mère...* — Voici le sombre et décourageant tableau que trace de ce moment solennel l'Ossian de la philosophie allemande :

« Après le dernier éclat jeté par la peinture, après que Shakes-
« peare eut fermé la porte du ciel, vint pour longtemps le
« repos des morts. L'Antéchrist était né... La terre s'était sus-
« pendue au ciel comme le nourrisson au sein de sa mère ;
« devenue forte, il était temps qu'elle s'en séparât ; la Réfor-
« mation se chargea de la sevrer. L'esprit de la terre en fouille
« aujourd'hui les entrailles partagées entre l'or et le fer ; il y
« cherche le bézoard qui doit le guérir ; la pâleur de la mort
« est sur son visage ; les douleurs travaillent ses os ; comment
« songerait-il aux chants et aux sons de la lyre ?... Il est tou-
« chant de voir que les poètes ne veulent point céder ; toute
« feuille a jauni ; chaque souffle des vents en jonche la terre,
« et l'enfant de la poésie, s'obstinant sur son rameau, chante
« toujours ses plaintes, ses espérances ; et le soleil s'abaisse
« toujours davantage, et les nuits deviennent de plus en plus
« longues, et les froides et sombres puissances entrent de plus
« en plus dans la vie... »

Page 465. — *Comme Werner...* — C'est plutôt, je crois, Jean-Paul (Richter).

Page 466. — *Voilà quarante ans qu'il a commencé...* — Il faut croire que, pendant cette période si agitée, le temps n'a pas été perdu, même pour le bien-être. En 1789, la vie moyenne était de vingt-huit ans et trois quarts ; en 1831, elle est de trente et un ans et demi (*Annuaire du bureau des Longitudes*, 1831).

Page 466. — *L'ordre reviendra...* — Nulle part plus de propriétaires qu'ici ; nulle part des prolétaires plus libres dans leur activité, et par conséquent plus à même de cesser d'être prolétaires; nulle part le besoin et l'instinct de la centralisation à un si haut degré. Faite pour agir sur le monde, la France aura plus longtemps qu'aucun peuple un pouvoir central; plus qu'aucun autre, elle est une personne politique; l'action exige la personnalité; la personnalité n'existe pas sans l'unité; nouvelle garantie pour l'ordre public.

Page 466. — *L'Athénien disait : Salut! cité de Cécrops!...* — Je restitue ici le passage dans son entier. C'est peut-être le plus beau de Marc-Aurèle : Πᾶν μοι συναρμόζει, ὅ σοι εὐάρμοσόν ἐστι ὦ κόσμε· οὐδέν μοι πρόωρον, οὐδὲ ὄψιμον, τὸ σοὶ εὔκαιρον· πᾶν καρπὸς ὃ φέρουσιν αἱ σαὶ ὧραι, ὦ φύσις· ἐκ σοῦ πάντα, ἐν σοὶ πάντα, εἰς σὲ πάντα. Ἐκεῖνος μέν φησι, πόλι φίλη Κέκροπος· σὺ δὲ οὐκ ἐρεῖς, ὦ πόλι φίλη Διός; — O monde, tout ce qui s'harmonise avec toi s'harmonise avec moi! Pour moi, rien trop tôt, rien trop tard, qui soit à temps pour toi! O nature, quoi qu'apportent tes saisons, c'est toujours un fruit. Tout de toi, tout en toi, tout pour toi! L'autre disait : *Chère cité de Cécrops!* et toi, ne diras-tu pas : *O chère cité de Jupiter!* (Lib. IV, 23).

Page 467. — *Le verbe social....* — Le monde ancien avait légué pour testament au monde moderne deux mots d'une admirable profondeur : *La science est la démonstration de la foi* (Saint Clément d'Alexandrie). — *L'homme, c'est la liberté* (Proclus). La destinée de l'homme fut d'aller par la liberté de la foi à la science. Or la science elle-même, c'est le plus puissant moyen de la liberté; la science popularisée est le moyen de la liberté égale, de l'égalité libre, idéal dont le genre humain approchera de plus en plus, mais qu'il n'atteindra jamais; de sorte qu'une autre vie soit toujours nécessaire pour achever le développement de l'homme.

Page 471. — *C'est en nous plaçant au sommet du Capitole...* — Cette belle image appartient à l'éloquent et ingénieux auteur de l'*Histoire du Droit de succession*, que j'ai déjà citée. (Gans, *Erbrecht*, 1er vol.)

Page 471. — *Le génie de l'Italie et de la France... Rome est le nœud du drame...* Cette publication sera immédiatement suivie de celle de mon Histoire d'Italie (première partie, *Répu-*

*blique romaine*). Qu'on me permette à cette occasion de faire connaître l'unité d'esprit qui a présidé jusqu'ici à mes travaux, et qu'on me pardonne si je suis obligé de dire un mot de moi. Dès qu'il s'agit de méthode, les questions s'agrandissent. Peu importent les individus.

Entré de bonne heure dans l'Enseignement (dès 1817) sans avoir eu l'avantage de suivre les cours de l'École Normale, il m'a bien fallu choisir moi-même une route. Bonne ou mauvaise, ma direction m'appartient. La nécessité où je me trouvai d'enseigner successivement, et souvent à la fois, la philosophie, l'histoire et les langues, me rendit sensible et toujours présente l'union intime des études d'idées et des études de faits, de l'idéal et du réel. Dans le premier enthousiasme que ce point de vue ne pouvait manquer d'inspirer à un jeune homme, j'avais conçu et préparé un *Essai sur l'histoire de la civilisation trouvée dans les langues*. Mais mes travaux sérieux et suivis n'ont commencé qu'en 1824, par un discours sur l'*Unité des sciences qui font l'objet de l'enseignement classique* (imprimé, mais non publié). — En 1827, je donnai en même temps un travail sur la philosophie de l'histoire, et quelques essais d'histoire ou de critique (*Principes de la philosophie de l'histoire, traduits de la* Scienza Nuova *de Vico; Précis de l'Histoire moderne; Vie de Zénobie,* dans la *Biographie universelle,* etc.); j'en fis autant en 1831 : le petit essai philosophique que termine cette note, sera suivi de divers travaux historiques d'une plus grande étendue. (L'*Histoire de la République romaine,* le *Précis d'Histoire de France,* et les deux premiers volumes de l'*Histoire de France,* ont paru depuis.)

Personne ne méconnaîtra la liaison qui existe entre la publication du *Vico* et celle-ci. Dans la philosophie de l'histoire, Vico s'est placé entre Bossuet et Voltaire, qu'il domine également. Bossuet avait resserré dans un cadre étroit l'histoire universelle, et posé une borne immuable au développement du genre humain. Voltaire avait nié ce développement, et dissipé l'histoire comme la poussière au vent, en la livrant à l'aveugle hasard. Dans l'ouvrage du philosophe italien a lui pour la première fois sur l'histoire le dieu de tous les siècles et de tous les peuples, la Providence. Vico est supérieur même à Herder. L'humanité lui apparaît, non sous l'aspect d'une plante qui, par un développement organique, fleurit de la terre sous la rosée du ciel, mais comme système harmonique du monde civil. Pour voir l'homme, Herder s'est placé dans la nature; Vico dans l'homme même, dans l'homme s'humanisant par la société. C'est encore par là que mon vieux Vico est le véritable prophète de l'ordre nouveau qui commence, et que son livre mérite le nom qu'il osa lui donner : *Scienza Nuova*.

FIN DE L'INTRODUCTION A L'HISTOIRE UNIVERSELLE.

# TABLE DES MATIÈRES

## PRÉCIS DE L'HISTOIRE MODERNE

|  | Pages |
|---|---|
| Préface de la Première Édition | 3 |
| Introduction | 7 |

### PREMIÈRE PÉRIODE (1453-1517).

Chapitre Premier. — Italie. — Guerre des Turcs (1453-1494). . . . . 19

Splendeur de l'Italie (Venise, Florence, Rome, etc.). — Sa décadence réelle : Condottieri, tyrannies et conspirations, politique, machiavélique. — Conquête imminente : Turcs, Espagnols, Français. — Prise de Constantinople (1453). Tentative de Jean de Calabre sur le royaume de Naples (1460-1464). — Diversion de l'Albanais Scanderbeg, de Hunyade et de Mathias Corvin en Hongrie. — Projet de Croisade, qui avorte par la mort de Pie II (1464). — Venise appelle les Turcs ; prise d'Otrante (1480). — Les Vénitiens ont appelé René d'Anjou. — Le pape appelle les Suisses. — Savonarole prédit la conquête de l'Italie.

Chapitre II. — Occident. — France et Pays-Bas, Angleterre et Écosse, Espagne et Portugal, dans la seconde moitié du quinzième siècle.    30

§ 1. — *France* (1453-1494) . . . . . . . . . . . . . . . . . . . . . . . .    32

Fin des guerres des Anglais. — Féodalité ; maison de Bourgogne, Bretagne, Anjou, Albret, Foix, Armagnac, etc. Grandeur du duc de Bourgogne. — Avantages du roi de France : première taille perpétuelle, première armée permanente (1444). — Mort de Charles VII, avènement de Louis XI (1461). — Mort de Philippe-le-Bon, duc de Bourgogne, avènement de Charles-le-Téméraire (1467). — Ligue du *Bien public*. Traités de Conflans et de Saint-Maur (1465). — Entrevue de Péronne et captivité du roi (1468). — Seconde ligue des grands vassaux, dissoute par la mort du duc de Guyenne, frère de Louis (1472). Invasion d'Édouard IV. Traité de Péquigny (1475). — Charles-le-Téméraire se tourne contre l'Allemagne, puis contre les Suisses; ses défaites à Granson et à Morat (1476). Sa mort (1477). — Marie de Bourgogne épouse Maximilien d'Autriche. — Louis XI, maître de l'Anjou, du Maine, de la Provence, de l'Artois et de la Franche-Comté (1481-1482). — Sa mort; régence d'Anne de Beaujeu (1483). Prétention des États (1484). Abaissement des grands. — Charles VIII se prépare à l'expédition d'Italie.

§ 2. — *Angleterre* (1454-1509); *Écosse* (1452-1513) . . . . . . . . . 15

Angleterre. — Mariage de Henri VI avec Marguerite d'Anjou. Mort de Glocester, perte des provinces de France. — Richard d'York, Warwick; condamnation des ministres, protectorat de Richard (1455). — Batailles de Northampton, de Wakefield; mort de Richard; son fils, Édouard IV (1461). Défaites des Lancastriens à Tawtown et à Exham (1463). — Revers d'Édouard IV à Nottingham (1470). — Bataille de Tewkesbury, défaite et mort de Henri VI (1471). — Mort d'Édouard IV (1483). Richard III. — Bataille de Bosworth; Henri VII (1485). Accroissement du pouvoir royal.

Écosse. — Lutte de Jacques II contre l'aristocratie. Son alliance avec Lancastre. — Jacques III (1460). Jacques IV (1488). Réconciliation du roi et de la noblesse. Bataille de Flowden. Jacques V (1513).

§ 3. — *Espagne et Portugal* (1454-1521) . . . . . . . . . . . . . . 61

Henri IV, roi de Castille (1454); révolte des grands au nom de l'Infant; déposition de Henri; bataille de Medina del Campo (1465). — Juan II, roi d'Aragon; révolte de la Catalogne (1462-1472). — Mariage de Ferdinand d'Aragon et d'Isabelle de Castille (1469). — Guerre contre les Maures, prise de Grenade (1481-1492). — Ferdinand et Isabelle répriment les grands et les villes, en s'appuyant sur l'Inquisition, fondée en 1480. Expulsion des Juifs (1492). Conversion forcée des Maures (1499). — Mort d'Isabelle (1504). — Ministère de Ximenès. Conquête de la Navarre (1512). — Mort de Ferdinand (1516). Son successeur, Charles d'Autriche. Révolte de Castille, Murcie, etc. (1516-1521).

CHAPITRE III. — Orient et Nord. États Germaniques et Scandinaves dans la seconde moitié du quinzième siècle. . . . . . . . . . . . . 81

Empire d'Allemagne; prépondérance et politique intéressée de l'Autriche. — Élévation de la Suisse; décadence de l'Ordre Teutonique. — Villes du Rhin et de Souabe. Prépondérance et décadence de la Ligue Hanséatique. Élévation de la Hollande. — Guerres de Danemarck, Suède et Norvège. Affranchissement de la Suède (1433-1520).

Chapitre IV. — Orient et Nord. — États Slaves et Turquie dans la seconde moitié du quinzième siècle. . . . . . . . . . . . . . . . . 91

Progrès des Turcs (1481-1512). — Podiebrad, roi de Bohême. Mathias Corvin, roi de Hongrie (1458). Wladislas de Pologne réunit la Hongrie et la Bohême. — Pologne, sous les Jagellons (1486-1506). — Lutte de la Russie contre les Tartares, les Lithuaniens et les Livoniens (1462-1505).

Chapitre V. — Premières guerres d'Italie (1494-1516) . . . . . . . . 99

Louis-le-More appelle les Français. Charles VIII envahit l'Italie. Ligue contre les Français. Bataille de Fornovo (1495). — Louis XII envahit le Milanais (1499). Guerre avec les Espagnols de Naples. Défaite des Français au Garigliano en 1503. — Alexandre VI et César Borgia; Jules II. Révolte de Gênes contre Louis XII (1507). L'Italie, l'Empire, la France, la Hongrie, conspirent contre Venise. — *Sainte-Ligue* contre la France (1511-1512). — Victoires et mort de Gaston de Foix.— Mauvais succès de Louis XII (1512-1514).— François Ier envahit le Milanais. Bataille de Marignan (1515). Traité de Noyon (1519).

## DEUXIÈME PÉRIODE (1517-1648).

Chapitre VI. — Léon X, François Ier et Charles-Quint (1516-1547). . . 118

. François Ier (1515). Charles-Quint, empereur (1519). Première guerre contre Charles-Quint (1521). Défection du duc de Bourbon (1523). — Bataille de Pavie; captivité de François Ier. Traité de Madrid (1526). — Seconde guerre (1527). — Paix de Cambrai (1529). — Alliance publique de François Ier avec Soliman (1534). — Troisième guerre (1535). — Trêve de Nice (1538). Reprise des hostilités (1541). Bataille de Cérisoles (1544). Traité de Crépy. Mort de François Ier et de Henri VIII (1547). — Situation intérieure de la France et de l'Espagne. — Réforme. — Premières persécutions (1535). — Massacre des Vaudois (1545).

Chapitre VII. — Luther. — Réforme en Allemagne. — Guerre des Turcs (1517-1555). . . . . . . . . . . . . . . . . . . . . . . . . . 140

Luther attaque la vente des indulgences (1517). Il brûle la bulle du Pape (1520). Diète de Worms (1521). — Sécularisation de la Prusse (1525). Guerre des paysans de Souabe (1524-1525). Anabaptisme. — Ligues Catholique (1524) et Protestante (1526). — Guerre des Turcs ; Soliman (1521). Invasion de la Hongrie (1526) ; siège de Vienne (1529). — Diète de Spire (1529). *Confession* d'Augsbourg (1530). — Ligue de Smalkalde (1531). — Révolte des anabaptistes de Westphalie (1534) ; troubles et guerres intérieures de l'Allemagne (1534-1546). — Concile de Trente (1545). — Guerre de Charles-Quint contre les Protestants ; bataille de Muhlberg (1547). — Révolte de Maurice de Saxe (1552). Paix d'Augsbourg (1555). — Mort de Charles-Quint (1558).

CHAPITRE VIII. — La réforme en Angleterre et dans le nord de l'Europe (1527-1547). . . . . . . . . . . . . . . . . . . . . . . . 163

§ 1. — *Angleterre et Écosse* (1527-1547). . . . . . . . . . . . . *ibid*.

Divorce de Henri VIII. — L'Angleterre se sépare de l'Église romaine (1534). — Pèlerinage de Grâce. — Persécutions des Catholiques et des Protestants (1540). — Tentative sur l'Écosse (1542). — Soumission et organisation administrative du pays de Galles et de l'Irlande.

§ 2. — *Danemarck, Suède et Norvège* (1513-1560). . . . . . . . . 169

Christian II tourne contre lui la noblesse danoise, la Suède (1520) et la Hanse (1517). — Gustave Wasa ; insurrection de la Dalécarlie ; Christian II remplacé en Suède par Gustave Wasa (1523) ; en Danemarck et en Norvège par Frédéric de Holstein (1525). — Indépendance de l'Église danoise (1527) ; de l'Église suédoise (1529). — Mort de Frédéric I$^{er}$, guerre civile (1533). — Christian III abolit le culte catholique (1536) et incorpore la Norvège au Danemarck (1537).

CHAPITRE IX. — Calvin. La réforme en France, en Angleterre, en Écosse, aux Pays-Bas jusqu'à la Saint-Barthélemy (1555-1572) . . 177

Calvin à Genève (1535). — Le calvinisme passe en France, aux Pays-Bas, en Angleterre et en Écosse. — Opposition de Philippe II. — Son mariage avec Marie d'Angleterre (1555). — Paix entre le roi d'Espagne et le roi de France Henri II (1559). — Constitution de l'Inquisition (1561). — Mariage de Marie Stuart avec François II (1560). — Lutte de l'Écosse et de l'Angleterre (1559-1567). — Avènement de Charles IX (1561). Massacre de Vassy, guerre civile (1562). — Paix d'Amboise (1563) ; de Longjumeau (1568). — Bataille de Jarnac et de Montcontour (1569). — Persécutions dans les Pays-Bas. — Conseil des troubles (1567). — Révolte des Mauresques d'Espagne (1571). — Saint-Barthélemy (1572).

CHAPITRE X. — Suite jusqu'à la mort de Henri IV (1572-1610). Coup-d'œil sur la situation des puissances belligérantes après les guerres de religion. . . . . . . . . . . . . . . . . . . . . . . . . 203

## TABLE DES MATIÈRES

§ 1. — *Jusqu'à la paix de Vervins* (1572-1598). . . . . . . . . . . . 203

Mort de Charles IX (1574). — Insurrection des Pays-Bas (1572). Union d'Utrecht (1579). — Formation de la Ligue en France (1577). Puissance des Guises. Bataille de Coutras (1587). Barricades. États de Blois (1588). Assassinat de Henri III (1589). Avènement de Henri IV. — Mort de Marie Stuart (1587). Armement et mauvais succès de Philippe II (1588). Grandeur d'Élisabeth.

§ 2. — *Jusqu'à la mort de Henri IV. Coup d'œil sur la situation des puissances belligérantes.* . . . . . . . . . . . . . . . . . . . 215

Mayenne. — Combat d'Arques. — Bataille d'Ivry (1590). — États de Paris (1593). — Abjuration et absolution de Henri IV (1593-1595). — Édit de Nantes. — Paix de Vervins (1598). — Épuisement de l'Espagne; expulsion des Maures de Valence (1609). — Administration de Henri IV; richesse de la France. — Assassinat de Henri IV (1610).

CHAPITRE XI. — Révolution d'Angleterre (1603-1649). . . . . . . . . . . 226

Jacques I*er* (1603). — Charles I*er* (1625). Guerre contre la France (1627). — Le roi essaie de gouverner sans Parlement (1630-1638). Procès d'Hampden (1636). *Covenant* d'Écosse (1638). *Long parlement* (1640). — Commencement de la guerre civile (1642). — Covenant d'Angleterre et d'Écosse (1643). — Succès des Parlementaires. Le pouvoir passe aux Indépendants. Cromwell. Le roi se livre aux Écossais, qui le vendent (1645). — Révolte et prédominance de l'armée. — Procès et exécution de Charles I*er*. Abolition de la monarchie (1649).

CHAPITRE XII. — Guerre de Trente-Ans (1618-1648). . . . . . . . . . . 240

Maximilien II (1564-1576). — Rodolphe II (1576-1612). Mathias empereur (1612-1619). — Insurrection de la Bohême, commencement de la Guerre de Trente-Ans. — *Période palatine* (1619-1623). Ferdinand II. Guerre contre les Protestants, Bohême, Palatinat. Triomphe de Ferdinand. — *Période danoise* (1625-1629). Ligue des États de Basse-Saxe. Succès de Tilly et Waldstein. — Intervention du Danemarck et de la Suède. — *Période suédoise* (1630-1635). — Gustave-Adolphe envahit l'empire. — Bataille de Leipsick (1631). — Invasion de la Bavière. Bataille de Lutzen, mort de Gustave-Adolphe (1632). — Assassinat de Waldstein (1634). — Paix de Prague (1635). — *Période française* (1635-1648). — Ministère de Richelieu, etc. — Bataille des Dunes (1640). Bataille de Leipsick (1642); de Fribourg, Nordlingen, Lens (1644-1648), etc. — Traité de Westphalie (1648).

## TABLE DES MATIÈRES

Pages

**Chapitre XIII.** — L'Orient et le Nord au seizième siècle. . . . . . . . 252

§ 1. — *Turquie, Hongrie* (1566-1648). . . . . . . . . . . . . . . . . *ibid.*

Turquie.— Sélim II (1566-1574). — Bataille de Lépante (1571). — Décadence, guerre de Hongrie et de Perse (1571-1623). — Amurat IV. Invasion de la Perse, conquête de Candie (1623-1649). — Hongrie (1562-1648), guerre entre l'Autriche et la Porte. — Insurrections contre l'Autriche.

§ 2. — *Pologne, Prusse, Russie* (1505-1648) . . . . . . . . . . . . 254

Grandeur de la Pologne sous Sigismond I$^{er}$, de la Russie sous Iwan IV. Guerre de Livonie (1558-1583). Guerres de la Succession de Russie (1598-1613). — Progrès de la Prusse (1563-1666). — Troubles intérieurs de la Suède et du Danemarck. Longues guerres.

§ 3. — *Danemarck et Suède* . . . . . . . . . . . . . . . . . . . . . 259

**Chapitre XIV.** — Découvertes et colonies des modernes. — Découvertes et établissements des Portugais dans les Deux Indes (1412-1583). . . . . . . . . . . . . . . . . . . . . . . . . . . . . 263

§ 1. — *Découvertes et colonies des modernes.* . . . . . . . . . . . *ibid.*

§ 2. — *Découvertes et établissements des Portugais.* . . . . . . . 263

L'infant D. Henri encourage les navigateurs. — Découvertes de Madère, des Açores, du Congo (1412-1484), du cap de Bonne-Espérance (1486). — Voyage de Vasco de Gama (1497-1498). Découverte du Brésil (1508). — Almeida et Albuquerque (1505-1515). — Soumission de Ceylan (1518). — Premières relations avec la Chine et le Japon (1517-1542). — Décadence des colonies portugaises. — Ataïde et Jean de Castro (1545-1572). — Domination des Espagnols (1582).

**Chapitre XV.** — Découverte de l'Amérique. Conquêtes et établissements des Espagnols aux quinzième et seizième siècles. . . . . . . 270

Christophe Colomb. Découverte de l'Amérique (1492). Second voyage (1493). Troisième (1498). — Découverte de la mer du Sud (1513). — Cortez, conquête du Mexique (1518-1521). — Pizarre, conquête du Pérou (1524-1533). — Découvertes et établissements divers (1540-1567).

**Chapitre XVI.** — Des lettres, des arts et des sciences dans le seizième siècle. Léon X et François I$^{er}$. . . . . . . . . . . . . . . . . . . 289

§ 1. — *Lettres et Arts.* . . . . . . . . . . . . . . . . . . . . . . . . 290

§ 2. — *Philosophie et Sciences.* . . . . . . . . . . . . . . . . . . . 293

Chapitre XVII.— Troubles des commencements du règne de Louis XIII. Richelieu (1610-1643). . . . . . . . . . . . . . . . . . . . . . . 294

Louis XIII. Régence. —Concini, Luynes (1610-1621). — Richelieu. Siège de La Rochelle (1627). — Guerre de Trente-Ans. Richelieu appuie les Suédois. Guerre contre l'Espagne (1636). — Conspiration de Cinq-Mars. Mort de Richelieu et de Louis XIII (1642-1643).

## TROISIÈME PÉRIODE (1648-1789).

Première Partie de la Troisième Période (1648-1715). . . . . . . .   307

Chapitre XVIII. — Troubles sous Mazarin. Commencement de Colbert. Louis XIV (1643-1661). . . . . . . . . . . . . . . . . . . . . . . *ibid.*

Administration de Mazarin. Bataille de Rocroy (1643). Victoire de Condé, traité de Westphalie (1648). — La Fronde (1648-1653). — Traité des Pyrénées (1659). — Louis XIV gouverne par lui-même (1661). — Administration de Colbert.

Chapitre XIX. — Suite du règne de Louis XIV (1661-1715). . . . . .   320

Guerre d'Espagne. — Conquête de la Flandre et de la Franche-Comté. Triple alliance contre la France. Traité d'Aix-la-Chapelle (1667-1668). Invasion des Provinces-Unies (1672). Ligue contre la France (1673-75). Victoires et mort de Turenne (1674-1675). Paix de Nimègue (1678). — Révocation de l'Édit de Nantes (1685). — Louis XIV déclare la guerre à presque toute l'Europe (1686). Guerre de la Succession d'Angleterre (1688). Luxembourg et Catinat. Paix de Ryswick (1698).— Guerre de la Succession d'Espagne (1698-1715). Ligue de l'Europe contre la France (1701). Victoire des confédérés. Paix d'Utrecht et de Rastadt (1712-1713).—Mort de Louis XIV (1715).

Révolutions d'Angleterre et des Provinces-Unies (1648-1715). Colonies des Européens pendant le dix-septième siècle (pour celles des Hollandais avant le traité de Westphalie, voyez plus haut leurs guerres contre les Espagnols).

États méridionaux. Empire d'Allemagne (1646-1715). — Portugal, Espagne, Italie. — Empire, Turquie, Hongrie. — États du Nord dans la seconde moitié du dix-septième siècle. — États du Nord au commencement du dix-huitième siècle. — Charles XII et Pierre-le-Grand (1648-1725).

Chapitre XX. — Des lettres, des Sciences et des Arts au siècle de Louis XIV. . . . . . . . . . . . . . . . . . . . . . . . . . . . . .   354
§ 1. — *France* . . . . . . . . . . . . . . . . . . . . . . . . . . *ibid.*
§ 2. — *Angleterre, Hollande, Allemagne. — Italie, Espagne.* . . .   360

TABLE DES MATIÈRES

Pages
Seconde Partie de la Troisième Période (1715-1789) . . . . . . . . . 365

CHAPITRE XXI. — Dissolution de la monarchie (1715-1789). . . . . . . *ibid.*

Louis XV. Régence du duc d'Orléans (1715). Ministère de Bourbon (1723); de Fleury (1726). Guerre de la Succession d'Autriche (1740). Revers des Français (1743). Victoires de Fontenoy et de Raucoux (1745-1746). Paix d'Aix-la-Chapelle (1748). — Guerre de Sept-Ans (1756). — Pacte de Famille (1764). — Abolition des Jésuites (1746) et du Parlement (1771). Louis XVI (1774).—Turgot, Necker. — Calonne; Assemblée des Notables (1787). — États généraux (1789).

État de l'Occident après la paix d'Utrecht et la mort de Louis XIV. — Guerres et négociations relatives à la Succession d'Espagne (1715-1738). — Histoire intérieure des États occidentaux (1715-1789). — États du Nord et de l'Orient (1725-1789). — Affaires générales du Nord et de l'Orient. — Révolutions de la Russie et de la Pologne. — Suède et Danemarck, Turquie.

# INTRODUCTION A L'HISTOIRE UNIVERSELLE

PRÉFACE. . . . . . . . . . . . . . . . . . . . . . . . . . . . 401
INTRODUCTION A L'HISTOIRE UNIVERSELLE. . . . . . . . . . . . 403
DISCOURS D'OUVERTURE. . . . . . . . . . . . . . . . . . . . 473
ÉCLAIRCISSEMENTS . . . . . . . . . . . . . . . . . . . . . . 491

FIN DE LA TABLE DES MATIÈRES

IMPRIMERIE E. FLAMMARION, 26, RUE RACINE, PARIS.

www.ingramcontent.com/pod-product-compliance
Lightning Source LLC
Chambersburg PA
CBHW060800230426
43667CB00010B/1650